高等学校通识课程系列教材

基础教育改革理论与热点

李孝川　何顺超　杨　斌　编著

中国人民大学出版社
·北京·

云南省哲学社会科学创新团队建设项目“云南乡村振兴重点帮扶县教育高质量发展研究”（项目编号2024CX17）研究成果

序　言

基础教育是国家与社会发展的奠基工程，良好的基础教育能为国家与社会的健康发展打好坚实的基础。我国在21世纪初召开了全国基础教育工作会议，确认了基础教育在国家与社会发展中的重要战略地位，认为基础教育在我国的发展中承担着奠基性、先导性、全局性的任务。为了能够挑起这一重担，基础教育就必须进行改革，也就是说，基础教育改革能够成功地保证基础教育在国家与社会发展中承担起奠基性、先导性与全局性的任务。

由此可见，基础教育对于提高国民素质、培养各级各类人才、促进社会主义现代化建设具有奠基性、先导性与全局性的作用。新中国成立后，特别是改革开放以来，我国基础教育事业发展迅速，成绩斐然。进入21世纪，社会走向现代化，需要教育现代化与之相适应，现代教育根植于现代社会的现实，又面向未来的变化和发展。从《基础教育课程改革纲要（试行）》的正式颁布开始，我国新一轮基础教育改革已开展多年。多年来，我国基础教育领域经历过欢欣鼓舞，也遭遇过困惑、矛盾和问题。为了解决存在的问题，为了给基础教育改革进一步深化提供支撑和保证，我们组织了关于基础教育改革的调研和分析工作，编写了这本《基础教育改革理论与热点》，希望师范生或基础教育领域一线教师，以及关心和支持基础教育发展的各类人群通过阅读本书，能够全面了解国内外基础教育改革的基本概况和特点，把握当前基础教育改革的热点和趋势；能够对当前我国正在进行的基础教育改革有一个全面深刻的认识，学会运用有关理论来观察、分析、解决基础教育实践中的具体矛盾和热点问题；能够开展课程与教学设计、实施、评价等相关工作，为胜任中小学教师工作奠定基础。

基础教育作为教育领域不可或缺的重要组成部分，其改革一直以来都是教育研究的关注点。各国教育改革的横向和纵向侧重点多有不同，但对教育改革热点的讨论常有交集。尤其在数字教育转型的时代背景下，国内外基础教育改革热点主要聚焦在基础教育课程、教学模式、教师专业发展、教学质量评价等方面。基于这样的时代背景和基础教育发展要求，我们拟对一些理论和热点问题进行梳理和归纳，具体内容如下：

第一章：绪论。当前中国基础教育在变革中迅速发展，取得了卓越的成绩，分析基础教育改革的背景条件、历程演变及问题挑战对我国基础教育未来发展具有重要的现实意义和理论价值。本章首先简要介绍了世界教育潮流、我国教育发展、理论实践基础与基础教育改革的关系，其次论述了我国基础教育改革的政策理念、实施内容、实施方式、效果评价的发展，最后阐述了基础教育改革的内涵与本质以及我国基础教育改革面临的挑战和未来发展动向。

第二章：基础教育理念改革。基础教育理念改革是指在特定历史背景下，通过调整人们对基础教育的理解与认知，为基础教育的发展提供理念上的支持和引导。这不仅仅是素质教育的起始点，更是国家和社会未来发展的希望所在。首先，在改革的过程中，教育理念发挥着重要的引领作用。这需要明晰教育理念的概念、价值取向以及影响因素。教育理念与教育相辅相成，不同的教育理念体现着不同的价值取向，需要准确把握每个教育理念所处的时代背景，从全面而系统的多元角度来审视这些理念。其次，需要拥有国际化的教育视野。通过借鉴其他国家好的教育理念，能够更好地把握基础教育改革的趋势。最后，应将关注焦点放在我国的“以人为本”、“核心素养”和“立德树人”等教育理念上。从多个角度深入分析每种教育理念的内涵，有助于我国基础教育改革更加稳健地前行，也有助于学生们走上更为广阔的发展道路。

第三章：基础教育课程改革。围绕基础教育课程改革的主题展开，包括概述、历史发展和我国核心素养课程改革三个部分。课程改革是一个动态的、持续的过程，是对教育和社会变化需求的响应。基础教育课程改革的主要目标是提高教育质量和促进教育公平，促进学生的全面发展，培养学生的核心素养，推动终身学习。课程改革的主要内容包括修改课程方案和课程标准，开发新的教材和教学资源，实施新的教学方法和评价模式，加强教师培训和支持，等等。通过政策指导、实践探索、横向交流合作以及纵向协调整合，课程改革可以得到有效的实施。

第四章：基础教育教学改革。基础教育教学是学校育人的中心和主渠道。本章从基础教育教学改革概述入手，对基础教育教学改革的概念进行了辨析，回顾了我国及美国、日本、芬兰的基础教育教学改革发展历程，重点梳理了基础教育教学改革的理念，指出：所有的教学改革都指向以人为本。以人为本的教学改革要创设以学习者为中心的教学环境，依据课程标准确立教学目标，采用个性化、学本化、信息化的教学方法，强化学科实践，强化“教—学—评”一体化的跨学科主题学习，强化作业多样化设计，等等。以人为本的教学反思要促进教师主动反思、理性反思、多元反思。

第五章：基础教育评价改革。本章的主要内容包括基础教育评价改革概述、国内外基础教育评价改革的历史发展、我国以“立德树人”为指导的评价改革。在基础教育评价改革概述部分呈现了教育评价改革与教育发展、教育评价改革的目标与内容、教育评价改革的路径与方法等。在国内外基础教育评价改革的历史发展部分，将国外基础教育评价改革划分为20世纪初、20世纪后半叶、21世纪以来三个时间段，将国内基础教育评价改革分为新中国成立初期、20世纪80年代后期至20世纪90年代、21世纪以来三个时间段，总结各时期的特点与世界范围内基础教育评价改革的趋势。在我国以“立德树人”为指导的评价改革部分，解读《深化新时代教育评价改革总体方案》，呈现基础教育学生评价、学习评价、教师评价的新发展与我国高考改革，进而归纳出具有中国特色的基础教育评价改革新方法与新发展。

第六章：基础教育技术革新。党的二十大报告强调要“推进教育数字化”。习近平总书记在主持中共中央政治局第五次集体学习时指出：“教育数字化是我国开辟教育发展新赛道和塑造教育发展新优势的重要突破口。”习近平总书记的重要论述深刻揭示了教育数字化的关键作用，为我们把握新一轮科技革命和产业变革深入发展的机遇、建设教育强国指明了方向和路径。在基础教育阶段，分别在教、练、考、评、管这五个环节实施人工智能辅助，进行虚实融合多场景教学、协同育人，利用线上海量的资源数据与强大算力，帮助教师教得更好、学生学得更好以及学校管理得更加精准，由此也体现出在基础教育阶段技术革新的重要性。

第七章：基础教育教师发展研究。基础教育教师发展研究可以更好地探索基础教育阶段教师成长与发展的特点和规律，创新教师发展理论，探讨基础教育领域教师发展问题，更好地服务教师工作实践。基础教育教师发展已然成为推动我国教育信息化进程和基础教育教学改革的关键因素，而伴随着基础教育改革，教师专业发展也需要做出相应改变。

第八章：改革困境与挑战。基础教育改革既面临内部理论方案设计不全面、实践探索不充分等困境，也面临外部政府职能未充分发挥、社会组织与相关机构的作用未能充分展现、公众与社会群体的影响未能充分运用等挑战。因此，在基础教育改革之前，设计者要加强预设，提供全面的方案设计。各中小学作为基础教育改革的主体，在改革过程中要配合基础教育改革的实施，积极探索，总结实践经验，并打开思路，寻求社会各界支持，充分发挥基础教育改革的作用。

第九章：经验与展望。本章审视芬兰、日本基础教育改革以及中国“生命·实践”学派的“新基础教育”改革的历程、特点和成效，并将这些信息作为中国基础教育改革借鉴和反思的基础。展望中国基础教育的未来发展趋势，提出中国应立足本国需求，有针对性地借鉴、吸收和学习他国成功的教育经验，持续探索本土化基础教育改革路径。

在编写过程中，本着为师范生和一线教师教育教学服务的原则，在兼具学理性和实践性的基础之上，本书体现出非常鲜明的创新点："理论引导，实践导向，'实用性'指导"。本书体系清晰、对症下药、引领前瞻、以例释理、注重实践、语言平实、表述规范、详细易懂，具有理论性、针对性、实用性和可读性等特点，从课程改革热点、教学改革热点、评价改革热点和教师发展研究热点等方面为师范生和一线教师提供"实用性"指导和帮助。具体特色如下：

第一，内容特色：遵循教育规律，聚焦教育教学活动过程和环节。全书从背景概述、政策逻辑、热点聚焦、困境挑战、经验展望等方面为师范生和一线教师全面深入了解基础教育领域的实际状况提供帮助和指导，解决"基础教育为什么要进行改革?""基础教育改革改什么?""哪些因素影响到基础教育改革?""基础教育改革的热点问题有哪些?""基础教育改革面临的困境和挑战是什么?""怎么确保基础教育改革的有效性?"等长期困扰基础教育改革发展的问题。

第二，体例设计：注重启发思考，培养师范生和一线教师自主探究的能力。本书体例采用"专题＋内容＋板块"编撰方法，旨在引导认识与理解依次递进，理论与实践相结合相呼应，符合师范教育的思维特点。正文几个专题均由"开头—中间—后续学习活动"三个部分构成。"开头"设置"本章概述""章结构图""学习目标""读前思考""热身活动"五个板块，"中间"正文内容关联"案例"板块，"后续学习活动"设计了"本章小结""批判性思考""体验式练习""补充读物"等板块内容。让师范生或一线教师能借助相关链接查阅与此有关的学习材料，拓展内容的广度和深度，为后续学习和研究工作的开展奠定基础。

第三，编撰特色：紧扣时代脉搏，凸显基础教育改革的方向性与学术性相结合。本书以习近平新时代中国特色社会主义思想为指导，立足师范教育教学实际，结合师范院校多样性的特点，研究基础教育改革面临的热点和问题。书中关联拓展大量新时代党和国家相关政策文件、学习资源和真实鲜活案例课例，引领师范生或一线教师善于发现和解决基础教育领域的现实问题。

基于上述的逻辑体系，我们组织了一批长期专门从事基础教育领域研究的学者，在参考借鉴前人研究成果的基础上，对本书的体例进行了认真的构建、论证，对本书的内容进行了编写和修订，最终使其得以问世。编写人员具体分工如下：李孝川负责确立全书体例，第一章由李孝川、彭佳负责撰写，第二章由李孝川、吴楠负责撰写，第三章由何顺超、金灿负责撰写，第四章由何顺超、马继军负责撰写，第五章由何顺超、李朝蕊负责撰写，第六章由杨斌、邓惠艳、张笛、王兴波、袁剑雅、常贺负责撰写，第七章由杨斌、郭靖、普明香、黄文雅、何锦香、袁双杰负责撰写，第八章由杨斌、杨梦梅、祁玲玲、袁琛、余晓冬、张芝琳、刘小丽负责撰写，第九章由李孝川、彭瑶负责撰写。全书由李孝川、何顺超、杨斌进行统稿，由吴楠进行书稿校对。

感谢为本书付出辛苦努力的编撰者们，特别感谢为本书辛苦工作的出版社的编辑老师们！同时，对本书引用的所有资料的作者们表示深深的敬意和由衷的感谢！我们是站在给予了我们帮助和指导的诸多前辈的肩膀上的。受编撰者能力所限，加之时间仓促，本书一定存在不妥或不足之处，敬请各位同行专家和读者不吝赐教。

关于基础教育改革和发展的探讨，任重而道远，本书仅仅是抛砖引玉。也借此书，表达编撰者们对基础教育领域的关注，对从事基础教育的教职员工的敬意。

编者

2024 年 1 月

目 录

第一章 绪　论

◆ 本章概述

当前中国基础教育在变革中迅速发展，取得了卓越的成绩，分析基础教育改革的背景条件、历程演变及问题挑战对我国基础教育未来发展具有重要的现实意义和理论价值。本章首先简要介绍了世界教育潮流、我国教育发展、理论实践基础与基础教育改革的关系，其次论述了我国基础教育改革的政策理念、实施内容、实施方式、效果评价的发展，最后阐述了基础教育改革的内涵与本质以及我国基础教育改革面临的挑战和未来发展动向。

章结构图

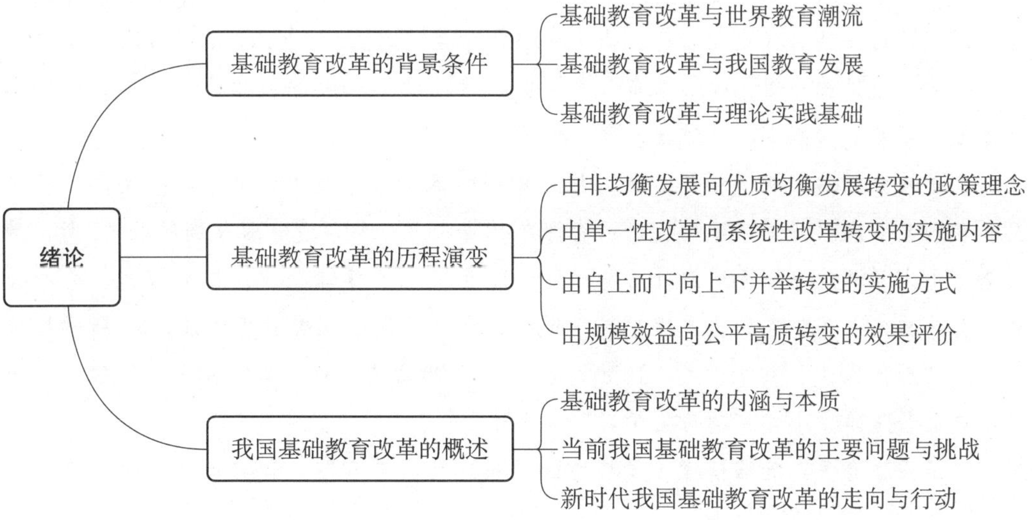

学习目标

1. 了解基础教育改革的背景条件
2. 清楚基础教育改革历程演变的内容
3. 理解基础教育改革的内涵与本质
4. 了解当前我国基础教育改革的现状及走向

读前思考

1. 你认为基础教育改革应具备什么条件?
2. 你如何看待当前我国基础教育改革的优势与劣势?
3. 你认为我国基础教育改革未来如何发展?

热身活动

任务一：你对基础教育改革是怎样理解的? 联系实际说说当前我国基础教育改革的主要措施有哪些?

任务二：请分析下文，长沙市是从哪些方面进行基础教育改革的?

长沙市自被批准为“教育部基础教育综合改革实验区”以来，加强了对基础教育改革的全局性、系统性、协同性谋划设计，着力构建以立德树人为根本任务的全面培养育人体系，并取得了阶段性成果。改革措施如下：

一是思政引领，培根铸魂。为确保教育工作的正确方向和高效推进，加强党对教育工作的领导，并成立专门的教育工作委员会和教育工作领导小组。通过这两个机构，我们可以对教育工作进行高水平的规划和推动。健全学校德育机构，全市所有中小学校都成立了思想政治工作委员会。加强思政课主阵地，全市小学到高中的部分年级学生使用《习近平新时代中国特色社会主义思想学生读本》。大力推行思政课集体备课制度，一方面遴选出市级集体备课负责人，另一方面举办思政课教学能手大赛，鼓励思政课教师参与教学基本功交流活动。

二是以生为本，教学相长。大力推进中小学课堂教学改革，通过在壶关县、长子县和襄垣县 3 次召开课改现场会，培育课改试点校 300 所，遴选课改领航校 42 所，带动全市中小学课改参与率达到 100%，初步建立了以“目标导航、自主探究、分组合作、引导启发”为特色的生本课堂教学模式。推广国家级优秀教学成果，54 所学校推广上海“后茶馆式”教学模式，45 所学校推广山西省“问题导学”模式，组织 200 所学校建成长治市中小学“项目化学习”联合体。

三是强体育美，陶冶情操。学校全面开设体育、艺术课，积极推行“健康知识＋

基本运动技能+专项运动技能”的体育教学模式和“艺术基础知识基本技能+艺术审美体验+艺术专项特长”的艺术教学模式。举办了13项市级赛事，如高中组校园足球联赛以及篮球、跳绳、健美操锦标赛等。学校艺术活动蓬勃开展，在山西省举办的钢琴比赛和合唱比赛中，取得了优异的成绩。

四是崇尚劳动，综合育人。针对中小学劳动教育课程体系建设，重点建设劳动教育实践基地，涵盖市、县、校三级，基本实现对家务劳动、校内劳动和实践活动进行统筹安排的目标。全市小学生参与家务劳动实现全覆盖，初、高中学生参与以“学雷锋活动”“开心农场”“环保小卫士”等为主题的校内外志愿服务和社会公益活动达10万余人次。

学而不思则罔，思而不学则殆。

——《论语·为政》

基础教育改革对我国未来教育走向具有十分重要的意义，关乎国家的前途命运。《中国教育改革和发展纲要》明确指出，“基础教育是提高民族素质的奠基工程”。进入新时代，我国社会主要矛盾发生重大变化，世界经济格局出现重大转折，亟须全面深化基础教育改革，建立高质量教育体系，以促进人的全面发展，实现中国教育现代化发展。

第一节　基础教育改革的背景条件

基础教育改革其实是一个动态的概念，基于现实性而不断发展。它是按照一定的价值标准促使基础教育由实然向应然转变的过程，与世界教育潮流、我国教育发展、理论实践基础等背景条件息息相关。

一、基础教育改革与世界教育潮流

世界教育思潮的多样化预示着基础教育的进一步发展，未来我国基础教育的改革必然要置身于终身教育、教育信息化、教育国际化的理念和框架下来推进。

（一）终身教育与基础教育改革

终身教育作为20世纪60年代形成的一种国际性教育思潮，最早由保罗·朗格郎提出。他在《终身教育导论》中指出，我们所说的终身教育是一系列很具体的思想、实验、成就，换言之，是完全意义上的教育，它包括了教育的各个方面、各项内容，从一个人出生的那一刻起一直到生命终结为止的不间断的发展。简单来说，终身教育认为人的一生都需要接受不间断的、全面的教育，强调学习的重要性。它的提出，得到了联合国教科文组织和世界各国的广泛认同，许多国家把终身教育理论当作教育改革与发展的主导思想，并在基础教育教学目标、教学内容、教学模式等方面进行了改革。

虽然我国对终身教育理论的应用起步较晚，但是它的传播对我国基础教育改革产生了很大的影响。在终身教育理论下，我国基础教育目标发生了极大的变化，强调培养学生的综合素质和能力，并帮助学生树立终身学习的意识。与此同时，基础教育也调整了教学内容。传统教学内容陈旧、结构不合理、与时代相脱节，影响到学生综合素质的提高。在终身教育理念的引导下，教学内容的设计更加注重层次性和内在逻辑性，各门课程之间的联系也更为紧密，使得教学内容既关注学生的生活实际，也积极响应社会发展的需求。更重要的是，终身教育理念认为教育是一个持续的过程，涵盖了学习者和教育者之间的不断互动和共同进步。① 教学模式也由传统的以“教师施教”为核心向以“学生学习”为核心转变。

由此可见，终身教育理论与我国基础教育改革有着密切的关系，它对基础教育的改革产生非常重要的作用。当前，我国基础教育改革的主要目标是提高教育质量和培养具有创新能力和终身学习能力的人才，这与终身教育理念不谋而合，未来我国要实现全面的基础教育改革，就必须以终身教育理论为指导，将终身教育理念融入教育实践中。

（二）教育信息化与基础教育改革

自 20 世纪 90 年代以来，信息技术快速发展并广泛应用于国际教育领域，由此产生了一种新的趋势——教育信息化。教育信息化是指在教学领域全面而深入地运用现代信息技术，以促进教育改革和发展的过程。其结果将形成一种全新的教育形态，即信息化教育。② 在这种趋势下，不仅教育形式发生变化，而且基础教育中教育资源、教学模式、教育评价等要素发生变革与创新。具体而言，包括以下几点：一是教育形式不再局限于传统的“班级授课制”，多元、多层次办学成为主流。二是教育信息化促进了学习资源的共享与流转，超越传统的基础教育空间限制，使得学生的学习不再局限于传统的教室，优质资源可以得到广泛应用。三是教育信息化的发展促使传统纸笔

---

① 郑元齐．终身教育理论对我国基础教育改革的影响．课程教育研究，2015（26）：31－32.

② 李孝川，何顺超，杨斌．基础教育改革动态．长春：吉林大学出版社，2016：10－11.

备课方式向电子备课方式转变，从而提高了教学效果。这种转变不仅使得教师能够更加便捷地备出更加精准的课程，同时也能够更好地满足学生的学习需求，提高教学质量。四是教育信息化改变了传统评价方式，使得形成性评价和诊断性评价成为可能，继而调整教学策略，更适应学生个性化的发展需要。所以说，教育信息化为基础教育改革提供了新的动力和发展空间。

由此可见，现代信息技术在教育中的应用是提高教育质量的重要手段之一，教育信息化给基础教育改革带来诸多崭新机遇。因此，基础教育改革应该充分认识到信息技术的价值，把教育信息化作为指导思想。教育部在《教育信息化 2.0 行动计划》中明确指出，教育信息化具有突破时空限制、快速复制传播、呈现手段丰富的独特优势，同时也必将成为促进教育公平、提高教育质量的有效手段，将成为构建泛在学习环境、实现全民终身学习的有力支撑。可见，我国已把信息技术的运用作为教育改革的重要组成部分。未来我国基础教育的发展应将教育信息化视为推动系统性变革的原动力，逐步适应教育信息化对基础教育的新要求。

（三）教育国际化与基础教育改革

国际化是当代世界教育发展的重要特征，它已成为教育未来发展的基本趋势，是各国推动教育改革的重要主题。一般来说，“教育国际化”是为本国培养具有世界眼光的多元化国际人才。[①] 其特点表现为国际教育交流与合作日益密切，各国均在改革学制的封闭状态，促进学校多元化发展以及培养国际型人才成为教育的主要目标。可见，未来各国基础教育改革与发展中的教育对象、目标、方法、形式等方面的共同点会越来越多，国际化趋势越来越明显。所以说，国际化不仅仅是一种教育理想，更是全球化背景下所开展的教育实践。

通常而言，基础教育作为教育体系的初级阶段，是教育国际化进程中的一个重要组成部分。当前基础教育国际化的发展趋势表现为：首先，学校、学生、教师、课程的国际交流日益密切，其中最为明显的特征就是课程内容增加了国际学科和外语教学。其次，国际的教育问题探讨、学术会议交流合作日益频繁，实现了教育资源、经验的共享与借鉴。最后，随着全球化趋势的加强，国际化人才的培养成为各国重要的教育目标。这要求学生既立足本民族文化，又认同世界的普遍文化，从而使本民族文化走向世界。

综上所述，为了适应未来各国之间合作、交流日益密切的趋势，我国基础教育改革也必须重视加强教育国际化，以“教育要面向现代化，面向世界，面向未来”为指

---

① 孟繁华．中外基础教育改革与发展．北京：中央广播电视大学出版社，2003：33－34.

导思想，深化素质教育改革和推动为实现教育现代化而开展的有关学校教育实践探索。① 具体来说，要通过课程领域融入国际和全球教育的元素，加强多元文化和可持续发展教育；把培养学生的全球意识能力素养与我国倡导的核心素养相结合；同时推动学校特色化发展，做好优质的国际教育等，整体把握国际基础教育发展动向。

二、基础教育改革与我国教育发展

在新的历史阶段，我国教育事业取得了显著成就，为深化基础教育改革打下了坚实基础。然而，教育事业的不断发展也对基础教育改革的进一步深化提出了更高的要求。

（一）教育公平与普及化程度的提高助力基础教育改革

我国教育公平与普及化程度的提高对于基础教育改革具有重要的助力作用。教育公平的提升使得每个学生都有平等地接受教育的机会，而教育普及化程度的提高则使更多的人享有优质的教育资源。首先，教育公平的提升为基础教育改革提供了坚实的基础。随着国家经济的发展，政府加大对农村、落后地区的教育投入，成功地缩小了城乡、地区之间的教育差距。此外，建立起一系列的公平竞争机制，如招生制度改革，取消择校费、实行随机录取等，减少了对弱势群体的歧视，使得招生更加透明、公平；而高考制度的改革则使更多的人有机会进入大学，助力人才的培养，推动社会发展。其次，教育普及化程度的提高为基础教育改革注入了新的活力。一是促使基础教育观念发生转变，基础教育不仅仅是知识的传授，更加注重学生的全面发展。二是推动基础教育课程的改革，课程设置多样化、内容更加贴近学生生活。三是促进教育资源的优化和共享，区域之间、校际差距逐步缩小。所以说，教育公平与普及化程度的提高，让我国教育事业获得了同步同质量的提高，也为基础教育改革带来了积极的影响。

总之，教育公平与普及化程度的提高是推动基础教育改革的重要力量。然而，由于历史、区域、经费、管理等因素的限制，基础教育公平仍然存在一些问题，如城乡之间、地区之间、学校之间教育资源分配不均等。因此，我们也要认识到教育公平与普及化程度的提高对基础教育改革事业进一步发展提出了新要求。未来我国基础教育要更加关注教育公平，从提高基础教育的入学率、优化教育资源的配置、提升基础教育的质量等方面入手，继续推进基础教育改革与发展，跟随我国教育事业的发展，逐步走向优质化，为学生提供更加公平、优质的教育。

---

① 杨明全．基础教育国际化：背景、概念与实践策略．全球教育展望，2019，48（2）：55-63.

（二）素质教育的不断推进呼吁基础教育改革

素质教育是在全球化、我国实现“四个现代化”背景下，针对应试教育带来“学生学业负担过重、片面追求升学率”的弊端而提出的。它最基本的内涵就是教育应该遵循党的教育方针，以培养全面发展的学生为目标。同时，教育应该面向全体学生，关注每个学生的成长，为他们提供平等的教育机会和资源。[①] 经过几十年的发展，我国素质教育实施在数量和质量上都取得了一定的成绩，基本普及了义务教育，加强了薄弱学校的建设，取消了重点小学、初中，实施了免试就近入学制度。进入新时代，深化素质教育提出要通过构建和开发更加开放、多元、综合、创新的课程，以创造之教育培养创新之人才，加快构建基于人的素养发展的评价体系和培养体系，实现人才质量的全面提高。[②] 因此，为了适应素质教育的发展，基础教育必须进一步改革，不断促进教育的全面发展。

从深化素质教育的角度看，基础教育要推进课程、教学方法、评价及师资培训等方面的内容改革。首先，课程取向上注重学生的素质及能力培养，课程内容上深化三级课程体系建设，满足学生的个性需求。其次，教学方法上，教师应该成为学生学习的引导者，一切以学生为中心。再次，改革评价机制，采取多元的评价方式，如综合素质评价、项目评价等，促使评价由“甄别选拔”转向“素质全面发展”。最后，加强师资培训，促进教师专业能力的提高。习近平总书记曾指出：“教师是教育工作的中坚力量。有高质量的教师，才会有高质量的教育。”可见，提高教师的素质，刻不容缓。

总之，素质教育是21世纪基础教育改革的行动指南，在素质教育实施的推动下，基础教育的改革更加符合时代的要求，对培养具有创新能力、合作精神、社会责任感以及具有国际竞争力的公民都有十分重要的意义。

（三）教育质量提升的诉求需要基础教育改革

教育质量是对主体需要的满足程度，强调培养人的综合能力以及促进人的全面发展。[③] 它的提升一直是社会的共同诉求。《中国教育现代化2035》强调要“着力提高教育质量，促进教育公平”。而党的二十大报告更是提出：“坚持以人民为中心发展教育，加快建设高质量教育体系，发展素质教育，促进教育公平。”所以说，教育质量提升是当前中国教育改革的主要战略目标。基础教育改革则是实现这一目标的重要途径。随

---

① 孟繁华．中外基础教育改革与发展．北京：中央广播电视大学出版社，2003：44-45.

② 杨志成．把握发展素质教育的本质和内涵．人民教育，2023（1）：23-26.

③ 戚业国，陈玉琨．论教育质量观与素质教育．中国教育学刊，1997（3）：26-29.

着社会的进步和经济的发展，人们对教育的要求也越来越高。教育质量的提升意味着学生全面发展的能力与社会需求相一致，自然基础教育改革就必须为了满足这种需求进行一系列改革。概言之，无论是国家层面，还是社会层面的教育质量提升诉求都需要基础教育改革的支持。

首先，基础教育改革是实现教育质量提升的关键。在传统的基础教育模式下，教育内容、教学方法、教师专业素养都不能满足新时代教育对人才培养的要求。基础教育改革涉及教育内容、教学方法、教师培训等多个方面，通过改革可以更加贴近社会需求，培养学生的实际能力，提高学生的学习兴趣和效果，提升教师专业素养和教学能力，进而有效提升教育质量。其次，教育质量提升的诉求与基础教育改革形成良性循环。教育质量的提升离不开基础教育改革的支持，基础教育改革的实施又能够促进教育质量的提升。通过基础教育改革，可以满足人们对优质教育的需求，满足教育质量提升的诉求，而教育质量的提升又会进一步推动基础教育改革的深入发展。

基于此，可以看出教育质量提升诉求与基础教育改革密不可分。教育质量是否提升事关人才培养是否达到社会要求，而基础教育是人才成长的“拔节孕穗期”，其改革对教育质量提升至关重要。① 只有不断进行基础教育改革，才能实现教育质量的持续提升。

三、基础教育改革与理论实践基础

理论与实践的交相呼应、交互生成是对我国基础教育改革过程中出现的问题及形成原因的理性分析和导向突破，是推进基础教育改革的关键所在。

（一）人本主义学习理论

人本主义学习理论是以马斯洛和罗杰斯为代表的人本主义心理学向教育领域的延伸与扩展。② 它以全人教育的视角来阐述学习者的整个成长过程，偏向于对学习者的创造力的启发，关注学习者的全面发展和自我实现，对全球范围内的教育改革产生了深刻的影响。对于基础教育来说，人本主义学习理论的学习观和教学观具有理论引导和实践操作意义。

人本主义学习观认为，个体被视为具有独立目的、能够自我决定和塑造自身行为的存在，并以此获得满足感，而非简单机械的刺激-反应联结组合。③ 它强调学习者应

① 李帆，钱丽欣，邢星. 2022中国基础教育政策分析. 人民教育，2023（Z1）：13-41.

② 冯明珠. 人本主义学习理论下的对外汉语中级口语教学. 郑州：河南大学，2021.

③ 马宝元. 人本主义学习理论及其对我国基础教育改革的启示. 鞍山师范学院学报，2004（4）：97-100.

预设学习目标，主观选择、实施学习行为，进而实现自我价值。因此，学习应该是一种有意义的活动，学生应该自发地、全身心地投入学习，促进自身的全面发展，满足自己的需要。这对更新基础教育观念具有重要意义。教育应该培养有个性、有创造性的人，这就要求教师以“学生为中心”，尊重学生，鼓励学生独立思考，让学生独立地去感悟、体验，享受知识获得的过程，在学习内容、学习方法上给予学生更大的选择空间，不断激发学生的动机，让他们主动为自己而学习。

在此基础上产生的人本主义教学观，则对基础教育改革的教学方面提出了更细化的要求。人本主义教学观所强调的是，教师的核心职责在于为学生提供多元化的学习资源，同时积极塑造一种促进学习的环境氛围。在这个过程中，学生将得以自主决定自身的学习路径。这种观念把教学活动的核心指向了学生，有效地推动了个性化教学的发展。对于我国基础教育改革的教学理念和方法转型而言，人本主义教学观的借鉴意义不可忽视。目前，我国实施的新一轮基础教育课程改革的核心理念就是“为了每一个学生的发展”，其课程内容、实施、评价等方面都受到现代人本教育思想的影响。尤其是提出的“综合实践活动”“研究性学习”“发展性评价”都是人本主义学习理论运用在基础教育中的实践体现。因此，人本主义学习理论是基础教育改革重要的理论基础，对于开展教育活动、培养学生都具有一定的导向作用。

（二）多元智能理论

多元智能理论是当前世界教育改革的重要理论基础之一，不仅具有教育指导意义，而且具有很强的操作性和兼容性。该理论由美国教育学家和心理学家加德纳提出，他认为每个人身上至少存在七项智能，即语言、数理逻辑、音乐、空间、身体运动、人际交往、自我认识等。其核心内涵是“教育应该在全面开发每个人的各种智力的基础上，为学生创造多种多样的展现各种智力的情境，给每个人以多样化的选择，从而激发每个人潜在的智力，充分发展每个人的个性”。① 这与我国素质教育理念不谋而合，其因材施教的教学观、以评价促发展的评价观是对素质教育理论的有益补充。

多元智能理论重视个性化的教学观念，强调根据学生的个体差异和能力倾向，采用针对性的教育方法，充分发掘学生在某一或多个领域的潜能。在教育实践中，既要注重全面发展学生的各种智能，又要关注学生的个性化需求和特点，以实现最优化的教学效果。因此，教学要尽可能地创设适应学生优势智能发展的条件，采用丰富多样的、适应性强的教学技术，以适应不同的智力特点。② 这对我国的素质教育改革中核

---

① 田雯．多元智力理论对我国教育的影响．黄石理工学院学报（人文社会科学版），2008（3）：50－52，82.

② 钟志贤．多元智能理论与教育技术．电化教育研究，2004（3）：7－11.

心素养的落实产生了积极的影响。2016 年，我国发布了学生发展核心素养框架，以培养“全面发展的人”为核心，涵盖三个方面，分为六大素养，具体细化为十八个基本要点。使核心素养切实贯穿于教学实践中，一直需要理论的指导。多元智能理论的教学观以学生的多元发展为核心，变革教学组织形式、创新教学手段，为核心素养在中小学进行教学实践提供了一定的理论支持。

多元智能理论提倡多种多样的、以评价促发展的评价观，为现代基础教育学校的考试评价制度注入活力与生机。其评价观主张开展多种形式、与学生发展相协调的评价活动，强调评价只是目的，注重双方参与的过程，考查学生解决问题能力和创新能力，是对传统的测验学生成绩与智力的评价取向的超越。借鉴多元智能理论，我们应该关注音乐、体育、美术、视觉等其他智能领域的发展，探索多元评价方式，体现学生的智能差异，为学生提供有益指导，以评价促进学生发展。因此，多元智能理论的运用对指导我国基础教育改革有着重要的作用。

（三）“生命·实践”教育学

“生命·实践”教育学是我国的原生态教育理论，它诞生于中国社会转型的变革时期，以“新基础教育”研究为基础，以“生命·实践”教育学派为依托，是一种以基础教育改革实践为根基的教育学重建。① 它强调要培养生命自觉发展的人，关注人的生命，更新人的生存方式，赋予了“教育”更深层次的内涵，其“新基础教育”关于新型“学校教育活动形态”的教育实践是这一思想对基础教育改革具有指导价值的最好证明之一。

学校教育活动是师生学校生活的核心，改变师生在校的生存方式，使其在交互中共生，对培养生命能够自觉发展的人的目标落实意义非凡。新型学校教育活动的核心就是激活师生在教育活动中的生命力，把教育活动的重心转移到生命体发展的目标上。目前，“新基础教育”实验学校的教育活动呈现出四种特征：一是双边共时性，指教与学的活动相关联，师生双方是复合主体，还互为主副体；二是灵活结构性，强调教育内容、方法、过程都具有一定的结构性，并且是灵活、可变的，这样有利于培养学生在整体中认识局部的思维；三是动态生成性，指师生双方都是能动的人，应该在追求共识性的认识过程中共同提升，生成新的认识、理解，这样，使得教育活动既有目的性，又因其参与呈现动态生成性；四是综合渗透性，指各类教育活动之间的功能和育人价值虽各有侧重，但又相互蕴含、综合渗透。②

“生命·实践”教育学具有理论与实践双重价值，它在基础教育学校的实践探索中

① 李政涛．“生命·实践”教育学的实践基石．教育学报，2011，7（6）：14－25.

② 叶澜．基础教育改革与中国教育学理论重建研究．北京：经济科学出版社，2009：498－500.

总结出了教育活动、班级建设、课堂教学、学校领导与管理等关键领域改革的具体操作指南，为基础教育学校改革指明了方向，上述新型学校教育活动建设只是改革理论的教育实践之一。随着基础教育改革的不断深入，“生命·实践”教育学将提供更多理论指导与实践经验。

案例

基于数字基座探索区域教育数字化转型①

在区域教育数字化转型过程中，面临着诸多挑战，包括如何更好地实现数据的使用、共享、一体化等难题。此外，发展均衡、质量提升、数据安全各方协作等问题也需要关注。为应对这些挑战，数字基座这一概念应运而生。数字基座，即标准化的数字学校中枢，具备多种功能，可以实现物联设备统一接入管理、机构人员统一认证管理、数据源管理、机构人员通信管理、应用衔接管理等。

为了推动教育向数字化转型，上海市长宁区已经建立了区和学校两级的数字基础架构，实现了数据、应用程序、人员和资源的互通与共享。这一举措不仅打通了各类资源和应用之间的壁垒，还为教育治理、教育教学和教师发展等领域提供了强有力的数字化支持。同时，这一举措还形成了教育内外多元主体之间的价值共创，实现了教育与技术的深度融合，推动了教育数字化转型的生态系统发展。在当前的数字化底座构建过程中，政府、企业、学校三方正积极配合，形成合力，共同打造一个多方主体价值共享的数字化转型生态系统，致力于实现标准化与个性化的有机结合，努力构建一个数据、技术与应用协同发展的生态环境。除此之外，数字基座让优质教育资源共建共享成为现实，开发复用数字应用程序，为教育减负增效，极大促进了基本公共教育服务优质均衡发展。并且，数字基座通过数据的联通与共享，实现了教育教学的常态化赋能，而多元异构数据的归集和分类授权，有效保证了数据的安全。更重要的是，基于多维数据加工，数字基座支持分析结果的多重反馈，以数据驱动提升教育教学的质量，为基础教育可持续发展增添活力。

【评析】该案例明确显示区域教育数字化转型，已从探索逐步走向实践。数字技术的运用将极大地推动教育领域的变革，促进优质教育资源的共享，常态化赋能教育教学，提升教育教学质量。未来培养学生及提高教师的信息素养是时代发展的趋势，教育与技术的融合将有助于推动基础教育优质均衡发展。

① 施久铭，程路，谭希，等. 2022 中国基础教育典型案例. 人民教育，2023（Z1）：52－66.

第二节　基础教育改革的历程演变

为实现教育现代化、建设教育强国，我国不断探索“中国式”基础教育改革发展的道路。经过长期努力，我国基础教育改革的理念、内容、方式、评价实现了内涵式发展。

一、由非均衡发展向优质均衡发展转变的政策理念

从“非均衡”走向“优质均衡”，不仅是基础教育发展阶段的转变，还是基础教育改革由偏重教育外在价值转向关注教育内在价值的政策理念调整。

（一）非均衡发展理念

改革开放初期，我国总体经济实力较弱，为了改变“平均主义”的局面，提高社会经济运行的效率和活力，我国实施了“非均衡化”政策，以增加数量和扩大规模为手段，追求教育机会均衡的价值取向。具体而言，就是将有限的资源集中分层次、分领域、分地区推进社会文化事业和经济的发展。如《关于办好一批重点中小学的试行方案》的颁布，形成各级学校“层层重点”的格局，使得城市获得优质教育资源，满足国家加快人才培养的迫切需求。① 此后，相当长的时间，我国的基础教育都按照非均衡发展的政策理念演进。这种政策理念最终对我国的基础教育发展产生了巨大的推动作用，使得各级各类教育的规模扩大、质量迅速提高。

（二）基本均衡发展理念

随着非均衡政策的促进作用减弱，负面作用日益凸显。基础教育发展的区域、城乡、学校之间的差异越来越大，严重影响了教育公平及社会公平的实现，不利于社会稳定。② 因此，推行基础教育均衡发展策略，以提质和要素驱动为主要方式，追求质量均衡的价值取向，成为这一时期我国基础教育改革的主要政策理念。1993 年《中国教育改革和发展纲要》明确提出“两基”工作方针和实现目标。随后，国家进一步推进“以县为主”的农村基础教育管理体制改革，缩小了城乡差距。2010 年《国家中长

① 朱亚丽．义务教育均衡发展的嬗变、成效与反思．教学与管理，2021（9）：25－27.

② 田芬，朱永新．关于基础教育均衡发展的哲学思考．苏州大学学报，2004（2）：117－120.

期教育改革和发展规划纲要（2010—2020年）》更是将推进义务教育均衡发展作为国家基础教育中长期发展的战略性任务。此外，全国基础教育工作会议明确提出了基础教育阶段均衡发展的工作思路与具体措施，推动基础教育全面健康发展。在此政策理念的推动下，我国基础教育的发展水平得到了极大的提高，基础教育也由非均衡阶段过渡到基本均衡阶段。

（三）优质均衡发展理念

进入新时代，人民对教育有了更高、更具体的要求，“上好学”的愿望更加强烈，个性化发展成为新的教育需求。因此，在实现基本均衡后，我国开始注重基础教育结构优化和创新驱动，基础教育改革的政策理念也逐步由“基本均衡”向“优质均衡”转变。简单来说，基础教育优质均衡发展本质就是追求高质量，是在基本均衡基础上的质量均衡。《中国教育现代化2035》提出的“普及有质量的学前教育、实现优质均衡的义务教育、全面普及高中阶段教育”等主要目标，是对基础教育“优质均衡”的标志性要求。[①] 与此同时，国家对义务教育改革和质量提升、教师队伍师德师风建设、新一轮基础教育课程改革等领域提出的要求，表明随着我国基础教育改革的深入，改革的重心将会从关注基础教育发展的规模和数量，下移到教育内部发展，如师资水平、教学方式、课程内容等基层方面。所以说，优质均衡作为均衡发展的高级阶段，符合我国教育均衡发展的现实状况，是基础教育改革的应然追求。

二、由单一性改革向系统性改革转变的实施内容

改革是教育不变的主题，在基础教育改革进程中，改革的内容从“单项”走向“综合”，从“碎片化”走向“系统化”，其深度和广度日益凸显，形成了中国特色的教育改革路径。

（一）教育体制为重点的单一性改革

单项的或部分的基础教育改革是指基础教育的某一因素或某一方面单独进行改革，例如我国一开始以教育体制为重点的突破性改革。[②] 改革开放以来，我国教育事业发展较慢，教育体制存在一些弊端，为了从根本上改变这种现状，就必须从教育体制入手，系统地进行改革。1985年《中共中央关于教育体制改革的决定》针对基础教育薄弱问题，以教育体制改革为重点，将发展基础教育的责任交给地方，使基础教育得到

---

① 中共中央国务院印发《中国教育现代化2035》. 人民教育，2019（5）：7-10.

② 孟繁华. 中外基础教育改革与发展. 北京：中央广播电视大学出版社，2003：8-9.

加强。之后，1987 年《国家教育委员会、财政部关于农村基础教育管理体制改革若干问题的意见》的颁布，加强了农村基础教育管理体制改革。1993 年《中国教育改革和发展纲要》继续以教育体制为重点，并对基础教育领域管理体制的改革思路进行明确规定，在一定程度上调动各方办学的积极性，有力地配合了教育、科技、经济等领域的体制改革。① 同时，将转变教育思想、改革教学内容和教学方法、解决学校教育不同程度脱离经济建设问题和满足社会发展需要作为重要改革任务，但是教育体制改革依然是重点和主线。② 因此，从历史变迁的脉络看，这一时期，基础教育一直采取引导性措施促进体制改革和发展。

（二）围绕中心任务的综合性改革

综合性改革是对基础教育思想、现行的基础教育改革、教育目的、教育内容、教育方法以及教育管理体制等方面进行改革。③ 随着基础教育的快速发展，我国基础教育改革范围逐步扩大，改革内容逐步细化。尤其是 1999 年《中共中央、国务院关于深化教育改革全面推进素质教育的决定》提出“深化教育改革，全面推进素质教育，构建一个充满生机的有中国特色社会主义教育体系”，并对各地区基础教育提出不同程度的要求。于是，围绕素质教育的实施，基础教育改革进入综合性改革阶段，即要对教育结构、体制进行调整，加快招生制度改革，鼓励和支持社会力量办学，构建符合素质教育的三级课程体系。在此基础上，改革内容进一步扩展，2001 年《国务院关于基础教育改革与发展的决定》对基础教育课程体系、教学实施、教育人事制度、办学体制、信息技术教育等方面进行改革。可见，我国基础教育改革开始从单一的改革逐步走向综合的改革，逐步扩展到各个教育领域，改革的综合性初步显现。

（三）全面深化的系统性改革

基础教育高质量发展是一个系统性工程，每一项改革都是推动基础教育发展的主要力量，每一项改革都会对其他改革产生重要影响。随着改革的深化，其“系统性、整体性、协同性”日益重要。2017 年《关于深化教育体制机制改革的意见》从育人方式、办学模式、管理体制、保障机制等方面对基础教育改革做出部署。2018 年全国教育大会以后，基础教育领域又出台多项改革政策，覆盖四个教育阶段，涉及课程建设、教育评价、教师队伍等多项内容。2023 年教育部等三部门发布《关于实施新时代基础

---

① 慕彦瑾，李芳，段晓芳．当代基础教育改革和发展研究．成都：四川大学出版社，2012：71.

② 阮成武．基础教育改革顶层设计的进路与反思：1980—2020. 南京师大学报（社会科学版），2021（1）：14－23.

③ 孟繁华．中外基础教育改革与发展．北京：中央广播电视大学出版社，2003：9.

教育扩优提质行动计划的意见》，提出构建以学前教育优质普惠、义务教育优质均衡、普通高中优质特色、特殊教育优质融合发展的格局。可见，我国将基础教育放在了更加重要的位置，全面改革的坚持使基础教育内涵得到丰富。当前，我国基础教育改革已深入基础教育不同阶段领域，更加注重各项改革的相互促进、良性互动、协同推进，未来全面深化的系统性改革将成为基础教育向更深层次迈进的强大助力。

三、由自上而下向上下并举转变的实施方式

改革实施方式的选择至关重要，我国基础教育改革的实施方式是在长期的博弈与调适的过程中产生的，且遵循一定的实践逻辑。

（一）自上而下的实施方式

基础教育改革具有其特殊性，我国之前基本都采用自上而下的实施方式。首先由中央出台基础教育的意见，其次各地相继出台实施方案，最后由基层学校具体实施教育改革。如 1980 年《关于普及小学教育若干问题的决定》将国家作为计划指导的顶层主体，普通教育有关规划由各级政府统筹安排。在这一实施方式的推动下，我国多项基础教育改革方案得以落实，基础教育事业快速发展。据统计，新中国成立之初，我国适龄儿童小学入学率不到 20.0%，初中入学率仅为 6.0%，80.0%以上的人口是文盲；与之相比，2021 年我国学前教育毛入学率达 88.1%、九年义务教育巩固率达 95.4%、高中阶段毛入学率达 91.4%。① 事实证明，自上而下的实施方式，使得基础教育领域发生巨大变化。因此，自上而下的实施方式符合我国基本国情，对基础教育改革有着强大推动力，极大地解决了我国教育水平低下、基础教育难以普及的问题。

（二）自下而上的实施方式

随着基础教育改革的深入，地方政府和基层学校缺乏改革的活力和创新力，既存在"越位"与"错位"，也存在"缺位"与"不到位"问题，加剧了基础教育发展不均衡，尤其是东西部、城乡教育质量差异明显。此外，一些教育现实问题"倒逼"基层政府与学校探索问题解决路径。所以，自下而上的实施方式为促进基础教育改革进一步完善，提供了契机。一般来说，自下而上的模式主要发生在基层，以学校或者地方政府发起的教育改革为准，在形成经验后，再自上而下设计成合法化的体制改革。②

① 2021 年全国教育事业统计主要结果．(2022-03-01)[2022-05-05]. http://www.moe.gov.cn/jyb_xwfb/gzdt_gzdt/s5987/202203/t20220301_603262.html.

② 孙勇．博弈与调适：教育改革的逻辑．上海：华东师范大学，2019.

如2004年上海出台的《关于全面实施教育综合改革，率先基本实现上海教育现代化的若干意见》提出了关于学前、义务、高等、职业等方面的多项综合改革任务，极大提升了上海教育水平，为其他地区提供了经验，树立了典范。北京市十一学校为了推进素质教育进行的教学形式改革，建设了特色化学校，成功引领了学校变革。由此可见，自下而上的实施方式，具有灵活性和创新性，可以降低基础教育改革的风险，为改革的完善提供有价值的参考，是推动基础教育改革的有益补充。

（三）上下并举的实施方式

自上而下的改革为自下而上的改革提供动力，而自下而上的改革为自上而下的改革提供反馈，两者相辅相成。换句话说，“自上而下的强制压力和自下而上的变革动力是相互需要的”。随着我国基础教育改革的全面深化，单一的实施方式可能无法突破现实的问题，两种实施方式的有机结合是当前推进基础教育改革比较可行的模式。以高考改革为例，由国家下发改革意见，前期开始地区试点，采用“3＋3”模式，在总结经验后，后期改革采用“3＋1＋2”模式，逐步增加试点，扩大辐射范围。通过顶层设计与基层探索相结合的方式，不断把基础教育改革推向深入发展。由此，说明上下并举的实施方式更加稳妥可行，更有利于改革的推进。基础教育改革不同于其他改革，在我国现行的体制下，既需要中央政府的顶层设计，也需要基层学校、地方政府的参与。前者可以使改革更为持久，更贴近实践；后者可以使改革更具灵活性与创新性。简单来说，上下并举的实施方式可以成为行之有效的长期机制，更好地巩固改革成果，是我国当前基础教育改革深入展开的主要实施方式。

四、由规模效益向公平高质转变的效果评价

公平与效率是考察和评价教育改革与发展成效的两个基本价值维度。[①] 新时代背景下我国社会主要矛盾发生了变化，公平、高效、优质的效果评价既是社会发展的需要，也是实现个性化人才发展的需要。

（一）由规模效益走向公平高质的原因分析

公平与效率问题既是促进我国教育改革的重要动力，也是制约我国教育改革的重要因素。总体来看，我国基础教育改革在“效率与公平”的效果评价选择上经历了不同的历史转变，出现变化的原因涉及多方面元素，但最主要的是国家政策和社会需要

① 董海军，刘海云．公平与效率：我国教育发展的阶段性演进（1949—2022）．社会科学辑刊，2022（4）：48－58.

决定了评价的发展特征。一方面，基础教育的改革会受到国家整体经济水平的影响，核心环节教育资源配置以政策制度为导向，所以“效率、公平”关系的选择，都是国家意志的体现。以“重点学校”建设为例，涵盖基础教育的四个阶段，将有限的教育资源规模化，凸显了“效率优先”发展的地位。另一方面，随着改革的深入，负面作用逐渐显现，于是“义务教育均衡发展”政策目标应运而生，在此过程中，教育公平原则被日益重视。实际中，随着教育机会的增加和教育质量的提升，人们开始关注“优质教育资源”的分配，“学区房、择校问题”的出现是优质教育资源不充分导致的，“公平、高质”的评价取向逐渐形成。可见，社会需要是促使基础教育由规模效益向公平高质转变的主要推动力。

（二）基础教育公平与效率的关系演化

新中国成立后尤其是改革开放初期，受到以经济建设为中心的方针影响，“效率优先、兼顾公平”成为基础教育改革的普遍原则。从政策上看，1978 年教育部颁发的《关于办好一批重点中小学的试行方案》、1980 年《教育部关于分期分批办好重点中学的决定》都在强调效率优先，注重教育规模的快速扩张。此后随着教育改革基础性地位提高，教育公平受到关注，逐渐成为基础教育改革的首要原则，基础教育改革的目标逐渐发展为实现“公平而有质量的教育”和“办好人民满意的教育”，呈现公平与效率兼顾的均衡化发展趋势。就政策而言，2010 年的《教育部关于贯彻落实科学发展观进一步推进义务教育均衡发展的意见》、2021 年 4 月通过的《中华人民共和国教育法》都是国家为促进教育公平、提高教育质量所采取的措施。至此，“公平高质”的效果评价取代“规模效益”成为基础教育改革发展成效的主要评价标准。

（三）未来基础教育发展将实现公平化、高效化、优质化

新中国成立 70 多年来，我国基础教育经历了普及、提质、优质扩展等阶段，在教育规模、质量、效率等方面成绩斐然，但是也存在发展不平衡、不充分等问题，教育体制、教育公平问题依然严峻。对我国基础教育公平与效率关系演化进行分析，有助于理解不同时期我国基础教育发展特征，把握教育改革发展动态。进入新时代，建设高质量教育体系成为我国教育事业发展的主要目标，《关于构建优质均衡的基本公共教育服务体系的意见》明确提出全面保障义务教育优质均衡发展，办好人民满意的教育。[①] 2023 年教育部等三部门发布《关于实施新时代基础教育扩优提质行动计划的意见》，指出我国基础教育当下有优，但是不均衡、不普遍，优的范围有局限、不够普

① 中共中央办公厅、国务院办公厅印发《关于构建优质均衡的基本公共教育服务体系的意见》. 中华人民共和国国务院公报，2023（18）：4－7.

及，基础教育整体质量还有待提升。① 基于上述分析，从教育公平与效率的关系逻辑来看，未来我国基础教育将以公平化、高效化、优质化的效果评价为改革的基本方向。

案例

区域推进教育优质均衡发展新路径②

江苏省张家港市以“让每个孩子都能享有公平而有质量的教育”为基本目标，通过建设高质量学校、创新协同机制、助力队伍建设三种途径探索出区域推进教育优质均衡发展新路径。

建设高质量学校。首先，要明确学校的办学理念，营造良好的校园环境，强化学校文化的领导力，着力提升学校文化的输出能力。其次，通过重构课程，寻找满足当前教育所需的方法，逐步改进课堂教学。

创新协同机制。在共同发展目标的引导下，教育行政部门、教研部门、社区、家庭等主体合作构建现代教育治理体系。

助力队伍建设。大力推进“名师工作室”“学科中心组”“学科备课组”等教师团队建设，以促进教师的成长、学科的发展和教学的改善，并制定“能量流动”目标，以流动的教师为促进学校优质发展注入活力。

【评析】该案例说明区域教育从基本均衡到优质均衡，既需要激发学校发展活力，依靠学校资源实现内部的优化，还需要多元主体的参与，建构现代教育治理体系，其中家校社协同育人是当前推动区域基础教育优质均衡发展的重要力量。除此之外，教师队伍建设也是学校优质发展的重要因素，加强教师人才培养是提升教育质量的关键环节之一。

第三节 我国基础教育改革的概述

基础教育对促进社会主义现代化建设具有基础性和先导性作用，我国始终把它摆在优先发展的地位。进入新时代，基础教育改革面临的形势更加复杂，需要我们重新认识基础教育改革的本质，分析当前存在的问题，把握其走向，真正推动基础教育高

① 储朝晖．基础教育扩优提质的要义、条件与杠杆．人民教育，2023（17）：41－43.

② 施久铭，程路，冀晓萍，等．2019 中国基础教育典型案例．人民教育，2020（2）：34－45.

质量发展。

一、基础教育改革的内涵与本质

基础教育的发展历程，就是基础教育改革不断推进的过程，改革几乎是基础教育发展的不竭动力和一种常态。理解“基础教育改革”的内涵，就需要阐明“基础教育”与“教育改革”两个概念的含义。

（一）基础教育的界定

基础教育作为国民教育体系的基础，它的“基础性”既体现为以人的发展为中心，还体现为提高整个国家、民族的素质。在基础教育发展的阶段中，人们对其概念的理解也不尽相同。1974 年，联合国教科文组织提出，基础教育面向每一个人，并提供每一个人所应该具有的最基本限度的知识、观点、社会准则和经验的教育。其主张人应该发挥自己的潜能，为社会发展贡献力量。随着社会的发展、教育理念的更新，基础教育的内涵逐渐丰富。1990 年，联合国教科文组织等在世界全民教育大会上所发布的《世界全民教育宣言》认为，基础教育本身不仅仅是目的，它以人一生的发展为中心，从终身教育的角度来理解基础教育。在我国，基础教育作为日常术语被广泛应用是在 20 世纪 80 年代之后。例如，顾明远的《教育大辞典》中提到基础教育，亦称国民基础教育，是对国民实施基本的普通文化知识的教育，也是提高公民基本素质的教育，或者指为继续升学或就业培训打好基础的教育。①

虽然上述观点，在某种程度上解释了基础教育的本质，但是它的“内涵”还是有着与语境相伴而生的特点，即“不同国家的发展水平不一样，对人的基本素质要求也不完全相同”，与之相应的“基础”内在规定和外在要求也不大一致。一般来说，人们将“基础教育”界定为初等教育和中等教育的一部分，是使受教育者“打下文化知识基础”和“做好初步生活准备”的教育。② 但从内涵上，基础教育则是提高整体国民素质，为人的一生发展打下基础的最基本、最基础的普通教育。它不仅以基础性为个人发展打下基础，还以其全面性、普及性等影响整个社会的物质与精神文明发展。

（二）教育改革的理解

基础教育改革与一般的教育改革有密切的关系。因此，为了更好地理解基础教育

---

① 顾明远．教育大辞典．上海：上海教育出版社，1989：71.

② 董纯才．中国大百科全书：教育卷．北京：中国大百科全书出版社，1985：37.

改革的内涵，对“教育改革”的含义进行分析是非常必要的。在分析教育改革术语时，如何理解“改革”是关键。在《现代汉语词典》中，改革指把事物中旧的不合理的部分改成新的、能适应客观情况的，比如技术改革、文字改革、经济管理体制改革等。这说明教育改革是一个动态的概念，与某种变化联系在一起。我国有学者认为，“教育改革是对落后的教育状况或教育思想乃至教育理论进行有计划有目的的变革，使其获得预期的进步与发展的过程”①。从这个定义可以看出，教育变化的“计划性与目的性”是教育改革的重要特征。基于此，也有研究者认为：教育改革就是人们按照一定的目的要求，把教育活动中不合理的部分改成新的、能适应一定社会政治和经济需要的一种实践活动。教育改革包括对受教育者施以有目的、有影响的德育、智育、体育活动等诸方面的改革，也包括对教育思想、教育制度、教育内容和教育方法的改革，而且教育思想的改革要先行。②

关于教育改革的定义，学者对其理解各不相同，但可以归纳出一些共同特征：教育改革的目的是着眼于未来，适应未来的发展；教育改革的前提是现实教育发展的不完善以及弊病；教育改革的开始是有意识、有计划地行动；教育改革的结果是促进教育不断向前发展。简而言之，教育改革就是人们按照一定的目的要求，把教育活动中不合理的部分改成新的、能适应一定社会政治和经济需要的一种实践活动。③

（三）基础教育改革的阐释

基于对“基础教育”和“教育改革”的分析与理解，可以对“基础教育改革”进行如下理解：基础教育改革是指国家或一定的社会组织为了促使基础教育的进步和发展，以及更为有效地适应社会发展，针对基础教育领域里存在的诸多问题，在一定的教育理论指导下，有计划有目的地开展教育教学改革实践活动。④ 具体而言，其内涵包括以下几个方面：

第一，基础教育改革的主体是国家或一定的社会组织。基础教育是一个国家发展的奠基工程，具有先导性、基础性、全局性的作用。因此，世界各国都非常注重基础教育的发展，以期为人才培养打好基础。同时，教育改革是一项复杂的系统工程，必须由国家来推行才能取得更好的效果。例如，我国开展的新一轮基础教育课程改革、素质教育等，都是通过国家来推动的。

第二，基础教育改革是有目的有意识开展教育实践活动的。教育改革与经济、政

---

① 王宗敏，张武升，等．教育改革论．郑州：河南教育出版社，1991：1.

② 张焕庭．教育辞典．南京：江苏教育出版社，1989：77.

③ 李孝川，何顺超，杨斌．基础教育改革动态．长春：吉林大学出版社，2016：2-3.

④ 同③3-4.

治、科技等社会各领域密切相关，自然需要在科学的理论的指导下，有计划有目的地分析教育现状，制定教育改革的策略。所以，基础教育改革不是非理性的，而是有意而为的教育实践活动。

第三，基础教育改革的前提是教育现实的不合理性。基础教育在发展的历程中，往往存在一些不合理的问题，与社会发展不相适应，需要通过改革解决这些教育理论或实践中存在的问题，进而促进教育的发展。

第四，基础教育改革的价值取向是更好地服务社会。任何社会活动的开展都具有一定的价值取向。基础教育改革的价值取向在于促进基础教育更好适应国家和社会的发展，并推动基础教育迈向新的发展阶段。

二、当前我国基础教育改革的主要问题与挑战

基础教育改革是一个漫长而艰难的过程，我国基础教育经过几十年的发展，成绩斐然。而随着时代的发展，我国基础教育改革走到了时代的拐点上，同样存在着许多问题与挑战。

（一）教育公平诉求与发展不平衡问题

教育公平通常包括教育起点公平、过程公平和结果公平等方面内容，它可以满足不同背景的学生在关键的认知领域、情感领域获得相似发展水平的需要。现阶段由于经济、资源、地域等因素的影响，教育公平仍面临诸多问题，最关键的就是“发展不平衡”。就教育起点而言，不同区域、城际、校际的办学条件、师资力量、财政投入仍存在较大差距。从教育过程来看，素质发展不平衡，不同学习群体发展也不平衡。具体而言，在五育教育中“智育”一枝独大，学生的社会责任感、创新思维、自我价值感、劳动意识等社会化发展能力被忽视，自然这些培养训练环节也不同程度地被学习时间挤占，导致一些学生个体社会化功能弱化，无法适应社会发展。更为明显的是，在升学率方面，农村、偏远地区学习群体高考录取率仍然较低。留守儿童、特殊儿童教育体系建设仍相对落后。在教育结果方面，教育改革由于受到各种因素影响，发展不平衡，有的地方改革力度大、进程快，有的地方改革缓慢，区域改革发展差异明显。

（二）优质教育诉求与发展不充分问题

基础教育改革的基本诉求之一就是“公平、优质”，但是由于基础教育内涵式发展不充分，优质教育难以实现，改革过程中出现“不充分”问题，表现为教育质量发展、

教育多样化需求、教育面向未来社会发展转型不充分。首先，教育质量发展不充分。教育优势地区相比于劣势地区教育资源更加丰富，择校问题、大班额、课业负担过重都是由人们对优质教育资源的需求不能得到满足导致的。其次，教育多样化需求不充分。家长、学校、社会片面追求升学，学生多样化发展、个性需求、主体性被忽视，素质教育难以推行，学生成为学习的工具，产生严重的心理负担，进而引发诸多的心理问题，与遵循人的发展规律相背离。最后，教育面向未来社会发展转型不充分。当代社会发展日新月异，“创新型、复合型、实用型”人才紧缺，而学校、师生对社会发展关注不够，与时代相脱节，传统的“三中心”表现依然明显，严重限制学生创新、探究、自主学习能力，未能实现教育质量的根本标准、适应社会需要。

（三）教育评价建设与发展不协调问题

教育评价应基于一定的教育价值观和教育目标对教育对象做出全面而正确的价值判断。① 习近平总书记在全国教育大会上也强调，要深化教育体制改革，健全立德树人落实机制，扭转不科学的教育评价导向，从根本上解决教育评价指挥棒问题。然而从我国基础教育发展来看，教育评价陷入“唯分数、唯升学、唯文凭、唯论文、唯帽子”的泥淖，一味地追求功利性，把应试教育当作主流，与基础教育改革的基本方向“素质教育”相差甚远。与此同时，应试教育使得家长的焦虑情绪日益严重，在学前和小学阶段更为明显，导致课外辅导行业大规模产生。由专业学会发布的中小学课外辅导行业研究报告称，2016 年全国中小学辅导机构的市场规模已经超过 8 000 亿元。因为焦虑，让孩子提前“抢跑”学业的现象已成风气，基于此衍生的“学历至上”理念愈演愈烈。② 换言之，教育评价应该建立于终身教育、回归教育本质的基础上，不以升学率的高低来评价学校的教育水准，不以学习成绩的多少来定义学生的能力。所以，在严峻的现实面前，素质教育发展尤为艰难，教育评价建设与发展不协调的问题，进一步影响基础教育改革的推进。

（四）学校自主治理与发展不主动问题

《中国教育现代化 2035》提出的相关战略任务，如发展中国特色世界先进水平的优质教育、推动各级教育高水平高质量普及、构建服务全民的终身学习体系、加快信息化时代教育变革等，都与基础教育改革发展密切相关，也是对未来人才培养观念、模式的新要求。然而在实际中，学校对主要任务的落实不够，自身改革动力不足。具

---

① 吴遵民．关于我国基础教育改革若干问题的研究和思考．教育理论与实践，2004（1）：28－31.

② 杨小微，张秋霞．新时代我国基础教育改革的难点与对策．新疆师范大学学报（哲学社会科学版），2020，41（3）：79－90.

体来说：从外部因素来看，我国基础教育阶段一直采用的是自上而下的管理传统，学校依赖于教育部门的领导，缺乏主动性与积极性，在形成各自的办学特色、发挥学校自主权方面有所欠缺，特色优质教育推行难度较大。就内部改革而言，在办学过程中，学校的教育目的带有一定功利性，作为教育的主体改革意识不强，继而对立德树人的基本要求“全面发展、五育并举”贯彻不力。面对人工智能技术可能催生的新型学校及网络课堂带来的教学革命，学校自然也未能充分做好准备迎接。所以说，学校自身改革意识不强，也未能处理好与政府之间的关系，存在改革动力不足的问题，严重影响基础教育改革的推进。

三、新时代我国基础教育改革的走向与行动

新时代赋予基础教育的新使命是发展世界水平的现代化基础教育，培养社会主义建设者和接班人，这为基础教育改革提供了行动指南。对此，我们既要认识到基础教育改革的难点问题，又要引导社会关注基础教育，还要以科学的态度和坚定的决心去把握改革走向、破解难题。

（一）以优化教育资源配置推进基础教育均衡发展

基础教育的本质内涵决定了其以优质均衡为基本政策导向。《关于构建优质均衡的基本公共教育服务体系的意见》明确指出，全面保障义务教育优质均衡发展，这是国家对基础教育改革的政策性指导。具体而言，基础教育改革主要解决的教育公平问题就是教育资源的合理配置及发展的可持续性。一方面，我们需要合理配置教育资源，完善基础教育体系，办好每一所学校，形成良好的基础设施及师资力量共享流动。同时，也要让不同学习者群体，尤其是弱势群体不因经济、地域、身心条件等差异在基础教育中受到不公平待遇。另一方面，在合理分配的基础上，学校自身也应致力于内部资源的培育和提升。通过新的合作形式，如委托管理、集团化办学、新优质学校推荐计划等，吸引学校在不同层次、不同维度开展改革，提升区域基础教育整体水平。总之，为了实现基础教育均衡发展的目标，需要在优化资源配置上做出努力。

（二）以人才培养为根本着力点提高基础教育育人质量

基础教育发展不充分关键在于对教育质量深度提升的关注不够。习近平总书记在全国教育大会上提出，“要努力构建德智体美劳全面培养的教育体系，形成更高水平的

人才培养体系”，为新时代基础教育改革提供了一个新视角。① 如上所述，基础教育应该回归到“培养什么人、怎样培养人、为谁培养人”的育人道路上，以全面培养为途径，在品质培育、思维发展、人际交往、情感技能等核心素养发展上，创新教育教学方法、变革教育评价理念，探索多样化的育人方式，为学生提供更适合个性化发展的教育，实现人的全面发展。更为重要的是，当前是互联网、大数据快速发展的信息化时代，人工智能为新型教育生态系统的形成提供了可能，为基础教育改革提供了科学预测与探索，由此形成的人才培养体系更加适应社会对人才培养的多元需求，为迈向更高标准、更高质量的均衡化教育体系提供了助力。

（三）以新型基础教育质量评价体系助推基础教育改革

教育评价是教育治理的重要环节，事关教育发展的方向和前途。② 现有的狭隘、片面、以分数为唯一标准的教育质量观是教育改革停滞的原因之一。2020 年出台的《深化新时代教育评价改革总体方案》提出了“改进结果评价，强化过程评价，探索增值评价，健全综合评价”的评价新理念，为基础教育改革指明了方向。因此，新时代基础教育改革应构建科学合理的教育质量评价体系，将教育系统的每一个环节和过程都纳入教育质量考核，对多主体进行动态的评估与监测，重建学校、教师、学生评价体系，引导学校重视素质教育，注重过程性和表现性评价，淡化考试的选拔功能，打破“唯分数论”，实现“教、学、评一体化”，逐步丰富基础教育学校现代化内涵，保障基础教育的高质量发展，推进基础教育改革的良性发展。

（四）以治理现代化完善学校治理和激发基础教育改革动力

教育改革中最重要的一个环节就是学校治理，即通过扩大学校办学自主权，激发学校创新动力，且从世界范围看，“赋权学校”是发达国家基础教育改革的趋势之一。当前，学校治理主要包括外部治理和内部治理两部分。一方面，外部治理涉及社会、政府、学校三方力量，基础教育想要良好发展，就需要三方共同参与。2014 年全国教育工作会议提出“加快推进教育治理体系和治理能力现代化”，从政策层面明确三方的职责，以实现多元共治。另一方面，内部治理则强调校内权利主体关系合理配置，不仅要以人为本，关注学校发展、教师教学、学生学习，还要提高科学管理、民主管理水平，完善学校内部治理结构，增强自主创新意识，从而持续提升办学质量。对于基础教育改革来说，现代教育治理体系的建设，为其提供了制度层面的保障和发展动力。

---

① 坚持中国特色社会主义教育发展道路 培养德智体美劳全面发展的社会主义建设者和接班人．人民日报，2018－09－11.

② 周洪宇．以科学的教育评价推动新时代教育学发展．中国教育学刊，2020（12）：1－2.

案例

四川省成都市探索实施“五育并举”评价改革[①]

为充分发挥评价“指挥棒”作用，四川省成都市探索实施“五育并举”评价改革。

一是将学校评价改为对区（市）县的评价，调整质量评价“指挥棒”。成都市紧紧抓住教育质量关键，依据中央政策文件，探索调整评价的目标和标准，将评价的重点转向地方政府和教育行政部门。扭转以“成绩”和“升学率”来评价学校教育质量的倾向，有效减轻学生学业负担，促进学生全面发展。

二是将单项评价转为综合评价，校准质量评价“标准尺”。为贯彻“五育并举”理念，成都市基于德智体美劳五个维度，赋予其相同权重，构建了具有33项核心要素的指标体系。同时，委托第三方专业评价机构联合开发评价工具，并参考教育事业报表数据进行综合评价，以确保结果的可信度。

三是将评价结果从“束之高阁”改为“行动指南”，用好质量评价“助推器”。为了更好地发挥教育评价的引导与改进功能，成都市充分利用“五育并举”教育质量综合评价体系来检验地方教育成果，督促指导区域教育教学改革，为推动全面培养体系建成、教育质量提高增添助力。

【评析】该案例是《深化新时代教育评价改革总体方案》的区域具体实践。“唯分数论”风气不但加重学生的负担，还会引发社会焦虑。构建新型基础教育质量评价体系，是促进基础教育高质量发展的重要推动力，这也意味着教育评价既要转变评价理念，还要建立科学合理的评价量表，更要发挥评价的引导、改进功能。

◆ 本章小结

百年大计，教育为本。基础教育作为国民教育的核心，是人才成长的基石，应该坚持优先发展的地位。当前我国基础教育改革正处于深水区，遇到的各种阻抗因素复杂多样，改革的任务十分艰巨。因此，我们更要清楚地理解基础教育改革的本质与内涵，并且从理论基础、政策分析、历程演变、实践探索等多个层面对当前基础教育改革发展的方向与行动策略进行深入的探讨、总结，为全面深化基础教育改革提供理论支持与实践支撑，保障基础教育事业长期顺利发展。

---

① 施久铭，程路，谭希，等．2022中国基础教育典型案例．人民教育，2023（Z1）：52－66.

总　结

◎ 关键术语

基础教育　basic education	改革　reform
历程　course	走向　development direction

◎ 章节链接

本章为第一章“绪论”，具体改革内容可以查看本书其他章节以便理解和掌握，如第三章“基础教育课程改革”。

应　用

◎ 批判性思考

几十年来，学校和老师一直都在“应试”与“提升学生素质”之间纠结。一方面，社会各方极其看重中考、高考成绩。另一方面，学校要尽可能推行素质教育，促进学生的全面发展。基础教育改革是否能突破“两难纠结”，实现两者间的平衡，一直颇有争议。

对此，你怎么看？请说说你的理由。

◎ 体验式练习

一、判断题（判断正误并说明理由）

1. 教育公平与教育效率两者相互背离。
2. 自上而下的改革比自下而上的改革更有优势。
3. 基础教育改革的核心是教育高质量发展。

二、讨论与探究

1. 谈谈你对基础教育改革内涵的理解。
2. 试分析我国基础教育改革未来发展趋势。

三、案例研究

常州市在集团化办学的探索和实践中，构建的“全域化、六维度、三学段”模式，即以区域所有城乡学校为主，从组织领导变革、机制创新、教师专业发展、学生素养培育、课程建设、学校文化建设维度进行实践探索，涵盖学前、义务教育、普通高中三个学段，为其他地区提供了有益的借鉴经验。

（一）案例背景

优质教育资源供给不足，无法满足人们对优质教育日益增长的需求，成为当前教育发展不充分的核心问题之一。尤其，学前教育园际、义务教育校际发展存在一定的差距，普通高中趋同化发展现象明显。充分利用名校资源，建立相应的机制和政策，实现学校的个性化、质量化发展，提升整体教育质量，满足人民群众的教育需求，成为当前需要解决的问题。

（二）探索过程

常州市集团化办学经历顶层设计、课题研究、经验推广三个阶段。一是以顶层设计为开端，出台一系列政策文件，加强对“集团化办学”的系统指导。二是基于课题研究，设立重点项目组，建构“集团化办学”的理论体系，丰富理论基础。三是开展经验推广，将集团化办学先后引入三个学段，整体带动全市基础教育集团化办学发展。

（三）基本模式

1. 理念系统

强调“共同体”理念，共同体中的每一个成员都有自己独特的文化符号和特色教育资源，集团化办学不是绝对的以强带弱，而要看到每一所学校的优势和价值所在，让加入集团的学校在平等的基础上相互借鉴，做到“和而不同，美美与共”。

强调“集团化”与“去集团化”共生理念，当成员校完成了从“输血”到“造血”的功能转换，通过评估以后，就可以从集团中分离出去，核心校重新吸收新的未加入集团的学校进行集团化办学。

2. 操作系统

组织领导变革，包括教育集团内部领导组织的架构、层次、类型及权责划分。在建构内部领导组织时，集团可设立行政管理机构、非行政机构、监督机构、研训机构等部门，采取行政管理、项目管理、共同体管理等具体方式。

3. 机制创新

处理好集团化办学、政府、市场之间的关系，明确三者的权利和责任，建立相应机制，在共同治理中，发挥各自的作用。

4. 学生素养培育

基于集团的资源与平台，建设学生活动课程，实现导师互助制度，进行家校共育，开展学生多元评价。

5. 课程建设

核心校提供理念引领、专业支持和迭代创新，成员校则通过移植、嫁接等多种研发形式，凸显学校课程的个性化、品牌特色，通过辐射与互动、轮换等方式实现课程资源的共享。

6. 教师专业发展

建立集团教师专业发展文化系统，涵盖物质、人文、制度、管理四个层面。通过定期轮岗、在岗研修、项目驱动等方式促进教师专业研修。

7. 学校文化建设

文化建设的实体在学校，集团应引领、指导、帮助各校推进文化建设，培育文化特色，进而提升集团的文化品质。①

任务一：你认为集团化办学就是办好教育集团吗?

任务二：如何让集团化办学更有实效?

◎ 科研一线纪事

教育内卷化

长期以来，我国义务教育阶段存在激烈的教育资源竞争，导致学生课业负担不断加重，“内卷”愈演愈烈，并且在社会上引起强烈反响和负面作用。“内卷”一词最初指的是一类文化模式达到某种最终形态之后，没有办法稳定下来或转变成新的形态，只能在内部不断变得更加复杂，致使社会文化模式在发展过程中停滞。现在，“内卷”一词则是指非理性的内部竞争。在行业内，人们相互竞争，付出更多的努力来争夺有限的资源，但这种竞争对参与者来说没有任何好处，因为他们的收益和努力的比重下降了。有人称之为“努力的通货膨胀”。其最终结果是，个体的努力程度提高，但收益下降，幸福指数下降，人们感到生活很累。当前“内卷”现象也反映在教育上，家长、学生对教育资源的竞争愈来愈激烈。有人不解地问：为什么现在对教育资源的竞争如此激烈?

20 世纪五六十年代，教育资源不如今天发达，为何没有如此大的竞争压力？并且人们也没有像现在这样追求“好学校”。究其原因，可以发现：一是以前学校比较少，更多的是满足有学上的需求，而现在学校多了，选择的空间变大，于是竞争的人也多了。二是当时的毕业生由国家统一分配，他们之间的收入相差不大，而现在的毕业生自主择业，用人企业进行挑选，对于学历的门槛逐渐变高，工资差异很大。于是，学生必须努力考进重点高校，将来才能找到好工作，获得高收入。而进入好大学，就需要考进好高中，要考进好高中，就必须进入好初中、好小学。目前家长们为了让孩子能够考入好初中、好高中、好大学，拼命给孩子补课、加压。尤其是高中阶段的分流，直接关系到孩子的前途。绝大多数家长、学生希望进入普通高中，这样毕业后才可以报考普通高校。三是“好学校”的资源是有限的，虽然最近几年政府在义务教育均衡化和教育公平、公正方面采取了一系列积极措施，取得了很大成绩，但教育公平总是相对的。于是，就产生了对有限优质教育资源的争夺。②

---

① 江苏常州：集团化办学不是趋同，而是让每一所学校变得更优秀｜基础教育综合改革典型案例．(2023－01－05)[2023－06－05]．https：//new. qq. com/rain/a/20230105A08ONU00.

② 杨德广．关于“双减”的重要性、成效及问题、对策：从义务教育阶段的“内卷”谈起．上海师范大学学报（哲学社会科学版），2023，52（3）：108－115.

请问：

1. 你认为教育内卷化的原因是什么?

2. 你是否赞同对优质资源的竞争，理由是什么?

拓　展

◎ 补充读物

1. 叶澜．中国基础教育改革发展研究［M］．北京：中国人民大学出版社，2009.

该书首先从整体上概括分析了我国基础教育改革的历史演变脉络，其次从基础教育改革的主体关系、系统构成、学校改革、宏观决策、国内外经验借鉴探索等方面评析了教育改革过程中有待解决的问题，最后指向我国基础教育改革发展性思考及改革方法论问题，以期进一步扩宽改革思想，把握我国基础教育改革走向。

2. 吴康宁．教育改革的“中国问题”［M］．南京：南京师范大学出版社，2015.

该书从社会学的角度出发，把教育改革与教育外部的环境分析相结合，深度剖析了产生教育改革难题的主要原因，揭示了教育改革的本质，阐述了教育改革面临的关键问题，如教育公平、素质教育、高考改革、学校自主办学等，为我国继续推进教育事业、深化教育改革提供了理论指导。

3. 孙宽宁，路书红．基础教育改革专题［M］．北京：教育科学出版社，2018.

该书主要从两部分论述我国基础教育改革的整体发展情况。第一部分是对基础教育进行了总的概述，着重阐述了基础教育的内涵与本质和我国基础教育改革历程、热点、政策变迁，梳理了国外基础教育改革的现状与趋势。第二部分则是对我国热点领域，如新课程、课堂教学、教师专业发展、教育科研、教育均衡等进行了分析论述，以期学会反思和研究基础教育核心问题。

第二章 基础教育理念改革

◆ 本章概述

基础教育理念改革是指在特定历史背景下，通过调整人们对基础教育的理解与认知，为基础教育的发展提供理念上的支持和引导。这不仅仅是素质教育的起始点，更是国家和社会未来发展的希望所在。首先，在改革的过程中，教育理念发挥着重要的引领作用。这需要明晰教育理念的概念、价值取向以及影响因素。教育理念与教育相辅相成，不同的教育理念体现着不同的价值取向，需要准确把握每个教育理念所处的时代背景，从全面而系统的多元角度来审视这些理念。其次，需要拥有国际化的教育视野。通过借鉴其他国家好的教育理念，能够更好地把握基础教育改革的趋势。最后，应将关注焦点放在我国的“以人为本”、“核心素养”和“立德树人”等教育理念上。从多个角度深入分析每种教育理念的内涵，有助于我国基础教育改革更加稳健地前行，也有助于学生们走上更为广阔的发展道路。

章结构图

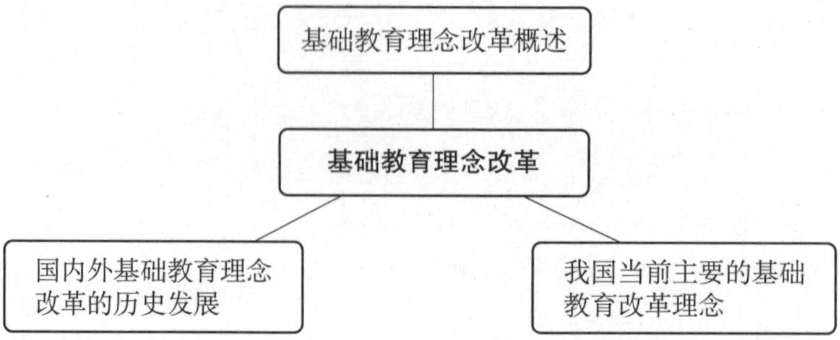

学习目标

1. 认识教育理念的内涵、功能、价值取向与影响因素
2. 了解国外基础教育改革进程中具有代表性的教育理念
3. 掌握我国教育理念的历史变迁与未来趋势
4. 分析我国当下主要教育理念的价值

读前思考

1. 你如何理解教育理念的概念？
2. 你所熟知的教育理念有哪些？如何分析这些理念？
3. 我国的教育理念有哪些？其意义何在？

热身活动

任务一：作为教育的主体，教育理念时刻影响着你的教育活动体验，那么在时代发展的进程中，你认为教育理念体现在哪些方面呢？

任务二：根据以下案例分析该学校秉持了哪些教育理念。

基于AI技术的个性化教学案例①

浙江省杭州市建兰中学积极引入新科技为教育教学赋能。主要是通过AI技术的算法精准实施因材施教，采用创新性的模式分析每一位同学的特点，打造个性化教学的现代课堂。该学校的做法旨在通过科学技术提高教育质量，帮助学生摆脱传统的“题海战术”学习模式，实现每一位学生多元个性的全面发展。

个性化教学实践是指利用科学技术收集学生的日常行为数据，分析学生行为的内在联系，形成因果联系，从而了解学生的学习风格、认知水平、技能倾向、兴趣爱好等信息，然后，充分量化这些信息，使其有助于教师优化教学过程、公平多元评估学生学习水平、发现学生潜在问题，从而更加有针对性地进行个性化指导，提升教学质量和效率，促进有效学习。

基于个性化学生画像，该中学为每个学生设定专属的学习目标和学习方案，提供适合的学习资源和作业。同时，教师也能够洞悉学生的学习特征和差异，因材施教，根据不同学生的情况来改进教学方法，实现个性化教学课堂的创新。

这种个性化教学方法推动了学生的学习方式改进，也优化了学习策略。借助大数据和教师的个性化指导，学生能够更多元地进行辅助学习，而不仅仅是完成既定的学

① 陆韵．数学学习如何摆脱“刷题”依赖：基于AI技术的个性化教学．人民教育，2022（11）：42-45.

习任务。同时，教师也在这个过程中更新了教育观念，创新了教学模式，从传统的知识传授者变为个性化学习引领者。

总体而言，建兰中学通过AI技术的应用，实现了个性化教学的创新，有助于学生提升学业水平，减轻学业负担。

满眼生机转化钧，天工人巧日争新。

——《论诗五首·其一》

教育理念对整个教育改革的方向来说具有十分重要的意义，在世界范围内，教育理念伴随教育改革不断地沉淀和发展，是对教育工作进行整体指导的思想基础，因此各级各类学校可以根据国家发布的教育理念来制定不同的教育目标、教学计划、教学方法和考核方式，进而指导教育工作的具体实施。2023年5月，教育部办公厅印发《基础教育课程教学改革深化行动方案》，指导、发动各地和学校深化育人关键环节和重点领域改革，明确指出要更新教育理念，转变育人方式，坚决扭转片面应试教育倾向，切实提高育人水平，促进学生德智体美劳全面发展。

第一节　基础教育理念改革概述

教育理念是教育主体认为“教育应然”的理性观念。这种观念既具备理性认知的特点，又蕴含主观的期望。教育理念所包含的内容涵盖了教育的宗旨、使命、目标、理想、要求以及原则等要素。基础教育理念的改革是指在特定的历史背景条件下，通过调整人们对基础教育的认知和理解，为基础教育的进步提供理念上的引导。

一、理念改革与教育发展

教育理念在教学改革中的指引作用毋庸置疑，各级各类学校应当结合自身办学特点和优势明确教育理念，并以此指引各项管理制度的建立。教育改革都是由教育理念改革开始的，并以此为引领最终完成改革目标。

（一）理念改革引导教育发展方向

在教育发展的过程之中，教育活动在每个阶段都会受到政治、经济、文化和人口等各方面的影响。因此各个阶段的教学理念都围绕原有的教学规律和原理，以时代基础教育现状为本，针对社会未来人才发展的实际需求，强调与人才需求之间的相关性，保障现有的教学模式能够更好地促进教学体制的改革，从而符合当代实际的需求，以寻求未来教育发展为核心的突破，促进此阶段整体教学水平的提升。

理念改革在引导教育发展方向时发挥着重要的作用，主要的引导方式有五种。第一，制定政策和法规。理念改革通过推动政策和法规的制定，为教育改革提供制度保障和实施框架，政府可以通过政策支持和投资，推动教育发展与理念改革相一致。第二，设立明确的目标和价值观。改革教育理念可以明确教育的目标和价值观，例如，强调素质教育和全面发展，培养学生的创新和创造能力，倡导公民意识和社会责任感等。第三，确定教学方法和课程设置。教育理念可以指导制定创新的教学方法和设计具有针对性的课程，通过开展项目学习和实践活动等方式，使教育更加富有活力和实用性。第四，强化教师培养和专业发展。教育理念改革可以影响教师培养和专业发展，注重培养教师的教育理念，提供专业发展机会，以适应教育理念下的教学需求。第五，完善反馈和评估机制。对教育改革效果进行监测和评估，以调整教育发展方向，确保教育系统能够与社会需求和时代发展保持一致。

（二）教育发展提升理念改革水平

理念改革水平可以从两个方面来看。从理论方面来看，高水平理念改革体现为宏观层面对教育理论的把握，理念改革主要侧重于对现有的传统教学模式的革新和创新，突破传统的经验导向教学模式，在内容上则更加注重系统教学理念的分析，保障教学内容的针对性，培养学生的批判精神、开拓精神以及冒险精神。从操作方面来看，高水平理念改革下的教育活动成果可量化评价，毋庸置疑，教学理念更加注重教学实践活动的落实，保障教学模式的多样化以及创造性，注重精英教育模式的革新，积极地落实大众教育模式，促使学生形成终身学习观念，培养学生独立思考的能力，从而保证学生能够在社会化的过程之中积极地分析、解决各类问题。

总而言之，理念改革是观念上的宏观指导，属于理论范畴，教育发展是现实中的行动落实，属于实践范畴。理念改革观随着教育发展目标的变化而变化，从最早的“社会本位”到现在的“个人本位”，人们对于基础教育的认知正在不断发生变化。基础教育应当以人为本，要充分发挥学生的特长，以提高学生的综合素养、促进学生的全面发展作为最根本的目标。

二、理念改革与价值取向

价值取向是指一些特定价值观在特定文化中被选择为主要观念，这种取向具有评价事物、引发态度、引导和规范行为的导向功能。在教育改革中，存在一些内在的价值立场，被称为价值取向。这种取向在宏观层面上与社会发展相呼应，微观层面上则涉及教育教学的调整和规划。理念改革则是这些价值取向的映射，展现了主体对教育的需求和期望。把价值观镌刻在学校的墙壁上，是容易的，但要让它真正成为学生言行的准则，又是艰难的。[①] 在教育改革中，价值取向体现了对社会发展的回应，也影响教育调整与规划，而理念改革则反映了人们对教育的需求和期待。

（一）单一价值取向与多元价值取向

单一价值取向是指在教育改革中仅把某一特定需求或要素作为发展理念。举例来说，我国古代的科举制便是一种单一价值取向，源于儒家所提倡的“大一统”政策和精英治国思想，适应了特定历史背景下的需要。这体现了中国传统文化中“万般皆下品，唯有读书高”的价值取向。这一取向的教育理念强调功利，将读书视为升官致富的唯一途径。随着西方文化传入我国，政治、经济等方面受到多元文化的影响，基础教育改革也进行了多方面的尝试。如恩格斯所言：“历史是这样创造的：最终的结果总是从许多单个的意志的相互冲突中产生出来的，而其中每一个意志，又是由于许多特殊的生活条件，才成为它所成为的那样。这样就有无数互相交错的力量，有无数个力的平行四边形，由此就产生出一个合力，即历史结果，而这个结果又可以看作一个作为整体的、不自觉地和不自主地起着作用的力量的产物。……每个意志都对合力有所贡献，因而是包括在这个合力里面的。”[②] 因此，教育改革的理念涉及学校、教师、社会成员等多个主体，每个主体在基础教育改革中都有各自的价值选择，多元主体参与的教育改革必然呈现多元化的价值取向。

综上所述，单一价值取向指在教育改革中仅以特定需求或要素为基础，然而教育改革需要多元主体的支持和参与，因此多元主体的参与会导致多元价值取向。

（二）工具价值取向与育人价值取向

通常，人们认为教育主要有两个方面的价值，即工具价值和育人价值。工具价值强调教育对社会发展的作用，而育人价值则是为了满足个体全面发展的需要。我国早期的教育改革主要着眼于减少文盲人数和提高教育质量，这种做法比较“急功近利”。当时，教育改革主要借鉴了苏联的经验，侧重培养适应社会主义建设需求的人才，追求速成效果，但忽视了受教育者的内在价值，以及教师与学生之间的和谐发展。这种做法过于强调教育的“工具价值”。改革开放后，素质教育、终身教育等理念开始出

① 李斌．教育发生的地方．北京：中国人民大学出版社，2023.
② 马克思，恩格斯．马克思恩格斯选集：第 4 卷．2 版．北京：人民出版社，1995：697.

现，教育的“育人价值”变得更加重要。这种育人价值强调培养学生的综合素质、促进个人发展，更符合新时代对教育的期望。教育逐渐从工具价值取向转向更加平衡的育人价值取向。在教育过程中，学生是最重要的参与者。因此，教育的核心应该是培养学生，使其在各个方面都得到充分的发展。①

总之，随着社会的发展与变化，教育理念也发生了巨大的变革。教育不再仅仅是社会的附庸，逐渐在传统的“工具价值取向”与现代的“育人价值取向”之间取得平衡，更好地满足了社会和个体的需求。

三、理念改革与影响因素

教育理念改革的影响因素主要来自教育外部，包括五点。需要注意的是，这些因素产生的作用会因国家和时代的不同而有所不同，并且它们之间存在着相互交织和相互影响的关系。

（一）政治因素

政府的教育政策和发展目标对教育理念改革起到关键作用。政治因素决定了教育的定位、发展重点和改革方向。政府的教育政策、法规和规划直接影响学校的运作，包括管理方式、教师培训和课程设置等。首先，政治稳定度影响着教育的发展，在一个政治不稳定的国家，教育系统可能会面临许多挑战，包括资源短缺、师资力量不足和教育水平退步。其次，政策制定者的意识形态和理念倾向，也影响教育政策的制定和教育内容的设计，例如：有的政策制定者强调民族主义或者宗教教育，或是强调以人才培养为目标的职业教育。最后，政策制定者通过制定教育政策影响教育的发展方向和内容，例如：政策制定者可能会强调某些领域的知识和技能，以便建立特定的国家形象或进行创新。因此，政治因素内涵丰富，对教育理念的影响广泛而深远。

（二）经济因素

经济是影响教育理念的主要驱动力之一，包括社会经济发展水平、就业需求和产业结构的变化等。国家经济的状况直接影响着国家对教育资源的投入，经济繁荣的国家通常会投入更多资金和资源用于教育，提供更好的教育设施、教材和师资力量，以支持教育的发展。经济差距可能导致教育机会的不平等，在经济严重不平等的社会，教育资源分配可能不公平，落后地区或弱势群体的教育可能受到限制，这可能导致教

① 王嘉毅，赵志纯．我国农村基础教育课程改革：问题与对策．教育研究，2010，31（11）：25－30.

育差距进一步扩大。另外，经济发展和就业机会的变化也会对教育产生影响，兴起的行业和职业的需求会影响教育机构的课程设置，以培养符合市场需求的人才。此外，教育素质和就业机会之间的联系会影响学生对教育的态度和投入程度。最后，家长的教育投入和期望也受经济影响，影响学生的学习动力和成绩。经济稳定和富裕的家庭通常能够提供更好的学习环境和资源，给孩子更好的教育机会，相比之下，经济困难的家庭可能无法提供足够的资源支持孩子的教育。

（三）文化因素

文化对教育理念的影响是内化且持久的，不同的文化背景会影响人们对教育的看法。在一些亚洲国家，如中国和日本等，强调的是集体主义，注重社会责任和对集体的忠诚。因此在这些国家，教育着重于培养孩子的社交技能和道德观念，例如团队合作、遵守纪律、尊重长辈等。而在一些西方国家，如美国和英国等，强调的是个人主义，注重的是个人自由，其根据个人兴趣和天赋选择职业方向。因此在这些国家，教育着重于培养个人独立思考和主动学习的能力，并注重让学生发展自己的兴趣爱好和特长。此外，宗教信仰也是一个影响教育理念的重要文化因素。例如，在一些国家，教育倾向于培育爱心和关怀他人的精神，而伊斯兰国家强调对知识的尊重和追求，以及个人责任和奉献的精神。因此，理解文化背景对教育的影响是十分重要的，文化因素对于教育目标、方法和理念的确定都有很大的影响。

（四）国际经验和外部影响因素

吸收优秀的国际经验和理念对教育改革具有重要意义。国际教育交流、合作以及国际教育评估和排名等因素，都可能影响国内的教育理念。从国际上借鉴成功案例可以丰富本国教育改革的思路，国际经验可以为不同国家提供教育发展的有用经验，并帮助国家更好地制定教育策略。可以借鉴其他国家的“最佳实践”，包括教育理念、教育政策、教育课程和评估方法等。当前，全球化进程已经促进了教育的国际化发展。许多国际教育项目、项目交换和跨国办学机构促进了学生文化和语言的交流。通过这种方式，学生可以更好地了解不同的文化和生活方式，并拓宽自己的视野。国际社会的教育理念也在为各国教育资源共享提供更多思路引导，有益于教育相对匮乏的国家提高教育水平。因此，国际先进的教育理念，可为本国基础教育改革创新提供新动力。

（五）教育专家科学研究因素

教育专家和学者的思考和研究对教育理念的改革具有推动作用。教育专家的教育研究可以促进教育理论的深入发展。他们可以通过比较研究来发现教育理论的优点和局限性，有助于形成更适合特定国家文化背景的教育理论来指导教育理念的落实。教育专家的研究成果可以对教育政策制定产生影响。他们可以基于研究成果提出政策建议，帮助政策制定者更好地制定符合实际情况需求、有效的教育政策，可以促进教育教学模式的创新和改进。总之，教育专家的科学研究在教育理念发展和基础教育实践中扮演着重要的角色。

案例

2021 年 7 月，《关于进一步减轻义务教育阶段学生作业负担和校外培训负担的意见》印发，“双减”政策正式落地。各级各类学校纷纷响应国家政策，采取各种措施，让教育之花多彩绽放。Y 学校位于具有特色文化的乡镇，响应“双减”政策，根据本乡镇特色文化，开创课程，丰富课后辅导内容，研制以“迈向现代乡村”为指导思想的 Y 学校课后辅导校本期刊。结合学生成长规律开发基础、拓展、创新三大类课程，利用课后辅导时间，通过有梯度的特色课程，培养乡村儿童的创新精神和实践能力。该校所研发的课后辅导特色课程体系见表 2-1。

试分析该校的举措体现了什么样的教育理念？为什么要秉持这样的教育理念？

表 2-1　Y 学校课后辅导特色课程体系表

序号	课程类型	课程内容
1	创新类课程	机器人设计、创意编程、科技模型
2	拓展类课程	微视频制作、激光雕刻与切割、木工坊、创意色彩、种子的筛选与种植
3	基础类课程	艺术欣赏、缤纷手工、班级合唱、沙盘游戏、七巧板

【评析】首先，在“双减”的大背景下，体现了我国当代的教育育人价值取向，引导各级各类学校要做到因材施教，促进学生个性化发展。其次，该案例明确显示了 Y 学校在课后辅导中课程设置的特色性和先进性，体现了该校的教育理念是随着时代要求而变化的，其办学的根本依据是官方文件中的明确要求，受到国家政策的影响。因此，在分析教育理念时，应全面、多维度进行。

第二节　国内外基础教育理念改革的历史发展

基础教育理念改革是指在特定历史和社会条件下，采取不同立场和方向的思想和举措，包括理论、制度和实践等，以调整基础教育的目标、内容和方法。其目的是满足社会人才需求，促进学生个体发展，推动基础教育朝着适应时代变革的方向发展。通过研究我国基础教育理念改革历程以及国外部分国家基础教育理念改革历史，我们能更好地了解全球范围内基础教育理念改革的趋势。

一、国外基础教育理念改革的历史借鉴

20 世纪以来，全球政治经济发展的影响逐渐涉足教育领域，为各国带来新机遇与新挑战。因此，各国纷纷展开大规模基础教育改革，展现了各自独特的教育理念。本部分选取美国和日本为代表，研究其基础教育理念的演变，以供学习和借鉴。

（一）美国——基础教育改革中“公平”的教育理念

美国是一个由多民族构成的国家，强调自由和平等，长期以来致力于推进社会正义和教育公平。美国的法律体系建立在平等和公正的基础上，严格禁止各种形式的歧视和不平等待遇。为此，美国制定了一系列的公平政策和计划，包括教育、福利和经济等领域，旨在减少机会不平等，解决弱势群体所面临的各种困难。在教育方面，美国的公共教育机构致力于提供平等的机会和教育资源，确保每位学生都能享有优质教育的平等机会，从而为他们获得更好的职业机会和个人成长奠定基础。美国的基础教育公平理念的发展不仅受到西方自由主义思想的影响，还受到美国社会的经济发展、公民民主意识的增强以及资产阶级维持政治稳定等多重因素的影响。在这一过程中，“公平”成为其教育理念的核心概念。《中小学教育法》《教育机会均等法案》《不让一个孩子掉队法案》《每一个学生成功法案》构成了战后美国基础教育公平理念演变的主要线索。①

在 20 世纪 60 年代，二战后的美国经济持续稳步发展，与此同时也出现了很多社会问题，比如国家人口贫富差距较大、种族歧视、教育不公平、吸毒等。当时总统林登·约翰逊主张通过基础教育改革减轻社会矛盾，辐射学校教育的积极影响。于是，美国国会于 1965 年通过了《中小学教育法》，联邦政府定期根据各州的教育需求提供教育资金，旨在确保各州各级各类中小学的贫困学生能得到教育，该法案提出了中小学的教育目标，执行黑人、白人学生合校的工作。虽然这一法案在经济援助方面体现了美国教育公平的观念，旨在通过对贫困家庭提供物质援助来实现教育公平目标，但是，在实际社会运作中，财富和权力分布不均是一个客观存在的事实，仅仅通过经济

---

① 孙志远．试论美国基础教育公平理念的演变：以战后联邦教育法案为线索．外国中小学教育，2013（3）：8－11.

补偿很难实现真正的教育公平。

追求公平的脚步继续向前，1974 年美国国会通过了《教育机会均等法案》，对各州教育机构提出更详细的要求，将教育公平的理念贯彻落实到位。该法案明确规定，禁止基于宗教、种族、肤色和民族的隔离，教育必须公平对待每一位儿童，要求各州的教育机构和校区鼓励儿童参加英语语言学习项目，并提供适当的服务以帮助他们克服语言障碍，逐步消除白人和黑人双校体制，保障他们享有平等的受教育机会。该法案宣告了公立学校中种族隔离的结束，公平的教育理念深入人心，丰富了教育公平观，人人都有自由接受、平等接受教育的机会，这是公民的基本权利。由此可见，这种教育平等与教育自由互为前提，《教育机会均等法案》体现了受教育权利平等的教育公平观，标志着美国在实现教育公平的道路上取得了重要进步。

步入 21 世纪，美国的教学质量低于其他发达国家，中小学的学生违法案发率上升，民众意识到基础教育改革势在必行。2001 年，布什就任美国总统后对基础教育进行了改革，随后一年布什政府出台《不让一个孩子掉队法案》（No Child Left Behind Act，NCLB），旨在提高公立学校的教学质量，完善教育公平的理念，全面确立了以标准和责任为核心的教育改革理念，法案规定每个儿童都要具备基本的阅读和数学能力，各州要建立统一的教育评价标准，缩小不同地区和不同种族学生之间的差距，有效提升学生的学习成绩。此外，以标准和责任为核心的理念主要针对学校，学校通过年度测试对学生进行学习质量监控，若第一年未能取得满意的进步，学区政府应提供相对应的帮助，若经过两年的改进后学校仍未达标，学区政府必须采取校正措施，州政府也需承担相应的责任。该法案详细规定了教学过程和教育成果的可量化标准，强调内部教育公平，反映了追求质量均衡的公平教育理念。

2015 年 12 月 10 日，美国总统奥巴马签署《每一个学生成功法案》（Every Student Succeeds Act，ESSA），取代了之前实施的《不让一个孩子掉队法案》，标志着美国基础教育改革步入新阶段。这个新法案带来了一系列教育改革措施，重点包括六个方面。第一，保持学生成绩信息的重要性：ESSA 致力于进行高效而标准的评估测试，将联邦资金用于审查州和学区的本地评估系统，以减少对学生的无效测试。这样可以减轻学生和教师的测试压力。第二，给予各州对自己标准制定的控制权：ESSA 注重保持高等教育和州教育之间的衔接，减少了联邦政府的干预。第三，大力扶持薄弱学校：ESSA 进一步下放权力，给予各州自行进行学校改善方面的决策的权力，禁止联邦政府的特定干预。这有助于更好地满足各地区的特殊需求。第四，为处境危险儿童提供资金：该法案特别为符合条件的学区提供更多资金，以支持需要额外帮助的学生，允许各州来分配额外的资源。第五，提供更大的资金灵活性：该法案通过授权资金计划，帮助各州和地方学区更好地利用联邦资源来满足残障学生的需求，以便提供更好的支持。第六，保留并加强关键项目：ESSA 授权专门的资金来支持教育领域事关学生和教师的个别重要项目，比如教师质量培训、STEM 教育、社区参与等。总体来说，ESSA 旨在鼓励各州和地区采用更具弹性和精准性的方法，以提供更平等的教育机会，减少了《不让一个孩子掉队法案》中烦琐的规定，赋予州和地方决策者更多权力，以开发更适合他们需求的教育系统。这一法案的目标是确保每个学生都能受到高质量的教育。

上述四个法案揭示了美国基础教育公平理念的演变，从形式公平向实质公平转变、从关注起点公平向关注结果公平转变。这反映了美国对教育公平的理解逐渐深入，每个阶段的变化都根植于历史，使得教育公平理念变得更为深刻和全面。

对于我国而言，教育公平一直都是国家和人民的追求，以此为理念的教育改革已成为当代社会的重要议题。然而，每个阶段实现公平的道路总是坎坷的，尽管社会热情高涨且政府高度重视，但我国有关教育公平方面的理论和制度建设仍相对薄弱。以上美国的几个代表性法案，启示我国需要基于国情，借鉴有关经验，着手制定独立的基础教育公平法规，这也是解决我国教育公平问题的当务之急。

（二）日本——基础教育改革中“追求质量”的教育理念

日本以“教育立国”声名远扬。日本近代教育进程表明，在国家发展与变革关键时刻，日本常推动教育改革。从基础教育改革看，其呈现以下特点：强调学生基本知识与技能，注重培养思考、判断和表现能力，尤其是在今天追求社会快速发展的背景下强调生存能力，以卓越追求提升“学力”。“学力”一词，指在学校学习获取的知识和技能，体现教育理念，即发展与时代相适应的能力、提升解决问题的能力，对社会经济发展有所贡献，在社会营造尊重能力的氛围。

20 世纪 50 至 70 年代，日本以提升学力质量为教育理念。1961 年苏联发射首艘载人飞船后，震惊世界，各国纷纷计划从教育入手迎头赶超，启动教育改革。为培养适应时代与国际竞争的科技人才，日本投入大量资源，保持国际地位、促进国内经济复苏。20 世纪 60 年代，日本《学习指导要领》实施，突出知识本位，公立学校必须执行，增加课时、内容，持续强调知识传授，消除校际差异，一律整齐，标志着“灌输式教育”的开始。忽视学生个性培养和身心健康，导致学生厌学、辍学、校园暴力、自杀等问题突出。

20 世纪 80 至 90 年代，日本以提升人格质量为教育理念。过分强调教育质量的同时，日本教育问题凸显，校园欺凌、逃学等问题普遍，竞争导向的“灌输式教育”对青少年身心产生负面影响，中学生厌学现象加剧。极端激烈的考试竞争被称为“考试地狱”，引发教育危机，成为社会焦点。学生基础学力提升，但学习兴趣、态度和积极性下降。为改变“填鸭式”教育，日本提出“宽松教育”，强调“新学力观”和“尊重个性”，倡导“生存力”教育，减轻学生学业压力，促进自主学习、思考和创新，实现多样化的学校教育。1997 年至 2003 年，政府修订《学习指导要领》，推行“宽松教育”措施，包括“两减”（教育内容减少、难度降低）、“两缩”（授课时间缩短、实施周五制度）、“一增”（增加综合学习时间）。然而，宽松教育改革未能解决校园欺凌和逃学等问题，也未能提高学生学习兴趣和能力。失败原因在于政策未获得广泛支持，宽松与教育失衡，导致日本教育不公平现象加剧。

进入 21 世纪，日本将学力与人格融合发展作为教育理念。人才在全球化进程中发挥着关键作用。因此，各国都致力于提升人才培养质量。在这一背景下，日本教育界的专家和学者对国内教育状况进行调查后感到不乐观，甚至对国家的未来产生担忧，引发广泛的“学力低下”讨论。2002 年，文部科学省发布了相关文件，强调“心灵教育”与“切实的学力”提升是教育改革的核心，明确当前学校教育面临的重大问题，并将学力定义为基于知识和技能，积极学习、自主解决问题、自主学习和思考，以及更好解决问题的素质和能力。这凸显知识和技能是学力中不可或缺的基础。教育改革后，基础知识和基本技能的重要性再次得到强调。

2023 年 6 月，日本内阁批准了《教育振兴基本计划（2023—2027）》，旨在全面、系统地推动日本教育振兴。该计划明确了两大核心重点：培养可持续社会的创造者和提升根植于日本社会的幸福感。一方面，日本政府认识到未来社会充满了变动性、不确定性、复杂性和模糊性，因此必须紧密将教育与社会经济联系起来。为此，政府将加大对“人”的投资，包括培养领导力、创造性、主体性、问题解决能力、协作性和批判性思维等。这些将有助于维持和发展可持续社会，使学生能够适应并塑造未来的社会。另一方面，建立根植于日本社会的“幸福”体系成了计划的关键。日本将通过协同育人机制，包括家庭、学校和社会的合作，培养国民的利他主义、自尊心、协作精神和自我实现能力。这些价值观和能力将有助于实现每个人多样性的幸福，无论其经济状况或地理位置如何。这两个核心重点反映了日本在教育方面的先进追求，旨在实现高质量学习，培养面向 2040 年可持续社会的创造型人才。

我国与日本同属受儒家文化影响的东亚国家，在文化和教育观念上存在相似性。儒家文化在中国有深远影响，注重个人修身、家庭建设和国家治理，强调道德准则、家庭教育和为国家做贡献。中国教育也体现了这一文化，其目标主要是培养人才、为国家服务，注重培养品德和社会责任感。相比之下，日本的教育理念和制度似乎更注重个人自由和人性化，这部分理念受到功利主义文化影响，强调抓住机会、人际关系和实用价值，以追求个人幸福。

二、我国基础教育理念改革的历史变迁

新中国成立以来，中国基础教育改革与发展的每个阶段有独特的教育理念。整体发展呈现螺旋上升趋势，即当前基础教育改革理念是对前一阶段教育理念的肯定与否定，展现了教育理念在改革中的传承与创新。

（一）1949 年至 1978 年：主要注重消除文盲，培养合格的社会主义接班人

新中国成立初期，我国文盲率高达 80%，当时最紧要的任务就是开展扫盲行动，提升大众文化水平。全国有 5.5 亿人口，但只有 205 所高校，平均入学率 0.26%，4.4 亿人平均受教育不足 2 年。为提升国民文化水平以及满足工业化、社会主义改造需求，全国开展识字教育，逐步减少文盲。1949 年召开第一次全国教育工作会议，1951 年起开展大规模扫盲运动。最有效方法之一是“速成识字法”，由解放军西南军区文化教员祁建华创造，1952 年全军消灭文盲。1953 年，扫除近百万工人文盲，近 300 万农民文盲。20 世纪 50 年代末，有 3 000 多万人脱盲。70 多年来，中国未间断进行扫盲工作。

此阶段的教育理念强调工具性取向。新中国成立初期，外部环境与教育发展不完全契合，国家主要关注培养适应社会需求的人才，以促进教育经济的发展。然而，由于人口素质较低，特别是能为经济服务的素质有限，因此教育理念主要集中在消除文盲上。如本章第一节所述，当时的教育理念着眼于满足社会建设需求，储备人才，重点在社会主义建设目标上，但也存在功利性，追求教育的工具性价值。

（二）1978 年至 1995 年：科技与教育联结的教育理念开始逐渐成为主导

1978 年 12 月，党中央召开了十一届三中全会，标志着改革开放的起始，也带动了教育改革。1984 年 10 月 20 日，中共十二届三中全会通过《中共中央关于经济体制改革的决定》，其中第九条明确强调“进行社会主义现代化建设必须尊重知识、尊重人才”，并指出“科学技术和教育对国民经济的发展有极其重要的作用”①。科技的重要性逐渐凸显，科技人才成为教育价值取向的焦点。基础教育被视为国家的基石，而义务教育阶段被认为是培养科技人才的基础。1986 年，第六届全国人大第四次会议通过了《中华人民共和国义务教育法》，其中第三条明确规定：“义务教育必须贯彻国家的教育方针，努力提高教育质量，使儿童、少年在品德、智力、体质等方面全面发展，为提高全民族的素质，培养有理想、有道德、有文化、有纪律的社会主义建设人才奠

① 中共中央关于经济体制改革的决定．北京：人民出版社，1984：37.

定基础。”1993年，中共中央、国务院发布了《中国教育改革和发展纲要》，明确提出基本普及九年义务教育。经过全国人民的努力，这一目标顺利实现。在2000年，九年义务教育的覆盖率和初中入学率均超过85%，[①] 中国义务教育的普及水平居于发展中国家的前列。

尽管这一阶段的教育理念仍有一些工具性的影响，但育人取向更加显著。对“教育本质”的探讨实际上反映了对教育功能的审视。过去，教育被视为上层建筑中的“无产阶级专政工具”，主要为政治服务。然而，党的十一届三中全会放弃了“以阶级斗争为纲”的观念，提出以经济建设为中心，实现四个现代化。1985年，《中共中央关于教育体制改革的决定》明确提出“教育必须为社会主义建设服务，社会主义建设必须依靠教育”，标志着我国教育重新回归正常轨道。这代表了思想解放的重要成果，也标志着教育价值观的巨大转变。

（三）1995年至2010年：强调学生的全面发展和素质教育

所谓素质教育，就是通过提高教育的质量，培养学生全面发展所需的各种素质和能力。它强调的不仅是学科知识的传授，还包括道德、思维能力、创新能力、人际交往能力等方面的培养。素质教育以学生为中心，尊重学生的个性和兴趣，促使他们全面成长，而非仅仅追求升学分数。素质教育的目标是根据社会和个体的需要，促进学生在多个方面的综合发展。它强调学生在知识、技能、情感、态度和价值观等方面的均衡发展，以便他们更好地适应未来的社会需求和挑战。虽然素质教育在推行过程中会面临一些挑战和阻力，但是在基层学校和教育工作者的不懈努力下，已经取得了一些积极的成果。许多学校通过创新探索，形成了各种有效的实践经验。同时，关于素质教育的讨论和研究也为教育改革提供了理论支持和指导。需要注意的是，素质教育并非与应试教育完全对立。合理的应试考核可以促使学生努力学习，但素质教育强调的是培养学生的综合素质，让他们具备更广泛的能力和潜力。

总的来说，素质教育是一个重要的教育理念，旨在培养全面发展的人才，适应社会的变革和发展。在素质教育的推行过程中，需要平衡好知识传授和能力培养，同时注重学生的个性和兴趣，以及教育者的不断探索和创新。

（四）2010年至2022年：深化教育改革，注重学生的核心素养的培养

近年来，中国持续高速发展教育，已成为国际认可的“教育大国”。2010年7月，《国家中长期教育改革和发展规划纲要（2010—2020年）》公布，对未来的教育做出了

---

① 杜玮，高毅哲．庆祝改革开放40周年教育改革纪事：迈向教育公平的不懈追求．中国教育报，2018-12-12.

重要部署。此后，2014 年教育部发布了《关于全面深化课程改革落实立德树人根本任务的意见》，首次引入“核心素养”概念，将其置于深化课程改革和实现立德树人目标的核心地位。核心素养作为一种国际流行的教育理念，对各国都产生了积极影响。

我国基础教育理念的变迁显示出对社会需求和个体发展的持续关注。从注重基础知识传授，逐步转向关注综合素质和能力培养，再转向突出创新、实践和个性化发展。核心素养成为重要目标，涵盖综合素质、核心能力以及创新、创造和创业意识的培养。这种变化体现了对学生全面发展的关切，教育目标逐步从知识传授向能力培养和品德塑造转变。

（五）2022 年至今：确立促进公平、提升质量的基础教育改革理念

党的二十大召开后，确立了促进公平、提升质量的基础教育改革理念。这一理念强调了教育在中国特色社会主义建设中的重要性，并提出了一系列重要举措和目标，以实现高质量的基础教育。第一，教育优先发展。党的二十大明确提出要坚持教育优先发展，加快建设教育强国。这意味着教育被视为国家发展战略的核心组成部分，必须得到充分的支持和投资。第二，为党育人、为国育才。教育的任务是为党和国家培养人才，为中国的发展和建设提供智力支持。这强调了教育在国家战略中的关键作用。第三，全面贯彻党的教育方针。基础教育改革理念要求全面贯彻党的教育方针，包括立德树人的根本任务。教育的目标是培养德智体美劳全面发展的社会主义建设者和接班人。第四，促进教育公平。这一理念强调了教育公平的重要性。政府将努力确保每位学生都能享有公平和高质量的教育，无论他们的背景如何。这是实现社会公平的关键要素之一。第五，高质量教育体系。基础教育改革理念鼓励发展高质量的教育体系，包括素质教育的推进。这涵盖了提高教育的教学质量和培养学生的高阶能力。第六，培养时代新人。新时代教育理念将培养时代新人作为推动基础教育高质量发展的新目标。这强调了培养具备信仰、知识、技能的全面发展的社会主义建设者和接班人的重要性。

总的来说，这一基础教育改革理念强调了教育在国家发展中的关键作用，以及确保教育公平和提高教育质量的重要性。这一理念将教育视为促进社会高质量发展的关键因素，旨在实现教育的多重价值，以支持党和国家的长期发展目标。

需要注意的是，教育改革是一个系统性工程，需要持续努力。基础教育的影响是滞后的，因为学生成长需要时间，教育改革也需要适应时间。因此，评估教育改革的成效需要耐心和科学的方法。教育理念需要经过验证，需要长期的规划和思考。教育的短期和长期目标应相互协调，避免过分强调短期效果而影响教育的可持续发展。长期规划和顶层设计至关重要，确保每个阶段性目标的实现能为长远目标的达成奠定基础。

三、世界范围内基础教育理念改革趋势

进入 21 世纪，世界各国政治经济快速发展，多元因素逐渐渗透至教育领域，为基础教育改革带来了新的机遇与挑战，改革势在必行。以下为世界范围内基础教育理念的主流趋势，是时代、科技、文化进步的多因结果。

（一）“终身教育”理念：培养学生自主学习的能力

国际上将终身教育定义为与个体生命紧密相关、贯穿社会方方面面的连续性教育。它不是实体存在，而是一种观念，适用于全球各国教育和每一个人，扩宽了人类对学校教育的认识。终身教育的核心任务包括认知能力培养、实践能力培养、社会互动能力培养以及生存能力培养。终身教育贯穿个体一生的各个阶段，将社会中所有具有教育功能的组织和场所紧密联系起来，旨在促进个体全面发展和素质提升。

在基础教育阶段，将终身教育理念融入教育中旨在培养学生的自我教育能力和自主学习能力。国际 21 世纪教育委员会在向联合国教科文组织提交的一份报告中明确指出，仅仅满足数量上的教育需求已不再足够，个体一开始积累的知识是不足够的。因此，终身教育理念的引入是为了让学生在基础教育阶段就能明确，他们需要在整个生命周期中抓住各种学习机会，更新自己的知识体系，以适应不断变化的世界。

（二）“教育信息化”理念：遵循国际化对基础教育改革的新要求

“教育信息化”是一种现代教育理念，旨在利用现代化信息技术，提高教育的教学和管理效率，改善教育的质量和效果。其主要包括三点。第一，个性化教学：实现个性化教学，根据学生的发展需求和兴趣爱好，提供不同的教育资源和学习方案，以更好地满足学生需求。第二，科技创新：推动科技创新并将其用到教育中，利用创新的教育技术，如智能教育、虚拟现实、人工智能等，有助于创造更丰富有趣的教学过程。第三，教学互动：教育信息化应该建立在多元化的教育交流平台上，形成一个更灵活和富有创造力的教育环境。总而言之，教育信息化通过数字技术为师生提供更多元的交流和学习渠道，无论是在线教育、互动教学、远程教学还是视频学习等，都可以更好地促进信息接入和共享，深化对多样化、创新性、实用性等教育需求的理解。

毋庸置疑，教育信息化是顺应时代的前提，也是契机。随着科技的不断进步和创新，信息化学习在教育领域的应用将愈发广泛。未来各国的教育将会有更深的联系，教育信息化期待更加智能化、个性化，更加具有互动性和实践性的教育模式。同时，信息技术也需要不断与教育教学理论相结合，注重教育质量和学生的全面发展。

（三）“教育民主化”理念：鼓励多元主体参与基础教育改革

教育民主化是一种教育体系的理念，其目标是让教育更加公平、平等、开放和包容，让每个人都能有平等的机会接受优质的教育。教育民主化主张教育不应仅仅局限于少数人特定阶层，而应该为所有人提供平等的机会和资源，并鼓励学生自主学习、自由思考、独立判断。此外，教育民主化还体现在学校治理机制上，如让师生家长能够更加平等地参与学校管理和决策，使教育更加民主和透明。

纵观教育发展史，在基础教育改革主体方面，大部分国家采用的一直都是以“国家-学校”为主的“决策者-执行者”式的二元主体模式，伴随教育民主化理念的加深，出现了各类教育主体参与的多元格局情形，基础教育的办学主体除政府外，还有社会团体、中外企业、农村集体、公办个体等。在教育实施和评价方面，基础教育改革提倡去除单一的唯教师评价的教育评价模式，倡导学生互评与自评、家长评价的多元主体评价模式。总而言之，民主化是一种和谐、公平的体现，促进基础教育改革体制更加健全。

（四）“教育高质量”理念：从关注数量增长转向质量提升

教育高质量发展理念是各国在长期教育实践中所探索出的一种新平衡，旨在追求教育的工具价值和育人价值，保证教育的外部与内部和谐并进，实现高质量的教育良态。当下各国开始将教育理念转向以提高教育质量为核心，为学生提供更好的学习环境和更符合需要的教育方案。要实现教育高质量发展，主要的措施有三个方面。第一，倡导学生个性化教育：关注每个学生的兴趣、素质、需求和认知特点，为他们提供更优质的个性化教育方案，充分发挥他们的潜力，培养他们的创新能力和独立思考能力。第二，提升教师培养水平：注重对教师的培训和培养，使其更具有专业素养和创新教育意识，同时也要关注教师在参与教学、课程开发以及教育研究领域的表现和发展。第三，持续改进教育准则：强调教育持续改进的准则、规划和指标，相关教育实践的转化必须建立在严谨的数据、评估、研究和实验的基础上，目的是解决实际问题，提升教育质量，使其真正成为蓬勃发展的高质量教育体系。

总的来说，教育高质量发展需要推进个性化教育，深耕教师素养，充分利用教育科技和合理配置资源，同时建立科学的教育评价体系和实行教育持续改进，不断优化学习环境、加强学习体验。

案例

苏联20世纪的教育改革被称为“钟摆现象”，请认真分析苏联20世纪基础教育发展总结表（见表2－2），试总结各个阶段的教育理念特点并填入表中，并思考对我国基础教育改革的启示。

表2－2　苏联20世纪基础教育发展总结表

时间	背景	教育举措	教育理念特点
第二个十年	十月革命爆发，建国初期	加强无产阶级对教育的领导，建立国家教育委员会，1918年颁布《统一劳动学校规程》，建立统一劳动学校及制度，增强学生劳动能力	
20年代	向社会主义过渡和政治与社会转型的重要历史阶段	学制调整和教学改革实验。颁布综合教学大纲：取消学科界限教学，以劳动为中心，学习自然知识和社会知识。采用劳动教学法：主张废除教科书，广泛推行工作手册、活动课本，废除班级授课制，采用分组教学	
30年代	建立强大工业，基本完成生产资料所有制的社会主义改造	1931年发布《关于小学和中学的决定》作为纲领性文件，其明确规定，恢复读写算，恢复学科教学，恢复班级授课制，恢复教材，强调学生进行知识的学习	
40年代	二战		
50年代	二战结束，国家开始建设，经济保持高速增长，建立众多工业	1958年颁布《关于加强学校同生活的联系和进一步发展苏联国民教育制度的意见书》，以“参加劳动，走向生活”为教育目标，将普及教育的年限由7年延长为8年；将原来的10年制延长为11年制，快速创办技术学校	
60年代	与美国冷战，走向精英教育	1966年通过《关于进一步改进普通中学工作的措施》，以增加学生科学知识为教育目标，主张学习科学、技术和文化课程，加强学科知识的衔接性	
70年代	国家强盛时期，后期经济发展减慢，发展重工业和军事工业	1977年通过《关于进一步完善普通学校学生的教学、教育和劳动训练的决议》，确定普通中学统一为劳动综合技术学校，改进劳动教育与教学，增加有关劳动的比例	
80年代	科学技术和国家经济快速发展	1984年通过《普通学校和职业学校改革的基本方针》，强调开展全面和谐的教育，既要掌握知识的学习，又要改善劳动教育，将普通教育和职业教育融合	

【评析】该案例明确显示了苏联20世纪教育改革的“钟摆现象”，即第二个十年间、20年代偏重劳动，30年代偏重知识，40年代打仗，50年代偏重劳动，60年代偏重知识，70年代偏重劳动，80年代偏重知识。这种现象阻碍了教育的发展，没有实现正确的战略融合。在苏联解体之前，其教育水平在世界上是一流的，改革虽然曲折，却是积极的，并且在此阶段苏联涌现出很多出色教育家，对我国教育产生深远影响，值得研究。

第三节 我国当前主要的基础教育改革理念

我国当前基础教育的核心理念是以人为本、核心素养和立德树人，体现了我国教育的育人价值的取向，注重学生思想道德、文化素质和综合能力，培养学生成为全面发展、具备创新能力、具有社会责任感和国际竞争力的新时代人才，让每个学生都能够发挥自己的潜力并取得尽可能多的成就。

一、“以人为本”的基础教育理念

《国家中长期教育改革和发展规划纲要（2010—2020 年）》强调，“努力办好每一所学校，教好每一个学生”，这体现了我国教育改革的核心，即以学生为中心，致力于个体发展。要深刻理解这一理念，可从历史渊源、理论衍生、与基础教育的关系三方面展开。

（一）以人为本理念的历史渊源

在人类文化发展史上，作为人类智慧结晶的以人为本思想源远流长，始终保持着旺盛的生命力和持久的影响力，并随着历史的发展不断衍变和丰富，从我国和西方两个角度可探寻以人为本的思想内涵。

在我国，民本思想最早始于商周，《尚书》记载“民可近，不可下”，“民惟邦本，本固邦宁”，“民之所欲，天必从之”，表达了对普通民众和民众意愿的充分肯定。春秋战国时期，百家争鸣，儒家学说是传统民本思想形成的标志。如“仁者爱人”，“节用而爱人”，“己欲立而立人，己欲达而达人”，表明对人的价值的肯定，实质是以人为本的思想认识，其中所包含的仁爱、孝悌、恭、宽、信、敏、惠等为民本思想的形成奠定了基础。汉唐是其发展阶段。董仲舒提出“天之生民，非为王也；而天立王，以为民也”，王符提出“帝以天为制，天以民为心，民之所欲，天必从之”，都对以民为本思想做了进一步的阐发。唐太宗李世民和魏徵从历代治乱兴亡中深刻认识到普通民众的巨大力量，得出了“水可载舟，亦可覆舟”，“君依于国，国依于民”，“国以人为本”的结论，主张施政以民为本，爱民惠民，具有鲜明的现实针对性，大大充实和发展了民本思想。明末清初，深受民本思想熏陶，众多思想家从爱民重民出发针砭时弊，对封建君主制度予以猛烈抨击，如黄宗羲在《明夷待访录》中提出“然则为天下之大害者，君而已矣”。

在西方哲学史上，以人为本思想也是源远流长。古希腊时期“人是万物的尺度”命题的提出，表明西方哲学开始把研究对象从自然转到人本身。公元 14 世纪中期，意大利出现复兴古典语言的新文化运动，历史学家称为“文艺复兴”，此运动后来传播到欧洲各地，一直延续到 16 世纪。在这场思想解放运动中，人们将对神的崇拜转为对人自身价值的关注，出现了人文主义与人道主义，强调个体的自由和尊严，对神权主义和专制主义形成反叛。思想家如伏尔泰、孟德斯鸠、卢梭等提出人权、自由平等的理念，反对神权，推动了以人为本思想的发展。

（二）以人为本理念的理论衍生

思想意识不断地发展会发生结构上的变化，进行转化的方式便是将理念转变为行为，在这一过程中理念会不断完善具体，衍生为更为健全的理论。以人为本理念发展为具有体系语言的理论主要来自西方，主要是马克思主义的以人为本思想和教育心理学的人本主义理论。

马克思主义以人为本思想渗透在其众多的主要著作中，以唯物史观中现实的人和人的实践活动为基础考察人类历史发展，把人当作历史活动中的人来研究，具有丰富的内涵。首先，人是社会发展的主体，人是一切社会关系的总和，人通过劳动进行生产活动，是社会历史发展的推动力。其次，人是具有创造性的，正是通过能动性的实践去改造现实世界，不断生产创造新的物质和精神成果，从而推动社会进步、满足自身需要。最后，人的全面自由发展是社会发展的最终目标，在马克思看来，人在社会发展中的主体地位，决定了其推动社会发展的目的就是发展自身。每一个社会个体都有权“全面发展自己的才能”，真正的“人的发展”必须是每一个社会个体的全面自由发展，因为“一个人的发展取决于和他直接或间接进行交往的其他一切人的发展”①。

人本主义心理学理论源于 20 世纪 50 年代，是教育心理学中学习理论的一大派别，主要代表人物有马斯洛和罗杰斯等教育家。该理论认为人作为一个独特的个体应该被尊重和关注，他们的经验和感受被认为是最重要的，主张学习即个体自我实现的过程。重视以人为本，以学生为中心开展学习，教师是学习的促进者。强调学生的情感、需要等因素对学习的作用，有以下三个关键点：首先，自我概念指的是个体对自我的了解与认同，包括对个人的身份、角色、所处环境、资源价值等的理解。自我概念的形成是与个人的生活经验、文化和社会环境密切相关的。其次，自由意志认为人类具有选择自己行动的自由。每个人都可以选择自己的行动和决策，并对自己的行为负责。

---

① 马克思，恩格斯．马克思恩格斯全集：第 3 卷．北京：人民出版社，1960：515.

自由意志也意味着人们可以通过自己的选择来塑造自己的命运。最后，情感和关系是个人自我价值实现和成长的关键，人类是社会性动物，需要彼此依靠和支持，而这种依靠和支持也是人们成长和发展的重要条件。总之，教育心理学的人本主义理论是以人为本理念不断深入实践过程中较完善的衍生理论。

（三）以人为本理念与基础教育

以人为本理念正在成为时代的潮流。在我国基础教育理念改革历史中，这一理念早在改革开放初期就开始显现。在科教兴国战略的推动下，我国致力于以人为本，推进教育事业的科学发展。这意味着教育的核心关注点要从知识和技能的传授转变为个体的全面发展，满足人的需求，培养全面发展的社会主义建设者和接班人。随后，这一教育理念不断演进，强调促进学生全方位发展，使教育重新回归到基础、本质的目标上。这一理念超越了知识和技能教育的界限，更关注学生的全面发展，以人的生命为中心。

以人为本是人性的回归。教育的对象是人，只有充分尊重和关注人性，才能使教育成为培养人的活动。但教育实践往往不能专注于人的本质，会受到政治、经济、文化、人口和科技的多重影响，从而产生“人性偏离”，表现出与人的疏远，徒增学生学习压力。我国传统教育中应试教育色彩浓重，根深蒂固的片面教育模式对人们产生了巨大的影响。因此，我国的基础教育也有针对性地进行了改革，采取“双减”等措施，体现了在基础教育改革中以人为本理念的回归是必经之路。

以人为本是教育功能的指向。首先，以人为本教育能够改变以往传统教育的工具性倾向，真正从教育规律和学生身心发展规律出发，来满足人的真实的发展需求，提高人处理问题和解决问题的能力，实现人健康全面的发展。具体来说，以人为本的教育能够教授给学生辩证唯物主义的世界观和方法论，具有思想教育功能。其次，以人为本教育能够加强党和国家路线、方针、政策的宣传教育，引导学生树立正确的理想信念，具有政治引导功能。最后，以人为本教育能够使学生在掌握知识和技能的同时培养高尚的道德情操，满足国家社会对人才的期望和个人成长成才的内在需求，具有道德教化功能。

二、“核心素养”的基础教育理念

核心素养的理念是以人为本理念的延伸，是一种促进人更加全面发展的教育理念。核心素养是指个体在知识、技能和态度等方面的基本能力和素质，是一个人综合发展的基础，在基础教育阶段培养和发展个人的核心素养，可以提高个体在学习、工作和生活中的表现和适应能力，促进个人持续全面发展。

（一）核心素养的国际探索

21 世纪初，美国较早提出了核心素养的概念。随后，这一概念逐渐在全球范围内得到广泛关注和应用。北京师范大学中国教育创新研究院曾与世界教育创新峰会合作，对核心素养进行国际化视野的深度研究，完成并发表了《面向未来：21 世纪核心素养教育的全球经验》的国际进展报告。而后，北京师范大学中国教育创新研究院与美国 21 世纪学习联盟开展合作，在 21 世纪核心素养 4C 模型的基础上，新增文化理解与传承素养，提出了核心素养的 5C 模型，以文化理解与传承为核心，充分肯定了文化对教育的作用，认为当今世界中各国应以坚定本国文化为本，审辩思维和创新为认知维度上应具备的素养，要具备批判、省思与创新的认知品格，最后是沟通与合作为实践维度上应具备的素养，在社会生存中要学会与他人交往。这一模型为全球核心素养研究提供了中国方案（见图 2-1）。

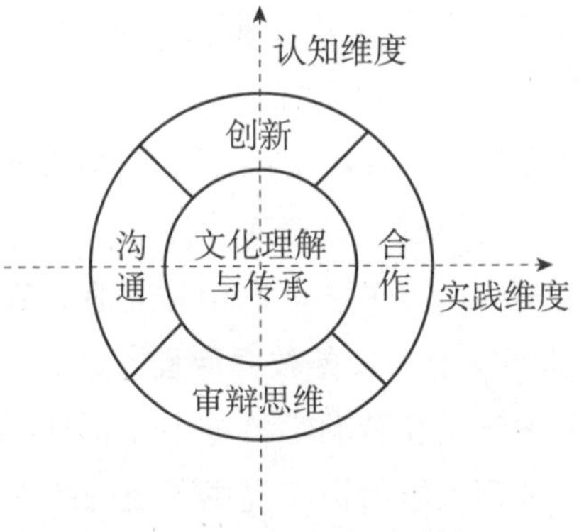

图 2-1　核心素养 5C 模型

如图 2-1 所示，核心素养 5C 模型中，一级维度以文化理解与传承素养为核心，其余为审辩思维素养、创新素养、沟通素养和合作素养。在更详细的二级维度中，文化理解与传承素养包括文化理解、文化认同和文化践行，审辩思维素养包括质疑批判、分析论证、综合生成和反思评估，创新素养包括创新人格、创新思维和创新实践，沟通素养包括同理心、倾听理解和有效表达，合作素养包括愿景认同、责任分担和协商共赢。文化理解与传承素养被认为是核心，因为文化是国家的灵魂。在认知维度，审辩思维素养和创新素养是必要的，而在实践维度，沟通素养和合作素养不可或缺。

这一模型的独特之处在于我国率先将文化理解与传承素养置于核心位置，并将其作为其他素养的价值指引。这反映了对培养学生文化理解与传承素养的强调，具有重要的指导意义，① 不仅对我国的教育，也对其他国家和民族的教育具有借鉴价值。

---

① 刘妍，马晓英，刘坚，等．文化理解与传承素养：21 世纪核心素养 5C 模型之一．华东师范大学学报（教育科学版），2020，38（2）：29-44．

（二）核心素养的本土确立

我国教育核心素养的概念在2014年被提出。2014年4月，教育部印发《关于全面深化课程改革落实立德树人根本任务的意见》，“将组织研究提出各学段学生发展核心素养体系，明确学生应具备的适应终身发展和社会发展需要的必备品格和关键能力”①。这标志着我国教育开始注重培养学生的核心素养，为素质教育的实施提供了重要的指导方向。2016年，《中国学生发展核心素养》正式发布，提出学生发展核心素养是指学生应具备的，能够适应终身发展和社会发展需要的必备品格和关键能力，是关于学生知识、技能、情感、态度、价值观等多方面要求的综合表现。

中国学生发展核心素养，概括起来就是：一个核心，即以培养全面发展的人为核心；三个维度，即文化基础、自主发展、社会参与；六大素养，即人文底蕴、科学精神、学会学习、健康生活、责任担当、实践创新；十八个要点，即人文积淀、人文情怀、审美情趣、理性思维、批判质疑、勇于探究、乐学善学、勤于反思、信息意识、珍爱生命、健全人格、自我管理、社会责任、国家认同、国际理解、劳动意识、问题解决、技术运用。② 从宏观到微观来看，中国学生核心素养内容体现了先进的教育理念，确保教育整体前进方向与时俱进、具有前瞻性。

以中国学生核心素养为基础，各个学科也相对应地更新了学科目标。契合“双减”背景，2022年3月，教育部印发了《义务教育课程方案和课程标准（2022年版）》，囊括语文学科、数学学科、艺术学科和劳动学科等16门学科课程标准，这为义务教育的教学改革、育人方式转变以及育人质量提高提供了明确的方向。

三、“立德树人”的基础教育理念

党的十八大将立德树人确定为教育的根本任务，这种教育理念注重培养人的品德和价值观，强调学生在成长过程中的自我修养、道德选择和社会责任感，培养具有道德素质和社会责任感的人才。注重品德教育，可以培养学生良好的公民意识和社会责任感，有助于学生成为更好的社会成员。

（一）立德树人是以人为本的高级追求

“立德”一词源起于《左传》，其中描述了人生的“三不朽”境界；“树人”一词源

---

① 教育部关于全面深化课程改革落实立德树人根本任务的意见．(2014-04-08)[2024-03-31]. http://www.moe.gov.cn/srcsite/A26/jcj_kcjcgh/201404/t20140408_167226.html.

② 核心素养研究课题组．中国学生发展核心素养．中国教育学刊，2016（10）：1-3.

起于《管子·权修》，其中指明了培养人才是一项长期艰巨的任务。2007 年，胡锦涛在全国优秀教师代表座谈会上提出，把立德树人作为教育的根本任务，之后，立德树人逐步走进大众的视野。到 2012 年，党的十八大第一次正式指明教育的根本任务是立德树人。

首先，立德树人更关注人内部的发展。我们必须坚定社会主义办学方向，培育有理想、有本领、有担当的社会主义有志青年。习近平总书记认为“四个意识”和“四个自信”是合格社会主义建设者和接班人所必须拥有的。青年人必须牢牢树立政治意识、大局意识、核心意识和看齐意识，坚持道路自信、理论自信、制度自信和文化自信，肩负起历史使命和时代责任，在劳动奉献中实现自我价值，做到社会价值与自我价值的有机统一。正因为定位于立德树人，我国社会主义现代化教育才突飞猛进，向着教育强国迈进；正因为定位于立德树人，中国人的精神文明程度才极大提高，人们安居乐业；正因为定位于立德树人，我国城乡教育差距才逐步缩小，人们对教育的获得感显著增强。

其次，立德树人更聚焦人的全面发展。之所以马克思主义关于人的全面发展理论能够在新时代焕发生机，是因为我国的教育工作者在其指导下，结合时代特点和社会要求，从教育实际出发，在教育教学的实践过程中不断创新理论，形成了独具特色的德育思想。不仅有利于我国立德树人根本任务的落实，而且能不断丰富马克思主义关于人的全面发展理论的具体内容和方式方法。习近平总书记多次围绕立德树人发表相关重要论述，并针对不同阶段的个体提出不同的人才培养要求，不断地丰富德育的目标、内容及方法。

最后，立德树人细化对德的分类。有德之人所立之“德”，包括志愿报效祖国、服务人民的“大德”，社会文明发展的“公德”以及个人成长进步的“私德”。一是“大德”必立共产主义远大理想和中国特色社会主义共同理想之德。二是“公德”必立文明和谐、遵纪守法之德。一个国家的道德素质往往是这个国家综合发展水平的体现，高素质的国家在未来的发展会蒸蒸日上，而低素质的国家与高素质的国家之间的发展差距则会越来越大。立德树人的本意指向是提高本国公民的道德素质，培育学生文明守法、爱护公物的公共意识等，这样整个社会就形成了良好的道德风尚，国家综合发展水平自然而然就提高了。三是“私德”必立修身向善的中华传统之美德。众所周知，“私德”就是指一个人的品行操守是否高尚、是否文明、是否符合社会主义核心价值观。古往今来便有不少名师大家身上留有值得我们学习和弘扬的优良品德，诸如勇敢、诚信、勤奋、无私等。

（二）立德树人是基础教育的时代主命题

立德树人是我国传承至今的具有中国特色的教育理念，是扎根中国大地、结合时代发展对人才培养做出的更深层次的思考，具有丰富的时代内涵。

从教育国际化来看，在全球化的影响下，个体的道德认知会在社会大环境中受到影响，使我国的立德树人教育理念在实践的过程之中遇到阻碍。多元价值观影响了个体对主流价值观的认知。个体的道德认知容易过度多元化。资本主义的意识形态、价值观等通过现代信息技术快速传播，导致个体能够接触到大量复杂多样的信息，这就容易使个体产生个人主义、拜金主义等问题，甚至出现鼓吹“西化”和“分化”的不良意识。基础教育阶段的学生正处在世界观、人生观、价值观的塑造初期，思想不成熟、涉世经验不深，极易产生意识困惑和出现价值迷失。

从国家政策来看，《中国教育现代化 2035》和《加快推进教育现代化实施方案(2018—2022 年)》的颁布是落实立德树人教育理念有力的时代支持。上述两个文件是对我国教育现代化的推进做出的战略规划，二者共同构建出实现我国教育现代化的宏伟蓝图，其体现出我国对教育事业的重视，对追求教育事业的高水平发展的重视。两个文件都立足于教育实际，针对教育高水平的发展提出具体的要求和措施，并将立德树人教育理念放在教育环节的首要位置，这充分给予了立德树人教育理念在政策上的支持。

从文化传承来看，立德树人的教育理念根植于我国优秀传统文化之中，又与当下我国社会发展的时代性相契合。一方面，从优秀传统文化继承来看。传统文化中的儒学思想强调道德与人格养成的重要性，其中“立德”是重要内容。它意味着要建立正确的道德观念，保持良好的道德品质，做一个合格的人。这种思想在我国古代已有悠久的历史，为中华民族的创新和发展做出了巨大贡献。立德树人理念强调以德立人、德育为先，它将传统道德观融入现代教育体系中，承续了我国优秀传统文化的精神内核。在当今社会，以德育人与人才培养紧密相连，能帮助人们树立正确的世界观、人生观、价值观，提高人们的素质和修养。同时，立德树人理念也在不断发展和创新，积极吸收现代价值观念，强调将爱国主义、集体主义等现代思想融入其中，以更好地适应现代社会的发展需要。因此，立德树人理念的继承和发扬，是在延续中华优秀传统文化的同时，创新与发展它的理论内涵的，其在不断变化的社会环境中焕发新的生命力、产生更大的价值。另一方面，从当下时代创新来看。现代社会存在道德缺失等问题，推广立德树人理念可以提高人们的道德修养，推进道德教育的发展，进一步推动德育的优化。在当前和未来的社会中，不仅强调知识素质的提高，还注重道德素质的提升。在培养人才的过程中，贯彻立德树人理念，把培养具有优秀道德品质的人才放在更加重要的位置上，可以增强人们的文化自信，促进社会文明的发展。它倡导人们树立正确的世界观、人生观、价值观，形成正确的社会风尚，从而进一步提高社会的文明程度，以此来适应时代的发展需要。

（三）立德树人是基础教育改革的实践向度

立德树人深入推进核心价值观教育，为如何深度推进基础教育改革提供了实践性的指向。该理念是中国传统文化的重要内核，应该贯穿于教育教学中，可以从五个方面指导基础教育改革。第一，确立教育教学目标。教育教学目标的确立应该以立德树人为中心，要培养学生具备高尚的道德品质、自主学习能力、创新精神和实践能力等。这些都是学生终身发展所必需的素质。第二，建立德育课程。德育课程是培养学生道德修养和人格素质的重要途径之一。建立德育课程，让学生接受形式多样、内容丰富、系统完备的德育，有助于实现立德树人根本任务。第三，崇尚生活教育的细化教育理念。生活中的点滴也是落实立德树人的重要方面。学校可以通过日常管理、校风建设、学风建设、文化活动等来加强生活教育，进一步落实立德树人，辅助形成合理的价值观。第四，营造和谐的教育氛围。教育教学环境的舒适与和谐对于形成积极向上的德育氛围至关重要。基于学生的需求构建积极向上的教学环境，营造良好的氛围，有助于推动学生的全面发展。第五，加强教师的引领作用。教师的言行举止对学生的成长具有重要的影响，教师应该注重自身的修养和道德建设，以身作则，发挥良好示范作用，让学生在自己的引领和带动下更好地展现自我。

总而言之，立德树人理念具有深远的实践指导意义，体现了我国发展的美好愿景和时代精神，是教育工作者必须坚定的理想信念。因此，基础教育改革更应该将其作为发展的基本遵循和根本原则，对我国公民的思想与行为做出严格的要求，进一步增强紧迫感、责任感和使命感，从而为建设教育强国、实现中国梦提供人才支持。

案例

核心素养浓缩了一个国家对本国基础教育阶段理想学生样态的期望，同时也为整个国家的教育指明了方向。结合我国当下基础教育改革中的理念，请阅读以下所示个别国家的核心素养内容，美国学生核心素养见表 2－3、俄罗斯学生核心素养见表 2－4、法国学生核心素养见表 2－5，试分析其具体的教育理念。

表 2－3　美国学生核心素养

美国学生核心素养	能互动地使用工具	沟通技能、阅读理解能力、说清楚使得他人理解、积极地倾听、批判地观察
	能在异质社会团体中互动	人际交往技能、与他人合作、引导他人、提倡与影响、解决冲突和协商
	能主动地行动	决策技能，解决问题和做决定、计划，终身学习技能，使用数学来解决问题，担负学习的责任，通过研究来学习、反省和评价，使用信息和沟通技能

表 2-4 俄罗斯学生核心素养

俄罗斯学生核心素养	能互动地使用工具	互动地使用语言、符号及文本的能力，互动地使用知识与信息的能力，互动地使用科技的能力
	能在异质社会团体中互动	与他人建立良好关系的能力，合作的能力，控制与解决冲突的能力
	能主动地行动	在复杂大环境中行动的能力，设计人生规划与个人计划的能力，维护权利、利益等的能力

表 2-5 法国学生核心素养

法国学生核心素养	能互动地使用工具	掌握法语、掌握基本数学知识、至少会运用一门外语、掌握信息与通信的常规技术
	能在异质社会团体中互动	具备自由履行公民责任的人文与科学文化、与他人合作

【评析】可以看到，上述国家对学生核心素养的要求基本包含三方面内容，即能互动地使用工具、能在异质社会团体中互动和能主动地行动，对应我国核心素养：文化基础、社会责任和自主发展。不同的国家对学生核心素养的具体要求会因彼此的发展需要不同而有所差别，但这些国家对学生核心素养的要求都是非常具体且易于理解操作的。

◆ 本章小结

基础教育为个体终身发展奠定基础，是针对儿童和青少年的普遍教育，旨在培养国民素质，符合国家和社会要求。世界范围内，基础教育改革备受重视。首先，改革过程中的教育理念起着关键指导作用。需明晰教育理念的概念、价值取向和影响因素，以多元视角深入分析。其次，拥有国际教育视野，借鉴其他国家的好的教育理念，把握基础教育改革的趋势，更好地迎接未来。最后，聚焦我国的“以人为本”、“核心素养”和“立德树人”理念，多角度审视各理念的意义，促进我国基础教育改革步伐稳健，为学生成长拓宽道路。

总 结

◎ 关键术语

基础教育 elementary education	教育理念 educational philosophy
改革 reform	价值 value

◎ 章节链接

本章为第二章“基础教育理念改革”，教育理念指导具体教育实践，本章可链接随后的“基础教育课程改革”、“基础教育教学改革”和“基础教育评价改革”，探索理念在课程、教学和评价中的具体体现，从而更加深刻地掌握基础教育改革的内在逻辑联系。

应　用

◎ 批判性思考

批判性思维是创新型人才必备的核心素养之一。我国的基础教育正在经历深刻的变革，逐渐从注重知识和技能的掌握，转向注重培养学生内在思考的创新与批判性思维。从《中国学生发展核心素养》中了解到，“科学精神”作为六大核心素养之一，内容包括理性思维、批判质疑和勇于探究的精神。此外，还强调培养学生的问题解决能力、探究能力和批判性思维。因此，在基础教育阶段，培养批判性思维和创新思维的教育势在必行。然而，我国基础教育阶段的教师大多数缺乏对于批判性思维的基本原则和方法的了解，也不清楚如何在语文、数学等学科的探究式学习中应用批判性思维。尽管他们在思考层面接受了新的教育理念，但在实践中却难以贯彻执行。

对此，你怎么看？你认为以上问题应如何解决？请说说你的理由。

◎ 体验式练习

一、判断题（判断正误并说明理由）

1. 教育理念和教育目标是同一概念。

2. 以人为本的教育理念强调学生的主体地位，必然削弱教师的主导地位。

3. 在一定时间内，教育会同时遵循多种教育理念。

二、讨论与探究

1. 请回顾你的受教育经历，找到那些你认为可以体现“以人为本”“核心素养”“立德树人”教育理念的故事，与大家一起分享。

2. 请选择一个感兴趣的国家，寻找相关资料，探索其基础教育改革的历程与特征，分析各个阶段的教育理念。

三、案例研究

改变自我，改变世界——郭明晓老师的自我改变解读[①]

郭明晓，一位离退休不远的资深语文教师，通过初次接触“新教育”经历了一次

---

① 改变自我，改变世界：郭明晓老师的自我改变解读．（2023－04－04）［2023－07－04］. https：//mp.weixin.qq.com/s/ZtT91HhYl3uS-F4wpCvW0g.

意义深远的个人转变。这位有着近40年教龄的教育骨干在“新教育”的启发下，感受到自己需要改变，因此重新审视并改变了她的教育方式。她采取了创新的方式，代替传统的教师评语，每年为班上的每位学生撰写“生命叙事”，每月会写生日信或诗歌来赞美每个独特的生命。这些温暖的举动，为她的教师生涯的后期带来了新的能量，不仅是学生向上生长的养分，更是探索自身丰富内涵的坚实动力。郭明晓老师的转变，给出了今日教师自我改变的经典案例，让我们明白教育理念能够驱使教师发生改变。

为何改变？教师是需要终身学习的，教师的改变立足于时代的进步，是以促进国家教育进步和学生发展为使命的。首先必须是为自己改变，这让有限且唯一的人生在职业和灵魂上得到了升华。当然，年龄不是阻碍，50岁开始又何妨?!人生的每一刻都是改变的起点，正确的改变能为教师带来生命的更新。“新教育”理念让郭明晓老师有了年轻时的感觉，是什么使之年轻呢？自我思考让人年轻，亲近学生让人年轻，批判创造让人年轻。在教育工作中，与每一个独一无二的孩子相处都能进行一种心贴近心的交流，让人感受到温暖和希望。生命的教育就是滋养生命的教育，我们要在教师生命的创造与不断超越中开启自我生命的解放之路。

因何改变？我们改变的缘起是什么？人的新奇想法会在一天天忙碌的生活中被逐渐消磨，因此教师需要一个改变的契机，找到一个改变的方式。郭明晓老师改变的缘起就是与“新教育”理念的相遇。一个人的改变需要从内在开始，然后与外在资源相互融合，因此，教师一定要多见识常规教育以外的事物，这种“走出去”并非以学多少东西为目的，而是怀着期待去寻找一种从日常生活中精神溢出的契机，改变日常平庸的生活状态，从而不断地寻求个人的新突破点。

改变什么？教师的改变是基于以人为本理念的改变，是为一切学生而改变的，想要改变的是学生的生命状态与生命诉求，从而走进学生的生命当中，激发其内在生命力，探寻生命中美好的事物，促使学生的生命体验愈发持久、悠长、深远。

改变的意义是什么？郭明晓老师改变的意义首先就是自我充实，虽然年过半百，但却依然保持着对教育事业的热爱，投身于新的教育实践当中。郭明晓老师站在世界的视角看待改变，认为人人都是世界的组成部分，教师的改变促使学生的改变，这种统一的行为会产生社会变革，引起世界的改变。郭明晓老师给我们提供了一种典型的范例，就是改变自我，改变学生，改变世界。

进一步改变的方向在何处？教师进一步改变的基本方向首先是人的自觉，人性的自觉。郭明晓老师的改变是不断地提升个人教育的实践的高度，以促进教育高度的提升，这是一种发自内心的自觉生长力。这种力量需要坚韧的定力来维持，植根于中华大地。增强教育实践的民族意识，无疑是教师发展的深度意蕴所在。

任务一：案例中郭明晓老师所接受的教育理念是什么？

任务二：什么样的教育理念能让教育进步？

任务三：作为教师或学生，你打算如何落实认同的教育理念？

拓 展

◎ 补充读物

1. 曾天山，陈才明．G20 国家教育研究丛书［M］. 上海：同济大学出版社，2015.

该套丛书共 10 本，全景式展示美国、英国、法国、德国、澳大利亚、芬兰、加拿大、俄罗斯、日本、韩国的教育的现状、改革举措和教育成果，揭示教育的共同点，同时通过比较不同点和寻找各国教育改革得失的原因，提出可资借鉴的可行性建议。该套丛书还论述了各国自进入 21 世纪以来，为应对全球化挑战而进行的大刀阔斧的基础教育改革，无论是成功的经验，还是失败的教训，都对我国基础教育的改革和发展产生深远的影响。

2. 张华．让学生创造着长大：2022 年版义务教育课程方案和课程标准核心理念解析［M］. 北京：教育科学出版社，2022.

该书指出 2022 年版义务教育课程方案和课程标准的重要理念是“让学生创造着长大”，即把知识创造转变为学生的学习方式和教师的教学方式。新课程的教学愿景是让学生在表现核心素养中发展核心素养，为此需要走向“新三维目标”、大观念教学与实践性教学。与此同时，深化课程改革也需要关注若干重大主题。

3. 宋乃庆，李森，朱德全．中国基础教育改革与发展［M］. 北京：高等教育出版社，2018.

该书专门研究中国基础教育的历史变迁过程。根据时间线以近代新式基础教育作为改革开端，介绍了基础教育的探索、基础教育改革的重要实验、中国现代基础教育的兴起和进入 21 世纪后基础教育的振兴。最后进行中国基础教育改革的反思和经验总结，从而进行未来发展展望。

4. 袁振国．教育新理念［M］. 3 版．北京：教育科学出版社，2022.

该书用历史的眼光、发展的视角，揭示教育的真谛，紧跟时代的变化，在已有版本的基础上发展和创新当代教育理念，目前已是第 3 版。聚焦教育的基本理念、基本原则，用案例说理、用问题引申，通俗易懂，引人入胜，帮助读者打开教育视野与格局，树立个人的教育理想，开展面向未来的教育。

第三章 基础教育课程改革

◆ 本章概述

课程改革是教育改革的核心内容，是实现教育目标和教育理念的关键环节。课程改革旨在构建符合学生发展规律、适应社会发展需求、反映时代特征、体现国家意志的课程体系。课程改革的动力源于教育与时代、社会、国家、个人等多方面的紧密联系和互动影响。随着全球化和科技的飞速发展，课程改革已成为满足当今社会需求的不可或缺的一环，它不仅可以提升教育质量，而且可以带来新的机遇，从而实现教育的可持续发展。如何培养具有创新能力、实践能力和综合素质的人才，成为课程改革的核心课题。课程改革对于每一位学生的成长、发展以及国家未来的发展都具有重要意义，同时也是社会和谐的基石。因此，基础教育课程改革具有重大的战略意义和现实紧迫性。

章结构图

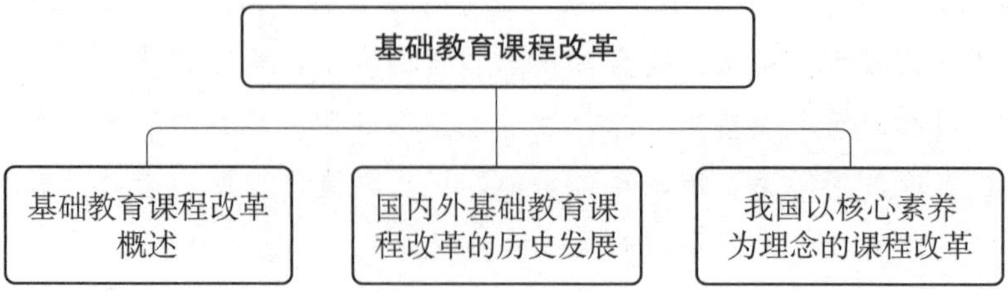

学习目标

1. 理解课程改革与教育发展的关系，能说出课程改革的目标和内容、课程改革的路径和方法

2. 熟悉国内外基础教育课程改革的历史发展，能说出改革的历史变迁和发展趋势

3. 理解核心素养在课程改革中的作用，熟悉我国基础教育新课程方案和课程标准，对我国基础教育新课程生态建立初步的认识

读前思考

1. 课程改革在教育发展中的作用是什么？课程改革的目标和内容有哪些？
2. 核心素养是什么？为什么我国将其作为课程改革的理念？
3. 我国基础教育新课程方案和课程标准有哪些新的内容与特点？
4. 你对基础教育课程改革有什么理解？你认为它为什么重要或必要？

热身活动

任务一：请在一张纸上画出你心目中的基础教育课程的结构和内容，可以用图形、文字、符号等表达。

任务二：请在你的画作上标注出你认为基础教育课程改革涉及的部分，以及你认为需要改革的部分。

任务三：请用一句话概括你对基础教育课程改革的看法或期待。

> 穷则变，变则通，通则久。
>
> ——《周易·系辞下》

基础教育课程改革是我国教育事业发展的重大战略举措，是适应时代变革和社会发展需求的必然选择。自 2001 年第八次课程改革启动以来，经过 20 多年的探索实践，我国基础教育课程改革取得了显著成效。2022 年，教育部印发《义务教育课程方案和课程标准（2022 年版）》，标志着新一轮基础教育课程改革正式启动。

第一节　基础教育课程改革概述

一、课程改革与教育发展

课程是体现国家意志和教育目标的载体，决定了教育的质量和效果。基础教育课

程改革是教育发展的重要手段和驱动力，也是适应社会进步和教育理念更新的必要举措。课程作为教育的核心，直接影响学生的学习和发展。我们需要进行深刻的课程改革，以满足时代变化和学生发展的需求。

课程改革与教育发展具有如下关系：第一，课程改革是教育发展的内在要求。课程改革符合教育的本质和规律，体现教育的人文性、科学性、创新性等。第二，课程改革是教育发展的外部条件。课程改革受到社会发展的影响和制约，适应社会发展的变化和需求，反映社会的价值观、思维方式、行为规范等。第三，课程改革是教育发展的动力和手段。课程改革推动了教育的变革和创新，使教育能够更好地培养人才、传播知识、促进创新。

基础教育课程改革具有如下意义：首先，我国基础教育高质量发展是一项系统工程，建设高质量课程是我国基础教育高质量发展的重要组成部分。一方面，高质量课程是高质量发展的中心环节，体现国家对高质量创新人才的培养需要，回答“为谁培养人”的问题，是实现国家教育理念的关键，需科学规划设计课程结构和内容；另一方面，高质量课程是高质量发展的核心目标，影响育人质量，关系到“培养什么人”和“怎样培养人”的问题，需在知识、能力和价值等方面进行变革，提升人才培养质量。其次，建设高质量课程是提升学生核心素养的重要载体。一方面，学校课程是学生知识经验的主要来源，凝练了人类知识经验，让学习者系统地获得核心素养的知识基础。另一方面，学校课程是学生转识成智的主要依托，具有逻辑性、结构性，帮助增强学习者的推理、分析、想象等能力，使学习者超越知识，走向智慧，形成核心素养。①

二、课程改革的目标与内容

基础教育课程改革的目标是提供符合社会和学生需求的高质量教育，是改革的方向、依据和评价标准。基础教育课程改革的重要目标主要包括三个部分。一是提高教育质量。基础教育是人的全面发展的基础，是提高国民素质和社会文明程度的关键环节。提高基础教育质量是课程改革的根本目标，也是课程改革的评价标准。二是适应时代需求。随着社会和经济的快速发展，人才需求也在不断演变。传统的教育模式和课程内容可能无法满足新时代的要求，因此进行课程改革势在必行。时代是课程改革的背景，也是课程改革的动力。适应时代需求是课程改革的重要目标，也是课程改革的实践依据。三是推动国家进步和民族复兴。推动国家进步和民族复兴是基础教育课

① 李刚．新时代我国基础教育高质量课程建设．课程·教材·教法，2021，41（11）：35－41.

程改革的最高目标，它要求课程能够传承中华优秀传统文化，弘扬爱国主义精神，培养社会主义建设者和接班人。

基础教育课程改革的具体内容主要分为五个部分。一是改革课程标准。为了达到国家教育质量的最高标准，必须制定严格的课程规范和要求，这不仅是教材、教学、评估和考试的依据，也是国家对课程进行有效监督和评估的基础。二是改革课程内容。优化基础教育的知识结构和学科体系，提高学生的知识广度、深度和应用水平。三是改革课程结构。基础教育课程结构是保证课程内容完整性和连贯性的重要条件。课程结构要体现国家统一规定与地方自主安排相结合、必修与选修相结合、统一与差异相结合等原则。四是改革课程实施。基础教育课程实施是检验课程质量和效果的关键环节。课程实施要体现以人为本、以学为主、以用为先等理念，启发式、互动式、探究式等方法，教师的主导性和学生的主体性等特点。五是改革课程评价。基础教育课程评价是指导课程改进的重要手段。课程评价要体现以素养为本、以学生为主、以发展为目的等原则，形成性与终结性、内部与外部、自我与他人等评价方式，知识与技能、过程与结果、量化与质化等评价内容。

三、课程改革的路径与方法

课程改革讲求以下推进策略：第一，坚定课程改革的方向与信心。课程改革取得的成果能够增强人们改革的信心。积极总结和推广成功经验，及时解决重大问题，并对课程方案进行全面审查，以确保改革的正确方向，提升改革的信心。第二，认真总结经验，科学发展理论。当代教育理论离不开课程改革实践的检验与推动，要继承和创新传统优秀教育理论和经验、研究和借鉴国外好的做法。教育理论以课程改革实践及其经验总结为源头活水。总结实施经验是发展教育理论的实践基础，升华成先进教育理论是推进课程改革的理论基础。第三，重视课程改革中的不平等问题。我们应该科学地推动课程改革，关注并研究城乡中小学之间的差距，采取有效措施促进教育均衡和公平。第四，对课程改革方案进行恰当的调整。设计者要通过研究与反思了解问题，调整方案。建立反馈、沟通与交流渠道，使实施者与设计者保持交流。在此基础上，及时调整方案，使其更完善、更可行。第五，加强行政管理与政策导向。为了促进课程改革的顺利实施，教育行政部门应该制定有效的政策和策略。例如，在实施过程中，应该及时关注学校和教师所面临的挑战，并给予必要的政策支持和专业帮助。①

课程改革是一项系统性的工程，需要探索适合我国国情的路径和方法来完成。在

① 马云鹏．基础教育课程改革：实施进程、特征分析与推进策略．课程·教材·教法，2009，29（4）：3－9.

路径选择方面，主要包括四点。一是前瞻规划：在规划中，需要充分结合我国的文化传统和社会背景进行有针对性的调整。二是深化改革：基础教育课程改革应该立足于全面深化教育改革，从体制机制改革、教师队伍建设、教学方法创新等多个层面推进改革。三是本土化发展：在基础教育课程改革中，需要充分考虑学生的个体差异和特点，尊重学生的兴趣、优势和需求，构建多元化、差异化的课程体系。四是整合优质资源：基础教育课程改革需要整合各种优质教育资源，具体包括整合教育机构、校本资源、社会资源以及现代技术手段等。在实施方法方面，主要包括三点。一是制定新的课程标准：在路径选择的基础上，需要制定符合时代要求和国家发展需求的新的课程标准。二是推进跨学科融合：基础教育课程改革需要推进跨学科的融合，进而打破传统学科的界限，促进学科之间的互通。三是形成良好的配套建设：包括教师培训与发展机制的建设，为教师提供专业知识和教学方法的培训；教材编写与更新机制的建设，及时提供符合新课程标准的教材和学习资源。

案例

联合国教科文组织发布 2050 年教育宣言[①]

2020 年，联合国教科文组织发布了《学会融入世界：为了未来生存的教育》(Learning to become with the world：education for future survival) 报告，呼吁围绕地球未来的生存来重构教育。在人类时代的关键时刻，人类的力量从根本上改变了地球的地理和生物圈系统，引发了一连串的生态危机，威胁到地球生命的未来，包括我们自己。面对多重生存威胁，我们需要重构自己在世界上的地位和作用，并从根本上重新调整教育的作用。为此，联合国教科文组织提出了七个教育宣言，勾勒出 2050 年及以后的教育。

这些教育宣言来自三个前提。首先，人类和地球的可持续性是一体的，我们是生态系统不可分割的一部分。其次，想要实现可持续发展的未来，人类不能与世界其他地区分离。最后，教育必须发挥关键作用，从根本上改变人类在世界上的地位和作用，进而改变我们的行为方式。这是一个完整的范式转变，从学习世界到做出行动，再到与周围的世界融为一体。地球未来的生存正取决于我们能否做出这种转变。

联合国教科文组织的七个 2050 年教育宣言如下：

第一，到 2050 年，教育与人文主义之间的关系被批判性重构。教育保留了促进正义的人文主义使命，新使命是通过教育负责任地在地球上共同生存来促进生态正义。

---

① 上海师范大学国际教师教育中心．联合国教科文组织发布 2050 年教育宣言．(2020 - 11 - 24) [2023 - 12 - 06]. https://untec.shnu.edu.cn/31/5e/c26039a733534/page.htm.

第二，到 2050 年，人类根植于生态系统之中的观念将深入人心。自然科学和社会科学之间已经没有界限，所有课程和教学法都牢固地建立在生态意识的基础上。

第三，到 2050 年，教育不再一味宣称人类至上主义。我们不再只依靠人类的聪明才智和技术来解决环境问题，而是在学习如何将人类作为地球上众多生命参与者、创造者和塑造者之一。

第四，到 2050 年，个人主义的自我文化已经成为过去。我们围绕相互依存和相互联系的原则重新配置教育，培养乐于助人、善解人意的人际关系，使每个人和一切都成为地球生态社区的一部分。

第五，到 2050 年，教育学不再把世界定位为学习的对象。教育最基本的主客体二元结构受到了挑战，一种生态意识将所有人类重新定位为生态圈内的人，嵌入到生态系统之中。

第六，到 2050 年，宇宙政治教育成为主流。教育远远超出了人道主义和以人为中心的主张，教育家完全接受宇宙政治的原则，承认多元性以及不同世界的共存。

第七，到 2050 年，未来生存教育的目标从人道主义转变为生态正义。我们不再把教育学当作一种纯粹的人类活动，重新调整了世界的教育实践，寻求代际和多物种正义。

【评析】这份报告强调人类与地球生态系统之间的紧密联系，并呼吁通过教育来实现这种联系，使我们更好地理解和应对当前面临的环境挑战。如何在实际操作中实现这些理念和方法？如何评估和提高这种新型教育模式的效果？如何确保所有人都能公平地接受这种教育？这些都是我们在实施过程中需要认真考虑和解决的问题。总体来说，《学会融入世界：为了未来生存的教育》报告为我们提供了一个全新的视角来看待教育，使我们意识到教育不仅仅是传授知识，更是塑造我们与世界关系的重要工具。

第二节　国内外基础教育课程改革的历史发展

一、国外基础教育课程改革的历史发展

本部分将阐述国外基础教育课程改革的历史发展情况，为了便于比较和分析，我们选取美国、英国、日本、芬兰作为研究对象。

美国是世界教育体系的领导者之一，其课程改革受到了科技发展、全球化挑战、多元化需求等因素的驱动，同时也涉及了教育标准、教育公平、教育创新等方面的问题和探索。英国是西方教育体系的典型代表，其课程改革受到了民主、平等、多元等价值观的影响，同时也反映了社会、经济、文化等方面的变化和需求。日本是东亚教育体系的重要组成部分，其课程改革受到了美国的影响，同时也反映了国民身份、文化传承、经济转型等方面的考虑和平衡。芬兰是北欧教育体系的杰出代表，其课程改革受到了人本主义、进步主义等教育理念的指导，同时也展示了教育质量、教师专业、学生幸福等方面的优势和成就。

（一）美国的课程改革历程

1. 学科结构运动

1958 年，《国防教育法》的颁布标志着美国在苏联发射卫星后进行的首次重大的课程变更。“新三艺”被确立为美国的国防基础，旨在加强对数学、自然科学和英语的重视，以期培育出具有开拓创新奉献精神和实际技能的高层次人员。而后，《国防教育法》推出了一系列新课程，其中包括了历史、地理、公民、英语等学科课程，以此来增强国家军事实力。这次改革以中小学课程内容与教学为重点，采用结构主义的理念，因而被称为“学科结构运动”。此次改革强调让学生更好地掌握各学科的基础概念和原理，并且鼓励学生发现自身的潜能，从而使学术型课程和必修课程在美国中小学教育中得到更大的重视，实现必修课程和选修课程的有机结合，为美国中小学教育带来了新的变革。由于新课程的内容极其复杂，再加上 20 世纪 60 年代美国社会动荡的外部环境，本次改革在实施过程中面临许多挑战，最终未能达到预期的效果。

2. 人本主义课程改革

在 20 世纪 60 年代中后期，美国社会经历了一场深刻的变革，人们开始对一些社会问题进行反思和批评，如种族歧视、性别不平等、战争暴力等。在这样的背景下，传统的学校教育制度也受到了人们的质疑。因此，人本主义教育家提出了一种新的课程理念，即人本主义课程，主张以人为本，关注个性和情感，给每个学习者提供有利于个性解放和成长的经验。“人本主义课程”的特点有以下几点：学习内容上，由学生的兴趣、需求、能力和目标决定，以激发学习者的主动性和积极性，增加学习的意义和价值。学习方法上，由学生的特点、情境、反馈和评价决定，以培养学习者的创造性和批判性，提高学习的效率和质量。学习目标上，由学习者自己制定和评估，以促进学习者的自我认识和自我实现，增强学习的动力和满足感。此次改革在一定程度上改变了美国中小学教育的理念和实践，并对美国社会的文化和价值产生了影响。在人本主义课程的影响下，美国中小学教育更加重视学生的个性发展和情感关怀，更加尊重学生的选择和自主，更加注重学生的体验和参与。同时，美国社会更加强调个人的自由和权利，更加倡导个人的创新和表达，更加尊重个人的多样性和差异。

3. 恢复基础运动

“恢复基础运动”的背景是美国在20世纪60年代和70年代经历了一系列的社会、政治和经济的危机和变革，如越南战争、民权运动、嬉皮士运动、石油危机等，这些事件都对美国的国家安全和国际地位造成了威胁和挑战。同时，美国也面临着苏联、日本等国家在科技领域的强劲竞争，以及新兴的知识经济和全球化的趋势。这些都要求美国提高自己的教育水平和质量，培养更多有能力和有创造力的人才。该运动对中小学课程进行了一次重大的调整和简化，以便于学生掌握最基本和最重要的科技文化知识和技能。这些课程的教学方法也倾向于传统的讲授、练习和测试，以强调知识的积累和记忆。“恢复基础运动”的影响是在一定程度上提高了美国中小学生在科技文化方面的素养和水平，以及他们在国际比较中的表现。例如，在1976年至1982年期间，美国中小学生在阅读、写作、算术等方面的成绩都有所提升。同时，“恢复基础运动”也引发了一些负面的反响和批评，如忽视学生的个性化需求和发展，压制学生的创造力和批判性思维，缺乏对多元文化和全球问题的关注等。

4. 高质量教育运动

20世纪80年代，美国开展了全国性的教育改革运动，即“高质量教育运动”。1983年4月，《国家处在危险中——教育改革势在必行》一文被公认为是教育变革的起点，它的目标是让每个人都能获得更好的教育。该文明确指出要对教育进行全面的调整，以期达到更好的教育效果，还明确规定，要将英语、数学、科学、社会研究和计算机科学技术定为“新课程基础”，并且大幅度延长“新课程基础”的教学时长。这场教育改革运动的背景是美国在20世纪70年代经历了一系列的社会、政治和经济危机，导致国家竞争力下降，公众对教育体制失去信心。为了应对这些挑战，美国政府和社会各界开始关注教育质量问题，并提出了一些改革措施。此次运动引起了美国各州和地方政府、教育机构、社会团体和公众的广泛关注和积极响应。许多州和地方政府制定了相应的教育改革计划和政策，增加了教育投入和支持，提高了教育标准和要求，改善了教育环境和条件。公众对教育改革的态度也从最初的怀疑和反对转变为支持和参与，对教育质量的期待和要求也逐渐提高。本次改革在一定程度上改善了美国的教育质量和效果，提升了美国的国家地位。然而，这场教育改革运动也存在着一些问题。一方面，缺乏统一的指导思想和行动方案，而是由各州和地方政府自主制定和执行，导致了改革的不均衡和不协调。不同地区之间在教育资源、标准、质量等方面存在着巨大的差异，造成了教育不公平的问题。另一方面，过于注重课程内容的增加和扩充。许多课程内容已经过时或与社会需求不符，不能满足学生的发展需求。

5. 基于标准的改革

1994年，克林顿总统正式签署《美国2000年教育目标法》，将六个国家目标增加至八个，并把重心放在了全国性教育标准的制定上。其明确指出要进行“基于标准的改革”（standard-based reform）。“基于标准的改革”的目的是提升美国中小学教育的质量和效果，以应对国内外的竞争和挑战。通过制定和实施全国性和州级的教育标准，特别是课程标准，政府希望能够确保所有学生获得一致的高水平教育，并能达到预期的学习效果。通过建立和执行一个统一和公正的考试制度，政府希望能够评估和监督学校和学生的表现，并给予奖励或惩罚。“基于标准的改革”的影响是在一定程度上促进了美国中小学教育的改善，以及提高了美国在国际教育比较中的竞争力和地位。例如，在1990年至2000年期间，美国中小学生在阅读、数学、科学等方面的成绩都有所提升。同时，“基于标准的改革”也引发了一些负面的反响和批评，如过分强调考试成绩和排名、忽视教育的多元性和个性化、削弱教师的专业性和自主性等。

6. 高标准-均衡教育改革

“高标准-均衡教育改革”是在布什总统2002年签署《不让一个孩子掉队法案》之后对美国基础教育课程进行的影响最深的一次改革，该法案的主要精神是提高对学生学业标准的要求和缩小不同学生群体之间的学业差距。[①] 此次改革的目的是提升美国基础教育的质量和促进教育公平，以应对21世纪的挑战和机遇。通过提高对学生学业标准的要求和缩小不同学生群体之间的学业差距，政府希望能够确保所有学生获得必要的知识和技能，以适应未来社会和经济的需要。通过制定和实施全国性和州级的课程标准和考试制度，政府希望能够建立一个有效的评估和问责体系，以促进学校和学生的进步。“高标准-均衡教育改革”的影响是在一定程度上促进了美国基础教育质量的改善和提高，以及提高了美国在国际教育比较中的竞争力和地位。例如，在2000年至2015年期间，美国中小学生尤其是低成就和弱势群体的学生，在数学、阅读、科学等方面的成绩都有所提升。同时，“高标准-均衡教育改革”也引发了一些负面的反响和批评，如过分强调考试成绩和排名、忽视课程的多元性和创新性、削弱教师的专业性和自主性等。

（二）英国的课程改革历程

英国的教育改革受到了20世纪70年代后人口下降、经济衰退和社会变迁，以及人们对学校教育的担忧等多种因素的影响。这些因素促使英国政府不断调整和改进其教育政策和课程内容，以适应社会的变化和发展。例如，美国占领日本后推行的反军

---

① 吴颖民．二战后美国基础教育课程改革的特点及其启示．课程·教材·教法，2008（8）：76－80.

国主义和民主化改革，引起英国政府对自己的教育制度和课程内容进行反思和批评；苏联人造卫星上天后引发的科学竞赛，促使英国政府对自己的科学教育进行加强和改进；国民收入倍增计划提出后带来的经济发展需求，推动英国政府对自己的人才培养目标进行调整并提高标准。这个阶段，人口下降使学生数量减少，学校规模缩小，教师供过于求，以及教育经费紧张。这些都给英国教育带来了挑战和压力，迫使政府寻求更有效和更经济的教育方式和方法。例如，政府采取了学校合并、教师裁减、课程简化等措施，以节约成本和提高效率。经济衰退导致国民收入下降，就业机会减少。英国社会提高了对教育的期待和要求，促使政府提高教育质量和效率，以提升国家竞争力和促进社会公平。同时，社会变迁导致文化多样性的增加、价值观念的转变、知识经济的兴起，以及科技进步的加速。这些都给英国教育带来了机遇和挑战，要求政府更新教育理念和目标，以适应新时代的需要和发展。

英国的教育改革涉及的文件主要包括《英格兰的学校教育：问题和倡议》黄皮书、《学校课程结构》咨询文件、《学校课程》修改本、《把学校办得更好》白皮书、《1988年教育改革法》等。这些反映了英国政府对不同时期的教育问题和挑战的回应和解决。第一，《英格兰的学校教育：问题和倡议》黄皮书是当时教育改革的重要标志，它揭示了当时教育存在的问题，引发社会各界对教育问题的广泛讨论和争议，为后续的教育改革奠定了基础。黄皮书批评当时的教育，并提出设立全国统一课程等建议。第二，《学校课程结构》咨询文件和《学校课程》修改本是改革的核心，文件全面阐述了政府有关学校课程的政策，并表明政府实施全国性学校课程的决心。第三，《把学校办得更好》白皮书提出课程设置的四项原则，宣称将促进全国课程目标和内容的一致，并推行新的普通中等教育证书（GCSE）考试制度。该白皮书为英国中小学课程改革提供了更灵活和更合适的指导，以满足不同学生的需要。第四，《1988年教育改革法》是英国教育改革的高潮，它汇集了政府在教育大辩论后十几年的政策，并标志着二战后英国教育制度和中小学课程正式开始实行中央集中控制。

英国的教育改革采用了多种策略和方法，如制定全国统一课程、实施全国性学校课程、推行新的普通中等教育证书（GCSE）考试制度、制定课程设置的四项原则等，以保证课程改革的有效实施和评估。第一，制定全国统一课程是为了确保全国各地区、各类型、各阶段的学校教育内容的一致性和连贯性；第二，实施全国性学校课程是为了确保全国各地区、各类型、各阶段的学校教育质量的一致性和可比性；第三，推行新的普通中等教育证书（GCSE）考试制度是为了确保全国各地区、各类型、各阶段的学校教育成果的一致性和公平性；第四，制定课程设置的四项原则是为了确保全国各地区、各类型、各阶段的学校教育目标的一致性和适应性。制定全国统一课程是为了建立一个全面、统一和免费的公共教育体系，从幼儿园到大学，涵盖了所有阶段和类型的教育。全国统一课程规定了每个学科在每个阶段应该达到的基本要求和标准，以保证所有学生都能接受相同水平和质量的教育。全国统一课程也为教师提供了清晰和明确的教学指导，以帮助他们设计和实施有效的教学计划和方法。推行新的普通中等教育证书（GCSE）考试制度是为了适应时代的需要和发展。GCSE 考试制度采用了更灵活和更综合的评估方式，不仅考查学生在笔试中表现出来的知识水平，还考察他们在平时作业、项目、口头报告等方面表现出来的技能水平。它的课程选择也更广泛和更多样化，不仅包括传统的文科和理科，还涉及新兴的技术、商业、艺术等领域。

（三）日本的课程改革历程

二战后，美国占领日本，推行其反军国主义和民主化改革。1951 年 9 月，美国对日政策转向支持，日本开始修正战后民主化教育改革。1957 年，苏联人造卫星上天，基础教育的课程从“经验主义”中心变为“学科主义”中心的浪潮从美国涌入日本。文部省于 1958 年公布的《学习指导要领》，是日本战后第一次自主进行全面修改的学习指导要领。1960 年，日本提出国民收入倍增计划。为了促进经济的快速增长，小学和中学分别于 1968 年和 1969 年公布了学习指导要领。在本阶段的改革中，美国对日本政策转向予以支持是为了抵御苏联在亚洲的扩张，以及维护自身在远东地区的利益。日本修正二战后民主化教育改革是为了恢复传统文化和民族精神，以及快速适应社会和经济的发展需要。苏联人造卫星上天对美国造成了巨大的冲击，促使美国重新审视自己的教育制度和质量。日本跟随美国实施“学科主义”教育课程的原因是要提高学生的知识水平和竞争力，以及响应美国在科技领域的挑战。“学科主义”教育课程所带来的负面影响是导致学生的过度负担和压力，以及忽视学生的个性和创造力。

20 世纪 70 年代，日本政府提出“宽松教育”理念，颁布《学习指导要领》，引入更多的创意，得到公众的认可，然而，这一理念最终没有得以普及。当时，日本小学生的学习时间比任何其他发达国家都多。1998 年，《学习指导要领》强调在“宽松教育”中培养“生存能力”。“宽松教育”的出现标志着一次前所未有的变革，它不仅延续了 20 世纪 70 年代的素质教育思想，而且进一步强调了以人为本、尊重个体差异、提高能力的原则，从而激起全社会的强烈反响。在这次改革中，“宽松教育”理念的提出受到了欧美国家的启发，反思了日本教育的弊端。“宽松教育”理念没有得以普及的原因是受到了社会和家长的抵制，以及缺乏有效的实施机制和评价标准。“生存能力”的概念源于日本面临的国际竞争和社会变革，以及对未来社会的预测和期待。“宽松教育”所采取的相关政策是为了减轻学生的负担和压力，以及为了培养学生的多元化和综合性的能力，其所引发的全社会的反响表现为对教育改革的支持和期待，同时还有对教育改革的质疑和批评。

2005 年，日本中央教育审议会发布《创造新时代的义务教育》报告，开展学力评价，使日本基础教育开始有了改革的新方向。该报告强调“保证质量”，其中包括提升学生的学力和提升教师的指导能力。2008 年的《学习指导要领》明确提出，现行《学习指导要领》的理念就是培养扎实的学力。2017 年，日本发布幼儿园、小学和中学学习指导要领，这是日本在全球发展学生核心素养大背景下新一轮课程改革的纲领性文件。新课程改革以培养学生资质、能力为宗旨，内容上强调课程要面向社会，教学上强调学习必须是具备主体性的深度的、互动的学习，评价上强调要实施目标导向的多元化评价，注重学生成长，改革的策略及实施上强调要重点关注协调地方与学校。本次改革体现了日本在反思本国历次课程改革的基础上，立足于全球发展学生核心素养的尝试与探索。

在此阶段的改革中，《创造新时代的义务教育》报告的出台受到了日本社会对“宽松教育”效果的不满和担忧，以及对国际教育评价的关注和参与的影响。学力评价的展开是为了客观地检验和提高日本学生的学习成效和水平，以及为了与其他国家和地区进行比较和交流。“保证质量”的概念反映了日本教育改革的核心目标和价值取向，即追求教育的效率和效果，以及满足社会和个人的需求和期望。“扎实的学力”的定义包括知识、技能、思考、判断、表达等方面的综合能力，以及能够主动地解决问题和创新的能力。幼儿园、小学和中学学习指导要领的发布是基于日本对全球发展学生核心素养的理解和借鉴，以及对本国教育现状和未来方向的分析和规划。日本这一阶段的课程改革强调以下几个方面：第一，课程面向社会，让课程内容与社会实际问题和需求相联系，以及让学生参与社会实践活动和服务学习活动；第二，具备主体性的深度的、互动的学习，让学生在学习过程中发挥主动性和积极性，以及让学生与教师、同伴、社区等进行有效的交流和合作；第三，目标导向的多元化评价，让评价与课程目标相一致，以及让评价方式多样化和综合化，如使用观察、记录、反馈、展示、测试等方法；第四，协调地方与学校，让地方政府和学校在制定和实施课程方面有一定的自主权和选择权，以及让地方政府和学校与社会各界建立良好的合作关系；第五，以培养学生资质、能力为宗旨，让学生具备适应社会变化和发展的基本素养，如沟通协作、自主探究、创造等能力。

（四）芬兰的课程改革历程

芬兰的现代化学制可以追溯到 20 世纪六七十年代，当时的政府制定的九年制综合学校法规为这一过程提供了坚实的法律支撑。随着时间的推移，新的九年制综合学校制度也逐渐成形，并最终在 1972 年正式投入使用。当时，芬兰政府采取行动，将传统的文法学校、市民学校和小学融为一体，创办九年制的全面发展的综合性城镇中心，并将相关综合学校教育纲要贯彻到底，从而为接下来几十年的教育发展奠定坚实的基础。

21世纪芬兰课程改革的内容有以下几个方面：第一，思考和学会学习，文化读写，互动和表达；第二，照顾自己，日常生活技能，安全；第三，多元读写能力；第四，信息与通信技术能力；第五，工作生活技能和创业能力；第六，参与、影响和应对未来。这些能力包括知识、技能、价值观、态度以及在不同的情境中的适应能力。这是核心课程总目标的组成部分，更多的具体目标会在每个年级组体现。①

2012—2014年，芬兰推行了一系列基于合作与迭代的新型课程改革。这些改革旨在帮助儿童和青少年更好地适应未来社会的需求，并培养他们的学习、日常生活、工作能力。教育专家们认为，这些能力应该涵盖未来的学习、社会责任感、工作技能等多个方面，从而使他们更好地应对未来的挑战。2012年6月，芬兰政府提出“芬兰2016年课程改革方案”，改革的主要内容有以下两大方面：第一，以学生为中心，关注学生的个性化发展和多元化需求。这些改革强调要根据每个学生的特点和兴趣，提供不同的学习路径和选择，让学生参与自己的学习计划和评估，培养他们的自主性和责任感。同时，这些改革也注重促进学生之间的合作和交流，鼓励他们从不同的角度和视角思考问题，培养他们的批判性思维和创造性思维。第二，以能力为导向，重视学生的综合素养和核心素养。这些改革将学生能力分为七个领域，分别是思维与学习、文化与交流、自我与健康、多元文化与国际化、参与影响、责任与环境、未来与创新。这些领域涵盖了学生在未来社会所需的各种知识、技能、价值观和态度，并将其融入各个学科和主题中，形成了一个整体性和跨学科性的课程体系。

芬兰在保持原有优势的基础上进行改革，主要内容包括：第一，在保持原有优势的基础上进行改革，根据社会的变化，如技术的发展、知识的更新、人才的需求等，进行必要的调整和改进，以适应教育的新形势和新挑战；第二，促进学生的可持续发展，培养学生的终身学习能力和素养，为学生的未来生活和职业发展打下坚实的基础；第三，促进教育平等，保障每个学生享有平等的教育机会，尊重每个学生的个性和特长，挖掘每个学生的发展潜能；第四，满足学生发展需要，满足不同年龄阶段和不同发展水平的学生的不同需要，提供适合学生的教育内容和方法；第五，重视基础教育的连贯性和一致性，保证基础教育的有效衔接和协调，形成一个有机的整体，避免知识内容的重复或缺失，提高知识内容的深度和广度；第六，注重学习内容国际化，引入国际上先进和适用的教育理念、内容、方法等，引导学生对全球问题和挑战进行关注和理解；第七，高度认同本土语言文化，培养学生对本土语言文化的热爱和尊重，增强学生的文化自信

① 江露露．以知识和技术为基石的芬兰教育生态系统：兼谈芬兰基础教育课程改革（2012—2016）．外国中小学教育，2016（7）：6－13．

和身份认同；第八，重视技术变革与知识经济的时代背景，利用技术为教育提供更多的资源和支持，培养学生的信息素养和技术能力；第九，明确社会对复合型人才需求的挑战，明确社会对人才的需求和期待，使学生能够适应社会的变化和发展。

二、我国基础教育课程改革的历史变迁

（一）1949—1952 年的第一次课程改革

1949 年新中国成立后，国家开始了全方位、大规模的教育改革。这次改革由教育部门自上而下进行，对旧课程进行彻底改造，初步建立起我国中小学的新课程体系，并编订了全国统一的教学计划、教学大纲与教科书。这是新中国成立后对遗留的教育问题进行彻底改造的一次课程改革。这次改革的主要内容有以下几点：一是根据新中国成立后政治、经济、文化和国防等方面的需要，对旧课程进行了大刀阔斧的改造；二是根据新中国成立后的教育目标和任务，对教学进行了科学化、系统化、规范化的整理，编订了全国统一的教学计划、教学大纲和教科书，使课程体系更加完善和统一；三是根据新中国成立后的教育实际和条件，减少了一些过于深奥、烦琐、抽象的内容，使课程形式更加适合中小学生的特点和需要。

（二）1953—1957 年的第二次课程改革

此次改革在社会主义建设初期根据国家的全局任务和初高中教育的目标进行，增加了选修课程、探究课程、扩展课程等多种类型的课程。改革的主要内容有以下几点：一是根据初高中教育不同阶段和层次的目标和任务，对旧课程进行了有层次和差别性的修订，设置了不同类型和层次的选修课程、探究课程、扩展课程等，使课程内容更加多样和灵活；二是根据教育规律和学生发展规律，调整了一些不适合中小学生学习的内容，增加了一些符合中小学生认知特点和发展需求的内容，使课程内容更加适宜和有效；三是根据教育现代化的趋势和要求，引入了一些新的教育理念、方法、技术等，使课程内容更加现代化和国际化。这次改革促使我国基础教育提高了质量和水平，并为后续的课程改革提供了经验和借鉴。

（三）1958—1963 年的第三次课程改革

此次改革对旧课程进行了调整，强调劳动与知识学习相结合，目的是完成中学的“双基”任务。这次改革由政府和群众共同参与进行，体现了政治运动对教育改革的影响和对劳动教育的重视。这次改革的主要内容有以下几点：一是增加了一些实践性、生产性、技术性等内容，使课程内容更加符合社会主义建设的需要；二是根据“双基”

任务的要求，对旧课程进行了重点化、基础化、实用化的调整，强调了数学、语文、外语等基础学科的教学，强调了劳动技能、生活技能等实用技能的培养，使课程内容更加符合中学生毕业后就业或升学的需要；三是缩短了学制、减少了学时、精简了教材，使课程内容更加适应教育资源的匮乏和社会环境的变化。

（四）1964—1976 年的第四次课程改革

1964 年初，毛泽东发表了关于中小学教育的“春节讲话”，提出学制、课程、教学方法等都要改。同年 3 月，他又针对当时学生学习压力过重批示“课程可以砍掉三分之一”。根据毛泽东的指示，1964 年 7 月，教育部发出了《关于调整和精简中小学课程的通知》，不久“文化大革命”爆发，使调整课程以来取得的一些成果付诸东流。全国没有了统一的教育方针，没有了统一的教学计划、教学大纲和教科书，有的只是各地自编的生活式教材，生活、社会、革命构成了全部的课程。[①] 此阶段的课程改革并没有为我国基础教育带来太大的进步，为后续的课程改革提供了深刻的教训和反思。

（五）1977—1984 年的第五次课程改革

这是在改革开放初期开始的一次课程改革，对课程进行了调整，重新建立了中小学的课程体系，实施了九年制义务教育。这次改革由邓小平领导和推动进行，体现了邓小平理论对教育改革的指导作用和对科学技术和现代化建设的重视。这次改革的主要内容有以下几点：一是调整了一些过于政治化或实践化的思想教育、劳动教育等内容，使课程内容更加符合现代化建设的需要；二是更新了一些落后或过时的科学技术、社会科学、外语等内容，加入了一些先进或新兴的科学技术、社会科学、外语等内容，使课程内容更加符合科学技术发展的潮流；三是规范了一些混乱或随意的教学计划、教学大纲、教科书等，统一了全国的教学计划、教学大纲、教科书等，使课程体系更加完善和统一；四是适应了九年制义务教育的学制和任务，优化了九年制义务教育的课程结构和比例，使课程内容更加适合九年制义务教育的目标和要求。这次改革使我国基础教育恢复了秩序和活力。

（六）1985—1991 年的第六次课程改革

本次改革进一步完善了中小学的课程体系，推行了劳动教育、综合性学习、选修课程等多种课程形式。这次改革由国家教委主导和组织进行，体现了教育体制改革对教育改革的推动作用和对素质教育的探索。这次改革的主要内容有以下几点：一是增

① 王桂艳．我国基础教育八次课程改革的历史研究及启示．辽宁教育行政学院学报，2011，28（5）：13-15.

加了一些符合社会主义市场经济和社会发展需要的内容，如经济、法律、环境等，减少了一些过于重复或过时的内容；二是根据素质教育的理念和要求，推行了劳动教育、综合性学习、选修课程等多种课程形式，使课程内容更加丰富和灵活；三是根据教育现代化的趋势和条件，对旧课程进行了科技化和国际化调整，引入了一些新的教育技术、方法、手段等，使课程内容更加科学和有效；四是根据地方特色和条件，赋予了地方政府和学校一定的自主权和选择权，使课程内容更加适应地方和个人的差异和需求。这次改革促使我国基础教育提高了质量和效率。

（七）1992—2000 年的第七次课程改革

这个阶段的课程改革，形成了比较全面的中小学课程体系，实施了六三制和五四制两种学制，将所有课程分为学科类和活动类两大类。这次改革的主要内容有以下几点：一是调整了一些不适合或不必要的课程内容，优化了一些重要或必要的课程内容，使课程内容更加符合不同学制的目标和要求；二是分类了一些具有明确学科属性、知识结构、教学方法等特征的课程内容；三是拓展和深化了一些具有开放性、选择性、发展性等特征的课程内容。这次改革为我国基础教育建立了比较完善的课程体系，并为后续的课程改革提供了坚实的基础。

（八）2001 年至今的课程改革

这一阶段，从 21 世纪初启动课程改革，到 2022 年颁布《义务教育课程方案和课程标准（2022 年版）》，再到未来 10 年、20 年的持续改革，我国的教育方针将具体落实到中小学生的核心素养培养之中。① 在 21 世纪初，为了适应社会、经济和科技的新发展，以及为了促进学生全面的个人发展，我国启动了第八次基础教育课程改革。自 2001 年开展实验到 2022 年公布《义务教育课程方案和课程标准（2022 年版）》，我国义务教育课程改革持续了 20 多年，其中包含了实验探索、修订升级以及全面深化改革等环节。在课程改革历程中，从 2001 年应对知识经济的挑战，到 2011 年实施教育规划大纲，再到 2022 年开展高质量教育和落实立德树人的根本任务，都是课程改革政策话语的演进，涵盖了课程目标理念、内容构建、评测方式和管理等方面，更加深入地展现了课程改革在特定时期与政治、经济、社会、文化以及教育体系本身的深度关联。这种课程改革在特殊的社会发展背景下产生和运作的内外部政策环境，共同构筑了义务教育课程改革的政策生态环境。②

---

① 王鉴．论我国基础教育课程设计的理论逻辑．课程·教材·教法，2022，42（11）：51－57.

② 张志勇，张广斌．义务教育课程改革的政策逻辑与生态构建：《义务教育课程方案和课程标准（2022 年版）》解读．中国教育学刊，2022（5）：1－8.

三、世界范围内基础教育课程改革趋势

世界各国都在借鉴他国教育经验的基础上，立足本国文化传统、政治经济体制条件和教育现实，进行富有特色的基础教育改革本土化探索。我国基础教育改革与世界上许多发达国家的基础教育改革，在改革内容、过程、重点等方面有许多共同之处，这不仅是国际教育交流与合作的成果，也是基础教育改革规律的现实体现。① 下面论述各个国家或地区在历次基础教育课程改革中共同体现出的一些倾向，即世界范围内基础教育课程改革的趋势。

（一）关注核心素养的基础性作用

基础教育课程改革的一个重要目标是培养学生在未来社会所需的核心素养，即学生在基础教育阶段应该具备的基本能力和素质，它涵盖了知识、技能、态度、价值观等多个维度。学生素养学习机制表明，学生自身活动对其素养发展发挥着最为重要的作用。② 核心素养不仅是学生终身学习和适应未来社会的重要保障，也是学科教学的指导和支撑。为了实现这一目标，各国都在制定核心素养框架，以明确基础教育课程对学生综合能力和终身学习能力的培养要求，同时也为各学科教学提供统一的理念、目标和标准。核心素养框架通常包含了多个领域或维度的素养，这些核心素养既有各自的特点和内容，又相互联系和影响。制定核心素养框架，可以使基础教育课程更加注重学生的全面发展和个性化发展，更加关注学生的主动性、创造性和批判性思维，更加体现学生的实践能力和问题解决能力。

（二）促进课程的综合化改革

基础教育课程改革的另一个重要目标是培养学生的跨学科思维和创新能力，即学生在不同学科之间进行联系、整合、转化和创新的能力。跨学科思维和创新能力是适应科技创新和社会变革的必备能力，也是未来社会对人才培养的重要要求。为了实现这一目标，各国都在促进课程的综合化改革，以打破学科知识体系的隔阂，促进学科间的交流和融合。课程综合化是课程改革的走向，综合可以形成育人的合力，促进学生全面发展。③ 课程的综合化改革主要表现为两个方面：一是在课程结构上进行整合，以形成更加灵活、开放、多样的课程体系。首先，对原有的单一学科课程进行整合，

① 叶澜．中国基础教育改革发展研究．北京：中国人民大学出版社，2009：270.

② 陈佑清，胡金玲．核心素养导向的课程与教学改革的特质：基于核心素养特性及其学习机制的理解．课程·教材·教法，2022，42（10）：12-19.

③ 成尚荣．论课程改革的基本原则．中国教育科学（中英文），2022，5（4）：3-13.

形成综合性或跨学科性的课程；其次，在原有的分科课程基础上增设综合性或跨学科性的课程。二是在课程内容上进行整合，以形成更加深入、广泛、前沿的知识体系。比如可以对不同学科之间具有共同概念或原理的知识进行整合，形成以概念或原理为导向的综合性或跨学科性知识体系；此外，还可以对不同学科之间具有共同方法或技能的知识进行整合，形成以方法或技能为导向的综合性或跨学科性知识体系。

（三）注重课程的大概念引领

具备高阶思维能力是学生深入理解和掌握学科知识体系的必要条件，也是连接学校教育和真实世界的重要桥梁。为了实现这一目标，各国都在注重课程的大概念引领。大概念是反映专家思维方式的概念或观念，它可以帮助学生理解和掌握学科知识体系的核心内容和结构，也可以帮助学生建立复杂的认知结构，打通不同学段和不同领域的学习，连接学校教育和真实世界。通过大概念引领教学，可以使课程更加注重培养学生的深层次理解和应用能力，更加关注学生的批判性思维和创造性思维，更加体现学生的探究能力和问题解决能力。课程的大概念引领主要表现为两个方面：一是在课程内容上进行提炼，以形成更加精炼、核心、本质的知识体系。例如，将每个学科的核心大概念作为教学目标和评价标准，并将其作为教学内容和评价内容。二是在课程开发上进行建构，以形成更加系统、完整、有效的教学体系。

（四）推动课程数字化改革

数字技能是现代公民必备的基本技能之一，也是未来社会对人才培养的重要要求之一。信息技术在教育领域中的应用越来越广泛，教学开始智慧化、自动化和数字化。[①] 课程数字化改革主要表现为以下几个方面：一是开设数字化课程。数字化课程可以突破时间和空间的限制，实现在线或离线的教学模式，从而提升教育资源的使用效率和教学质量。数字化课程有多种形式，如在线学习、混合学习、个性化学习等。在线学习是指通过网络平台进行教学的学习模式，它可以实现同步或异步的教学交互，从而满足不同学习者的需求和偏好。二是强调数字素养融入课程。数字素养是指在数字环境中获取、理解、评估、创造和交流信息的能力，它包括了信息素养、媒体素养、计算思维等多个方面。数字素养是现代公民必备的基本素养之一，也是未来社会对人才培养的重要要求之一。为了培养学生的数字素养，各国都在强调将数字素养融入各学科的教学内容中，以求全方位、全过程地提升学生的数字素养。三是重视数字技术赋能教与学。通过数字技术赋能教与学，可以实现课程形态、教学模式、学习方式等方面的变革和创新，从而提升教育质量和效果。

---

① 王振存，张清宇．未来课程变革的内涵、样态及实施路径．课程·教材·教法，2022，42（1）：4-9.

（五）走向课程设置个性化

个性化成长是每个人的基本权利和需求，也是未来社会对人才培养的重要要求之一。为了实现这一目标，各国都在走向课程设置个性化，以关注每个学生的个性化成长，通过提供多元化、差异化的课程内容和形式，促进学生主动参与、自主探究、协作创新等，培养每个学生适应未来社会的个性化素养。课程设置个性化主要表现为以下几个方面：一是提供多元化的课程内容。多元化的课程内容是指根据不同领域和层次的知识体系和标准，设计和开发不同类型和层次的课程内容，以满足不同学生的知识需求和兴趣爱好。二是提供差异化的课程形式。差异化的课程形式是指根据不同教育阶段和年级，设计和开发不同结构和比例的课程形式，以满足不同年龄段和发展阶段的学生的发展需求和特点。三是提供个性化的课程选择。个性化的课程选择是指根据每个学生的兴趣、特长、潜能等，设计和提供不同类型和层次的选修课程、探究课程、扩展课程等，以满足每个学生的个性化发展需求和目标。四是提供灵活化的课程安排。灵活化的课程安排是指根据每个学生的学习进度、水平、方式等，设计和提供不同时间、地点、频率、时长等的教学安排，以满足每个学生的灵活化学习需求。

（六）推进课程评价现代化

创建有效的评价方法和工具是保障和提升教育质量的重要手段，也是改进和优化教与学的重要依据。为了实现这一目标，各国都在推进课程评价现代化。一是基于核心素养的课程质量标准是指根据核心素养框架设计和制定的反映学生在基础教育阶段应该具备的基本能力和素质的评价标准，它是课程评价的依据和指南。二是加强过程性评价。过程性评价是指在课程实施过程中进行的评价，它是为了监测和反馈学生的学习过程和结果，以及教师的教学过程和效果，从而及时调整和改进教与学。三是重视增值性评价。增值性评价是指关注学生在课程实施过程中的进步和成长，而不仅仅是考查学生在某一时点的学习成绩。增值性评价可以更好地反映课程对学生发展的影响，激励学生持续学习，促进教师改进教学。四是探索新评价方式。采用多种评价方法和工具，结合定性和定量分析，综合评价学生的知识、技能、态度、价值观等多方面素养。

案例

广东省深圳市南山区蛇口学校“无边界学习”课堂①

历经8年探索，广东省深圳市南山区蛇口学校的“无边界学习”理念实现了从

① 2022年课堂改革十大样本．（2023－01－03）［2023－12－06］．https：//mp.weixin.qq.com/s/dU_BJgd5kH-_KOhyYWuPJw.

“理念建构与实施”“结构学习”到“全资源育人”的迭代升级。

“无边界学习”以培养人的必备素养为目标，通过打破学校、学科、时间、空间、虚拟空间等界限，使学生的学习真正成为一种关乎知识世界、生活世界和个体经验情感世界的整体性学习。它以现实世界和虚拟世界为基础，创建“人人皆学、处处能学、时时可学”的学习环境，引导人健康成长。

学校把课堂分为“实效课堂、生态课堂、无为课堂”三种，教师在不同的课堂上实施的教学策略也各有不同。实效课堂上，教师关注知识的落实、教学效果、制度建设。生态课堂上，教师更重视和谐师生关系，让教学方法更多样，从而走向因材施教、具有自然生态的教学状态，教学效率高。无为课堂，即课堂是学生的舞台，学生独立自主，主导课堂的学习，形成独立学习的能力，学会学习。

在实践中，学校还进行统整大课堂，以“生活即教育，天地即课堂”为愿景，利用所有可利用的学习平台及社会资源，打破学科边界，进行跨界融合，打破空间边界，拓宽学生视野，打破时间边界，改变课堂定式，让学生在学习过程中实现学习内涵的无边界、学习方式的无边界，使学生的学习真正成为一种关乎知识世界、生活世界和个体经验情感世界的整体性学习。

【评析】“无边界学习”理念具有很强的创新性和前瞻性。这一理念突破了传统教育的局限性，以培养人的必备素养为目标，关注学生的整体性学习，创设了适应未来学习需求的环境，符合21世纪教育的发展趋势。“无边界学习”课堂体现了教学的多样性和灵活性。这些做法都有利于提高学生的学习效果，培养他们的跨学科能力和创新能力。这一课堂模式为其他学校提供了有益的参考和借鉴，展示了以人为本的教育理念和实践，提醒我们要关注教育的本质和目标，要以培养人为本，要以学生为中心。

第三节　我国以核心素养为理念的课程改革

一、学生发展核心素养与课程改革

（一）总体框架与基本内涵

课程是集中体现国家意志和教育目标的载体，是落实立德树人根本任务的关键途径。①《中国学生发展核心素养》的总体框架不仅符合中国国情和教育实际，也与国际上普遍认可的核心素养有所对接。在这一框架下，可以根据不同学段的学生特点，制定相应的表现要求，以指导教学和评价。该框架既考虑到教育的历史、文化、社会背景，又结合当前的教育改革，旨在促进教育的层次性、多样性、创造性。因此，在制定教育计划的过程中，应该充分考虑到每位学生的需求，并结合他们的能力水平，制定适当的教育目标。中国学生发展核心素养的框架与内容见图 3-1。

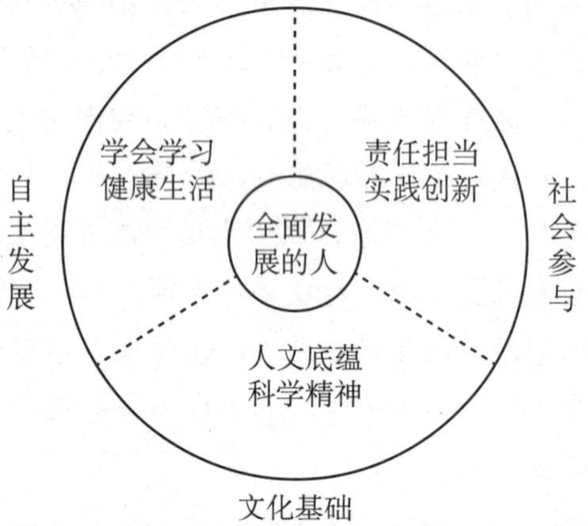

图 3-1 中国学生发展核心素养的框架与内容

1. 文化基础

人文底蕴主要是学生在学习、理解、运用人文领域知识和技能等的过程中所形成的基本能力、情感态度和价值取向。具体包括人文积淀、人文情怀和审美情趣等基本要点。科学精神主要是学生在学习、理解、运用科学知识和技能等的过程中所形成的价值标准、思维方式和行为表现。具体包括理性思维、批判质疑、勇于探究等基本要点。

2. 自主发展

学会学习主要是学生在学习意识形成、学习方式方法选择、学习进程评估调控等方面的综合表现。具体包括乐学善学、勤于反思、信息意识强等基本要点。健康生活主要是学生在认识自我、发展身心、规划人生等方面的综合表现。具体包括珍爱生命、健全人格、自我管理等基本要点。

3. 社会参与

责任担当主要是学生在处理与社会、国家、国际等关系的过程中所形成的情感态度、价值取向和行为方式。具体包括社会责任、国家认同、国际理解等基本要点。实

① 李刚．新时代我国基础教育高质量课程建设．课程·教材·教法，2021，41（11）：35-41.

践创新主要是学生在日常活动、问题解决、适应挑战等方面所形成的实践能力、创新意识和行为表现。具体包括劳动意识、问题解决、技术应用等基本要点。①

（二）学生发展核心素养的政策定位

1. 主导课程改革的关键能力正在进一步推动其深化

课程体现了教育理念、目标和内容，它是学校教学活动的核心。可以说，核心素养推动着当前深化课程改革的进程。毫无争议，“双基”和“三维目标”与核心素养的引入有着深刻的关联。在这里，“双基”是明显的，主要从学科的角度来解释课程与教学的内容和标准。然而，“三维目标”推动了从显性到隐性的转换，而素养，则是从个体角度来设定课程和教学的内容和标准的。在此过程中，个体的特性与特质是最基础的一层，个体的特性与特质通过在学习过程中获取的技能、能力和知识等认知要素的互动，塑造了一个综合性的素养。这种隐性的素养会以特定的方式体现出来，我们可以通过对这些表现进行评价来衡量个体的素养。素养的形成与表现见图 3－2。

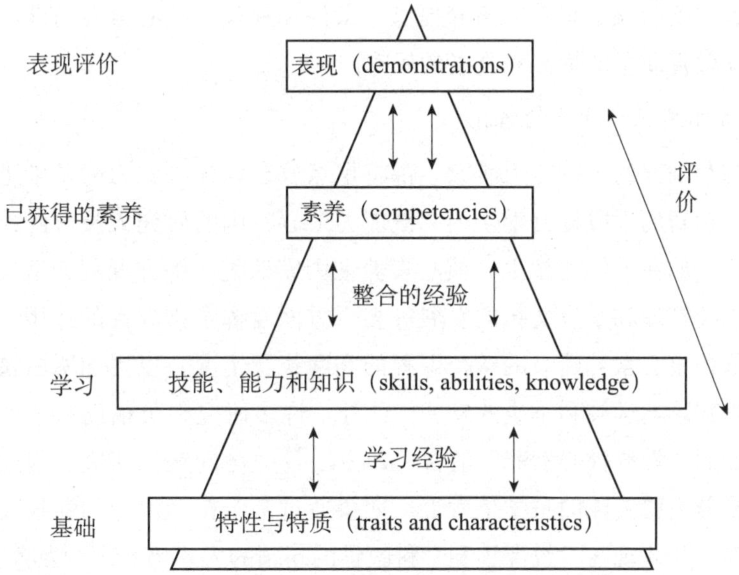

图 3－2　素养的形成与表现

2. 基本能力是对素质教育内在含义和具体表现的解读

从素质教育变革的视角看，对学生发展核心素养的研究反映了从“学生发展”出发的教育观念，是教育领域全面改革的必要条件和发展方向，对于促进素质教育的全

---

① 辛涛，姜宇，刘霞．我国义务教育阶段学生核心素养模型的构建．北京师范大学学报（社会科学版），2013（1）：5－11.

面实施具有重大意义。素质教育变革已经取得了明显成效，但不可忽视的是，当前学生存在身体素质下降、社会适应能力弱、实践和创新能力不足等问题，偏离了学生“全面发展”的教育目标。在我国，长期以来过度看重中高考成绩及升学率的教育观念，导致以素质教育为核心的评估系统还未建立和健全，故难以从应试教育完全过渡到素质教育。学生核心素养的发展就是为了解决这个问题，将人的全方位发展作为关键，将教育目标具体化、细密化和系统化，全力推动素质教育的改革，以提高教育的质量。①

3. 核心素养是课程改革的导向和目标

首先，核心素养是课程改革的导向。课程改革要按照核心素养的要求，改变课程内容、教学方法、评价方式等，使之更符合学生的发展规律和社会的期待。其次，核心素养是课程改革的目标。课程改革通过对课程内容、教学方法、评价方式等进行改进和创新，为学生提供更多、更有效的学习机会，培养学生的核心素养。因此，核心素养与课程改革是相互推动和完善的。课程改革与核心素养的关系是一种动态的交互循环，它们时刻在相互影响、相互调整、相互促进。核心素养为课程改革提供了方向和标准，课程改革为核心素养的培养提供了条件和保障。核心素养与课程改革相互补充，共同推动教育质量的提高和公平的保障。

4. 核心素养是课程改革的依托

各个机构和国家的关键能力研究，都将重点放在以核心能力为基础进行学校课程改进，以及寻找新的手段提升学生的关键能力上。我国的研究人员对此也进行了深入的研究和探讨。如在大体构架上，核心素养在国家课程、地方课程、学校课程的模块设计，以及学校管理和学校文化的发展等多个方面发挥了指导性的作用。在实践操作层面，关注依赖核心素养建立的学校课程的实际执行情况，以更加明白核心素养如何融入学校课程并影响学校和学生的发展。此外，许多研究人员借助特定的学科，进行了对所需培养的“学科核心素养”的含义、方法等关键问题的研究。因此，可以明显看出，核心素养主要关注的是学生发展，期望通过基于核心素养的课程改革来提高学生的核心素养，并体现在学校课程和学科教学的新颖的人才培养观和教育方法中。②

二、我国基础教育新课程方案和课程标准解读

我国基础教育课程改革自 2001 年起，主要可以分为两个阶段：第一阶段从 2001

① 辛涛，姜宇，刘霞．我国义务教育阶段学生核心素养模型的构建．北京师范大学学报（社会科学版），2013（1）：5－11.

② 郭敏，于伟．“核心素养”研究：实然诊断与应然追求．社会科学战线，2021（8）：249－254.

年开始至2014年止，投入大量精力专注于我国素质教育体系的构建；第二阶段则自2015年开始，更专注于为信息化时代的我国搭建合适的课程系统。在进行第二阶段的改革过程中，同时坚守素质教育的方针，注重探讨信息化时代的本质属性及给个人、社会、教育等方面带来的新挑战。为了创建适应信息化时代的国内课程系统，2015年起教育部便开始行动，引入国际先进的改革理念，并针对我国基础教育现存的重要问题，确定把提升学生核心素养作为主要的改革方向。在2022年4月，教育部召开了新闻发布会，公开了新版义务教育课程方案和课程标准的相关内容。这些新制定的课程方案和课程标准在义务教育的育人目标、基本规范、课程策划、课程标准设定和教材编撰与课程实行等各个环节都有详细规定，其中，育人目标、课程设计、实行标准和学业质量标准等方面相较之前有了明显的改善。①

（一）背景和意义

党的十九大已明言，“落实立德树人根本任务，发展素质教育，推进教育公平，培养德智体美全面发展的社会主义建设者和接班人”，这一立场也得到了习近平总书记的肯定，他提出培养担当民族复兴大任的时代新人。义务教育课程方案和课程标准分别在2001年和2011年被制定颁布，其在推进教学改革中发挥了关键作用，然而当前仍有部分内容未能适应新的情况和要求，因此需要进行修订和完善。②

（二）变化和调整

1. 完善培养目标，明确培养取向

为了回应习近平总书记提出的培养担当民族复兴大任时代新人的全面要求，新的课程安排依据义务教育的特性及角色，专注于对未来关键技能、必要品质和价值观的塑造。考虑到在调查过程中发现的原始培养目标过于虚泛和宽泛，使其指导力不足的问题，我们从“有理想、有能力、有责任”三个方面明确了义务教育阶段培养新时代人才的具体要求。

2. 凝练基本原则，明确总体要求

新的教学计划专注于课程的核心教育价值和义务教育重点，针对目标、内容、实施策略、方法等核心维度明确制定了义务教育课程的基本准则。此举解决了之前为各门学科自设课程理念以及整体规划不足的问题，强化了课程构建、标准制定、教材编

① 张华．核心素养与我国基础教育课程改革“再出发”．华东师范大学学报（教育科学版），2016，34（1）：7-9.

② 教育部11问答详解《义务教育课程方案和课程标准（2022年版）》．（2022-04-21）［2023-09-09］．http：//fx. xwapp. moe. gov. cn/article/202204/6260bb4a1916aa00012eb114. html.

撰和教学开展等环节之间的内在联系，推动了九年一体化教育力量的构建。

3. 优化课程设置，健全教育体系

首先是对课程进行分类并优化，以适应义务教育的本质和需求。新的课程体系把课程划分为国家课程、地方课程和学校独有的特色课程三大类，其中，国家课程的主导性更突出，同时也尽可能充分地考虑地方课程和学校特色课程的泛用性和可选择性。接下来是特别增设了劳动和信息科技的课程。在课程框架和类型保持不变的前提下，新版的教学计划加强了劳动课程的设定，确定了多样化的劳动教育计划，比如专门设置的劳动课程、集体活动、实践活动，以及地方特色课程和学校特色课程的课外实践活动等。同时，新的教学计划实施了国家的信息科技战略，注入了“信息科技”教育，创立了“信息科技”课程，并在提升现代公民的信息素养上下功夫。信息科技课程遵循一致性的设计原则，从三年级到八年级设有专门的课程，其余年级则会将相关内容融入数学等课程当中。

我们需要重视把课程与实战更高效地结合到教学中，场外还要关注提升学生的创新意识、实际技能以及在实际情境中处理问题的才干。在新的课程设置上，我们会在已有的音乐、美术课程基础上，纳入舞蹈、戏剧（包括戏曲）、影视（包括数字媒体艺术）等课程，进一步丰富艺术教学的内容，拓宽校园艺术教学的途径。小学一年级和二年级设有艺术课，取而代之的是音乐和美术的分科教学；同样地，我们提倡把道德与法治、劳动、实践活动、班级活动、地方性课程和校本课程等含义，融通到小学一、二年级的教学实践中。另外，我们支持课程改革和实践探索，通过各式各样的方式，提升学生处理问题的能力。我们推荐在一至九年级都设立科学课，七至九年级也可选择设立综合的科学课程或者物理、化学和生物等课程。

4. 加强实施管理，明确各级权责

新的课程方案在教学模式上对“课程标准编制与教材撰写”进行了扩展，对基本准则进行了明确，切实加强了对所有科目的课程标准编制与教材撰写的具体指导；另外也增加了“课程实施”这一部分，从“科学规划课程实施”“深化教学改革”“改进教育评价”“强化专业支持”“健全实施机制”五个方面，对课程实施做出了全面的规定和指导。

5. 落实“双减”政策，确保“三不变”

新的课程方案优化了课程执行的质量，使得教育焦点更明确，课程规划更具灵活性，课程的后续服务更为精确。它明确了课后的额外服务时间与授课时间的关联，整合了课内课外的学习安排，以满足实际需要。例如，在小学尤其是低年级，课后服务活动包含了体育和健康、劳动和班级活动，并将其纳入课程时间管理中；积极搭建平台，大规模推广开展科学探索、社会实践和艺术活动等。①

三、我国基础教育新课程生态的建立

新时代背景下，为了促进学生全面发展，培养具有创新能力和实践能力的人才，我国进行了基础教育第八次课程改革，并且已经取得了一系列重要成果。然而，要构建一个具有活力、适应性强和可持续发展的基础教育课程生态系统，需要进行更深入的研究和实践。因此，构建一个具有活力、适应性强和可持续发展的基础教育课程生态系统，推动基础教育课程向更加全面、多元、实践导向的方向发展是我国基础教育课程改革的必然选择。随着科技的不断发展，我们正在努力打造一个更加完善的、更具有针对性的基础教育课程生态，旨在满足时代的需求，更好地服务于学习者的成长，更好地传承中华民族的优秀传统文化，同时也能够符合当今社会的发展趋势，并且更好地满足不同群众的不同需求，从而更好地推动教育的公正性、可持续性，最终提高教育质量。

（一）课程生态的内涵与建构意义

课程生态的要素包括课程目标、课程内容、课程方法、课程评价、教师、学生、教学资源、教学组织等。课程生态的外部环境包括社会、文化、政治、经济、科技等因素。课程生态的建立是指各个要素之间的相互关系和相互作用的建立，以及课程与外部环境的相互影响的调整。建立课程生态即搭建一个能平稳运行且不断提供反馈改进自身，形成良性循环的系统，旨在让改革在现阶段充分发挥作用。反过来看，课程生态的成功建立与持久运转也是改革效用的体现。

从追求学科知识体系的完整性转到追求学科的育人价值是课程内容现代化转型的标志。② 建立课程生态的意义有以下几点：

其一，促进课程的整体性和协调性，使课程的各个要素之间形成有机的联系和平衡的关系，避免课程的碎片化和隔离化。构建课程生态可以使课程目标具有统一性和多样性，既符合国家和地方的教育规划和要求，又体现学校和学科的特色和优势，同时也考虑学生的兴趣和需求，以及社会的发展和变化。

其二，提高课程的适应性和灵活性，使课程能够根据外部环境的变化和学生的需求进行及时的调整和改进，避免课程的僵化和落后。构建课程生态可以使课程能够适

① 崔允漷，王涛．培根铸魂 启智润心：《义务教育课程方案（2022年版）》解读．全球教育展望，2022，51（4）：6－7.

② 余文森．指向中国式基础教育现代化的课程改革．课程·教材·教法，2023，43（2）：4－8.

应社会的发展和变化，既符合社会的期望和要求，又反映社会的问题和挑战，同时也对社会的价值和创新有所贡献。

其三，增强课程的开放性和创新性，使课程能够借鉴和吸收其他领域和国家的优秀理念和实践经验，避免课程的封闭和保守。构建课程生态可以使课程能够开放于其他领域，既体现学科的内在逻辑和特有方法，又融合其他领域的相关知识和有益经验，同时也促进其他领域的发展和进步。

其四，提升课程的有效性和质量，使课程能够达到预期的目标和效果，避免课程的浪费和低效。构建课程生态可以使课程能够有效地促进学生的知识掌握和能力发展，既使学生能够掌握学科的基础知识和核心概念，又使学生能够发展解决问题的能力，同时也使学生能够拓宽学科的视野。

（二）新课程生态的构建路径

《义务教育课程方案和课程标准（2022 年版）》的发布，为我们打造一个拥有独特文化、达到世界先进水准的义务教育体系奠定了坚实的基础。在此过程中，我们需要积极汲取 21 世纪以来的各类课程变革的成功经验，同时加强对变革的风险管理，确保变革的顺利完成，应对变化带来的新的挑战与机遇。近 20 年来，我国的课程改革在师资、条件、制度等方面都取得了进步，但也面临更大的挑战。为此，我们需要在课程体系的整体框架下，创造性地推出更加完善的新型义务教育课程，以满足当前社会发展的需求。所有的活动都反映了个人价值观，而这种价值观又被视作一种独特的文化传承。如果我们缺乏良好的课堂环境，那么即使最优秀的课堂规划也很可能无法得到充分执行。因此，建立良性的课堂环境需要政府、学校、社区、专家和科研机构共同努力。为了满足日益增加的对于未来的需求，我们必须重塑义务教育的新课程，以创造一个全新的学习环境。

1. 建立义务教育课程执行的政治文化环境，展示新课程执行中政府的主导作用

第一，新课程首次将国家、省份、市县和学校规定为四个层级的课程执行主体，明确了各机构的分工与责任人，共同推进义务教育课程的执行。第二，完善课程执行的监督机制，监督课程的质量，反馈、改进、推进新课程的执行，这是课程执行的关键环节。第三，建立课程执行的指导机制，构建评估体系的初衷是对教学环境与条件进行严格的监控与维护，要对各级人民政府的教学保障现状、学校课程安排与教材运用的情况进行审查。①

① 中华人民共和国教育部．义务教育课程方案（2022 年版）．北京：北京师范大学出版社，2022：1－16.

2. 构建义务教育课程实施的学校文化生态，赋予学校教师课程实施自主权

首先，我们需要建立一个良好的素质教育课程改革环境。广大教师只有深入了解新课程定位与教育新理念，以此才能产生对新课程改革的主动认识和行动。其次，教师的职业发展要与他们的心理发展相辅相成。每位教师能在专业群体中摈弃恐惧，避免孤独，享受成长的欢愉，获得专业支持。为此，我们要创建一个纵横交错的研究共同体，在已有的科目教研基础上，组建学校和区域层级的跨学科、跨级别教师教研团体，激励更多教师主动执行新课程，弥补新课程教育的缺陷，引导区域课程发展。同样，也需要推动教师自我心理与能力的整合发展。最后，我们要提高教师执行新课程的自主性。目前，学校面临各种活动的审核压力，这使得教师的主职——教学被边缘化。我们不能忽视社会事务，但也不能过分投入精力。因此，我们应拟定一份教师执行新课程的责任表，以保障他们教学、研究和讨论的时间和预算，明确教育工作的最低标准，让教师能全身心投入课程教学改革中。

3. 打造必修教育课程落地的社会文化环境，形塑学校、家庭、社区一同参与教育的强大动力

教育体系和学校教育正因互联网的迅速普及而被重塑，学生线上学习空间已经连通，教育环境如学校、家庭和社区的界限正在消解，我们正迎来全方位的教育时代。当教师投身于协助学校、家庭与社区共同营造教育环境的时候，往往会在无意识中背负起更大的工作压力。优先解决的是对教育理念的困惑。必须清楚地认识到，学校、家庭和社区联合育人的策略是教育体系中不可分割的成分，这是国家、地方或者学校制定的全面制度的一部分，以达到共育目标，包含了设计规划、有效实施和评价考核等内容。接下来，还必须保证能够提供高质量的协同共育资源。唯有去除界限，以多元化的方式供应教育资源，才能满足义务教育新课程的需求。最后，学校、家庭和社区在推进共育过程中需要运用多种方式。①

4. 营造专业和技术文化氛围来执行义务教育课程，以提高新的课程执行能力和质量

巩固义务教育课程的专门支撑体系的建设固然至关紧要，但是我们在尽快推行新的课程和教材的同时，也要组织专业服务系统的建设。首先，我们需要进一步加大新课程的全国性专业支持力度，依赖全国级别教材和课程专业团队及教材形成和发行机构，来拟定义务教育课程执行的指引。其次，我们需要提供新课程执行的地方级专业服务，利用全国各级教研组织在义务教育新课程执行中的专业支援作用，建立新课程的全职专责服务体系，构筑由教研员全程服务、名师领头、骨干带动的专门支持网络，

---

① 张广斌，陈鹏，王欢．我国学校家庭社会协同育人的政策演变、研究轨迹与走向．北京教育学院学报 2019，35（6）：19-26.

让教师在新课程执行过程中分享经验和解决问题。从另一个角度来看，信息技术的赋能对于义务教育课程的执行有着至关重要的作用。教育部于2022年3月正式启用了国家智慧教育平台，旨在强化数字课程的实施，提供大量的电子课程资源。该平台以新的课程信息数据库和技术援助为基础，旨在进一步增加数字课程的供给，并提高教师在共享数字课程资源方面的技能，以实现数字课程减负和效率增长的目标。①

案例

对于核心素养框架的哲学思考与解读②

教育教学改革始终需要从不同的视角进行审视，作为对教育实践中支配性教育观念的批判性反思，核心素养框架的制定同样少不了教育哲学的参与。关于中国学生发展核心素养，石中英教授在《关于中国学生发展核心素养的哲学思考》一文中从教育哲学的角度进行了详细深入的论述。

石中英教授从本体论的角度提出了这样的问题："是否存在学生发展的核心素养？或者说，在学生发展（不管是职前发展还是职后发展）的过程中，是否事实上存在着一些居于核心地位、发挥核心作用的素养？"又从认识论的角度提出了这样的问题："研究者们是如何提出有关儿童发展的核心素养的？这种提出儿童发展核心素养的路径是不是恰当的？"最后，石中英教授从价值论的角度提出"为什么要研制中国学生发展核心素养框架？"的问题，并由此引出一番论述：

"当人们用学生发展核心素养三个方面、六大素养和18个基本要点来具体定义'教育要培养什么样的人'这个目的问题时，也有可能导致教育目的或目标的窄化以及不同核心素养之间的内在冲突。特别是，当中国学生发展核心素养直接被用于课程标准、学业标准以及教学设计、教学评价时，可能会进一步带来课程标准、学业标准的窄化以及丰富的教育实践活动意义的窄化和僵化。这正是崔允漷等人所担心的。毕竟，从学生发展核心素养的提出来说，它们既不是基于对未来社会的全面分析，也不是对未来社会人所需要的全部素质的描述，而只是基于对未来社会某些趋势的分析而得出的少数被认为是未来人应当具备的核心或关键的素养。如果将学生发展核心素养作为课程标准、学业标准制定的主要依据以及教学设计和教学评价的主要标准，那么中国学生核心素养框架的制订和制度化对于教育实践而言真有可能蜕化为一种外在的支配性力量。这需要教育者审慎地讨论中国学生发展核心素养的实践价值及其实现。"

---

① 张志勇，张广斌．义务教育课程改革的政策逻辑与生态构建：《义务教育课程方案和课程标准（2022年版）》解读．中国教育学刊，2022（5）：1-8．

② 石中英．关于中国学生发展核心素养的哲学思考．课程·教材·教法，2018，38（9）：36-41．

【评析】石中英教授的文章从教育哲学的角度对中国学生发展核心素养进行了深入的探讨和批判性反思。他从本体论、认识论和价值论三个角度提出了一系列关于核心素养的问题，并对这些问题进行了详细的论述。这篇文章提醒我们，虽然核心素养框架为教育改革提供了有益的工具，但我们也需要警惕其可能带来的问题。总体来说，该文章使我们意识到在推进教育改革时，需要从多个角度进行深入思考和批判性反思。

◆ 本章小结

本章围绕基础教育课程改革的主题展开，包括概述、历史发展和我国核心素养课程改革三个部分。课程改革是一个动态的、持续的过程，是对教育和社会变化需求的响应。基础教育课程改革的主要目标是提高教育质量和促进教育公平，促进学生的全面发展，培养学生的核心素养，推动终身学习。课程改革的主要内容包括修改课程方案和课程标准，开发新的教材和教学资源，实施新的教学方法和评价模式，加强教师培训和支持，等等。通过政策指导、实践探索、横向交流合作以及纵向协调整合，课程改革可以得到有效的实施。

总　结

◎ 关键术语

课程改革	curriculum reform	核心素养	key competencies
终身学习	lifelong learning	课程生态	curriculum ecology

◎ 章节链接

本章为第三章“基础教育课程改革”，课程是教育的核心和灵魂，本章可链接前面的“基础教育理念改革”和后面的“基础教育教学改革”“基础教育评价改革”，探索课程在理念、教学和评价中的作用和影响，从而更加全面地理解基础教育改革的目标和路径。

应　用

◎ 批判性思考

1. 在国内外基础教育课程改革的历史中，有哪些成功的案例值得我们借鉴？
2. 你认为《普通高中课程方案（2017 年版 2020 年修订）》和《义务教育课程方案

和课程标准（2022年版）》的颁布是第八次课程改革的延续还是第九次课程改革的开端？为什么？

3. 你如何比较本书中呈现的观点或论证与其他来源（如学术文章、媒体报道等）的观点或论证？你发现了哪些相似之处或差异之处？你如何解释或证明它们？

◎ **体验式练习**

一、判断题（判断正误并说明理由）

1. 基础教育课程改革应该以学科核心素养为基础，而不是以学科知识为基础，因为学科核心素养能够促进学生的综合能力发展和终身学习。

2. 基础教育课程改革应该以本土文化为基础，弘扬民族精神和价值观，增强学生的文化自信和认同感。因为文化观念不同，所以要尽量避免对国外教育理念与实践经验的借鉴，以保证本土文化的纯正。

3. 基础教育课程改革应该注重培养学生的国际视野和跨文化交流能力，要尽可能引入外国的文化模式和教育方式，以降低本国文化传统对教育的影响。

二、讨论与探究

1. 基础教育课程改革对教师的要求和挑战有哪些？如何评价目前我国教师的教育理念、教学方法和评价方式？请结合自己的观察和分析，提出一些提升教师专业素养的建议和措施。

2. 基础教育课程改革如何平衡本土文化和国际视野、传承民族精神和开放多元文化？请结合自己的阅读和经验，举例说明不同文化背景下的优秀教育实践及其借鉴意义。

三、案例研究

一样的假期，不一样的精彩——暑假社会实践活动①

假期乐实践，活力向未来。为进一步培养学生的社会实践能力，促进学生德、智、体、美、劳全面发展，在暑假期间，德成学校各中队开展了丰富多彩的暑假社会实践活动。学生们不仅可以了解社会，还可以体验生活，学习本领，度过了一个充实而有意义的暑假。

雷锋家乡学雷锋　关爱困境儿童

“如果你是一滴水，你是否滋润了一寸土地？如果你是一线阳光，你是否照亮了一分黑暗？”带着对这个问题的思考，X2105逐梦中队的少先队员们在班主任和家长志愿者的陪同下，开启了一场暖人心扉的志愿服务之旅。

① 一样的假期，不一样的精彩：暑假社会实践活动．（2023-10-18）［2023-12-06］．https：//mp.weixin.qq.com/s/6h4gzT_0RFTuydt01n38CA.

有这样一群孩子，他们无法像同龄人一样在学校接受教育，当其他孩子在操场上尽情奔跑嬉戏时，他们只能躺在医院的床上，接受着艰难的康复训练。他们的智力或身体存在着这样或那样的缺陷，脑瘫、孤独症、智力低下是他们的代名词，这类孩子被人们亲切地称为“小蜗牛”。为践行雷锋精神和志愿服务精神，贯彻落实学校“立德树人”的教育方针，暑假期间，X2105逐梦中队开展了“雷锋家乡学雷锋　关爱困境儿童”公益行动。队员们在班主任及家长志愿者的带领下，来到某脑瘫儿童服务基地，传递爱的力量。基地的一些孩子，虽然实际年龄有十几岁，但大多是智力水平停留在两三岁的大“儿童”，他们看到“哥哥”“姐姐”的到来，稚嫩可爱的小脸上写满了开心喜悦。队员们热情地和他们打招呼，为他们朗诵、跳舞、唱歌……“小蜗牛”们还邀请队员们去家里做客，特别自豪地给大家展示“蜗牛”妈妈们的手工，队员们赞叹手艺精湛的同时无不被“小蜗牛”们积极乐观的生活态度所感动。“赠人玫瑰，手留余香。”活动结束，队员们纷纷向基地的孩子们献出自己的爱心，有米、油等，家长志愿者也希望为改善他们的生活困境贡献绵薄之力。基地志愿者还为队员们颁发奖牌，X2105逐梦中队获得了“爱心班级”称号。“那些小朋友太可怜了，他们的爸爸妈妈也很努力，每天照顾他们还要赚钱给他们支付高昂的医药费，他们想学习却没有机会，想买漂亮衣服却没有经济条件，想出去玩却行动不便。我以后遇到需要帮助的人一定要真心且无偿地帮助他，让他感受到温暖，让他生活充满希望。以后自己在学习和生活中一定要知足、感恩、珍惜当下，享受生活。”一位队员对这次公益活动感触颇深。

追光逐梦，不负韶华！在接下来的小学生涯中，X2105逐梦中队将以“逐梦路上，携爱同行”为主题开展系列志愿服务活动。愿X2105逐梦中队的少先队员们能够温暖身边的每一个人，也照亮自己前行的路。

走进空军部队　感受军人魅力

军人一直是孩子们喜欢和崇拜的对象，飞行与蓝天更是他们所向往的。X2106小种子中队在某位家长的带领下组织了参观空军部队的实践活动。

在战斗机停机中心，飞行员耐心地讲解飞机各部件的功能，孩子们眼都舍不得眨一下，生怕错过对某个部件的了解；在导弹仓库，他们见到了真正的导弹；他们还认识了皮肤黝黑、全副武装，却英姿勃勃、意气风发的实战兵哥哥；而后同学们又参观了宿舍、食堂等。军人们整齐划一的步伐、干脆响亮的口号，让孩子们敬佩赞扬不断，驻足观看舍不得离开。此次空军部队实践活动让孩子们真正理解了“岁月静好是有人负重前行”，激发了孩子们学习军人坚强、勇敢、坚持、守纪等优良品格的进取心。

少年何以强　强体以为先

伏尔泰曾言，“生命在于运动”。体强壮而力充沛，体强健而心愉悦。X1804中队的同学们在岳麓山脚下东方红广场集合。夜幕降临，星星点点的灯光照亮了山脚下的道路。同学们排成整齐的队列，开始了登山征程。一路上，欢声笑语，互相鼓励。虽然有时候会有些吃力，但是他们都坚持着，毫不退缩。登山的过程中，他们遇到了很多困难。有的同学脚步蹒跚，有的同学气喘吁吁，但是孩子们都没有放弃。他们互相搀扶着，鼓励着，一步一步地向前走。在这个过程中，孩子们不仅锻炼了身体，还培养了团队合作的精神。

终于，登上了岳麓山的山顶。站在山顶上，同学们感受到了胜利的喜悦，观赏到了长沙的美景，欢呼雀跃，高兴地拍着彼此的肩膀，高呼"1804，越来越棒"的口号，一遍，两遍，三遍……通过这次实践活动，孩子们不仅学到了很多知识，还收获了很多成长。少年何以强，强体以为先，只有拥有强壮的身体，才能更好地面对生活中的各种挑战。同时，团队合作也是非常重要的，只有团结一致，才能取得更大的成就。

梦想凝聚团队　团队铸就梦想

暑假期间，X1805中队的队员们和家长们进行了一场亲子户外团建活动。本次活动安排了亲子皮划艇、穿越丛林、共进午餐、家校沟通四个环节。中队团建活动可以让每个队员更了解彼此，互相之间建立更紧密的联系，增强集体认同感，提高凝聚力，促进合作与协作。借此机会，家长和老师围坐，和谐融洽地交流着，大家的目标只有一个：让孩子在健康中成长。

"生活即教育，行为即课堂"，孩子们通过社会实践活动逐步了解了社会，感受家国情怀，磨炼品格、增长才干，也学会了感受幸福，珍惜幸福！

任务一：基础教育阶段的实践活动的意义是什么？

任务二：2022年版课程方案和课程标准是如何增强课程的综合性、实践性的？

◎ 科研一线纪事

教育部11问答详解《义务教育课程方案和课程标准（2022年版）》①（节选）

…………

3. 这次修订涉及义务教育课程方案和语文等16个课程标准，请介绍修订过程？

答：义务教育课程修订自2019年启动，历时3年，重点开展了六个方面的工作。一是成立由两院院士、学科专家、学科教育专家、骨干教师、教育管理者等近300人组成的修订组，承担修订任务。二是对习近平新时代中国特色社会主义思想，以及中华优秀传统文化、革命传统、法治、国家安全、生命安全与健康等重大主题教育进课程教材进行整体规划，并指导落实。三是组织开展义务教育课程实施现状调查、课程内容结构化等相关基础研究和国际比较研究。四是采取集中与分散相结合的工作方式，

① 教育部教材局负责人就《义务教育课程方案和课程标准（2022年版）》答记者问．（2022-04-21）[2023-12-06]. http://www.moe.gov.cn/jyb_xwfb/s271/202204/t20220421_620066.html.

按照先修课程方案、再修课程标准的顺序进行，分项、分段推进修订工作。五是组织浙江、河南和甘肃等15个省近6万名学生进行课程标准测试，根据结果进行修改。六是广泛征求省级教育行政部门、专家学者和一线校长、教师、教研员等各方意见建议，进行修改完善。

4. 请问义务教育课程方案和课程标准修订如何保证思想性、科学性？

答：为保证思想性、科学性，对课程方案和课程标准进行政治和专业双重把关。一是预审，组织国家教材委专家委员会进行个人审读、会议预审，进行专业把关。二是审议，组织国家教材委专家委员会进行审读和正式审议，完成政治和专业双重把关。党的十九届六中全会后，对落实会议精神情况进行专项审议。三是审核，国家教材委委员审核通过了义务教育课程方案和语文等16个课程标准。审议审核认为，新修订的义务教育课程方案和课程标准方向正确、结构合理、重点突出、思路清晰、逻辑严谨，思想性、学理性、现实性较强，符合党和国家对教育的新要求，符合义务教育阶段基本特征，符合教育教学规律，比较成熟。

…………

9. 如何保证道德与法治、语文、历史等课程标准思想性？

答：一是细化培养要求，明确了道德与法治课程政治认同、道德修养、法治观念、健全人格、责任意识，语文课程文化自信、语言运用、思维能力、审美创造，历史课程唯物史观、时空观念、史料实证、历史解释、家国情怀等培养要求。二是充实更新课程内容，对标对表党的十九届六中全会公报和决议，重点组织三科修订组对课程标准做了进一步充实更新，补充了有关党的百年奋斗重大成就和历史经验等内容，规范了有关表述。三是紧密联系生活实际，精选学生听得到、看得见、摸得着的标志性成果、突破性进展和普遍性经验等，让学生感受体会新时代党和国家事业取得的历史性成就、发生的历史性变革及新鲜经验。

10. 请介绍修订后的义务教育课程如何加强学段衔接？

答：一是注重幼小衔接，基于对学生在健康、语言、社会、科学、艺术领域发展水平的评估，合理设计小学一至二年级课程，注重活动化、游戏化、生活化的学习设计。二是关注从小学到初中学生在认知、情感、社会性等方面的发展变化，把握课程深度、广度的变化，体现学习目标的连续性和进阶性。三是了解高中阶段学生特点和学科特点，为学生进一步学习做好准备。

…………

请问：

1. 为什么要对课程方案和课程标准进行政治和专业双重把关？

2. 为什么要加强学段衔接？你从小学过渡到初中或从初中过渡到高中时，遇到了哪些学习上的困惑或困难?

拓 展

◎ 补充读物

1. 施良方. 课程理论:课程的基础、原理与问题 [M]. 北京:教育科学出版社,1996.

该书是一本关于课程理论的专著,是我国第一本提供了课程理论分析框架的经典之作,同时也是深化发展我国课程教学领域研究的一个重要标志。该书主要论述以下内容:第一,课程的三大基础学科对课程理论的影响和意义;第二,课程编制的要素、过程及原理;第三,几种主要课程编制模式的理论和特点;第四,课程理论的基本问题及发展趋势。该书旨在为教育工作者和研究者提供一个系统而深入的视角。

2. 王策三,孙喜亭,刘硕. 基础教育改革论 [M]. 北京:知识产权出版社,2005.

该书是一本有关基础教育改革的论文集。全书分上、中、下三篇,主要论述以下内容:第一,基础教育课程改革的指导思想应该是什么(上篇);第二,基础教育的基础何在(中篇);第三,究竟要改什么(下篇)。该书所阐述的观点对于教育工作者和研究者理解与思考基础教育改革的问题有着十分重要的意义。

3. 钟启泉,崔允漷,张华. 为了中华民族的复兴 为了每位学生的发展:《基础教育课程改革纲要(试行)》解读 [M]. 上海:华东师范大学出版社,2001.

该书从不同专业角度阐述了第八次基础教育课程改革的相关概念。该书论及的课程改革内容集中体现了教育思想与教育观念、课程是实施培养目标的施工蓝图、课程是组织教育教学活动的最主要的依据。纵观中外教育改革,无不把课程改革放在突出位置。该书对我们理解基础教育课程改革有着重要的启示和借鉴作用。

第四章 基础教育教学改革

◆ 本章概述

教学改革应重点突出教学目标的素养导向，即注重培养学生的综合素养和能力；教学内容的综合导向，即注重融合跨学科知识和实际问题解决能力的培养；教学方法的实践导向，即注重学生的实践操作能力和创新思维的培养。这样的教学改革旨在促进学生的全面发展，使其具备扎实的基础知识、实际应用能力和创新能力。通过素养导向、综合导向和实践导向，教学能更好地满足学生的学习需求和社会发展的需求。立德树人根本任务的育人要求、课程的育人价值彰显和教学目标的历史更迭催生了素养导向的教学目标。教学内容以综合为导向，按照素养的立场、问题的逻辑、联系的方式，基于大主题、大任务或大概念，通过大尺度内容视域、大结构意义通联、大单元教学设计等方法，将素养元素与逻辑内蕴于其中。教学方法以实践为导向，通过情境浸入式的教学环境、项目为载体的教学组织、活动为主线的教学过程，切实促进学生素养发展。

教学是学校育人的中心和主渠道。落实立德树人的育人要求，全面深化课程教学改革。2023 年 5 月，教育部办公厅印发的《基础教育课程教学改革深化行动方案》指出，“聚焦核心素养导向的教学设计……考试命题、综合素质评价等教学改革重点难点问题”。这些重点难点问题正是我国基础教育教学改革取得成效的瓶颈，其能否得到有效解决，直接决定课程教学改革能否进入真正以儿童为本、以学生为本的时代。

章结构图

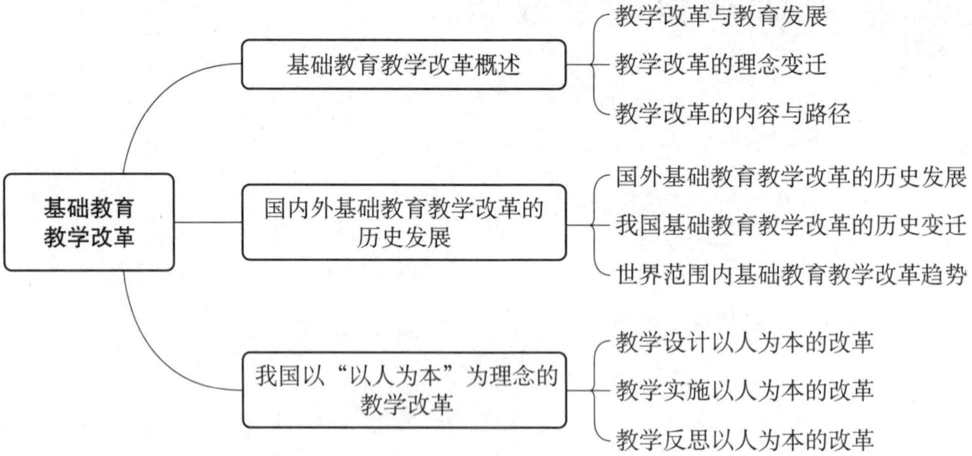

学习目标

1. 理解教学改革的内涵
2. 能用时间轴画出国内外基础教育教学改革的阶段
3. 了解二战以来国内外基础教育教学改革的历史脉络和特点
4. 掌握以人为本教育理念的特点和简要发展情况

读前思考

1. 什么是基础教育教学改革？
2. 国内外的基础教育教学改革分为哪些阶段？有哪些异同？
3. 国内外的基础教育教学改革有怎样的趋势？
4. 什么是以人为本的教学改革？
5. 核心素养导向下的基础教育教学改革的重难点包括哪些？

热身活动

任务一：教学改革是什么？

任务二：为何教学改革势在必行？

教学有法，教无定法，贵在得法。

——叶圣陶

在基础教育教学领域，以人为本的教学理念日益受到重视。通过梳理我国、美国、日本、芬兰的基础教育教学改革历程，可以发现教学改革的核心目标都指向以学习者为中心。这种改革要求创造以学生为核心的教学环境，根据课程标准设定教学目标，采用个性化、学本化和信息化的教学方法，加强学科实践，实现“教—学—评”一体化的跨学科主题学习，以及多样化设计作业、加强教学反思等，为学生创造更积极、有效和有益的学习环境。

第一节　基础教育教学改革概述

一、教学改革与教育发展

教学活动是学校教育活动的核心组成部分，是实现培养目标的主要途径，是教育改革的核心阵地，也是将具体的课程内容转化为学生自主发展能力的最基本的实践机制。教育改革很大程度上需要由教学这项实践工作来具体执行与实际体现。在教育发展中理解教学改革，必须先对“教学应该是什么”和“教学应该怎么办”两个问题进行发展性的陈述与阐释。我们从教学的内涵的不同阐释中，可以抽象出其共有的特性：其一，教学是教师教和学生学相统一的过程；其二，教学是追求和促进学生发展的活动；其三，教学是教育的基本形式；其四，教学的具体形态是多样且变化发展的。这四个特性深刻反映了教育的目的、理念、内容、方法，对我们了解教学改革有着根本性的作用。

教学是有结构的，这个结构着重表达了组成教学的各个元素和其间的关系。我们一般将教学理解为由“教师-教学环境-教学实施-学生”构成的“共同体”的相互作用活动。而这些活动最终指向于通过促进学生的正向变化与发展来实现教育发展的目的。据此我们可以认为：教学改革是一项与教育发展相匹配的，由教学底层理念引发的教学组成要素和其相互作用变化的实践活动。

请思考：教育改革与教学改革的关系是什么？

二、教学改革的理念变迁

教学理念是对教学活动的看法和持有的基本态度与观念，是人们从事教学活动的根本信念。态度和观念是实践的根本动因，教学改革中理念先行。在教育者对教学的整体意识方面，可以分为这几种情况：一是“传递说”，强调知识文化在个体间的传递，由此更加关注传递的工具方法和个体对外在知识的留存；二是“内生说”，强调个体对知识和经验的内在生成，由此较为在意个体在学习中的体验、感悟；三是“互动说”，认为教学是在“人-人、人-物、人-事”相互作用中发生的，由此特别关注教学组成要素间的相互作用。

教学理念的变迁，是教育者们对教学认识的一系列变化过程，这个过程受到教育其他构成以及社会历史变迁的影响。我们理解教学理念的变迁，一方面可以感受教育在时代背景下变革的清晰印记，了解变革的缘由；另一方面也需要熟悉教学理念表达的具体内容和表现，将其与教学其他方面的变革联系起来。教学改革中理念的变迁，不是非此即彼的替换，更像是各种理念此消彼长的交织。自此，教学理念变迁成为内生推动力量，促进教学这个大系统进一步跃迁。需要注意的是，教学理念的产生，是关联着教学实践和教育者们的经验的，同时也借由教学实践进行验证和优化。

三、教学改革的内容与路径

对教学改革的内容与路径的认识，需要关注两个问题：一是教学中改革了什么，二是教学改革以何实现。

教学改革的内容可以体现为组成教学各元素的变革。首先是教学目标的变革。教学目标是教学活动实施的方向，体现为这些活动的出发点和归宿。不同的方向指引会产生不同类型的教学实践。当前，学界较为关注“以学论教”，即以学生经历教学活动后的结果来表述教学的方向和结果。其次是教学内容的变革。与课程内容不同的是，教学内容更为微观和具体，是教师与学生在一定环境中和媒介相互作用下的各类实际活动。当前教学内容的变革呈现出开放性、多元性、生成性的特征，尤其重视教师依据学生实际对预设内容的重新设计构建和在交互教学活动中创生的独特性内容。最后是教学方法的变革。教学方法是教师为达到一定的教学目标而采取的相互关联的内隐和外显的动作体系。① 当代教学方法体系在“师-生”单向度的语言文字传授基础上，呈现出对“交互性”“情境性”“多元性”等方面的关注，成为教学改革中动态组成的体现。同时，随着信息化以及人工智能的发展，教学各要素的改革受其影响，也形成了更加复杂的样态。

教学改革一般有三条较为常见的路径。第一条是“自上而下”的“忠实取向”变革。这类变革一般由教育管理部门发起，由课程与教学专家制定改革方案，通过行政

① 邵宗杰，等．教育学．上海：华东师范大学出版社，2006：269.

执行逐层推进，直至辖域内学校及其他教育机构均能顺利执行方案。此类教学改革一般要经过长时间的考察酝酿，需要部分地区的施行检验。一旦全范围推行则路径通畅、效率较高，也较为彻底。第二条是“由点及面”的“实践取向”变革。这类变革由条件较好的具体教学执行单位从实际情况出发，从亟待解决的教学问题入手制定与实施改革方案，一旦成型则能大范围推广。此类教学改革对基层教育机构要求较高，适应性强且易为接受。但在执行速度方面则较为迟缓。第三条是“自下而上”的“行动研究”变革。这类变革一般由教育科研机构在部分基层教学执行机构的教学行动研究基础上形成变革方案。方案经过教育管理部门整合考证后推广执行。此条路径结合了前两条路径的优势，既能保证有效推行，又能兼顾基层的实际情况和教学经验，目前是大部分国家采用的教学改革范式。

请思考：教学系统的变革为何“牵一发，动全身”?

案例

江苏省无锡市东林小学：“素养表现型教学法”

江苏省无锡市东林小学创建于1902年，其前身是历史上著名的“东林书院”。学校秉承书院精神，在校训“勤、毅、朴、诚”熏陶下，历经百年，薪火传承，培育了众多英才，积淀了深厚的文化底蕴，形成“求真、崇美、向上”的校风。在教育部颁布实施《关于全面深化课程改革落实立德树人根本任务的意见》的背景之下，立德树人成为教学改革的灵魂，培育学生的核心素养成为教学改革的主要任务。东林小学强调学生在学习过程中通过表现的方式提升素养，形成良好的品格和能力。这种教学方法被称为“素养表现型教学法”。这种教学方法以学习任务为核心，以学习活动为基础，以互动表现为主要学习方式。它通过学生与知识之间的双向循环，促进学生的内在与外在素养之间的互动，创造出良好的学习结果。学生通过展示自己的学习成果，反思表现的得失，以及与他人分享学习结果，来构建对知识的意义。“素养表现型教学法”不仅注重学以致用，而且强调用以致学。它帮助学生培养文化、审美、反思和创造品格，助力他们的综合素养发展。在“素养表现型教学法”中，“主题—任务—表现”是基本模型。教师指导学生在课堂学习中的表现，聚焦表现的难点，加强表现的深度，共享表现的结果，反思表现的得失。教师引导学生以获取相关信息为基础，生成自己的认知，以积极展示为手段，最终建构对知识的意义……

【评析】“素养表现型教学法”的实施取得了显著的教学效果。教师从单科片面转向了复合发展，从任务驱动转向了价值认同。这种教学方法在提升学生的学习效果和培养学生的综合素养方面发挥了积极的作用，值得广大教育工作者推广及借鉴。

第二节　国内外基础教育教学改革的历史发展

一、国外基础教育教学改革的历史发展

20 世纪以来，世界政治的发展力量逐渐渗透到教育领域，给教育改革带来了新的机遇与挑战。为了迎接和应对新的机遇和挑战，各国纷纷进行大规模的教育改革，本部分选择美国、日本、芬兰三个国家对其基础教育教学改革历史脉络进行梳理，以便相互借鉴和学习。

（一）美国基础教育教学改革历史脉络

1. 进步主义时期的基础教育教学改革：以学生为中心

美国的历史不长，是一个比较年轻的国家。南北战争后，来自德国赫尔巴特学派的五段教学法受到广泛关注，但是由于美国教育严格遵循其教学步骤产生了僵化的形式主义。帕克作为进步主义的先驱者，他对赫尔巴特学派在美国推广的五段教学法以及其忽略个性差异的做法表达了自己的疑惑。而后，他参考欧洲的教育模式创新了教学方法，制定出了以学生为主体的“昆西教学法”。这种教学方法注重学生的独特性，以活动为载体，强调对知识的理解和领悟。随后，美国的一些教育专家以欧洲的教育方法为鉴，将其与本土教育相结合，推出了一种全新的教育理念，进而形成了带有美国特色的教育模式，如杜威的问题教学法、克伯屈的设计教学法、帕克赫斯特的道尔顿制教学法和沃什伯恩的温内特卡制教学法等。这些教学方法尽管各有其独特之处，但是有三个共性。首先，它们是教学方法，也是教学组织模式，取消了以班级甚至年级为单位的教学，学习进度主要以个人为单位。其次，学生可以在教师的引导下，自主学习、活动、探索，不再依赖于教师的传统讲授和机械记忆。再次，学生可以按自己的节奏、时间安排，自主学习，不再受学科界限的约束。最后，这些教学方法会根据学生的兴趣、动机等个性特征，把课程与教学关注的焦点放在心理顺序上。“八年研究”这个项目，由进步主义协会倡导，为进步主义学派的教育改革提供了有力证据。这些教学方法对于弥补传统教学法的不足发挥了一定积极作用，成功改善了美国落后的教学模式。

请查询有关“八年研究”的资料，思考其意义及对我国的启示。

2. 结构主义时期的基础教育教学改革：以学科为中心

二战后，美国和苏联进入“冷战阶段”，这个阶段的焦点主要是科技、经济和军事

方面的竞争。1957 年 10 月，苏联成功发射了人类首颗人造卫星，这标志着苏联在航空科技方面已经超过了美国。为了超越苏联，保持自己的强大地位，美国于 1958 年发布了一个重要的教育法案《国防教育法》。这次改革主要采用了以美国心理学家布鲁纳为代表的结构主义（也被称为发现教学法）的教育理念，其特点是：主张科学主义，强调通过发现学科的基本结构，让学生实现智力的提升。但是，从 20 世纪 60 年代中期开始，随着新教育法案的实施和深入推动，出现了两个严重问题：一是教学难度太大，忽视了大多数学生对学习的正常需求；二是唯智力倾向严重，该教学方式只适合那些智力超群的少数学生，忽视了学生的情感和价值观的培养。这样导致了学生承受过大的学业压力，产生厌学情绪，出现了大量学业不良的学生。为了解决这些问题，基于“发现教学法”的原理，又产生了一些新的教育理论，如施瓦布提出的探究式教学理论、奥苏贝尔倡导的有意义接受学习理论，以及布卢姆提出的掌握学习理论。

请查询后思考：施瓦布的探究式教学理论、奥苏贝尔的有意义接受学习理论、布卢姆的掌握学习理论的概念、特征及意义。

3. 20 世纪 70 年代至 90 年代的基础教育教学改革：钟摆式变革

20 世纪 70 年代至 80 年代，教育课程因压抑人性而饱受公众的责难。同时，结构主义的教育改革的失败也引发了人们的普遍不满。为了迎合社会的需求，以人本主义为核心的教育改革理念开始兴起。受人本主义的影响，美国基础教育课程进行了一系列的调整：必修课削减，选修课增加；理论类课程减少，生活和职业技术类课程增多。然而，由于“生活化的教育”过分侧重个性化教育，忽视理论课程，美国学生的文化修养再度陷入令人担忧的境况。之后，为了提升教学质量，美国陆续提出了诸多行动方案和政策，例如“高质量教育运动”“2061 计划”，以及《国家处在危险中——教育改革势在必行》《美国 2000 年教育战略》等。由此可以看出，美国基础教育教学改革在“学生中心”与“学科中心”之间来回摆动，然而课堂教学的开展则往往主要以学生为中心，思考学生如何学习是教学的前提，学习理论的重要性不言而喻。心理科学的进步促进了行为主义学习理论、认知主义学习理论和人本主义学习理论在美国的兴盛发展。这三大理论对美国基础教育产生了深远且广大的影响，转变了教师的教学方式和学生的学习方式。

请查询后思考：行为主义学习理论、认知主义学习理论以及人本主义学习理论的概念、特征并举例说明如何使用。

4. 21 世纪至今：指向核心素养的基础教育教学改革

自 21 世纪以来，美国教育教学改革开始加速，改革措施不断涌现。其中，最为关键且核心的是“21 世纪技能”——美国版的“核心素养”，这也是全球较早提出的

"核心素养"之一。"21世纪技能"一直是美国基础教育教学改革的焦点。

素养改革的倡议和课程改革的推进，是为了培养适应时代变革的现代公民，是教育谜底转变的体现。美国的教学方式也映射出这种转型，特别明显的是，适用于所有学科的通识教育方式和旨在培养高级思维的教育方法的运用越来越广泛，并且正在有效推进教育改革目标的实现。例如：逆向设计教学法、布卢姆目标教学法、思维导图、实证教学、小组合作等。

这些教学方式生命力之旺盛、能够在教室内深度施行的根源，在于其是美国学习科学蓬勃发展的产物，其根植于学生的认知模式和思考进程，拥有广泛适用性、实践性以及科学性，着重培养学生的建构及批判性思维等高阶思维。目前，美国K-12阶段的STEAM教育正致力于"培育学生以学科专家的方式进行思考和学习"，比如，科学课中培养学生"以科学家的角度进行思考"，历史课中"让学生有如历史学家般的思考模式"，数学课中"培养学生如数学家般的思考方式"。

阅读材料

STEAM教育：发展、内涵与可能路径①（节选）

第二次世界大战后，美国与苏联为了争夺世界霸权，开始了长达44年的冷战。在冷战初期，占领太空新据点成为彰显国家实力的重要标志，为此美、苏两国展开了一场太空据点争夺的竞赛。美国在这场竞赛中接二连三地落后于苏联，使美国陷入了恐惧与不安。在此背景之下，1986年，第一个关于STEM教育的指导性文件——《本科的科学、数学和工程教育》发布了。该文件在肯定STEM教育之突出地位的基础上，提出了STEM教育发展的指导性意见，成为STEM教育的开端。此后，针对美国K-12阶段STEM教育中教师素质普遍不高的问题，美国国家科学基金会于1996年发布《塑造未来：透视科学、数学、工程和技术的本科教育》报告，重点关注K-12阶段STEM教育中师资的培养问题。美国STEM教育的快速发展期在2006年之后，转折性的事件是美国政府在《美国竞争力计划：在创新中领导世界》中指出，"要通过创新引领世界，知识经济时代的教育目标之一就是培养具有STEM素养的创新人才"。

随着STEM教育的开展，人们发现"艺术"在教育中具有不可或缺的作用。将艺术加入STEM教育中，是对原有四类课程的良好补充，可以使学生从更多视角认识不同学科之间的联系：STEAM教育中的科学可以帮助人们认识世界的规律，工程与技术可以帮助人们根据社会的需求改造世界，艺术可以帮助人们以美好的形式丰富世界，数学可以为人们发展与应用科学、工程、技术和艺术提供思维方法与分析工具。

---

① 范文翔，张一春.STEAM教育：发展、内涵与可能路径.现代教育技术，2018，28（3）：99-105.

STEAM教育将人文艺术中的“谁来做”和“为什么这样做”，加入STEM教育领域的“做什么”与“怎么做”中，让人和伦理道德在创新过程中扮演重要的角色。与STEM相比，STEAM教育的内涵更加丰富，不仅能够有效培养学生的逻辑思维以及问题解决、创新、合作等能力，还致力于将学生塑造成具有创造和革新精神的全面发展的人，支持学生成为未来的发明家与创造者。近年来，来自不同国家和地区的学者通过深入研究，证实了STEAM教育更有利于培养全面发展的创新型人才，STEAM教育正在成为技术创新的重要驱动力。自《2015年地平线报告（基础教育版）》指出STEAM教育将成为短期教育的应用趋势以来，STEAM教育备受关注，迅速成为国际教育界的研究热点。随着学者们对STEAM教育研究的不断深入，STEAM教育有演进为STREAM（science，technology，reading/writing，engineering，art，mathematics）教育的趋势。STREAM教育是在STEAM教育的基础上添加读/写（reading/writing）能力，强调读/写能力是科学、工程和技术教育的重要组成部分，目的是使高素质专业人士能够胜任撰写报告、实验材料以及与他人交流。

阅读后，请思考：

1. STEAM教育的本质与内涵是什么？

2. 开展STEAM教育的关键在于什么？

（二）日本基础教育教学改革历史脉络

二战结束至今，日本的基础教育教学改革可以从指导改革的理念变迁的层面划分为四个阶段：以经验主义为中心的教学改革、以学科主义为中心的教学改革、以“宽松教育”理念为中心的教学改革、以“学力教育”为中心的教学改革。

1. 20世纪40年代至50年代：以经验主义为中心的教学改革

1945年8月15日，日本宣布无条件投降，美国随后对日本展开控制。在美国控制之下，日本开始以经验主义为中心的课程与教学改革。1947年，日本的教育部门发布了一份草案。在这份草案中，日本模仿了美国的课程设计和教材编写，强调了孩子们的兴趣和个人的自由发展，主要以孩子们的社会生活为教学内容，并运用“生活单元”的方式进行教学结构的组织。其中最能体现经验中心理念的是社会科、家政科和自由研究这三个科目。社会科、家政科体现了以儿童生活经验为中心，课程内容都与日常生活密切相关。自由研究则鼓励学生通过自主活动进行科学探究性的学习，进而获取新知识。在教学方法改革方面更加注重教学质量和教学公平，倡导合作探究性教学和问题教学法。①

① 顾美玲．战后日本五次中小学课程改革述论．四川师范大学学报（社会科学版），1994（3）：104－112.

2. 20世纪50年代至70年代：以学科主义为中心的教学改革

1957年，苏联成功发射了人类首颗人造卫星，此举让很多国家产生深深的危机感，进而开始对科学课程和教育方式展开深度改革。日本，在此背景下以提升教育质量和满足国家建设所需，及追随全球教育发展趋势为目标，对中小学教育质量下滑这一问题进行了研究。于是，1958年，日本提出了一项以“加强基础教育，提升科技教育”为主旨的课程改革计划。他们对中小学规章进行了全面的修改并授予了这些新规定以法律效力，以此确保全国落实，此举终结了战后初期的无限自由状况。改革最重要的一环是，教育理念从以“经验主义”为中心转变为以“学科主义”为中心。以此理念为指导，课程设置的改革表现为课时加长、课程内容增多、课程难度提升三方面。改革初衷是通过提升日本中小学生的基本学术能力来刺激科技的发展，然而由于教学内容的难度超出预期，一部分学生无法跟随教学步伐，进一步出现了广泛的缺席和逃课等问题。在教学方法改革上提倡注重基础知识的传授和基本能力的培养，如为提高音乐教学质量而产生的“铃木音乐教学法”就是这一时期的代表。

铃木镇一，日本著名的小提琴家、音乐教育工作者，是“铃木音乐教学法”的创始者。他十几岁时开始学习小提琴，而后去德国深造。经过多年的学习后，他回到日本，开办了一所音乐学院，专注于对青少年音乐教育进行探讨和研究。经过近十年的深入研究和实践探索，他成功创建了一套科学有效的青少年乐器演奏才艺培养教育方式，也就是我们所称的“铃木音乐教学法”。这套教学法已经成为近代儿童音乐教育的重要流派之一，对全球范围的音乐教育产生了深远影响。“铃木音乐教学法”的核心理念，是专注于儿童音乐才能的培养。他参考儿童能够用母语流畅表达的事实，提出儿童音乐才能可以通过教育者的指导来提升，开始设计一套专门针对儿童的乐器演奏才艺培养的具体技巧和步骤。凡是依照“铃木音乐教学法”进行培训的孩子，在较短的时间内就能显著提升其小提琴表演技巧，甚至可以流畅地表演古典音乐大师的著名作品，成效之高令人震惊。铃木曾经说过：“我对所有人都充满友爱和尊重，特别是对年幼的孩子们，我希望世界上的每个孩子都能成为善良、快乐、有才智的人。”这段言辞准确地揭示了“铃木音乐教学法”的基本原则。艺术技能的培养和演奏技能的提升无疑是塑造优秀人才的关键因素之一，也是大多数家长的期望，但他们经常会产生这样的疑虑：我的孩子适不适合学习艺术？我的孩子有成为有才能的人的可能性吗？对于这些，铃木的答复是：才能并非与生俱来，所有的孩子都有可能被培养成才。① 关键在于要运用何种教育手段去挖掘孩子们的潜力，促使他们成为杰出的个体。

请思考，“铃木音乐教学法”是否可以应用于其他科目？如何应用？请举例说明。

---

① 赵冰．铃木音乐教学法的研究与实践．广西师范学院学报（哲学社会科学版），2007（4）：91－95.

3. 20世纪70年代至21世纪初期：以“宽松教育”理念为中心的教学改革

1977年，鉴于以学科主义为中心的教学改革出现种种问题，日本政府修改了《学习指导要领》，开始推行以“宽松教育”理念为中心的课程与教学改革。这次改革体现了“以人为本”、注重“个性培养”、突出能力培养，主要表现在课时、课程内容都大幅度减少，课程难度降低，综合性课程和可选课程增加，教学方法呈多样性和个性化等方面。但是因为改革后学生学力普遍降低，“宽松教育”的教育理念受到了来自各方的反对，日本政府不得不重新审视这一改革方向。这一时期教学方法改革的核心理念是如何从传统以教师的“教”为主的方法向以学生的“学”为主的方法转变。代表性的教学改革如数学教师东丸库门创造了一种数学教学法，称为“库门教学法”。该法不是先花几个小时教授数学概念，而是首先要求学生完成大量练习题，且限时、不能出错。速度、准确率和自我教育是这种教学方法的关键点。这种方法深受日、美等国中小学的欢迎。[①] 除“库门教学法”外，还有日本小学科学教学中所采取的“系统性与一体化结合”教学法[②]以及在道德教育方面所提倡的“心灵教育”法等。正如著名教育家佐藤学所言，日本学校“已迎来了一个大的转型期。学校内外急剧变化正在引发一场教和学的‘静悄悄的革命’”[③]。“静悄悄的革命”就是通过与事物、他人以及自己的深度对话，孕育一种活跃、协作、反思的学习方式。此处的“革命”实则是一种构建“学习共同体”的教育实践行动。

4. 21世纪初至今：以“学力教育”为中心的教学改革

2005年，日本发布《创造新时代的义务教育》报告，此报告的核心是“保证质量”，在此基础上对学生的学业水平进行评价，旨在提高学生的学习技巧和教师的教育能力。2008年，日本再次修改《学习指导要领》，并提出以培育学生“扎实的学力”为中心的教育观念。2017年，日本颁布《学习指导要领》，在这个纲领性文件中，日本坚持以“学力教育”为中心的理念，同时对这一理念的内涵进行了丰富和拓展。这一时期教学方法改革的主要任务是，提倡主体性、互动式、有深度的学习方式，深化个性化教学改革及教学评价改革，实施PDCA循环评价模式，等等。同样地，我们强烈建议实施教师协同教学模式，也就是一个主讲教师搭配一个助教一起进行教学，细分教师的教导方式，增强对学生个体与小组学习的指导，以提升学生的学习效率。

---

① 弓长．美国向日本学习数学教学法．国际人才交流，1990（3）：48.

② 光霞，樊文芳．日本小学科学教学的特色及启示．课程教学研究，2014（10）：30－33.

③ 佐藤学．静悄悄的革命：课堂改变，学校就会改变．北京：教育科学出版社，2014：34.

（三）芬兰基础教育教学改革历史脉络

阅读材料

芬兰教育全球第一的秘密：揭秘芬兰基础教育成功第一读本[①]（节选）

2007 年 11 月，我在约瓦斯曲莱大学教育主管学院与院长和一位资深研究学者聊了将近两个小时。他们都当过几十年的中学老师，因此实务经验相当丰富。在谈话过程中，彼此交换的议题非常多，不过最让我动容的，莫过于谈及老师自由度与被尊重程度的时候……

“如果教育体制对老师们有评比、考核，那会是什么情形?”我问起。

“我们可以向你保证，那芬兰的教师必定集体罢工！大家不干了!”两位鬓发泛白的资深教育人士，斩钉截铁、摇着头很酷地大声说道。

“真的吗？为什么呢?”我惊讶地问。

“如果一个社会体制对自己的教师连最基本的信任都没有的话，那还谈什么教育呢?”他们中气十足、异口同声地说着。

接着两位教授此起彼落地述说着，他们当年在教学时，所想的都是如何善待学生，怎样教导才对学生最有益处，从来不是为了要让学生或自己的教学成果拿第一，他们压根儿没想过要“争第一”“抢第一”。

“我们所做的一切，不过是尽己所能地去传授我们所知道的；一切都是为了学生，如此而已。”他们平心静气地说了这段话。

我低头简略地写了下来，其实是为了稍稍掩饰我已动容的湿润眼眶。

“那当国际评比成绩出来后，芬兰一下子轰动了全世界，你们当时的想法是什么呢?”我定神之后接着问。

“不瞒你说，我们吓了一大跳!”

“因为，我们从来就不是为了要得第一才如此施行教育理念的。”

“几十年来，我们就是一直单纯地希望把事情做好!”

这回，我听得好开怀，因为每次与别人晤谈，当遇到对方愿意将个人心坎深处的想法与我分享时，总是最让我感动与欢喜。毕竟，那比所有的统计数据，更贴近人性与事物的真实层面。

这两位学者，略带腼腆，却又诚挚谈论教育理念与心中感受，让我觉得何其荣幸!

---

① 陈之华．芬兰教育全球第一的秘密：揭秘芬兰基础教育成功第一读本．北京：中国青年出版社，2020：133.

在最是灰暗的 11 月，却感受到人性中的“纯”与“善”。这份追求实务的“纯”与“善”，以及对价值核心的坚持，给我上了一堂课！也让我愿意改变自己的既成观念与习惯认知，逐渐以他们的角度与文化背景去思考教育的基本面到底何在。

重视过程胜于结果，其实，这很芬兰。芬兰人多半认定，如果过程很扎实、良好，那结果一定差不到哪儿去，因为对于每个人的人生与整体社会，过程的规范与制度，长久的设计、执行，要远比一味地追逐短期成效或只求第一，更显得重要、有意义。

阅读后，请思考：

1. 芬兰教育全球第一的秘密是什么？

2. 芬兰阅读环境的引导如何体现其教育特色？

1. 20 世纪 70 年代至 80 年代：基于教育公平和全纳教育理念的基础教育教学改革

芬兰很早就实行了全免费的九年一贯义务教育制度，旨在保障每一位芬兰学生，不同社会经济背景、地理位置、性别、种族、资质等的学生均可以享受同等质量的九年义务教育。全纳教育是指通过文化学习和社区参与，减少教育系统内外的排斥，满足学习者多样化的需求，并对其做出相应的反应。全纳教育的共识是覆盖所有适龄儿童，信念是常规体制负责教育所有儿童。全纳教育需要对教育内容、教育途径、教育结构和教育战略进行变革和调整。芬兰为了确保每一位学生都能够享有平等的基础教育机会，废除了能力分班制，提出了建设“层级课程”、开展面向学习困难儿童的支持性教学以及综合学校要设置“观察班”，以为有学习问题的儿童和特殊儿童提供及时的一对一帮扶。

请查询了解“层级课程”、“支持性教学”以及“观察班”分别是什么，并谈一谈这些教学方式是否适用于我国。

2. 20 世纪 90 年代：以学生为中心的基础教育教学改革

20 世纪 90 年代，芬兰进入知识信息社会，为了满足国家对多样化人才和创新型人才的需求，开始新一轮的基础教育教学改革。芬兰《普通高级中学国家核心课程》（1994 年颁布）倡导现代的学习理念，注重发挥学生的主体作用，注重学生的过程性体验学习和研究性学习，注重学习过程中的系统知识建构，注重学生的终身学习和持续的自我发展。① 1994 年的基础教育教学改革是在芬兰教育权力下放的背景之下进行的，因此这个时期的课程体系更加灵活，课程内容和教学方法丰富多样。学校和教师拥有自主选择教学方式、自制课程、自选教科书等以达成教学目标的权利。除了传统的讲授法之外，芬兰教师还采用了讨论式学习、合作式学习、探究式学习等以学生为

① 李庆伟．芬兰中小学教师教学方式变革研究．重庆：西南大学，2011.

中心的教学方式。

3. 21世纪至今：走向融合教学（现象教学）的基础教育教学改革

进入21世纪，世界发生深刻而复杂的变化，为了培养学生适应当下时代的21世纪关键能力，芬兰开启了新一轮的基础教育教学改革。2016年，芬兰《国家课程框架》明确提出“现象教学”这一核心新概念。现象教学也被称为话题教学或融合教学，是围绕学生感兴趣的现象或话题进行的跨领域、多学科的教学。① 从教学时空的角度来说，随着智慧教育技术的发展，现象教学不再囿于有边界的教室，学习者可以与不同学科教师在同一学习空间进行学习活动。从教学目标制定的角度来说，教学目标的制定以学习者为主，学习者根据自己的实际情况来确定目标。从教学内容的角度来说，现象教学打破了学科的边界，主张跨学科教学，基于学生生活当中的真实案例来展开项目式教学、主题式教学，旨在培养学习者的横向思维能力。

二、我国基础教育教学改革的历史变迁

改革开放以来，我国基础教育领域的教学改革静水流深。② 回顾我国基础教育教学改革的历程，其大体分为三个阶段：一是“双基”本位的教学改革，此阶段的特点是摆脱混乱，步入正轨；二是三维目标本位的教学改革，此阶段的特点是实现转型，全面革新；三是核心素养导向的教学改革，此阶段的特点是加强创新，深化变革。

1. “双基”本位的教学改革：摆脱混乱，步入正轨

改革开放之初，恢复正常的教学秩序是我国教学改革的主要任务。“基础知识和基本技能”的教学理念（教育思想）适用于我国当时的国情，它重视基础知识和基本技能的价值，并在教学实践中显示出积极的影响力。“双基”教学理念孕育于中国，它是多代教育者不断努力的成果，在我国经济相对落后、国民文化科技素质不高、教育基础设施欠缺的情况下被提出并得到发扬，为提升我国的教育质量做出了突出的贡献，也为全球的教育理论增加了独特的色彩。

1978年《全日制十年制中小学教学计划试行草案》及1981年《全日制六年制重点中学教学计划（试行草案）》的颁布，目的均是推动基础教育工作回归正轨。这两个文件的出台保证了学生有充足的学习资源，能够快速掌握社会经济发展所需的知识和技能。同时，为了适应政治、经济、文化的转型，我国开创了一些新的教学模式。1986年的《中华人民共和国义务教育法》下达，义务教育必须贯彻国家的教育方针，

① 陈式华．现象教学：芬兰2016教改新模式．教育与教学研究，2016（11）：102-106.

② 刘合荣，廖兆慧．新中国中小学教学改革：历程、特征与经验．天津市教科院学报，2021（4）：66-79.

努力提高教育质量，使儿童、少年在品德、智力、体质等方面全面发展，为提高全民族的素质，培养有理想、有道德、有文化、有纪律的社会主义建设人才奠定基础。整体而言，这些基础教育教学改革措施推动以学科为核心、以教学效果为导向的教学改革进入主流，同时，以学生智力与能力发展为目标的教学改革实验也开始露出头角。这一时期的教学改革主要有三个特征。

第一，越来越多的教育学者开始积极参与教学改革。例如：卢仲衡主持的自学辅导法、黎世法主持的六课型单元教学法、北京市景山学校创造的知识结构单元教学法、上海市育才中学首倡的八字教学法、魏书生的六步教学法、吕敬先的小学语文能力整体发展教学法、张思中的十六字外语教学法等。

第二，教学改革的系统化程度提高。与学者参与、理论加强相伴随的是教学改革在一定程度上结束了个别老师“单打独斗”的局面，开始转向由学者主导、广大教师参与的系统化、规模化的教学改革实验。[①] 这些教学改革实验是建立在各自系统化理论基础上的，采用了系统化的教学研究设计，并且有大量试验学校参与其中，也取得了很多实际成效。

第三，教学改革的理论化程度提高。这一时期教学改革理论化程度提高的原因有两个：一是越来越多的专家学者参与教学改革，二是教师资格制度和教师继续教育制度的实施。前者从理论上提升了教学改革的科学性，后者从实践上提升了教师专业素养，使教育教学理论在教师群体中被广泛接受。这种结合不仅推动了教学改革的进步，也促使教师开始主动将理论与实践相融合。

2. 三维目标本位的教学改革：实现转型，全面革新

三维目标本位的教学改革是在“对内改革，对外开放”的总体方针之下产生的，依靠“双基”教学及高考恢复为各行各业培养了所需人才。[②]“以知识为核心”的教育模式逐渐显露出一些问题，如学生的学习负担过重、教育方法过于呆板、创新思维的缺失等。因此，我们的教育目标从“基础知识和基本能力”转变为“三维目标”，这显然是一大进步。这样的转变包括了数量和质量的改变。数量上从“一维（基础知识和基本能力）”升级为“三维”，质量上关注学生的发展作为三维整体的效果。从教育的视角看，所谓的三维目标，应理解为一个目标的三个面向，而非三个独立的目标。我们可以精细化理解为在过程中掌握方法，获取知识，形成能力，培养情感态度价值观。

中共中央、国务院 1993 年印发的《中国教育改革和发展纲要》指出：“中小学要由‘应试教育’转向全面提高国民素质的轨道，面向全体学生，全面提高学生的思想

① 杜德栎．当代中小学教学改革发展研究．广州：暨南大学出版社，2021：10.

② 魏宝宝，孟凡丽．我国近四十年教学改革特征与教师专业人角色审视．当代教育论坛，2021（3）：19－31.

道德、文化科学、劳动技能和身体心理素质，促进学生生动活泼地发展，办出各自的特色。普通高中的办学体制和办学模式要多样化。”国家教育委员会在1998年颁布的《国家教委关于推进素质教育调整中小学教育教学内容、加强教学过程管理的意见》中也谈到要适当删减教学内容，降低教学要求等。随后，《中共中央、国务院关于深化教育改革全面推进素质教育的决定》强调，“要让学生感受、理解知识产生和发展的过程，培养学生的科学精神和创新思维习惯”①。这一系列的政策文件，无不透漏出“获取知识”已无法满足时代和社会发展对国家公民的要求，国家对学生的成长提出更高层次的要求。

2001年，教育部印发了《基础教育课程改革纲要（试行）》，该纲要在课程结构、内容、实施、评价、管理等方面提出了改革的具体目标，旨在实现从“基础知识和基本技能”到“学会学习，形成正确价值观”的转变。随后教学改革正式进入“三维目标”阶段，即课堂教学要关注发展学生的“知识与技能”“过程与方法”“情感、态度与价值观”。② 与此同时，新一轮基础教育课程改革实验开始展开，给整个教育领域带来了不可忽视的影响，用课程改革推动教学改革的转型，成为教育教学改革实验的主线。此外，新课程的“三维目标”指导着我们真实看待学生，注重教育对学生成长的贡献，关心学生的独立精神，让教学内容和社区生活紧密相连，显现出课堂的存在意义。

3. 核心素养导向的教学改革：加强创新，深化改革

《国家中长期教育改革和发展规划纲要（2010—2020年）》的颁布为教育教学改革勾勒出了具体的蓝图。该纲要强调：将改革创新作为教育发展的重要动力，以体制机制改革为重点，鼓励地方和学校大胆探索和试验。同时，要改革质量评价和考试招生制度，改革教学内容、方法、手段，提高教师素质，改进教学方法，严格执行课程方案，以提高教学质量。2017年，中共中央办公厅、国务院办公厅印发了《关于深化教育体制机制改革的意见》，指出：要建立以学生发展为本的新型教学关系。改进教学方式和学习方式，变革教学组织形式，创新教学手段，改革学生评价方式。此外，要充分发挥现代信息技术的作用，促进优质教学资源的共享。这些政策文件的出台，为教育教学改革提供了指导，旨在提高教学质量、推动教育发展，从而推动基础教育教学改革的深入进行。这些政策文本更加明确地强调了基础教育教学改革的必要性，并提出了具有可行性、可执行性的步骤和解决方案。

《国家中长期教育改革和发展规划纲要（2010—2020年）》与《关于深化教育体制

① 中共中央国务院关于深化教育改革全面推进素质教育的决定．中华人民共和国国务院公报，1999（7）：4-7，12-13.

② 基础教育课程改革纲要（试行）．中国教育报，2001-07-27.

机制改革的意见》都是为了更好地适应中国的教育环境而制定的，强调教育改革必须与社会发展趋势相结合。“互联网+”、大数据、人工智能等新兴技术的出现，使得教学活动与最新的智慧教育技术得到了有效的整合，这也为中国基础教育的教学改革提供了重要的支持，使得教学不再受到时空的限制，更加灵活多样、更加具有针对性。随着新兴教学方式的发展，如翻转课堂、慕课、微课等，教师的授课方式发生了巨大变化，线上线下融合的学习模式为学生提供了更多的自主学习机会，让师生可以跨越时空的限制，自由地探索和掌握知识。随着智慧教育的发展，智慧教育技术和课堂教学得到了全面、深度的融合，为教育和学习提供了更加优质的环境。因此，“面向现代化、面向世界、面向未来”也成为当前基础教育改革的重要指导，要求教师们不断探索和完善教学内容、方式、手段和评估，以提高教学质量。

以培养学生的核心素养为重心的教学改革行动，首要关注学生的自身成长，并据此选取适当的课程内容，构筑相应的课程和体制，以解决学生需求和知识供应间的匹配难题。这种策略极大地减少了学业负担和对无关知识的过度吸纳；同时，教师根据学生的发展需要提供相应的教材内容、教学内容，甚至创生新的教学内容，“建设开放而有活力的课程”，科学地使用教材而不被教材所“束缚”，使得“用教材教”的观念确切“落地生根”。① 在处理师生关系上，因为对培养学生核心素养，尤其是关键能力的明确期望，教师需要从过分侧重教授知识的身份转变为指导者、推动者和协助者的身份，进一步鼓励学生进行“独立、协作、探索”为主的学习活动。这种注重发展的课程教学模式，为学生个体的自我发展打下了坚实的基础。

纵观 40 多年的教学改革，课堂教学依次经历了从获得知识、发展学力到提升素养的“基因”演变。教学改革表现出了回归教学核心的基本特征，伴随知识的“功能扩大”与“意义挖掘”，教学从传统“三中心”逐步走向“深度”。

三、世界范围内基础教育教学改革趋势

从 20 世纪中叶开始，全球的基础教育改革就一直在不断发展，而且发展速度从未减缓。随着 21 世纪的到来，世界各国都将基础教育改革看作国际竞争的关键，因此积极采取措施，共同努力推动基础教育的改革，以应对教育及课程教学所面临的新挑战，并不断调整课程改革的目标、内容、结构以及评价方式，以适应日新月异的发展和变革。研究发现，这些国家正在朝着以下改革方向努力：

① 刘义民．核心素养课程教学改革新探．河南师范大学学报（教育科学版），2016，18（5）：108－113.

（一）保障教育公平，推动教育均衡发展

教育作为促进人的全面发展的根本手段，其目的就是充分发展人的能力和潜能。①保障教育公平能极大地促进人的全面发展和个性发展，使人们最终过上美好生活。各国以缩小各个学校间的差距、增进教育公正、落实全国教育计划和促进地区教育均衡发展、保障教育质量为目标，通过确立促进教育公平的多项策略来推动教育均衡发展，主要通过立法手段明确公民受教育的平等权利和机会，加强机会公平。例如，英国政府为了解决城市中心贫困地带的教育问题，实施了城市教育优异计划，而日本则采取了如“山村留学”制度等措施，以培养学生的毅力和团队精神，减小贫富差距，全力消除学生间的不平等。

阅读材料

2022国际基础教育十大事件②（节选）

联合国召开教育变革峰会 引领未来教育发展方向

2022年9月，联合国在纽约总部举办教育变革峰会，召集世界各国领导人，聚焦弥补疫情以来的学习损失、重新构建教育体系、实现包容与公平的优质教育、促进全民终身学习等优先事项。

英国制定专门法案 全方位保护儿童权益

为进一步维护儿童权益，保护儿童安全，英国教育部发布了新版《确保儿童在教育中的安全法定指南》，该指南于2022年9月1日生效。《确保儿童在教育中的安全法定指南》规定了学校保障18岁以下儿童安全所必须采取的措施。新版指南所做的更改包括：纳入关于学校儿童间性暴力和性骚扰的建议、阐述人权和平等立法保障对学校的重要意义等。

比利时颁布特殊教育新法令 推进全纳教育

全纳教育是欧盟特殊教育与全纳教育发展署等组织正在努力实现的目标。比利时签署了联合国《残疾人权利公约》，实行全纳教育已经成为比利时政府的强制性规定。为了使特殊儿童尽可能融入教育系统以及更好地保障和支持特殊教育，比利时弗拉芒区政府于2022年7月颁布了《学习支持法》，该法令旨在完善普通教育、学习支持和特殊教育，为每个学生找到最佳的教育场所。

---

① 伊文婷．新时代教育公平的新内涵、新重点与新策略．齐齐哈尔大学学报（哲学社会科学版），2023（8）：79－82.

② 2022国际基础教育十大事件．（2023－01－05）[2023－12－08]. http://paper.jyb.cn/zgjyb/html/2023-01/05/node_10.htm.

巴西发布新版教育行动计划 落实全民教育倡议

2022年4月，巴西非政府组织“全民教育”发布新版指导性计划书《教育，即刻行动!》，为联邦政府和州政府的基础教育政策建言献策。“全民教育”组织的参与者包含巴西各阶层人士，旨在让巴西所有公民获得高质量的基础教育。

阅读后，请思考：

1. 教育公平为何如此重要？

2. 终身教育何以促进教育公平？

（二）树立以学生为中心的教育理念

随着课程改革的不断深入，基础教育教学改革成为新一轮课程改革的重点工作。教学模式的改革已经转向了对学生的学习方式进行研究，而不再只关注教师的教学方式。因此，我们需要针对学生的学习需求，提出新的教学策略，以学生为中心。传统课堂教学基本上属于讲授型教学，无论是古代的私塾还是近现代的班级授课制，从本质上看，都是以“教”为本的教学，按照教师的教学思路来设计实施课堂教学活动。要实现课堂教学根本性变革，就需要使课堂由“讲授”走向“以学生为主”,[①] 使学生成为课堂教学的主人。

1. 以学生为本，通过激发他们的兴趣和利用他们的旧有经验，推动他们主动学习

以学生为本是一种基本的教学模式。在此模式中，学生可以根据自身情况对自己学习的内容、资料和进度进行控制。学生在学习过程中始终处于核心位置。教师提供了自主学习和互助学习的环境，同时教授学生进行有效学习的技巧。例如：开展基于问题或基于项目的学习、跨学科教学、服务性学习、合作学习。

2. 基于信息技术和人工智能的教学模式与方法

人工智能技术的出现有助于学生学习情况的显现、学校管理的优化及教学质量的提升。预测在未来，在线学习将会成为常态。根据2019年英国发布的全球学习者调查报告，84%的被调查者认为技术的运用可协助学生更好地学习，使得学习过程变得更为轻松和有趣。包含在这些技术中的有教育游戏化、创新挑战项目、聊天机器人、教育信息管理系统、学生管理系统、自然语言处理以及预测模型和虚拟增强现实等，正在对传统的教学方法、教师和学生的互动方式、人才培养方案以及教学评估方式产生影响，并推动教育教学和现代化管理方面的改革。

对国内外基础教育教学改革的历史发展和世界范围内基础教育教学改革趋势进行梳理，为基础教育教学改革提供了源头和发展方向，呈现出国内外基础教育教学改革

---

① 郭颢．“学本课堂”教学改革成果研究报告．黑龙江教师发展学院学报，2023，42（9）：115－117.

的阶段和特征，同时总结出基础教育教学改革由传统讲授法和师本位转向学本位的趋势。这样的分析有助于揭示未来基础教育教学改革的发展趋向。

案例

成都市大邑县蔡场小学：让“农村娃”享受公平而有质量的教育

蔡场小学位于大邑县蔡场镇，是一所农村义务教育小学。该校秉持以“礼”育人的办学理念，以“礼”为抓手，从“行为习惯、知识能力、品德人格”的角度，为每个孩子的全面发展奠基。学校因地制宜，取法自然，突出乡村乡韵，努力打造以“田园式校园、生态式校园、园林式校园、书香式校园、花园式校园”为目标的“乡村温馨校园”。根据学生实际形成“情理”课堂。情——把教师带着情感进行课堂教学作为对学生生命的尊重，把学生在课堂中表现出的安全感、愉悦感和成功感看作教学目标；理——课堂不仅要追求知识的习得、智慧的生成，还要理性地关注学生的思维品质的发展。基于“以礼育人，六艺修身”的核心理念构建“新六艺”课程，注重跨学科内容的整合，统筹学科知识、综合实践、劳动教育、德育活动、体育锻炼、艺术素养等方面的内容。开展丰富多彩的活动，比如通过开展“手拉手”“互帮互助”“爱家乡”“爱学校”等活动促进外地学生与本地学生心灵和行动上的融合……

【评析】成都市大邑县蔡场小学的教学改革让“农村娃”享受到公平而有质量的教育。因地制宜的教学改革方式，为农村小学教学改革打造了一个“范本”。以“礼”育人的办学理念、“情理”课堂的构建、“新六艺”课程的实施、多样化活动的开展有助于提高学生的综合素质和思维品质。

第三节　我国以“以人为本”为理念的教学改革

一、教学设计以人为本的改革

本次基础教育课程教学改革，注重核心素养的培养，强调“以人为本”，重新确立学科本位与育人本位的关系，从“以学科为中心”转向“以人为中心”。《基础教育课程教学改革深化行动方案》指出，“聚焦核心素养导向的教学设计、学科实践（实验教学）、跨学科主题学习、作业设计、考试命题、综合素质评价等”是教学改革的重点难点问题。[①] 这些重点难点问题正是我国基础教育教学改革取得成效的瓶颈，其能否得到有效解决，直接决定课程教学改革能否进入真正以儿童为本、以学生为本的时代。新时代我国中小学课程体系要建成与之相适应的新型教学体系，教学改革要凸显教学目标的素养导向、教学内容的综合导向和教学方法的实践导向等。[②]

（一）教学目标的以人为本

教育是由多元价值主体共同参与的交互性活动，教育的一切活动都必须围绕“一切为了学生，为了学生的一切，为了一切学生”[③] 这一宗旨，以确保学生的综合素养和可持续发展的能力得到提升。为了实现这一宗旨，就必须解决教育到底有什么目标这个问题。在以人为本的教学理念中，对于教学目标有着独特的解释。

1. 课程标准是教学目标确立的方向和路径

课程标准是教学指导的核心，为教育者明确教学目标和评估规范。这些标准既界定了学生在特定学习阶段必须达到的知识、技能和心态水平，又确保了教学内容的一致性与逻辑性。教师可以准确地定位教学方向，并设计出既符合学科标准又适应学生需求的教学方案。此外，课程标准向学生展示了清晰的学习路线图，使他们对预期成果有明确的认识，从而更有计划地投入学习。因此，课程标准对于设定教学目标、组织教学活动以及检验学习效果是基础性工具，对于提高教学品质和推动学生的全方位成长至关重要。

2. 学生问题解决的水平及表现是教学目标制定的核心内容

素养是面向未来的育人目标的国家凝练。[④] 核心素养体现在个体对复杂实际问题的综合处理上，因此，教学目标应清晰规定学生在课程学习基础上应具备的问题处理能力，防止对基础能力中的综合需求进行单一性的分离或孤立，仅仅将教学目标简化为从某一学识或技能到某一素质的映射是不能促进学生问题解决水平提升的。

3. 教学目标的确立要依据教学内容和学生已有的经验及实际水平

教学设计应注重引导学生通过分析和解决特定情境问题，完成活动任务，达到理解特定知识和具备特定能力的目标。其强调教学目标的实操性和实现程度，有助于改变教师在实际课堂中重教轻学的教学方式，有利于教师克服教学中过分侧重知识逻辑

---

① 基础教育课程教学改革深化行动方案．（2023-05-26）［2024-03-31］．http：//www.moe.gov.cn/srcsite/A26/jcj_kcjcgh/202306/t20230601_1062380.html？eqid=f138e5850000b36500000006648c075a.

② 龙安邦，余文森．论新时代中小学教学改革的基本导向．福建师范大学学报（哲学社会科学版），2023（3）：145-155，171-172.

③ 叶澜．中国基础教育改革发展研究．北京：中国人民大学出版社，2009：5.

④ 夏雪梅．指向核心素养的项目化学习评价．中国教育学刊，2022（9）：50-57.

而忽视学生生活经验的问题。

以数学课为例，假设一名数学教师执教班级中的学生的数学基础和认知水平存在差异，那么该教师就可以通过课前诊断（课前小测验、作业分析等）了解每位学生对数学知识的掌握程度和理解能力。基于对学生的评估结果，教师可以为每位学生设定特定的学习目标。例如，对于已经掌握基本概念和技能的学生，教师可以设定更高层次的目标，如引导他们解决更复杂的数学问题或进行创造性的数学思维训练；而对于基础较差的学生，教师可以设定基础性目标，帮助他们巩固基础知识，提高计算能力，并逐步提升他们的学习水平。

（二）教学内容的以人为本

教学内容的以人为本体现为重视内容的多元化和整合性，强调素材的人情关怀与"兴趣引导"，关注与实际生活和时代背景紧密相连的知识获取，以及资料资源的开拓。在基础教育领域，教学内容具体地通过课程体现出来，同时在以人为本教育理念的指引下，基础教育在课程计划、课程标准、教科书这三个层面有了一定的革新。

1. 以人为本的教学内容是综合性与体验性的

针对教学内容的综合性和体验性，我国基础教育正在对传统的单一化、学科化、系统化的教材内容进行一场革新。这种革新理念在基础教育的课程布局上表现出来，对之前清晰划分的学科进行了整合，甚至从小学三年级直至高中都开设了综合实践活动课程。综合实践活动课程是实现课内外有效衔接、落实素质教育的重要载体，① 是一门具有整体性、实践性、开放性、生成性、探索性的课程。该课程能够帮助学生从以灌输为主的传统课堂中回归到真实的生活世界中，其具有体验感的教育内容，更能有效地帮助学生在亲身体验中建立对世界的认识。同时，综合性的教育内容对于开阔学生的视野，以及关联与迁移不同类别的知识和技巧，起到了积极的推动作用。

2. 以人为本的教学内容是人文性与趣味性的

具有人文性和趣味性的教学内容，强调对学生的个性成长、心理感受和兴趣的关注。教育应适合每一位具有自身特性和需求的学生，作为他们理解世界、个人成长和塑造个性的"桥"，教材应兼具开放性、灵活性和时代性。当前，中国基础教育课程的重心是对知识的个性化解读，深入挖掘其中的人文精神。这种人文主导的教学内容，使学生更深入地理解自我和人类世界，并根据他们自身的兴趣和需求选择学习内容，从而极大地激发了他们的学习热情，促使他们更主动地学习。

---

① 张文超．小学综合实践活动课程的实践样态与优化路径基于实践共同体的视角．教师教育学报，2023，10（1）：50-58.

3. 以人为本的教学内容是生活化与时代性的

陶行知先生说过："我们深信生活是教育的中心。生活教育是给生活以教育，用生活来教育，为生活向前向上的需要而教育。教育要通过生活才能发出力量而成为真正的教育。"将生活实际与时代趋势相结合的教学内容对学生的成长至关重要，这种教学内容既源自学习者当下的生活实境，又在学习者取得学习成果后反哺到他们的日常生活中，使得学习者感受到"学习就在我身边，所学是具有实用性的"，这在内容维度上极大地推动了教育的创新。

4. 以人为本的教学内容是丰富性和创新性的

在教育改革中，一个重要的议题是如何获取教学内容。以人为本的教育理念认为教育内容应持续更新，其来源主要是课程资源。基于以人为本的教育理念，教学内容应呈现出丰富性和创新性。丰富性体现为教学内容可以从教科书、日常生活、互联网信息等中获取；创新性则体现为教学内容在教学过程中持续更新创新，不停地加入新的知识，最后构成一个持续进行的循环。

（三）教学方法的以人为本

1. 教学方法个性化

"因材施教"的教学方法是对中国教学方式精髓的承袭，个性化的教育方法是目前基础教育教学改革的一个重要发展路径。个性化教学将学习者置于教育的中心，具体体现为中小学教师主体关照和关注学习者前置性特征和特质，如学习基础、学习能力、学习兴趣和学习方法等，并以此为基础对教学方法进行优化和调整，以发展教学的个性，满足学习者的个性化学习需求，促进学习者个性化成长发展。[①]

2. 教学方法学本化

学本化是指以学生的学习为本进行教学设计。学本课堂倡导"以学习者学习为本"的核心理念，追求"一切为了促进学习者和谐成长、全面发展"的教育目标，这里的学习者不是单指学生，而是包括学生、教师等一切课堂参与者。[②] 这种课堂形式主张学习者角色的转变，使之成为课堂的核心，深入挖掘学习者的学习热忱，培养其积极的学习态度、习惯和能力，并把课堂转变为学习者的乐园。

3. 教学方法信息化

教学方法信息化是教学改革的重要表现形式之一。如今，我国正积极落实教育数

---

① 谭轹纱，尹浪，赵仕民．场域理论视角下中小学个性化教学实践研究．教育理论与实践，2023（29）：53－56.

② 韩立福．学本课堂：概念、理念、内涵和特征．教育研究，2015，36（10）：105－110，114.

字化的行动策略，新冠疫情加速了教育信息化的步伐，各类领先的科技，比如人工智能、大数据、5G等，逐渐深入教育领域的应用层面。比如，数字化教学资源的使用改变了传统教学方式，令教师和学生能进行实时互动。教师能以学生的学情、学习能力作为参考，推送或组织个性化教学资源，满足学生的个性化需求，促使他们积极尝试跨学科学习，增加他们主动、合作、探索学习的欲望，培育他们的终身学习能力，全面推动学生的发展。依托人工智能支持的教学方法，强调互动、整合和沉浸式教学，有助于教师和学生以及学生间进行讨论、互通、质疑，为学生打造创新思维、发散思维的环境，提升学生的观察能力、实践能力和口头表达能力，强化他们的综合素质。

二、教学实施以人为本的改革

在以学习者为中心的教学方法体系中，鼓励教师将教学过程转换为潜移默化地影响和凝聚的过程，转换为激励学生去找寻、研究、解决问题的过程，而不是进行灌输和输入式教学。这就是真正意义上的以学习者为中心的教育方式。人本教育就在这个教学过程中体现出来，既承认逻辑思维在教学过程中的作用，也认可灵感、直觉、毅力等非逻辑因素的影响。元认知学习法，强调道德实践、道德经验和道德情感的整合。当前教学改革中以人为本的教学实施体现在以下几个方面：

（一）教学实施要强化学科实践

核心素养导向的学科实践教学，将“做中学”作为主线，聚焦于解决传统学科教学中知识与实践割裂的问题，将概念化的陈述性知识转化为操作化的策略性知识，将学习活动转化为具身参与的体验活动，将已习得的知识应用到问题解决的过程中，完成从知识向素养的转变，在这一过程中，使学生对学科知识的接受与理解过程，成为在实践中获得解决问题的关键能力和经验的过程。

1. 注重“做中学”“用中学”

学校的首要任务应当是鼓励学生通过实践和知识运用进行科学研究，让他们经历科学研究全过程，寻找问题、解答问题、构造知识、应用知识。教师进行教学时，改变教学方式的最终目的应当是培育学生的创新精神和实践技能，融合知识传递、能力发展和创新精神培养，让课堂教学充满活力。教学应当为学生提供一个可以自由成长的场所，营造开放的氛围，以学生为主体，以学生综合素养的提高为首要，正确对待教与学的关系。同时，教学过程中，应想方设法培养学生的创新思想和挑战精神。

2. 探索大单元教学，积极开展主题式、项目式学习等综合性教学活动

新一轮基础教育课程改革植入了大概念的理念，需要对大概念提出的历史逻辑和实践逻辑有清晰的认知，要在“大概念——内容主题”悖论统一的框架内整体把握大概念。[①] 在大单元教学的范畴里，“大”不局限于单元内容的数量、活动的架构和持续的时间等，更深层次的含义在于对学习者学习水平的描绘，例如理解概念的深度、解析能力的广度、思考问题的速度以及技能操作的熟练程度等。通过一系列主题式和项目式的教学方式，我们得以构建起一个全面的教学体系，从引导问题的设置、项目规划的评价，到项目管理的执行，这一切都可以有效地协助学生掌握知识，并且顺利将所学知识运用到实际操作中，进而提升他们的实践技能和创新能力。

在教学实践中，提炼学科的大概念或核心概念是推进大单元教学、主题式和项目式学习的关键因素，同时也是引起教师困惑的问题。有学者认为结构化主题是破解单元教学困境的路径，并提出基于结构化主题的单元整体教学应当包含三个基本要素：基于结构化主题提炼核心概念，形成体现学科本质的系列单元；整体分析单元内容和学生学习，确立核心素养导向的学习目标；针对单元的关键内容，设计体现知识与方法的迁移的教学活动。[②]

（二）教学实施要因材施教

1. 创设以学习者为中心的学习环境，凸显学生的学习主体地位

学校应该努力营造以学习者为中心的学习氛围，让学习者发挥主导作用，尊重学习者的学习自主权，鼓励学习者根据自身的学习需求和期望，自由选择学习内容和方式，能够实时监控自己的学习并及时反馈和调整，从而更好地实现自身的学习目标。教师应当重新设计课堂布局，增加多媒体资源，创建一个公平、民主的学习环境，建立有效的互动机制，鼓励学生发挥自己的潜能，积极参与到教学活动中。

2. 开展差异化教学，加强个别化指导，满足学生多样化学习需求

差异化教学是一种教育模式，它依照学习者各自的喜好和天赋进行。其核心精神在于培养具有个性特色的人。一个人的个性体现其独特性，也是能辨别其身份的象征。每一个人都具有独一无二的气质和性格，故此，教育者除了需要尊重学习者的独特性，更需要去强化学习者的独特性。在教育过程中，教育者需利用差异化教学的策略，做到真正意义上的“因材施教”，尊重学习者的差异，实施个别化的教学方式，以满足学生多样化的学习需要。例如：芬兰的“小组差异化教学”、“三级支持体系”及“特别

---

① 李卫东．大概念：重构语文教学内容的支点．课程·教材·教法，2022，42（7）：96-101，109.

② 马云鹏．基于结构化主题的单元整体教学：以小学数学学科为例．教育研究，2023，44（2）：68-78.

辅导课”。

（三）构建“教—学—评”一体化的跨学科主题学习

在教学设计上，跨学科主题学习打破学科边界，基于学习者的基础、体验和兴趣，围绕某一主题或某一项目，运用并整合不同学科相关的知识和方法，形成新的知识结构体系。跨学科主题学习在强调学科间整合的同时，重视培养学生跨学科联结的意识和能力，注重以“主题”为单位开展有组织的系统学习，强调多主体合作学习，课时安排无统一固定的时间要求，具有灵活性。也正是跨学科主题学习的一系列特质和实践要求，对教师的学科知识和专业能力提出了新挑战，要求学校在教学组织安排上充分发挥教师团队力量，鼓励学科间的跨界合作。

（四）强化学生作业多样化设计

《基础教育课程教学改革深化行动方案》对于学生作业设计明确提出：指导各地各校用好教育部委托研制的基础性作业，引导教师提高教学设计和作业设计水平，鼓励科学设计探究性作业和实践性作业，探索设计跨学科综合性作业。① 换句话说，在配套作业中占据大部分的是以素质教育为导向、适应年龄特性和学习模式的基础性作业，教师和学生应该更多地关注如何有效地使用。在教学中，教师既可以全盘使用，也可以根据学习需要选择性使用，或者创造性改编后使用。但探究性作业、实践性作业、综合性作业应注重学生高阶思维的训练，并进行有计划的设计。②

例如，探究性作业的设计需要重视不同知识之间的关联和转换，必须有问题探寻的空间；实践性作业的设计需要注重在实际操作中学习，以理论知识的实际应用为主，且紧扣学生的日常生活，改变文本作业的枯燥方式，通过动手实际操作来提高学生的研究能力和创新能力；综合性作业的设计应强调学科整合、多学科互补等跨学科特性，在坚守问题导向、学生中心和多元评估等原则的前提下，结合生活真实情境和社会实践，强调与所有学科知识、前后知识及生活世界的联系，从而提升学生的知识综合运用和创新思维能力。

---

① 教育部办公厅关于印发《基础教育课程教学改革深化行动方案》的通知．(2023-05-26)［2023-12-08］. http：//www. moe. gov. cn/srcsite/A26/jcj_kcjcgh/202306/t20230601_1062380. html? eqid=f138e5850000b36500000006648c075a.

② 吕晓娟．教学方式变革重在实现教学重点难点突破｜深化基础教育课程教学改革．(2023-10-18)［2023-12-08］. https：//mp. weixin. qq. com/s/ufMxs5FBXQ99k1CwKXVg1w? from=singlemessage&isappinstalled=0&scene=1&clicktime=1702043406&enterid=1702043406.

三、教学反思以人为本的改革

阅读材料

班主任教育案例反思——对一名迷恋网络学生的教育①（节选）

李赫，一位瘦弱而内向的男生，春节后老是请病假，还向多个同学借钱，而且看起来精神状态很差，眼睛通红，我感觉其中必有隐情。在与家长的交流中，我了解到，李赫从初中开始就喜欢上网，当时只是在家玩玩小游戏，上网时间也不长，因此家长并没有在意，进入高中，特别是进入高二以后，他的成绩直线下滑，整天无精打采的，对学习和生活都没有热情，还经常请假，家长春节前才发现孩子深夜去了网吧，是晚上休息后从家偷偷跑去的，第二天早晨才去学校。于是父母就批评他，并将网线断掉，但并没有阻止孩子对网络的迷恋，他开始逃学，长时间去泡网吧。

通完电话，我就到学校附近的几个网吧寻找，看到李赫的那一瞬间，我感到了一种揪心的疼痛。那是怎样的一种目光？空洞、迷茫，两只眼睛血红，满脸憔悴。看到我站在面前，李赫有些吃惊，但随之表现出一副不在乎的样子。"李赫，你没吃午饭吧？"我关心地问道。听到我的问话，他长舒一口气，低头小声说"没有"。我带着他去了附近的快餐店，吃完饭又把他送回家，嘱咐家长千万别打骂孩子。

分析原因：

通过李赫的表现和相关资料的查询，我确信他已经迷恋上了网络。我试着分析李赫迷恋网络的原因。

首先是家庭因素。他的父亲工作忙，常常不在家，母亲除了催促孩子学习之外，很少和他沟通。发现孩子玩网上游戏后，对他进行批评，甚至打骂，再加上成绩下滑，李赫产生了自卑感，便将精神完全寄托于虚拟的网络世界。

其次是心理因素。第一，想交朋友而又自我封闭的心理。在家庭和学校中他找不到知己，而在网络上他能与任何人交流且没有任何顾虑，通过 QQ 聊天、组建游戏团队等方式满足交友的心理需求。第二，理想与现实矛盾下的幻想、无奈和玩乐心理。李赫在网络游戏中把自己想象成具有超强本领的非凡人物去完成"伟大使命"，从而获得心理成就感。而现实生活中父母的期望和老师的要求又使他很无奈，对学习产生厌烦心理，他想用一种玩世不恭的心态麻醉自我，网络游戏成了他的最佳选择。

---

① 滔滔．班主任教育案例反思：对一名迷恋网络学生的教育．（2023－03－06）［2024－01－15］．http：//www.wenshuji.com/42893.html.

教育方法：

为了帮助李赫戒掉网瘾，防止其他学生沉迷网络，我制定了一系列教育方案。在班级中开展有关网络知识的主题教育班会，讨论网络的利与弊，用集体教育力量去感化他。但这一切好像对他不起什么作用，他依旧外出上网，对班级活动视而不见。

李赫的反应，使我认识到单纯的理论教育并不适合他，我决定改变教育方式，从建立李赫学习的成就感入手。一次班会前，不知为何多媒体打不开了，连班级管理员也束手无策，许多同学推荐李赫，我对他也没有信心，但认为或许会是一次机会。李赫在我赞许的目光下不慌不忙走上讲台，不一会儿的工夫竟然修好了，我带头给他鼓掌，还说他是一个电脑奇才。这一次班会他听得很认真，还很积极地参与其中。我知道他已看到了自己的优势，找到了成就感，接下来一段时间去网吧的次数明显少了。

后来我主动把李赫叫到办公室，告诉他想上网可以在办公室玩，顺便教我进行 IP 设置、程序安装等，他很高兴，我说为了回报他，我可以给他补习数学，他一口答应了。我们在相互学习中和谐相处，一个月后的一次段考，他的数学考了 94 分，他兴奋极了。我适时告诉他其他科也该补补，他点点头，慢慢地，他好像没有时间去网吧了，我知道他已经尝到了学习的甜头。

阅读后，请思考：

短文中的老师身上有哪些值得我们学习的地方，请具体说明理由。

教学反思是指教师为了丰富教学经验、提高教学水平、促进自身专业成长和学生全面发展，将教学实践中的活动和事件作为反思对象，结合当代教育教学理论，对自身在教学实践中的教学行为不断进行审视、分析和总结的过程。① 教学反思是新手教师走向专家型教师的必由之路，是培育教师核心素养的“肥料”来源，是广大教育工作者提升教学水平的有效方式。以人为本的教学反思主张促进教师“主动反思”“理性反思”“多元反思”。

（一）以人为本的教学反思主张促进教师主动反思

“主动反思”主要是针对部分教师迫于上层压力进行的“任务型”反思而言的。现实中存在的问题是，相当数量的教师尚未形成主动的教学反思意识，故而，教师反思意识的强化势在必行。当前，大部分教师的教学、科研任务繁重，同时反思氛围缺失，许多教师因缺乏内在情感驱动力和外在反思推动力，而没有意识到教学反思的重要意义，不能够主动、自觉地进行教学反思。

因此，推动教师主动反思需要鼓励教师不断学习理论，将理论运用于实践，在实

---

① 杨杰，程岭．教师的教学反思：内涵、价值与提升路径．中国教师，2022（10）：84－86.

践中反思，进而促进自身专业发展。因为教师工作难免会陷入重复性的劳动之中，所以部分教师“闭门造车”“故步自封”。此外，教师主动地进行教学反思还需要教学热情、专业的态度以及百折不挠的勇气。

（二）以人为本的教学反思主张促进教师理性反思

由于认知能力的差异及立场的不同，教师与学生、教师与教师对同一事件的理解“见仁见智”，以人为本的教学反思主张促进教师理性反思，旨在推动教师专业发展。与“理性的教学反思”相对应的是“感性的教学反思”，感性的教学反思（亦被称为“自我独白式的反思”）是指部分教师依据自身教学经验的“有感而发”，即对自我经验的总结。这种类型的反思缺乏反思的标准和理论依据，反映的是教师对实践的困惑和迷茫。“理性的教学反思”是对“感性的教学反思”的理论性的升华、迁移、监控、调节、修正。教师的认知水平和专业理论知识影响着教师教学反思行为的执行。

因此，教师只有依靠科学理论的力量对自身掌握的教育教学理论和专业理论进行深度转化和合理应用，才能更好地探寻教学实践中存在的问题的根源，进而通过不断的反思和实践解决教学中的问题。

（三）以人为本的教学反思主张促进教师多元反思

“多元反思”是指立体化、多方位的合作反思，主要是相对于个人单方面的反思而言的。教师的教学反思行为有赖于学校教学反思氛围的营造和教学学术文化的彰显。① 若是处于缺乏支持性的环境下，教师单独进行教学反思可能导致理论与实践出现偏差，进一步增加教师在反思过程中的挫折感。因此，我们必须关注创建一个有利于教学反思的环境，并尊重和关心教师的个体需要。教学反思需要科学理论的引导。作为社会性生物，教师的信仰和行动极大程度地受到社会价值和组织体系文化的影响。学校管理者应致力于学校教学文化建设，为广大教师的教学反思营造一种支持性氛围，让教师在民主、平等、坦诚、多元的人文环境下开展教学活动，推进优秀教师团队的形成和组建。作为中国特色教育制度体系重要组成部分的教研活动，正是进行多元教学反思的方式之一。除此之外，定期组织集体备课、教学工作坊、教学反思研讨会等活动也能够帮助教师在一个和谐的氛围当中暴露自身教学方面的缺陷。虽然教师们的教学策略和理念千差万别，但他们共享的教学领域一直存在。在这个集体的领域里，教师们可以自在地阐述自己的教育思想，而他们的见解也会得到周边人士的专注倾听。这样的互动对话和探讨，可激发教师们更多教育方面的创新思想，有助于他们之间互相

---

① 常英华．教师教学反思的意义、内涵及实践路径．教育理论与实践，2023（28）：41－45.

学习，同时也构筑起深深的友情和共享的责任心。

案例

李希贵：在适度失控中发现真实的学习

李希贵是北京市十一学校的前任校长，他通过改革教学组织模式，推行选课走班制度，取消行政班，让学生能够自由选择课程和学习时间。此外，他还注重教育资源和教学场所的布局，让学生的需求得到满足。通过建立教师和学生之间的平等关系，将学习的自主权交给学生，促进学生的创造力和领导力的培养。这些改革措施取得了成效，并被教育部推荐给全国。校园里的选择性很大，学生有很多课程可选，午餐时间、晚睡时间等也由学生自由选择。校服也由学生自主选择，学校还在努力增加学生喜欢的款式。通过这些措施，学校创建了多样化的课程表、教学班和社团，鼓励学生发展创造力和领导力，接受失败的体验，让学生在校园内有更多的成长机会。在拥有这些选择下，4 000 名学生有 4 000 张课程表，组建成了 2 062 个不同的教学班，大概 260 个社团。为什么是“大概 260 个”？因为很可能今天组建了 3 个，明天垮了 4 个——我们不允许老师去主动指导学生，只有学生要求时老师才能参与。不能以老师的想法控制学生的想法，而要让社团确实成为学生产生创意、锻炼领导力的地方。把一个社团办“死”也是一种重要的人生经历，在学校里办“死”一个社团，比学生以后到社会上办垮一家公司的代价要小太多，我们当然要把这种失败的体验放在校园内……

【评析】李希贵校长在北京市十一学校实行的教学改革措施体现了创新和以人为本的教学理念。取消行政班，推行选课走班制度，让学生能够根据自己的兴趣和能力选择适合自己的课程，满足个性化学习需求；通过社团活动鼓励学生产生创意、锻炼领导力，同时接受失败的体验，让学生在校园内有更多的成长机会。这些改革措施有助于提高学生的学习积极性和创造力，培养学生的自主学习和领导能力，更好地满足学生的个性化学习需求。

◆ 本章小结

基础教育是关系国计民生的一个关键领域，同时也是我国普通群众学习活动的主要来源之一。其中基础教育教学是学校育人的中心和主渠道。本章从基础教育教学改革概述入手，对基础教育教学改革的概念进行了辨析，回顾了我国及美国、日本、芬兰的基础教育教学改革发展历程，重点梳理了基础教育教学改革的理念，指出：所有的教学改革都指向以人为本。以人为本的教学改革要创设以学习者为中心的教学环境，依据课程标准确立教学目标，采用个性化、学本化、信息化的教学方法，强化学科实践，强化“教—学—评”一体化的跨学科主题学习，强化作业多样化设计，等等。以人为本的教学反思要促进教师主动反思、理性反思、多元反思。

总 结

◎ 关键术语

教学改革 teaching reform	理念 concept
跨学科 interdisciplinary	学科实践 disciplinary practice

◎ 章节链接

本章为第四章“基础教育教学改革”，基础教育教学是学校育人的中心和主渠道。本章可链接前面的“基础教育课程改革”及随后的“基础教育评价改革”，课程改革、教学改革和评价改革是教育改革中三个相互关联的方面。它们共同致力于提升学生学习的质量和效果。

应 用

◎ 批判性思考

学习成绩的提高与核心素养的建设是否相悖？

通过对美国基础教育教学改革历程的梳理，我们发现美国的教学改革在一段时间内陷入了“钟摆效应”，请思考：我国的基础教育教学改革如何避免陷入“钟摆效应”？

当前中小学的课堂中，教师已经将课堂时间占比向学生倾斜，但是回答问题的依旧是几个好学生，大部分学生还是闷头不语。请根据以上内容谈谈你对于“穿新鞋，走老路”的理解，以及如何才能避免“穿新鞋，走老路”。

教学改革通常旨在提供个性化的学习经验，以满足学生的不同需求。然而，实际实施教学改革的过程中，是否足够关注学生的个体差异和需求？改革方案是否真正能够满足不同学生的学习需求，特别是那些在传统教学模式下容易被忽视的学生群体？如何确保教学改革真正关注每个学生的发展？

对此，你怎么看？你认为以上问题应如何解决？请说说你的理由。

◎ 体验式练习

一、判断题（判断正误并说明理由）

1. 基础教育教学改革的目的是提高学生的应试能力和成绩。

2. 在基础教育教学改革中，传统的教学方法和教材仍然占主导地位。

3. 在基础教育教学改革中，强调学生的参与、合作和自主学习。

二、讨论与探究

1. 在基础教育教学中，你认为应该更注重培养学生的创造力还是扎实的基础知识？

2. 科技的发展给基础教育教学带来了许多机遇和挑战。如何合理利用科技手段，提高教学效果和促进教育公平？阐述你的分析。

三、案例研究

课堂无边界，一线教师的跨学科教学心得

“文学-科学”课堂整合探索①（节选）

我们习惯的课堂是分学科的，数学课、语文课、化学课、物理课、生物课、音乐课……不同的课由不同的老师上，一旦超出了学科范畴，会被批评“耕了别人的田，荒了自己的地”，会被警告“不要跨界，干好自己的事，种好自己的田就行了”。

我一直耿耿于怀的是：无论什么学科的课堂，面对的都是同样的学生，难道我们耕种的不是同一块田地吗？假如我们每个人都能在上课（耕田）的过程中，给学生（庄稼）足够的营养和条件，是不是学生（庄稼）会成长得更好、收获更多，将来学生离开学校之后，能力也更强？

我尝试在生物课堂中融入古诗词、融入音乐，并时常让学生写些生物科普类短文，结果学生更爱学习了，有的学生写的科普文还发表了。我曾写过一篇文章——《溢出学科的边界》，谈我执教“病毒”一课的体会，这让我更加确信：学科的界限有时不能划分得太清楚，尝试跨界教学，既能提高学生学习的效率，也能有助于学生能力的培养和人格的完善。

但一个老师在教学中想要“跨界”其实是很难的，这与个人的知识水平与能力有关。我在初中、高中不曾学过历史、地理学科，属于知识不完整的一类人，这限制了我的跨界，只能偶尔小小地“越界”一下。一次偶然的机会，认识了吉林大学附属小学语文教师耿玉苗，尝试了学科间的整合，竟带来意想不到的结果。我们一起打破学科的边界，让文学与科学融合。

…………

① 孙明霞．课堂无边界，一线教师的跨学科教学心得．(2018-07-08) [2024-01-10]. https://mp.weixin.qq.com/s/u78hpUoDcV80czyAxR5TaA.

周六的活动，周五下班后出发，到青岛自然很晚了。还是在该说“晚安”的时候开始备课，确定了主题“感悟花之美”，并确定了目标、流程。在不断地讨论中愈加丰富了教学内容。

关于花，不仅有很多美妙的诗歌，还有很多动听的歌曲，灵机一动，我们可以选一首好听的歌先热场。《在那桃花盛开的地方》？似乎太俗了，很多课堂会选这首歌。《茉莉花》可好？对，就这首了，因为这是中国的经典民歌。同时想到：如果我们提前请了音乐老师来带领学生一起唱一唱，那不就把音乐与文学、科学融合了？

除此之外，是不是还可以与更多的学科融合？我想到了花瓣的数量是有规律的，花朵的形状是几何对称的，花瓣的排列组合也是数学问题，那就把数学融进来。决定之后，我们找到孙校长，确定了凤凰台小学的臧翠翠老师和我们共同上这堂课。给臧老师的任务就是如何在这堂课中，带领学生发现数学规律。我们没有太关注时间的多少、内容的多少，更没有平均分配时间，只是希望大家能看到一堂课中可以进行学科融合。

虽然备课时间很短，但是我们三人依然呈现出了别样的课堂，赢得了很热烈的掌声。这次，两个人的默契变成了三个人的默契，也让我们更加自信——我们上过“叶”、上过“花”，我们还可以研究根和果实等的融合，甚至还有更广泛的探索范围。我们也得出结论：课堂是无边界的，学科与学科之间有着不可分割的联系！

…………

回首来路，虽然我们的课堂只是尝试，还有很多需要改进的地方，但我俩这样默契地相互配合，让科学与文学融为一体，不是进行简单的学科组合，而是让课堂成为完整的课堂，说到底：

一是知识本身是无边界的，在人类发展的过程中由于研究的需要进行了分科，就像研究人体可以单独研究消化系统、呼吸系统、循环系统等，医院的科室可分为内科和外科，但终究人是一个完整的生命，需要从生命的整体来考虑如何更健康。同样，知识原本就是一个整体，老师过于强调自己所教学科的知识，其实是一种学科本位的思想，忽视了课堂上最重要的是人。

二是生命本身就是一个整体，一个人所获得的各种知识、能力，可以来自不同的老师。但到了一个具体的人身上，所有的知识和能力都必须进行融合、内化，才能真正成为这个人的知识和能力，就像我们日常的饮食，我们需要的营养成分有很多，无论吃什么，到了人体内都需要经过各种消化酶的作用，进行消化、吸收，然后再经过各种生理变化过程，调节着人体的生理活动。

三是我和耿老师对教育有着共同的理解和思考，对生命有着发自内心的尊重和敬畏，对待孩子的健康成长有着一种责任感和使命感。如此，我们才能够一路走来，始终相伴相随。而在这样的相随中，我们一起学习、一起成长，不断超越原来的自己，并在这样的超越中，打破了学科的边界，走向学科融合。

任务一：案例中几位老师所秉持的教学理念是什么？

任务二：在你所学习的学科中，有哪些教学内容可以进行跨学科教学？

◎ 科研一线纪事

佐藤学教授带领下的基于协同学习的教学改革取得了一定成效，2015年他在接受《外国中小学教育》采访时，同采访者就该课题展开了一场深入的对话。以下为对话节选：

于（于莉莉）：佐藤学教授，据我们了解，您参加工作到现在已经35年了，您始终坚持每周花两天时间到教育一线访问，目前为止已经走访包括小学和初中在内的3 500多所学校，并尝试参与和协助了很多学校改革。那么，在这么长时间的改革过程中，您觉得最深刻的经验是什么呢？

佐藤学：虽然我有35年的教学改革经历，但是在最开始工作的10年里，我协助学校进行的改革其实都算是失败了，我觉得世界上没有哪个学者像我一样有这么多的改革失败经验了。虽然经历的失败很多，但这些经历也让我收获颇丰。

其中第一件事就是，学校只有从内部开始转变才能实现真正的变革。既需要从内到外的改革，又需要从上至下的改革，要双向推进。我学习到的第二件事是，学校改革要稳步推进，不可以急于求成……我从失败中学习到的第三件事是，仅靠校长和教师的努力是不能改变学校的。为了实现学校的变革，必须与学生一起合作一同转变，必须与家长、市民一起合作。

于：在这些改革经验的基础上，您从20年前就开始了“学习共同体”的改革，出版了《静悄悄的革命》等著作。您的这一系列著作被翻译成多国文字，而近年来亚洲各国家及地区也开始了“学习共同体”的学校改革。那么，亚洲各国家及地区的改革情况如何？“学习共同体”又具有哪些特点呢？

佐藤学：据我了解，中国上海和哈尔滨的学校在几年前就开始了构建学习共同体的改革，从去年开始印度尼西亚也将构建学习共同体纳入了国家教育政策，韩国也有16个区域正在推进构建学习共同体的学校改革。中国台湾地区与其他地区相比，构建学习共同体的学校改革起步较晚，但是现在也在如火如荼地开展。越南的一些地方也在积极地推进构建学习共同体的学校改革。

“学习共同体”的学校改革之所以得到日本以外的其他国家及地区的关注，我认为其主要原因在于“学习共同体”的学校是“21世纪型的学校”。21世纪的社会在全球化不断发展的背景下由产业社会向后产业社会迅速过渡，是知识型社会，是人们一边终身学习一边参与到社会活动中的学习型社会。在如此巨大的社会变化的背景下，学校教育受其影响也迎来了历史性的转折点。通过分析 OECD 国家的课程标准，我们可以发现如何应对知识型社会、如何应对多文化共生社会、如何应对孕育着危机及差别的社会，已成为发达国家编写国家课程标准的共同取向。

于：您提到互相学习、互相帮助的关系能否构建决定了“学习共同体”改革是否能够取得成功，在学习共同体形式下，我们看到的很多情况是小组学习，但是学习共同体形式下的小组学习与一般的小组学习有哪些区别呢？

佐藤学：学习共同体形式下的小组学习跟一般的小组学习是不一样的。首先我们需要明确什么是“学习”。我将“学习”重新定义为“从未知到已知世界的旅程”。我们在这个旅程中通过不断地对话来得到新的东西，我们需要与新的世界相遇。要进行这样的学习，就要学会倾听他人的声音。总的来说，小组学习大概有三种。第一种源自 1930 年至 1960 年的集团主义、集体主义（collectivism）的小组学习。第二种是基于合作学习（cooperative learning）的“互相说”的小组学习。而第三种小组学习就是“协同学习”（collaborative learning）。现在比较多的小组学习属于第二种，而我提倡的小组学习是第三种。

仔细观察你会发现，合作学习在学校中往往变成了小朋友和小朋友之间“互相说”的行为。有时我们会发现有些小组学生之间的讨论变成了“说话”，而只是“说话”是实现不了“学习”的。为什么这么说呢？因为“互相说”的话只是对自己的“已知世界”进行表达或阐述，而“学习”应是一个向未知的世界进行探究的旅程。如果仅仅是互相对各自所已知的世界进行阐述，无论“互相说”得多么热烈，都是很难实现“互相学”的。

学习共同体的学校推行的是协同学习，是以维果茨基的最近发展区理论等为基础的。“最近发展区”指的是，可以自行解决问题的现有的水平，和在成人的指导下或与有能力的小伙伴的协同合作下，可能实现的问题解决水平之间的区域。简单来讲，一个人达到的水平，和借助他人及媒介达到的水平之间，就是最近发展区。个人可达到的水平是有限的，只有合作，才能达到一个更高的水平。学习是需要多人之间进行合作的。

协同学习下的小组学习方法，首先是模仿他人的思考方式，其次是将他人的思考作为一个“脚手架”，来达到更高的程度。协同学习有三个要素。一是符合学科本质的学习，二是构建相互倾听关系，三是设立挑战性课题并展开高层次的思考与探究。

于：如您所说，全球选择最多的是基于合作的学习，在中国，这样的合作学习中，小组成员会选出一个组长。那么，日本的协同学习关注组长吗？是如何关注的呢？日本是如何开展协同学习的？

佐藤学：协同学习就是要为学生提供高质量的学习。在日本，协同学习是不设立组长的，因为有了小组长，就违反了把每名学生当作主人翁的基本理念，换言之，我们学习共同体的主旨是让所有的学生享有平等的机会，所以我们不设立小组长。但是我个人认为日、中两国具体情况不同，所以，在初期，中国的学校可以先设立小组长，但是在学生慢慢习惯了小组的氛围后，可能就不需要小组长了，应逐步取消设立小组长。对于小组学习的具体实施方式，我们可以根据自己国家及学校、班级的具体情况不断地尝试、调整。

另外，我们还需要注意“互相教”的关系与“互相学”的关系之间的不同。“互相教”的关系是单方的权力关系，与此相比，“互相学”的关系是互相关爱的关系，是每一名学生都作为主人公互相合作学习、共同提高的学习关系。

请问：

1. 佐藤学教授提到学校改革需要从内部开始转变，同时也需要从上至下进行。你认为这种双向推进的改革方式对于学校改革的成功具有什么意义？

2. 佐藤学教授提到在学习共同体中，小组学习是以协同学习为基础的，这与一般的小组学习有何区别？请详细解释。

拓 展

◎ 补充读物

1. 富兰．变革的力量：透视教育改革［M］．北京：教育科学出版社，2000.

该书通过深入分析教育改革的重要性，探讨了如何通过变革来提升教育系统的效能。书中作者提供了丰富的案例和实用的建议，帮助读者更好地理解教育改革的概念和实践。他强调了培养学生的创造力、批判性思维和合作能力的重要性，并提出了一些具体的方法和策略来实现这些目标。通过分析当前教育系统的问题和挑战，作者还提出了一系列创新的解决方案，包括应用教育科技、采用多元化的评估方法以及建立更紧密的学校与社区的合作关系等。这些思考和观点为教育工作者、教育政策制定者和家长提供了有益的参考和启示。

2. 佐藤学．静悄悄的革命：课堂改变，学校就会改变［M］．北京：教育科学出版社，2014.

佐藤学注重培养学生的创造力、思辨能力和自主学习能力，强调学生的主动参与和自主学习的重要性。他提倡通过革新课堂教学方法，改变学校的教学方式，以实现教育的全面发展。在该书中，他通过自己的实践和观察，分享了他在教育改革和教育实践方面的经验和见解。他以简洁明快的语言，深入浅出地介绍了他的教育理念，并提供了实用的建议和方法供教育工作者和家长参考。

第五章 基础教育评价改革

◆ 本章概述

基础教育评价改革是教育改革的重要组成部分，基础教育评价与教育整体发展方向息息相关，因为有什么样的评价指挥棒，就有什么样的办学导向。因此，基础教育评价改革，旨在以更科学、更全面的方法评价学生的学习成果和综合素养，促进教育的公平性和可持续发展。本章将概述基础教育评价改革，介绍国内外基础教育评价改革的历史发展，重点关注我国以"立德树人"为指导的评价改革。

在过去的基础教育中，评价往往侧重于考试成绩，这种评价方式容易导致教与学的功利化，削弱学生的创造力。因此，基础教育评价改革的首要目标是转变评价理念，从注重知识和记忆能力向注重学生的发展和成长转变。

为了实现这一目标，基础教育评价改革倡导采用多元化、综合化、国际化、科学化的评价方法。面向未来的教育才有未来，新时代的教育重在破除传统旧有范式。基础教育评价改革，带来了无限的机遇与挑战。基础教育评价改革亟须总结过往历史经验，政府、学校和社会各界亟须共同努力，形成评价改革合力，顺应世界范围内基础教育评价改革新趋势。

章结构图

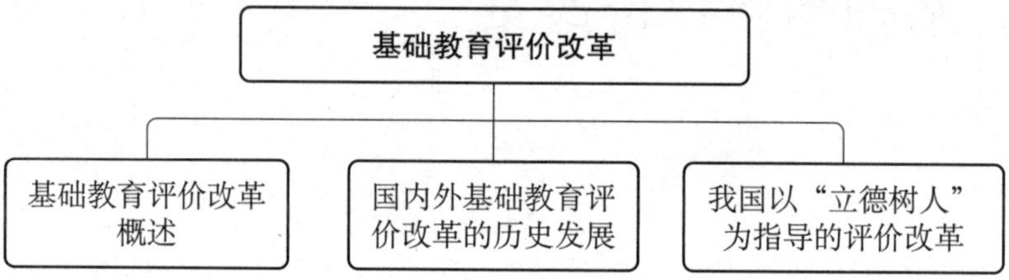

学习目标

1. 能概述基础教育评价改革的内涵、方法与作用
2. 能梳理国内外基础教育评价改革的历史发展时间线
3. 能结合我国国情解读以“立德树人”为指导的评价改革

读前思考

1. 基础教育评价改革是什么？有什么作用与影响？
2. 基础教育评价改革包含哪些方面？
3. 基础教育评价改革与基础教育其他方面的改革有怎样的关系？

热身活动

任务一：你是否经历过“评价”？小组讨论经历“评价”的场景。

任务二：你是否满意这些“评价”的内容、方式和标准？如果你是评价制度的修订者，应如何改进？

道而弗牵，强而弗抑，开而弗达。

——《礼记·学记》

基础教育评价的革新是推动教育进步的关键环节，它与教育体系的整体发展紧密相连。建立综合评价体系，利用更加合理、全面的评估手段，更能准确反映学生的学习成效和全面发展水平，进而推动教育的均衡发展和长远进步。本章将深入探讨基础教育评价改革，从理论与实践角度出发，分析评价改革的过去、现在，展望规划评价改革的未来，关注我国基础教育评价改革的纵深发展，以期构建“立德树人”的高质量教育体系。

第一节　基础教育评价改革概述

一、教育评价改革与教育发展

评价是人类进行价值判断的心理活动和实践活动。教育评价就是对教育这项人类特有的社会实践活动中的各个要素和环节进行价值判断的活动。教育活动中的价值判断包含了三个主要问题：谁来评？评什么？怎么评？谁来评是评价主体问题，可以对应到教育活动的所有参与者：教师、学生、管理者。评什么是评价对象问题，可以对应到教育活动自身和教育活动结果的各个组成要素：教师、学生、媒介、结果、管理等。因而，教育教学过程、学生学习过程、学生学习成绩及成长表现、教师教育表现及成效都是教育评价的对象。怎么评是评价方法和工具问题，以不同的价值判断取向，设定标准，以相应的途径实施比较，使教育评价得以成为可能。

教育评价是教育活动的最后一个环节，从这个角度来看，它具备验证教育活动有效性的功能；同时，也可以将其看作新一轮教育活动的起点，体现出调控教育活动的功能；另外，教育评价活动一旦确定，与之相匹配的其他活动都受其影响，向其聚焦，体现出教育评价的导向、激励功能。总之，教育评价是教育中不可或缺的环节和构成要素，特别是它作为证明教育活动成效的主要路径，一直是教育改革与发展中的关键。

虽然教育改革与发展是整体性的实践性变革活动，但教育评价作为其中的关键，体现出牵一发而动全身的地位。通观世界各国从古至今的教育改革经验，我们不难发现，教育评价改革最容易成为教育改革的“瓶颈”。教育评价从主体、对象到方法工具的变革，实质上受到时代价值取向与基本教育价值观影响。我们从发展的角度认识教育评价，能够更加深刻地理解在人、技术、理念等方面的教育改革。

二、教育评价改革的目标与内容

教育是培养人的社会活动，教育评价改革最终的产出体现在学生通过教育的变化上，也体现在教育各个组成要素以及过程的变化中。据此，教育评价改革的目标可以聚焦于以学生学习成绩评价为主导、以教育其他要素评价为支撑的具体结构。世界各国的教育评价改革，也较为关注学生的成长，尤其聚焦于学校教育场域中的学生学习成绩评价。我国教育评价改革的目标必须匹配“立德树人”根本任务以及党的教育总方针，即“教育必须为社会主义现代化建设服务、为人民服务，必须与生产劳动和社会实践相结合，培养德智体美劳全面发展的社会主义建设者和接班人”①。故以“德智体美劳全面发展的社会主义建设者和接班人”为标准，对各级各类教育对象接受教育后的效果进行准确的价值判断，进而促进我国教育改革发展，是我国教育评价改革中最为根本的目标。

以教育评价改革目标为导向，教育评价改革的内容可以根据价值判断的标准进行分析理解。首先，教育评价改革的内容必须是全面的。根据我国教育方针、目的对培养什么人的明确表述，教育评价改革的内容，必须包括受教育者的品德素质（思想意识、心理素质、社会责任感等）、智力素质（基础知识、基本技能、智力发展、创新精神、实践能力等）、身体素质（体质、健康、运动知识与能力等）、审美素质（认识美、爱好美、创造美等）、劳动素质（劳动意识、劳动能力、劳动习惯等）。其次，由“德智体美劳”五个维度构成的教育评价改革内容必须体现在两个层次上。一是社会主义公民的具体要求。这些要求体现于教育培养合格的社会主义建设者和接班人的特征上。二是受教育者个体的自身发展内容。其包含了个体个性化以及与生活实际相匹配的需求。教育评价改革的内容由此呈现出一个多维、立体的结构系统。

三、教育评价改革的路径与方法

教育评价改革的路径与方法具体体现在评价实施的过程与工具使用中。教育评价的具体方式和承载工具在不同评价观中有所不同，同时也在教育改革与发展中不断变化演进。传统纸笔测验量化评价在教育评价演进中一直占据重要的地位，这不仅仅是因为测量学的发展为其奠定了坚实基础，也是因为其较为便捷的操作使得教育评价作为监控、甄别、管理的手段更加直接有效。随着当代社会文化变迁，教育改革中“人”逐步回到了教育本真的中心，教育评价开始逐步关注“受教育者学习成长的全过程”“受教育者接受教育后的真实表现”“受教育者发展变化的整体方面”。至此，能够体现教育评价“过程性”“真实性”“表现性”“实践性”的“成长记录袋”“表现性评价”“实践质性分析”等逐步成为教育评价改革新的路径与方法。

由此，我们不难看出，教育评价改革首先是评价观念的改革，评价内容和方法在观念影响下也相应发生改变。作为教育者，熟悉这些改变、理解改变发生的缘由、体

---

① 《中华人民共和国教育法》第五条．(2021－04－29)［2023－12－29］．http：//www.moe.gov.cn/jyb_sjzl/sjzl_zcfg/zcfg_jyfl/202107/t20210730_547843.html.

悟改变是非常重要的教育生活。从第二节开始，我们将结合世界范围内的教育评价改革来充分理解我国基础教育正在进行的教育评价改革。

第二节　国内外基础教育评价改革的历史发展

国内外基础教育教学改革是指国内外通过对基础教育阶段的教育制度、教学模式、教育资源、教学评价等方面进行全面改革，从而提高学生的学习效果和综合素质。这一改革在全球范围内得到高度重视且不断推进，在各个阶段有着不同的特征。

20 世纪初，各国以普及教育为主要目标，纷纷制定法律法规，推行义务教育，实现了基础教育的大规模普及。20 世纪后半叶，国内外强调素质教育的重要性，开始注重培养学生的综合素质，要求学生具备批判思维、创新能力和团队合作能力等。进入 21 世纪，信息技术的快速发展为基础教育教学改革注入了新动力。各国纷纷推动信息技术与教学相结合，实施数字化教育、在线教育等创新模式，提升教学的效果和效率。

在教育教学改革大浪潮中，教育评价改革成为重要的风向标。在国内，改革开放以来，基础教育评价经历了多个阶段的演变。由以考试成绩评价为核心逐渐转变到多元化、综合化、全程化的评价。另外，推行高考改革，逐渐引入多元录取方式，重视学生非认知能力和综合素质的考核。在国际上，基础教育评价改革也在不同国家取得了显著进展。关注学生自主学习、小组合作和实际应用等，注重学生的创造力和问题解决能力的评价。

本节将聚焦基础教育评价改革，分别呈现国内外教育评价改革的历史发展或变迁，以及世界范围内教育评价改革的趋势。

一、国外基础教育评价改革的历史发展

基础教育是面向所有适龄儿童的国民根本性的素质教育，其目的是为少年儿童终身学习和参与社会生活奠定良好基础。基础教育评价是指对学生学习成果和教师教学质量进行系统评估的过程，涵盖课程评价、学生评价、教师评价、学习评价等方面。通过对基础教育评价的改革，以顺应时代所需，促进教育质量的提高和教学效果的优化。这一改革在世界范围内持续推进，经历了多个阶段和不断的创新。

目前，人们尽管对国外教育评价思想的历史分期存在部分争论，但对大致脉络基

本上能够达成共识。一般来说，国外教育评价思想演变可以划分为四个时代，即测量时代、描述时代、判断时代和建构时代。教育评价从测量、描述到判断、建构的历史演进，落脚点在于对行为目标模式、决策导向评价模式（CIPP 模式）、应答模式和共同建构模式等标志性评价模式加以历史的、理论的审视。①

从具体的时间段来看，在 20 世纪初，基础教育评价以考试为主导，注重学生的书面测试和知识记忆能力，以此来评价学生的学业水平和教师的教学质量。这种考试导向的评价主要通过作业、试卷等纸质材料进行，对学生的综合能力和创新思维的评估相对较少。

随着时间的推移，伴随着教育理念的发展和对学生发展多样性的认识，人们开始意识到传统考试模式存在的问题，逐渐转向更全面、多元化的评价方式。

20 世纪后半叶，基础教育评价改革呈现出多元化、综合化的趋势。一些国家开始尝试引入综合评价体系，如学生综合素质评价、学校绩效评估等。20 世纪 60 年代，国际教育成就评价协会（International Association for the Evaluation of Educational Achievement，IEA）提出以“背景-投入-过程-产出”（Context-Input-Process-Output，CIPO）为基本结构的框架，后被广泛应用于监测评价项目之中，国际学生评估项目（Programme for International Student Assessment，PISA）便是其中的典型案例。PISA 在 2009 年提出了较为系统的评价监测框架，该框架在 2012 年趋于成熟。该框架将教育系统从横向上划分为投入、过程与产出三个环节，从纵向上划分为个体、班级、学校与系统四个层面，在 3×4 的框架中确定监测评价内容，②“背景-投入-过程-产出”模型图见图 5-1。这些综合评价方法旨在更全面地考察学生的学业成果、社会情感和创新能力等，促进学生综合素质的提升，同时推进教师的专业化成长、学校的高质量发展与社会的全面繁荣。

21 世纪以来，基于教育信息化的飞速发展，国外一些国家开始将技术手段应用于基础教育评价中。基于计算机和网络的评估系统开始涌现，学生的学业成绩和能力可以通过自动化和在线的方式进行评估，如在线考试、自适应评估等。同时，基础教育评价改革也逐渐注重学校的绩效评估。国外很多国家开始建立学校质量评估体系，以对学校的教学质量和管理水平进行量化评估，进而推动学校的改进与发展。如美国国家教育进步评价（National Assessment of Educational Progress，NAEP）聚焦学校教育质量，构建了四模块的监测评价框架，至今仍广泛影响世界的学校教育质量监测与教育发展。

---

① 蔡晓良，庄穆．国外教育评价模式演进及启示．高教发展与评估，2013，29（2）：37-44，105-106.

② 李刚，辛涛．基础教育质量的内涵与监测评价理论模型．华东师范大学学报（教育科学版），2021，39（4）：15-29.

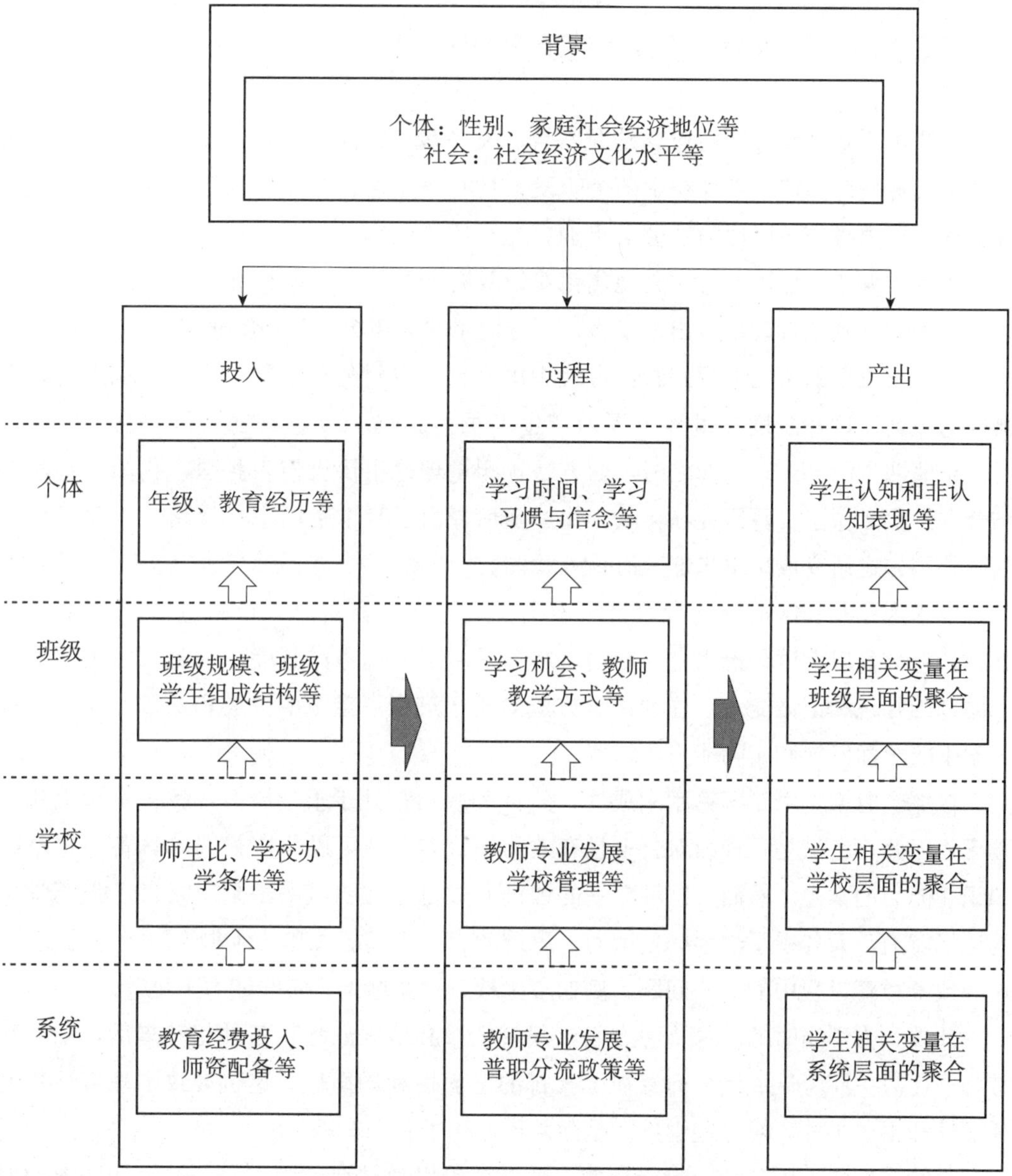

图 5-1 “背景-投入-过程-产出”模型

当前，国外一些国家还倡导基于学习者的评价方法，强调学生参与和自主性评价的重要性。鼓励学生通过自我反思、学习档案、学习日志等方式对自己的学业做出评估，以提高学生的自主学习能力和动力。此外，国外对于教育公平和多元化的重视也引起了基础教育评价的改革。一些国家通过减少标准化考试的权重，加大对非认知能力和实践技能的评价，以促进教育教学的素质化、全面化发展。

二、我国基础教育评价改革的历史变迁

在我国，基础教育通常包含幼儿教育、义务教育、高中教育，以及扫盲教育。其中九年义务教育涵盖小学和初中两个阶段，具有普及性、公共性和强迫性的特点。义务教育是国家必须予以保障的公益事业，这是因为义务教育对于提高人们的素质，培养各级各类人才，促进社会主义现代化建设具有全局性、基础性和先导性的作用。当前，我国的基础教育改革迈出了新步伐，走向了“立德树人”的新征程。

从评价发展的历史进程来看，古代中国开创了以封建科举制度为主要标志的教育测验的先河。这种制度在世界范围内产生了很大影响。20 世纪初，科举制度废止之时，正值西方测验运动兴起之时，西方教育测量理论很快就传入我国，我国一些学者结合本国实际做了一些研究和实践工作。随后，由于日本帝国主义侵略，相关研究中断，外国先进研究成果也未能及时传入我国。

中华人民共和国成立初期，为了改善文盲、半文盲占总人口高达 80%以上的现状，教育评价以考试评价为主导。当时广泛采用了教育考试制度，主要侧重于评价学生的基础知识和记忆能力。这种评价方式对学生进行了定量的分类和选拔，但却忽视了学生的全面发展和实际能力的培养。

在那个时期，由于国家刚刚成立，经济和政治都处于重建阶段，教育资源也相对匮乏，因此，考试是一种相对公平且有效的评价方式，可以快速筛选出具备一定基础知识和能力的学生。然而，这种单一的评价方式也存在明显的缺陷。它过于强调学生的记忆能力，而忽视了学生的创造力、思维能力、实践能力和其他非认知能力的发展。这导致了教育过程中的一些问题，例如学生缺乏创新思维、实践能力不足等。

此外，由于当时的教育资源有限，很多学校和地区的教育条件相对落后，学生和教师往往只关注考试成绩，而忽视了教育的全面性和均衡性。这也导致了教育评价的片面性和不公平性，对一些学生的全面发展产生了负面影响。

尽管在中华人民共和国成立初期，教育评价以考试评价为主导，但随着国家的发展和教育资源的不断丰富，教育评价方式逐渐向多元化和全面化方向发展。现在，除了考试成绩外，学生的创造力、思维能力、实践能力以及其他非认知能力的发展也得到了更多的关注和评价。同时，教育评价也更加注重学生的个体差异和发展潜力，以帮助学生实现全面发展和实际能力的培养。

而我国的教育评价研究与实践逐渐得到重视并开始恢复与兴起的历史，可主要分为以下四个阶段：

教育评价的恢复与兴起阶段（1977—1983 年）、教育评价的真正起步阶段

(1984—1985 年)、教育评价的全面研究和试点工作阶段(1986—1989 年)、教育评价工作的正规化开展阶段(1990 年至今)。①

20 世纪 80 年代后期至 20 世纪 90 年代，随着教育体制的改革与发展，我国教育评价改革从发展数量评价转到开始注重质量评价。1986 年，国家立法确立普及义务教育制度，教育公平上升为国家意志，并且一直持续到 2011 年，全面实现“两基”目标。这 25 年里，我国基础教育开启了“数量弥补”和“规模扩张”之路，教育评价的指标着重于数量与规模，忽视深度与质量，全面性不足。随后，为了提升教育质量，学校质量评估制度得到推广，着重评价学校的教育教学质量和办学水平。与此同时，学生学习的主体性评价与教师教学的质量评价得到重视和发展，这一阶段的改革试图通过定性和定量相结合的方式，改善学校的教育质量，推动教育均衡发展，基础教育评价进而实现从数量到质量的转型。

21 世纪以来，我国教育评价改革呈现出更加多元化和综合化的发展趋势。教育部提出了素质教育的理念，重视全面发展评价。我国开始尝试引入多种评价方法，如学科素质评价、综合素质评价等，注重学生的认知、情感、态度和实践等方面的综合培养与评价。

当前，我国教育评价改革的重要目标之一仍然是促进教育公平，强调非认知能力的培养与评价，减少对传统考试的依赖，关注落后地区和农村学生的评价公平与机会均等。同时，更加注重学生的主体地位与参与度。此外，我国教育评价改革也关注教师的评价体系建设。建立教师职业发展评价制度，提供教师专业化发展的基础和奖惩机制，以推动教师队伍持续成长与提高教学质量。

总体而言，我国教育评价改革历经多个阶段，由考试评价向质量评价、素质评价和综合评价转变，从而不断推动学生全面发展，提高教育质量和促进教育公平。在未来，随着教育改革的不断深化，教育评价也将继续改进与创新，在满足学生发展需求、提升教师获得感、提高教育质量和推动教育公平等方面发挥更加重要的作用。

三、世界范围内基础教育评价改革趋势

基础教育评价改革是全球教育改革的重要组成部分，它对于提高教学质量、发展学生能力以及促进教育公平都起着至关重要的作用。随着教育理念、技术和社会需求的变化，世界范围内的基础教育评价改革将继续朝着以下几个方面发展：

（一）多元化评价方式

未来基础教育评价改革将追求更加多元化的评价方式，强调评价内容（指标）和

① 吴钢．我国教育评价发展的回顾与展望．教育研究，2000 (8)：27 - 32.

评价主体多元，注重评价方式和评价方法多元。传统的单次纸笔考试将逐渐减少，而学生综合素质和过程性的评价将越来越受到重视，如低年段取消笔试，组织口试与实践实验项目考核等。同时，鼓励学生进行自评、互评和反思性评价，引导家长、社区工作人员、社会实践地负责人等教育相关成员参与评价。

（二）综合评价体系

未来基础教育评价改革将更加重视综合评价体系的建立。学生的学业成绩、技能水平、创新能力以及社会情感等方面的评价将得到综合考虑。建立学习生涯档案袋，在评价册中强调学生德智体美劳的全面发展情况，并能依据评价结果提供针对性的生涯规划指导、心理团辅等。

（三）教育技术的广泛深入应用

未来基础教育评价改革将更加倚重于教育技术的应用。随着人工智能、大数据等技术的不断进步，教育评价过程将更加智能化、个性化和高效化。通过网课过程性评价、智能阅卷与定制化错题集、在线评估、AI 捕捉学习过程评估等方式，能够获得更为精准和客观的评价结果，并为教师和学生提供个性化的反馈和辅导。

（四）强调学习过程评价

除了对学生学业成果进行终结性评价，也将对学生学习过程的评价给予更大的关注。通过档案资料收集法、轶事记录法、语言评价法、行为观察法、过程性游戏测验法等方式，关注学生的学习策略、思维能力、学习动机和学习兴趣等，进而评价学生的学习过程，促进他们的深入学习、探究性学习和持续性学习。

（五）国际化评价标准

未来基础教育评价改革将趋向重视教育国际化水平，开展国际交流与合作，借鉴先进的教育理念和经验。国家之间将更多地进行教育评价经验的交流与分享，建立与国际接轨的评价标准和体系。例如：国际学生评估项目（PISA），是由经济合作与发展组织（OECD）进行的针对学生阅读、数学、科学能力的评价研究项目，有助于更好地培养具有国际竞争力和全球视野的人才，提高国家教育水平。

（六）加强教师评价的科学性和公正性

未来基础教育评价改革将加强对教师评价的科学性和公正性的追求。建立科学、公正、客观的教师评价体系，将通过多种方式对教师的教学质量和专业能力进行评价，如教学观摩、教学案例分析、教育科研、名师工作室合作、教研活动参与度等，促进教师的专业发展和教学能力的不断提升。

（七）追寻教育正义与高质量

基础教育致力于消除各国、各地区之间的教育资源的差距，提供平等的教育机会，提供优质的师资条件，确保每个学生都能够获得公平的教育机会，并提升教育效率与质量。例如："双减"政策、中小学教师国家级培训计划、"优师计划"师范生培养、国家中小学智慧教育平台资源共享等。

总而言之，放眼世界范围内的基础教育评价改革，将秉持多元化、综合化、智能化和国际化的发展方向。从全民普及义务教育到素质教育、数字化教育、教育公平、国际教育等多个领域的改革，不断探索创新和改进，为培养具有良好素质和国际竞争力的人才提供了新的途径和保障。通过多维度、全程化的评价，促进学生全面发展，提高教学质量，推动教育公平，为培养适应未来社会需求的人才打下坚实基础。同时，教育评价改革也需要强调教育公平、学生参与和教师专业发展等重要方面，为实现优质教育目标做出持续努力。

本节从国外基础教育评价改革的历史发展、我国基础教育评价改革的历史变迁、世界范围内基础教育评价改革趋势三方面呈现基础教育教学改革的一个侧面，通过历史时间轴的脉络呈现出国内外基础教育评价改革的阶段及其特征，并总结出基础教育评价改革从传统考试与考核转向多元化、综合化的趋势，揭示未来发展的趋向。

从国外基础教育评价改革来看，主要分为 20 世纪初、20 世纪后半叶、21 世纪以来三个时间段。20 世纪初，基础教育评价以考试为主导；20 世纪后半叶，基础教育评价改革呈现出多元化、综合化的趋势，建立综合评价体系，提出"背景-投入-过程-产出"的框架；21 世纪以来，关注学校绩效评估、学习者个体自主学习能力的评价等方面，追求基于教育公平和多元化的基础教育评价素质化、全面化发展。

从国内基础教育评价改革来看，主要分为新中国成立初期、20 世纪 80 年代后期至 20 世纪 90 年代、21 世纪以来三个时间段。新中国成立初期，为扭转文盲现象，教育评价以考试评价为主导；20 世纪 80 年代后期至 20 世纪 90 年代，以国家立法形式确立普及义务教育制度，逐渐从发展数量评价转到注重质量评价；21 世纪以来，基于素质教育理念，呈现出多元化和综合化的发展趋势，重视全面发展评价，基础教育评价强调教育公平、学生主体性与教师的评价体系建设。

从世界范围内基础教育评价改革趋势来看，在课程评价、学生评价、教师评价、学习评价、学校评价等多个方面，秉持多元化、综合化、智能化和国际化的发展方向。其主要呈现为以下七个特征：多元化评价方式、综合评价体系、教育技术的广泛深入应用、强调学习过程评价、国际化评价标准、加强教师评价的科学性和公正性、追寻教育正义与高质量。这些特征反映了人们对基础教育评价改革的不断追求和探索。

综上所述，我们可以看到基础教育评价改革从传统考试与考核转向多元化、综合化的趋势。这种趋势不仅体现了人们对教育公平和全面发展的追求，也为未来的教育发展提供了新的思路和方向。通过了解国内外基础教育评价改革的历史发展和趋势，我们可以更好地理解基础教育教学改革的重要性，并为推动教育公平和高质量发展做出自己的贡献。

案例

1. 中国"扫盲"记：十几年扫掉上亿文盲，运动员起跑线上比写字

在美版知乎 Quora 上有人提出了这样一个问题：为何中国的发展速度能远超印度？

有一个网友的答案获赞颇高：1949 年，中国的起跑线非常低。彼时，中国的各项指标，不论是人文还是经济都相对较低，甚至低于一些非洲国家的平均水平。当时，印度的铁路里程是中国的三倍；印度人的平均寿命比中国人长五六岁；印度的主要工业产出，比如钢铁、化肥、煤炭、水泥、电力等，都远超中国。短短半个多世纪的时间，是什么让中国以如此惊人的速度发展呢？这其中的关键就在于，中国一直为之奋斗而印度忽视的一件事——全民扫盲运动。相较于新中国在经济上的跳跃式发展，"扫盲"可谓一场知识文化领域的"脱贫"，所带来的功绩同样卓绝。新中国成立之初，全国 5.5 亿人口，其中 80%是文盲。而从 1949 年到 1969 年，短短 20 年的时间里，新中国通过 4 次大规模的扫盲运动，"扫"掉 1 亿多文盲；到 2000 年，中国的文盲率已经降至 6.72%。这堪称人类文化教育史上的奇迹。

在 1952 年 8 月庆祝中国人民解放军建军 25 周年全军运动会的跑步比赛现场，出现了这样的奇景：起跑线上的选手们做出蹲踞式的姿势，却不是准备起跑，而是蹲着把纸板放在膝盖上写字。原来，这场赛跑起跑的规则不是听发令枪声，而是谁先写出规定的几个字，谁就可以起跑。若是不识字，那就真可谓"输在了起跑线上"。这正是新中国成立初期轰轰烈烈的全国扫盲运动的真实写照，亦彰显出教育与文化的卓越力量。

2. 美国国家教育进步评价（National Assessment of Educational Progress，NAEP）

NAEP 是美国一项全国范围内的连续性教育评价项目，又称国家教育报告卡。它被认为是美国最权威的中小学学生学业成就评价系统，在世界范围内树立了一个教育质量监测体系榜样。其组织系统包括政策制定机构、政策执行机构和协助服务机构三个部分，在测量全美中小学学生的学业情况后进行报告与完善。随着我国基础教育质

量改革不断深入，其协作化的组织运行模式、基于标准的科学评价程序以及其报告制度的低风险性等优势，可为我国基础教育质量监测体系的建立提供有益借鉴。

请思考：一门课程的学习效果应该怎样评价？从哪些方面评价？我国的教育质量应该怎样评价？从哪些方面评价？

【评析】从1949年至1969年，中国先后开展了四次大规模的扫盲运动，在运动中不断累积经验，汲取教训，形成更加科学有效的方案计划，扫盲教学越来越成熟。新中国实现全面扫盲的过程，也是建立完整现代教育体系的过程。因此，扫盲工作，也可说是“只有进行时，没有完成时”。教育、学习，对国家、社会、个人来说，都应当是一项“终身”事业，这也许就是新中国漫长“扫盲”进程累积给我们的巨大财富。

NAEP的评价结果为美国的教育研究提供了大量的基础数据，已经成为评估和监测美国基础教育质量的一项重要指标，其意义有以下三点：

第一，对学校教育教学质量进行监控，促进教育资源的公平配置，提高学生成绩。

第二，通过考试了解学生知识、技能的优势和不足，督促教师教学和学生学习，提高基础教育质量。

第三，测评范围广、样本大、涉及学科多、持续时间长，能有效地反映学生的成绩和教育发展趋势。

尽管NAEP在一定程度上推动了美国的基础教育发展，但是其依旧存在着局限性。

第一，虽然NAEP关注学生的学业成绩，但其重心是教育的整体发展水平，而不是每一位学生的发展。

第二，专注考试可能会让教育陷入“为考而教”的局面，从而阻碍教育的发展。

因此，我们需要辩证地对待NAEP，从优点中总结经验，在局限中寻求发展，取其精华，去其糟粕，进而建立并不断完善适合我国特色的教育评价体系。

第三节　我国以“立德树人”为指导的评价改革

我国的基础教育评价改革以“立德树人”为指导，旨在培养德智体美劳全面发展的社会主义建设者和接班人。以此为指导，评价改革注重发展学生的品德和综合素质，强调评价的全面性和多元性。评价体系以学生全面发展为核心，考虑学生的认知、情感、态度和实践等方面的发展，注重学生的思想道德、心理健康、社会适应能力等方面的培养与评价。通过阶段性毕业测验评价、综合评价、学生参与评价等方式，促进学生的自主发展和创新能力的培养。以“立德树人”为指导的评价改革也强调教师的评价与发展，亟须建立科学且公正的教师评价体系，助推教师专业发展。这一改革措施将为我国的教育事业提供坚实的基础，推动学生全面发展，促进教育公平。

本节将立足于习近平总书记关于教育的重要论述，以及《深化新时代教育评价改革总体方案》，围绕基础教育评价理论与技术创新，探讨教育评价改革模式，交流以基础教育评价改革促进教育高质量发展的基本机制，剖析基础教育学生评价的新发展与我国高考改革，以及基础教育学习评价及教师评价的新发展，旨在助力教育高质量发展，建设教育强国。

一、《深化新时代教育评价改革总体方案》解读

教育评价事关教育发展方向，有什么样的评价指挥棒，就有什么样的办学导向。为深入贯彻落实习近平总书记关于教育的重要论述和全国教育大会精神，完善立德树人体制机制，扭转不科学的教育评价导向，坚决克服唯分数、唯升学、唯文凭、唯论文、唯帽子的顽瘴痼疾，提高教育治理能力和水平，加快推进教育现代化、建设教育强国、办好人民满意的教育，我国政府提出了教育评价改革的新方案，具体如下：

2020年10月，中共中央、国务院印发了《深化新时代教育评价改革总体方案》（简称《方案》），《方案》是我国新时代教育改革的重要文件，以“立德树人”为核心，旨在把握好教育评价的“方向盘”，激活教育教学质量提升的“新引擎”，进而推动教育评价与培养高质量发展的人才相适应。《方案》从总体要求、重点任务、组织实施三个方面展开。

（一）总体要求

在指导思想上，以习近平新时代中国特色社会主义思想为指导；在主要原则上，坚持中国特色，扎根中国、融通中外，立足时代、面向未来，坚定不移走中国特色社会主义教育发展道路；在改革目标上，到2035年，基本形成富有时代特征、彰显中国特色、体现世界水平的教育评价体系。

（二）重点任务

1. 改革党委和政府教育工作评价

完善党对教育工作全面领导的体制机制，完善政府履行教育职责评价，坚决纠正

片面追求升学率倾向。

2. 改革学校评价

坚持把立德树人成效作为根本标准，完善幼儿园评价，改进中小学校评价，健全职业学校评价，改进高等学校评价。

3. 改革教师评价

坚持把师德师风作为第一标准，突出教育教学实绩，强化一线学生工作，改进高校教师科研评价，推进人才称号回归学术性、荣誉性。

4. 改革学生评价

树立科学成才观念，完善德育评价，强化体育评价，改进美育评价，加强劳动教育评价，严格学业标准，深化考试招生制度改革。

5. 改革用人评价

树立正确用人导向，促进人岗相适。

（三）组织实施

1. 落实改革责任

各级党委和政府要加强组织领导，各级党委教育工作领导小组要加强统筹协调、宣传引导和督促落实，中央和国家机关有关部门要结合职责，及时制定配套制度，各级各类学校要狠抓落实，国家和各省（自治区、直辖市）选择有条件的地方、学校和单位进行试点，教育督导要将推进教育评价改革情况作为重要内容。

2. 加强专业化建设

构建政府、学校、社会等多元参与的评价体系，建立健全教育督导部门统一负责的教育评估监测机制，发挥专业机构和社会组织作用等。

3. 营造良好氛围

党政机关、事业单位、国有企业要履职尽责，新闻媒体要加大对科学教育理念和改革政策的宣传解读力度，构建覆盖城乡的家庭教育指导服务体系，各地要及时总结、宣传、推广教育评价改革的成功经验和典型案例，扩大辐射面，提高影响力。

（四）内容总结

综上所述，《方案》强调全面发展、综合评价、多元评价、个性评价的评价理念，充分体现了综合改革的理念。比如，在改革任务方面，除了强调要改进结果评价之外，还提出要强化过程评价，探索增值评价，健全综合评价；在评价对象上，不仅要评价学生、教师、学校，还要评价党委和政府、社会用人单位；在评价内容上，不仅关注学生的学业成绩，还注重学生的综合素质、创新能力和实践能力，以及学生的思想道德、心理素质和行为习惯等。从过去那种“项目式”的、单边突破的改革，到此次强调增强改革的系统性、整体性、协同性，是我们对教育改革规律认识的一次重要深化。这意味着不再以单一的考试成绩来评价学生，而是注重学生的综合素质、创新能力和实践能力，以及学生的思想道德、心理素质和行为习惯等，并且强调了评价改革的深化和创新，推动评价更加贴合学生的发展需求。这将使评价更加客观、全面、科学，真正反映学生的真实水平和能力。

从学校与课程评价改革的维度来看，学校的整体绩效评估和课程评价不仅能促进教育质量的提升，同时也有利于有效整合和优化学校资源，确保教育公平与优质。

从教师评价的科学性和公正性的维度来看，教师是教育评价的关键参与者，他们的专业能力和教学质量对学生的发展至关重要。因此，建立科学公正的教师评价体系，激励教师不断提升自己的教学能力，是评价改革的重要内容之一。

从学生的自主评价和参与评价的维度来看，能够充分发挥学生主体地位，提高学生的学习参与度和反思能力。学生通过参与评价，可以更好地了解自己的学习情况，找到自己的优势和不足，有针对性地进行学习规划和调整。

此外，《方案》还明确了推动信息技术应用于评价改革，确保评价数据的准确获取和分析。通过数字化教育和人工智能的应用，可以提高评价的效率和精确度，推动评价结果的科学性和客观性。这将使评价更加客观、全面、科学、高效反馈，真正反映学生的真实水平和能力。

由此可见，《方案》顺应时代发展需求、落实立德树人根本任务、遵循教育规律、倡导综合性改革，对于推动教育评价的改革与创新具有重要意义。《方案》的实施将有助于培养具有创新能力和社会责任感的高质量人才，推动我国教育事业高效向前迈进。

二、基础教育学生评价的新发展与我国高考改革

（一）基础教育学生评价的新发展

基础教育学生评价的新发展是近年来教育领域的热点话题。传统的学生评价主要以考试成绩为标准，忽视了学生的个性特点和全面发展。然而，随着教育理念的转变和社会需求的变化，基础教育学生评价正经历着新的发展。

1. 多元化

学校和教师开始关注学生的综合素质和能力，例如创造力、团队合作能力、沟通

能力、批判性思维等。学生评价不再只关注学科知识，而是关注学生的整体发展。除了传统的笔试，还融入实践操作、口试、技能比赛、交流展示、学科竞赛等评价新方式。有利于发现学生的特长和潜能，鼓励学生在兴趣和优势领域发展。

2. 自主性

学生作为学习的主体，应该主动参与评价过程。学生可以反思自己的学习情况，制定自己的学习目标，评价自己的学习成果，对自己的学习结果进行诊断。这有利于提高学生自主学习的动力，增强学生的主体性和自我发展意识。

3. 高反馈

学校和教师应及时将评价结果反馈给学生和家长，或是通过网络在线平台等增加与家长之间的沟通与协作，让学生本人和家长快速、便捷地掌握其在校学习状况，发现不足之处并加以改进。

4. 个性化

学校和教师应针对每个学生的个性差异，给予个性化的学习指导和关注，提供差异化的、分层的评价，针对个体进行过程性、成长性评价，注重学生自身内在的潜力发掘和差异化培养。

5. 过程性

过去，学生评价往往只关注结果，而忽视了学生的学习过程。现在，越来越多的学校开始注重过程评价，关注学生在学习过程中的表现和进步，及时给予反馈和指导，帮助学生更好地掌握知识和技能。

6. 社会化

社会化指“一个人获得自己的人格和学会参与社会或群体的方法的社会互动过程”①。学生评价不再只是学校和教师的责任，而是逐渐引入社会力量。例如，一些学校开始邀请家长、社区成员、企业代表等参与学生评价，从多角度反映学生的综合素质和能力，同时也加强了学校与社会的联系和合作。

然而，基础教育学生评价的新发展也面临挑战。一方面，评价标准的制定和评价方法的选择需要更加科学、公正和合理；另一方面，评价结果的应用和对学生的引导需要更加有效和精准。教育部门和教师需要共同努力，合作推进基础教育学生评价的新发展，保障评价的公正性和有效性。

总的来说，基础教育学生评价正朝着多元化、个性化和全面化的方向发展。在此趋势下，评价不再只注重学科知识，而是将学生的综合素质和能力纳入考虑范畴。学

---

① 马和民．教育社会学基础．北京：中国人民大学出版社，2022：59.

校和教师开始关注学生的综合素质和能力，除了传统的笔试，学生评价还融入了一些新方式。这些新的评价方式有利于发现学生的特长和潜能，促进学生多元化、个性化和全面化的发展。

（二）我国的高考改革

高考，全称为普通高等学校招生全国统一考试，是为普通高等学校招生设置的全国性统一考试，直接关系着我国新时代人才的选拔与培养，影响着高等教育与基础教育的健康有序发展。

我国有 1 300 多年科举考试的历史，科举制度曾显示出选拔人才的优越性，并深深地影响了东亚各国。1905 年，清政府出于发展新教育、培养实用人才的需要，废除了科举制度，转而引进西方的学校考试制度。中国现代高考制度的建立，就有这样两个重要来源：一是科举制度造就的传统应试思维和价值，二是西方现代考试制度的体系和方法。

总的来看，中国的高考改革经历了以下几个历史阶段：

1952 年至 1976 年：这一阶段是我国高考改革的初期阶段。在这个阶段，高考主要是通过全国统一的卷面考试来选拔学生，重点考察学生的学科知识水平。这种选拔方式在当时既满足了国家培养专门人才的需要，又减轻了中小学综合评价的压力。1966—1976 年，由于“文化大革命”的影响，高考被暂时中断。

1977 年至 1999 年：这一阶段是我国高考改革的探索阶段。1977 年，高考恢复，但采取了短期模考的方式，考试科目也比较单一，只涉及语文、数学等主要科目。随着社会经济发展和教育改革推进，越来越多的人呼吁高考改革。随后，以高考恢复为发端带动了中考和整个考试招生政策的复苏，整个教育领域焕发了崭新气象。可以说，1977 年我国考试招生政策的恢复是一个重大的历史事件，是中国教育领域与社会制度变迁的关键转折点。

2000 年至 2003 年：这一阶段是我国高考改革的全面启动阶段。在 2000 年，高考改革正式展开，我国出台了一系列政策和措施，为高考改革奠定了基础。其中，重要的改革包括高考科目的多样化、录取批次的划分、高考报名和填报志愿等方面的改革。

2004 年至 2013 年：这一阶段是我国高考改革的进一步深化阶段。特别是 2007 年，我国进行了重大的高等教育招生制度改革，实行了综合评价录取办法。此外，高中阶段的学业水平考试和高考科目选择的灵活化等方面的改革也逐步得到推进。

2014 年至今：这一阶段是我国高考改革的持续推进阶段。2014 年，国务院发布了《关于深化考试招生制度改革的实施意见》，进一步明确了高考改革的方向和目标。近年来的改革包括高考科目改革、综合素质评价的试点、高校招生录取改革等。随着社会的发展和教育理念的转变，我国高考改革将持续推进并进一步完善。

从上述中可以发现，中国的高考改革主要细分为考试和招生两个方面。

1. 考试

1977 年至 1978 年：高考恢复和初步改革。中国高考在“文化大革命”期间停止，1977 年，高考恢复，但仍采用传统的统一命题、集中考试的方式。1979 年至 1981 年：高考科目调整和试点改革。高考科目开始进行调整和试点，引入了外语、文综/理综等。1984 年至 1985 年：高考改革的新探索。根据教育改革的需要，高考科目和评分方式进行了进一步的调整和探索，鼓励综合素质的考核。2001 年至 2004 年：高考分数改革和社会综合素质评价试点。高考分数改革，取消了文科和理科的分类，统一按总分录取，同时开始进行社会综合素质评价试点。

2. 招生

1999 年：自主招生试点。一些高校开始试行自主招生，以多种方式综合评价学生的综合素质和特长。2003 年至 2004 年：高考改革试点和多元化录取。各省份开始开展高考改革试点工作，尝试多元录取和综合评价的方式，形成了本科提前批次录取、平行志愿等录取模式。2014 年至 2018 年：高考综合改革。全面推行“3＋X”考试模式，即文化课 3 门必考＋X 门选考，逐步取消文理分科，扩大了学生的选考范围。

由此可见，自主报考、择优录取的基本原则贯穿了高考的整个改革过程。在这个原则下，考生可以自主选择报考的学校和专业，以充分发挥自己的优势和特长。同时，高考改革也注重择优录取，通过公平、公正、透明的选拔方式，选拔出优秀的人才进入心仪的大学深造。

自 1977 年恢复高考制度以来，高考改革就一直在路上。在自主报考、择优录取的基本原则下，我国高考改革经历了从全国统考到分省命题，从一年一考到一年两考，从纸笔考试、录取到电脑阅卷、录取，从所有考生考同样的学科到不同的人可以选考不同的学科，从一张考卷定终身到参考多种因素综合录取，从所有高校考同样的内容到不同类型学校分类考试等变化。这种尊重中国考试传统和文化心理又面向现代化、面向未来的具有中国特色的高考制度，在探索中不断走向完善。①

高考改革的历程充满了挑战和坎坷，但同时也取得了显著的成果和经验。通过不断探索和实践，我国高考制度逐渐完善，更加符合时代发展的需要和社会的期望。如今，高考已经成为全社会关注的焦点之一，也是学生们追求梦想的重要途径之一。

（三）评价与高考改革的机遇和挑战

基础教育学生评价的新发展与我国高考改革息息相关。在过去，我国高考一直是

---

① 袁振国．在改革中探索和完善具有中国特色的高考制度．华东师范大学学报（教育科学版），2018，36（3）：1－12，166.

唯一的升学选拔机制，普遍存在以考试成绩为唯一标准的评价体系。然而，近年来，随着教育理念的更新和社会需求的变化，对基础教育学生评价的改革势在必行，而这也对我国的高考改革提供了新的机遇、提出了新的挑战。

在我国高考改革的历程中，出现了许多与学生评价新发展相关的改革举措。例如，近年来一些地方率先尝试将高考成绩与学生综合素质评价相结合，将课程考试、学业水平测试、综合素质评价等因素考虑在内，形成多维度的评价体系。这种改革旨在打破传统高考以分数为唯一标准的模式，更加全面地评价学生的能力和潜力。

同时，信息技术的应用也为学生评价和高考改革提供了新的机遇。在线评估、自适应评价等技术手段的引入，使评价过程更加智能化和个性化，提高了评价的准确性和精确性。在信息技术的支持下，学生的学习成果和能力可以更加全面地被记录和反映，为高考改革提供了更多的评价工具和方法。

然而，基础教育学生评价的新发展和高考改革也面临一些挑战。首先，评价准则和指标的制定需要更加科学和客观，确保评价的公平性和可信度；其次，教师评价的科学性和公正性也是需要注重的问题；最后，教师的评价能力和专业能力是学生评价的关键，有效的评价体系需要建立在教师的专业发展基础之上。

综上所述，基础教育学生评价的新发展和我国高考改革的推进相辅相成。多元化、个性化的评价方式和方法，能够更好地发现学生的特长和潜能，提高学生的综合素质和创新能力。然而，评价改革仍然需要在制度、指导思想和实施层面持续发力，确保评价的科学性、公正性和有效性，从而为我国高质量教育的发展提供坚实基础。

三、基础教育学习评价及教师评价的新发展

随着教育理念的变化和教育改革的深入推进，基础教育学习评价和教师评价也在不断发展和创新。本部分将围绕这一主题，探讨基础教育学习评价及教师评价的新发展。

在学习评价方面，越来越多的教育机构和学校开始探索多元化的评价方式和方法。除了传统的考试评价，学生的课外活动、实践项目、综合素质等也被纳入评价的范畴。借助新技术，如在线评估、虚拟实验、个性化学习平台等，可以更加全面地了解学生的学习情况和能力发展。这种多元化的评价方式有利于发现学生的优势和潜能，促进学生的全面发展。

此外，学习评价也越来越注重学生的主体地位和参与性。学生的自主评价和互助评价得到更多的重视，通过学习日志、学习档案和学生成果展示等方式，鼓励学生进行反思和总结，培养自觉性和自我管理能力。同时，引导学生之间互相评价和交流，

通过合作学习和互相反馈来提高学习效果。

教师评价也是基础教育改革中不可忽视的一环。教师的角色至关重要，他们对学生学习的指导和促进起着关键作用。因此，教师评价需要更加科学和全面。目前，教师评价已经从仅以考试成绩为标准转变为包括教学水平、教育理念、教学创新和师德师风在内的多维度评价。评价可以通过教师教案、教学观摩、课堂观察、同事互评等多种方式进行，从而对教师的专业能力和教学质量进行全面评估。

科技的发展也为教师评价提供了新的机遇。借助信息技术，教师评价可以以数字化、智能化的方式进行。例如，教师可以利用教育平台记录教学过程和学生反馈，以便及时分析和调整教学策略。同时，通过大数据的分析和人工智能的应用，可以更加客观和准确地评价教师的教学效果，为教师的专业发展提供科学依据。

然而，在基础教育学习评价及教师评价的新发展中，也存在一些挑战和问题。一方面，评价过程需要更加公正、客观和准确。评价准则和标准的制定需要注重科学性和公信力，避免评价结果的主观性和片面性。另一方面，评价结果的应用需要得到更多关注，不能仅仅局限于学生的升学和教师的职称评定，而应该更好地服务于学生的发展和教师的专业成长。

综上所述，基础教育学习评价及教师评价正朝着更加科学、全面和个性化的方向发展。多元化的评价方式和方法、学生参与评价的活动，以及信息技术的应用，都为评价改革提供了新的机遇、提出了新的挑战。在未来，我们期待学习评价和教师评价能够更好地为优质教育的实现和个体综合发展做出贡献。

本节从《方案》中的“立德树人”出发，掌握基础教育学生评价的新发展的特征，回顾我国高考制度的历史沿革，并以此分析基础教育学生评价的新发展与高考制度的紧密关系。随后，从基础教育学习评价及教师评价的新发展两个方面为新时代教育评价改革收尾。

案例

1.《深化新时代教育评价改革总体方案》

教育评价事关教育发展方向，有什么样的评价指挥棒，就有什么样的办学导向。为深入贯彻落实习近平总书记关于教育的重要论述和全国教育大会精神，完善立德树人体制机制，扭转不科学的教育评价导向，坚决克服唯分数、唯升学、唯文凭、唯论文、唯帽子的顽瘴痼疾，提高教育治理能力和水平，加快推进教育现代化、建设教育强国、办好人民满意的教育，制定此方案。

2. 1977 年恢复高考

1977 年，教育部在北京召开全国高等学校招生工作会议，决定恢复已经停止了十余年的全国高等学校招生考试，以统一考试、择优录取的方式选拔人才上大学，并且学生毕业后由国家统一分配。这次具有转折意义的会议决定，恢复高考的招生对象是：工人、农民、上山下乡和回乡知识青年、复员军人、干部和应届高中毕业生。会议还决定，录取学生时，将优先保证重点院校、医学院校、师范院校和农业院校，分别注意招收表现好的赤脚医生、民办教师和农业科技积极分子。学生毕业后由国家统一分配。

请根据以上材料思考：在你的学习生涯中，你经历过哪些评价方式？想象你现在是一名教师，你想通过哪些创新的评价方式来检测学生的学习情况？

【评析】《深化新时代教育评价改革总体方案》向我们呈现出基础教育评价改革的六大转向趋势：

第一，从一次性、单向性的评价，转向持续性、综合性的监测。

第二，从对学校和教师的评价，转向同时关注对地方政府的评价。

第三，从“对教师的评价”，转向“为教师的评价”和“教师自己的评价”。

第四，从“基础知识测评”，转向“基础知识”与“核心素养”并举的评价。

第五，教学评价仍是核心，转向课堂管理、教学质量和情感支持多维评价。

第六，信息技术运用成为教育变革和教育评价的新杠杆。

而 1977 年，恢复高考的决策，不但从教育领域找到了“全面拨乱反正、酝酿改革开放”的突破口，而且为接踵而来的改革开放和社会主义现代化建设培养了一大批承前启后、继往开来的高素质人才，成为推动中国社会不断前进的中坚力量。

◆ 本章小结

本章的主要内容包括基础教育评价改革概述、国内外基础教育评价改革的历史发展、我国以“立德树人”为指导的评价改革。在基础教育评价改革概述部分呈现了教育评价改革与教育发展、教育评价改革的目标与内容、教育评价改革的路径与方法等。在国内外基础教育评价改革的历史发展部分，将国外基础教育评价改革划分为 20 世纪初、20 世纪后半叶、21 世纪以来三个时间段，将国内基础教育评价改革分为新中国成立初期、20 世纪 80 年代后期至 20 世纪 90 年代、21 世纪以来三个时间段，总结各时期的特点与世界范围内基础教育评价改革的趋势。在我国以“立德树人”为指导的评价改革部分，解读《深化新时代教育评价改革总体方案》，呈现基础教育学生评价、学习评价、教师评价的新发展与我国高考改革，进而归纳出具有中国特色的基础教育评价改革新方法与新发展。

综上，我们已全面深入地了解了国内外基础教育评价改革的历史、现状与趋势，并重点关注了我国以“立德树人”为指导的评价改革。在未来的发展中，我们要不断总结经验，借鉴国内外的成功经验，我们需要关注评价公正性与可靠性的问题，平衡选拔与发展的关系，注重学生个性化需求的满足与综合素质的培养。同时，我们也需要加强对教师评价的重视，为教师提供专业发展和成长的机会，推动他们更好地指导学生的学习和发展。评价改革不仅是为了提升教育质量，还是为了培养具有创造力、问题解决能力和综合素质的人才，使其能够适应未来社会的需求。在评价改革的推动下，我们期待看到一个更加公正、科学和人性化的基础教育体系，为我国教育事业的发展提供有力支撑。

总 结

◎ 关键术语

基础教育 elementary education	教育评价 educational evaluation
改革 reform	发展 development

◎ 章节链接

本章为第五章“基础教育评价改革”，教育评价是教育实践的指挥棒。本章可承接此前的“基础教育课程改革”和“基础教育教学改革”相关内容，探索评价在教育各方面发挥的作用，培养具有创造力、问题解决能力和综合素质的人才。

应 用

◎ 批判性思考

1. 国内外的基础教育评价改革有哪些异同？
2. 当前我国的基础教育评价改革有哪些利弊？
3. 当前我国高考有哪些利弊？
4. 评价有哪些作用？评价是否有消极作用？

◎ 体验式练习

一、判断题（判断正误并说明理由）

1. 教育评价是国家、教师的事。
2. 21 世纪以来，我国基础教育评价改革呈现出更加多元化和综合化的发展趋势。

二、讨论与探究

1. 你对高考的利与弊有怎样的思考，与大家一起分享。

2. 国内外基础教育评价改革的新趋势是什么，阐述自己的分析。

三、案例研究

基于学科育人功能的课程综合化实施与评价①

重庆市巴蜀小学聚焦学科评价中的重点与难点问题，构建校本评价体系，促进学生核心素养培育的校本落地。学校全面全程设计学生日常评价体系，在课堂观察、学业测评、项目学习评价、表现性评价、评价数据挖掘与结果应用等领域进行了多元探索，提出了课程综合化评价的若干主张。

在“基于学科的课程综合化实施”改革中，将评价目标从传统的“评价学生是什么样的人”转向“引领学生成为什么样的人”，确立了“学力（执行力）、活力（社会情绪管理能力）和潜力（创新创造力）”的“三力”学生评价模型。评价融于学生日常学习与生活之中，通过评价引导教师与家长对学生成长给予全面而恰当的关注，为学生的健康快乐成长奠定了良好的基础。

该小学根据国内外发布的学生发展素养（能力）框架、国家课程标准以及巴蜀学生特质，凝练校本化的学科核心素养，并研发出相应的评价指标和工具。依据学科核心素养，充分诠释各学科的学科特色，反复甄选小学阶段其他学科无可替代的本学科核心素养的具体表现形式。在此基础上，细化评价指标，研发评价工具。

为实现课程评价的综合化，以评价改革驱动教育，评价主体、内容、方法等呈现出多元化特点。既有学生自主评价，又有第三方机构参与评价；既有学生“三力”、教师“四段三维”评价，又有学校影响力评价；既有形成性评价，又有基于主题情境的“乐评·嘉年华”表现综合评价；既有学生作业评价，又有“巴蜀榜样”共育评价，还有“院团十选修”个性定制与项目式学习课程的评价等。构建全方位的巴蜀小学学生评价体系，具体如图5-2所示。

确立“学力、活力、潜力”的“三力”学生评价模型，创新实施学生评价，从而培养具有巴蜀特质的学生，再反观落实“立德树人”根本任务的达成度，回应“培养得怎么样?”并据此再度调适优化学校课程体系与评价模型，从而形成持续的动态的良性循环，促进学生综合素质的发展和个性特质的形成。

以“学力”评价为例进行简要介绍。根据语文课程标准，结合学校育人目标，把小学语文学科的学科素养落实为爱母语、会读书、会思考、会表达，将学生语文能力评价整合为优雅书写、自信表达、实践创新三个方面内容。在上述过程中，学生可多

① 改编自基础教育国家级优秀教学成果：“重庆市巴蜀小学案例”。

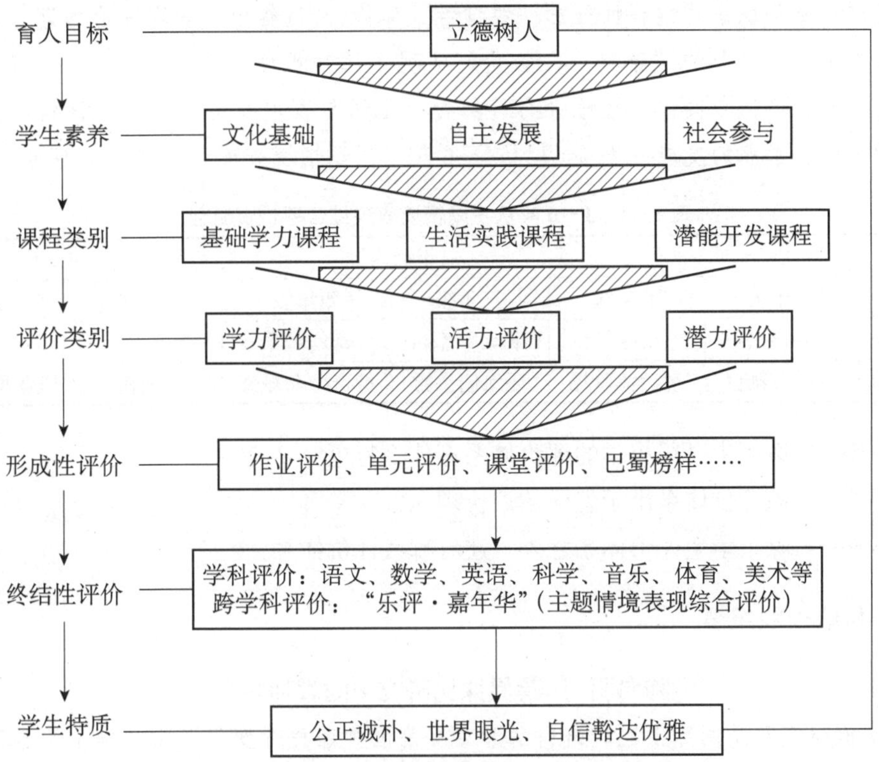

图 5-2　巴蜀小学学生评价体系

次参与评价，直到满意为止。一至三年级，单个课程的期末终结性评价由以前的纸笔考试，改为主题统领下的作品制作、表演、演讲等表现性综合评价；四至六年级，单个课程的"过程性与终结性评价"沿用一至三年级的评价思路，但是，语文、数学、英语、科学四门课程的终结性评价会增加纸笔考试。

基于"评价学生是什么样的人"到"引领学生成为什么样的人"的评价理念的转变，建立了"小学生综合素养评价体系"，制定了评价标准与工具——小学生评价手册，建构了"小学主题情境表现综合评价模型"，如图 5-3 所示。

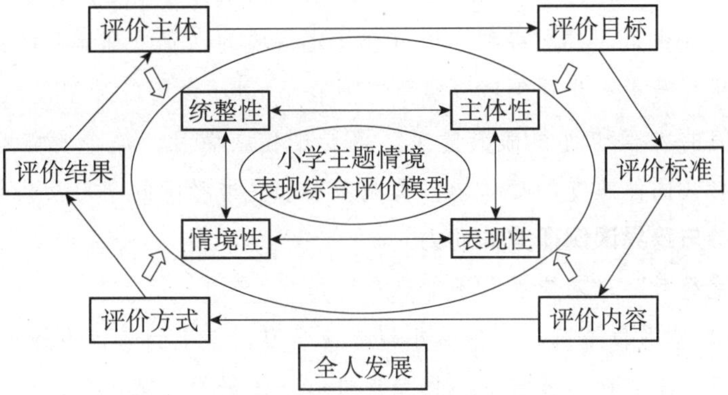

图 5-3　小学主题情境表现综合评价模型

这样，就形成了“过程性”加“终结性”评价、“过程性”表现评价加期末“主题情境表现综合评价”的“学科+”评价，实现了从知识评价向综合素养评价的转变。师生与家长、笔试与实作、过程性与终结性、主题与表现等多元的综合评价，有效引领了学生综合素养的发展。表5-1为1～6年级主题情境表现综合评价资源包。

表5-1　1～6年级主题情境表现综合评价资源包

学期	年级内容					
	一年级	二年级	三年级	四年级	五年级	六年级
上学期	冰雪奇苑	红绿灯	律动T型台	奇幻城堡	奇思妙想	创客空间
下学期	童话大舞台	童话体验场	环保创意秀	神奇生命城堡	沟通桥	毕业集结号

任务一：案例中巴蜀小学的评价体系有什么特色？

任务二：该评价体系出于怎样的评价理念？

任务三：除了学生评价体系之外，还有哪些评价体系？

◎ 科研一线纪事

陈向明 | 跨界课例研究中的教师学习

“课例研究”是国际上比较流行的旨在提高教师课程开发和课堂教学水平、促进教师专业发展、改进学生学习质量乃至重构学校文化的一种途径。教师通常会组成3～5人的小组，相互合作（有时有外来学者和教研员支持），通过多次做课或同课异构，对“课”（一个有目的的教学概念单位）进行有结构的、长时段的（通常为半年或一年）持续探究和改进。与其他国家相比，将“课”作为分析单位，聚焦一个教学重点或学生学习难点，重在提高教师教学水平，是我国课例研究的特色。

如果学校邀请外来学者参与（通常是提供专业指导），此时的课例研究便成了“跨界课例研究”。根据文化历史活动理论，外来学者与一线教师处于不同的活动系统。作为不同的主体，即使共同做一件事情，他们所认为的矛盾、客体、中介、共同体的规则和分工等往往都不一样。如果共同开展课例研究，双方需要了解彼此的期待和诉求，调整各自看问题的视角，共同得到一个符合特定情境的、双方都满意的结果。

本次课例研究采用八步课例研究循环，见图5-4，之所以采用这八个步骤，是因为本次课例研究的内容和过程都很复杂，需要细化。而且，每个步骤都是群体在场，有利于形成具有共同体感觉的心理场，更能激发和促进教师的学习动机和热情。

一、教师参与跨界课例研究的动力

（一）“应试教育”与素质教育不兼容

“你做不行，不做也不行——你做小组合作学习，学生的考试成绩可能下降；你不做小组合作学习，学者和行政官员会指责你没有开展教学改革，教学方法陈旧。”

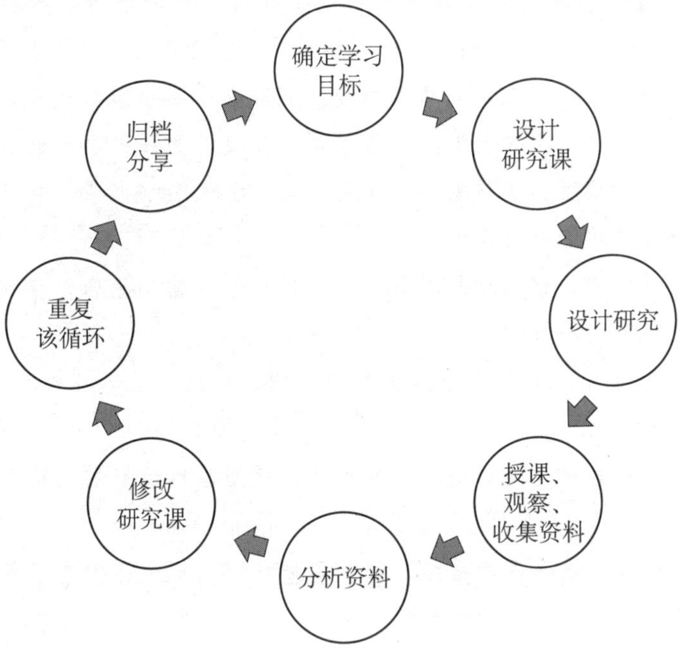

图 5-4 八步课例研究循环图

“在我决定当老师之前，我一直是有点抗拒的，因为我在中学时代过得不是特别快乐，我在课堂上收获到的乐趣很少，‘应试教育’让我觉得自己会成为一个缺乏教育想象力的人。我害怕，或者担忧自己也会成为这样的人去影响学生……我最近一直在想：合作学习是一种非常社会化的能力，能不能借小组合作，打造更为自由的课堂，让老师和学生都能自由地流动？也许会有这么一天？”

（二）具体实施困难

“我的合作学习探究走过了很多弯路，经历过按成绩均衡分组后，有的组的主要活动变成了优生之间的讨论与对话，而学困生只能作为旁观者，没有任何机会参与学习，在同龄人面前更加不自信和怯懦，这种合作只是优生的部分合作，两极分化越来越严重；有的组优差配成一帮一助，表面上团结互助，但实质上阻碍了优生的发展，课堂上优生分担了教师的任务，但这降低了对优生的思维要求，浪费了优生的时间，变成了补齐差异，优生‘吃不饱’，学困生被动接受，丧失了独立思考的意识和精神……”

二、教师改进小组合作学习教与学的过程

（一）问题重重的小组合作学习

语文组的探究焦点是：任务设置的互赖性对学生小组合作学习有什么影响？第一次公开课的内容为新闻写作。初三某班在 2019 年 3 月底刚学完《巴黎圣母院》，而 4 月巴黎圣母院就失火了，网上的新闻铺天盖地。为了“蹭热点”，语文组设计了新闻写作课，节选原著里 16 页文本，有关“流浪汉夜晚攻打圣母院，导致人员伤亡惨重，引起教堂失火”的情节，涉及多方人员、多个视角（乞丐流浪者、教会、平民、王室等）。首先，教师要求学生讨论该文本的创作：从本组选定的角度出发，明确分工，集体在白板上完成一则200字左右的新闻报道。其次展示：小组派代表展示本组新闻报道。最后各小组评价其他组的表现：按照教师事先设计的评价表单的5个维度结成新的小组（角度组、标题组、导语组、主体组、语言组），组内协商，得出各个维度的最优组，每组派代表陈述结果及理由。

下课后，观课的教师相互对照观察笔记，发现学生的小组合作存在很多问题，如下述教师的课堂观察记录所示：

部分小组分工混乱，不按照教师预想的标题、导语、主体各司其职，筛选文本、开始撰写。

各查各的，你一言我一语讨论，快到点了，就派写作最好的组员全权代笔，剩下的在旁边帮帮腔。

评价环节按照5个维度重新结组，部分不爱发言的男生因为有了新的伙伴，变得特别活泼，课堂的后半段互动积极性提上来了。但是很多是在相互挑刺，思维并没有得到实质性的提高。

课后，语文组的教师对抽样生进行了第二次访谈。这些学生也提到存在“缺乏思路、分工不太好、抠得太细、参与度不均”等问题：

我们组一个是没什么思路，一个就是分工也不太好。我们一直在一块想那个主体部分……我们当时抠得太细，就是想把每一个场景都描写得很好，导致耽误整体的发展。

虽然我们组合作比较好，总体呈现出来的东西也比较好，但其实我们组有两个成绩比较好的女生，就几乎大多数人都在听取她们的意见，所以呈现出来的东西会比较好。其实没有达到每个人都参与的目的。

执教的刘老师在自我反思时也认识到：

任务设置缺乏互赖性，因为成员单独也能完成。这堂课的研究目标达成了吗？显然任务设置还是缺乏互赖性，学生并没有形成很好的合作。虽然评价环节比较热闹，但学生的思维并没有得到实质性提高。

（二）思维进阶理论的启发

鉴于语文组的教学基本停留在事实性知识层面，专业支持小组决定向全体教师介绍安德森将知识分为四大类的观点。“事实性知识”指的是通晓学科、解决问题的基本要素；“概念性知识”涉及要素之间的关系，有关原理、通则和理论的知识；“程序性知识”即做事的方法和使用方法的准则；“元认知知识”涉及关于认知的知识、自我认知的知识、恰当的情境性和条件性知识。与此相关，我们还介绍了高阶认知与低阶认知的区别。比如，问学生“野生动物有哪些类型”还是问“为什么野生动物的种类越来越少了”这样的问题。如果问前者，它只是一个事实类问题，涉及的是低阶思维；而如果问后者，它就是一个高阶思维的问题，学生一定要先弄清楚“什么是野生动物”“野生动物怎么归类”这类低阶思维问题，然后再讨论“为什么会越来越少”这类更大的、更上位的环境和伦理问题。

这些理论给教师带来了进一步修改课的思路。在课后的反思笔记中，有教师写道：

到底什么样的任务才能使小组内部成员之间形成互赖呢？什么样的活动环节才能让学生的思维得以进阶？

有教师提出：

教学不应停留在事实性、程序性知识的传授上，而应该适当地引导学生学习概念性、元认知知识，因为概念性、元认知知识必然会包裹事实性、程序性知识。

还有教师提议：

可以采用翻转课堂的方式，让学生在课下独自阅读新闻后，在课上采用同质小组、异质小组的方式，使学生更深刻地认知新闻的立场，进而反思新闻的客观性、真实性问题，甚至可以引导学生反思实际生活中我们的认知渠道和认知结果的可靠性问题。这就上升到了元认知的层面，也只有这样才能真正培养和发展学生的理性思维，而这其实也恰恰是教育改革的方向和目的。

（三）设置拼图式任务

2019 年，最热的新闻之一是中美贸易战，谷歌宣布对华为实施断供后，引发了世界媒体的广泛关注，各类报纸报道的重点和内容均有差异。因此语文组的第二次教学设计，就把“新闻报道的立场”作为主题。经过与专业支持小组商量，教师这次选择了来自 5 个不同国家的报纸：《新京报》、《纽约时报》、日本报、法国报、《泰晤士报》。每个小组内 5 名学生各选 1 份报纸，课前阅读（类似改造过的翻转课堂）。课上首先是“专家组”讨论，即持相同报纸的同学分别结成 5 个“专家组”，讨论本报纸的内容摘要，并分析其倾向性和立场；其次是“本组”交流，即小组成员携带“专家组”意见回到“本组”，分享各自的阅读心得，集体完成本组分析报告；最后是成果展示，即小组发言人陈述本组观点，教师小结。语文组教师上述“专家组＋本组”的设计思路，一方面来自文献阅读，另一方面来自专业支持小组的提示。

在这次观课过程中，教师发现：这是一个“拼图式”的任务，让学生通过不同的方式来组成小组，大大提高了他们的学习参与度。每个人都要思考不同报纸背后的角度、立场是什么，每个人都要听、都要表达，每个人都是“专家”，都要回来汇报，完全没有办法偷懒。

拼图式任务的设置大大提高了每个人的课堂参与度。学生在“专家组”中要听，要表达，要整理。

回到原来小组后，每个小组成员都变成了自己关注的那份新闻方面的“小专家”，在集体进行小组报告时，每个人都得说，自己负责的报纸到底从哪几个角度进行了报道，这背后隐含的立场是什么。

事后，语文组的教师对抽样生进行了第三次访谈。学生也反映：

第一次课的任务分工有重复，经常两个人做同样的任务，效率很低。到第二次，每个人有每个人的工作，可以更快完成任务。大家对新闻有了更深的认识。课堂上，“专家组”交换观点时产生了很好的思维碰撞。

其他组观课的教师也开始对自己的课进行反思：

我反思自己的那节课，关注点更多放在了小组合作的形式上，忽略了内容上的深层次思考。探究性问题比较适合采用小组合作学习方式，但是学生除了完成探究得出结论，学习能力是否得到锻炼提高？学生的学科素养又如何得到培养？这些问题，绝对不是一个学习方式就能够解决的。

上述案例表明，语文组通过两次课例的递进，使学生从事实性、程序性知识的低阶思维学习，转向概念性和元认知知识的高阶思维学习。第一次课主要把“新闻报道的组成要素”（事实性知识）拎出来，然后要学生从不同角度寻找写作素材（程序性知识）。到第二次课，学生需要讨论：“新闻报道的立场是什么？”“新闻报道的客观性是什么？”（概念性知识）以及“是否存在新闻报道的真实性？”“如何检测新闻报道的真实性？”“什么是真理？”（元认知知识）

三、教师实践性知识的生成

在上述不断修改课的过程中，语文组的教师生成了自己新的实践性知识。根据相关学者的观点，有关教师实践的知识可以分为三大类：第一类是专家学者为了教师的实践而开发的知识（“为了实践的知识”），如第一次课中“新闻要素的组合”；第二类是教师依靠自己平时经验积累起来的知识（“实践中的知识”），如对报纸资料进行归类，以评促学等；第三类是超越了理论与实践、正式与非正式、内部与外部等二元对立，教师与外部跨界者一起合作获得的知识（“实践性知识”），如对新闻的立场和真实性的质疑。

请问：

1. 你怎么理解跨界课例研究？
2. 跨界课例研究对教育评价改革有哪些帮助？

拓 展

◎ 补充读物

1. 鲍雯雯. 智慧教师都在用的工具箱：16 个支持性工具赋能学教变革［M］. 杭

州：浙江大学出版社，2023.

该书精选了16个被高频使用的支持性学教工具，并附上了杭州市西湖区一线教师们总结提炼的丰富且真实的应用案例，汇编成体现中国本土学教实践的工具书。该书旨在助力高质量学习活动的开展，促进学教方式变革。虽然目前市面上不乏关于“问题解决工具”“设计思维工具”“思维路径”的书，但是针对基础教育如何有效运用工具、助力课堂教学的图书仍旧较少。该书包含详细的工具介绍以及大量在基础教育阶段的教师真实课堂应用案例，可以更有效地赋能广大教师进行学习和实践反思。工具不仅可以运用于项目化学习，还能用于教师的常态课，为学生的学习助力，更广泛地促进学教方式变革。

2. 肖邦国．损益：团队型五人小组结构化教育教学改革研究［M］．武汉：华中科技大学出版社，2022.

该书聚焦基础教育改革及实践主题，主要受众群体为一线教师、相关领域的研究者及师范类大学学生。该书以国家教学与课程改革政策为方向，回应“大概念”教学这一核心概念，对自主创新的“团队型五人小组”和“结构化教育教学”的相关理论及实践进行阐述。该书共分为三个部分，分别围绕“团队型五人小组建设”、“结构化教育教学改革”及“我看基础教育”展开，每一部分包括理论支撑和实践探研等内容。该书是基础教育全学段“团队型五人小组”结构化教育教学改革的理论与实践成果，期望能从一线教育工作者的视角，为新一轮国家课程标准提出“大概念”教学理念，提供理论与实践的支撑。

第六章 基础教育技术革新

◆ 本章概述

教育是一个社会进步和人力资源开发的重要方面，而教育技术革新作为基础教育领域的一项重要改革，对于提升教育质量、促进教育公平具有重要作用。随着信息技术的快速发展和应用，教育技术已经成为推动教育变革和创新的重要工具。教育技术革新致力于将现代化科技手段与教育教学相结合，通过应用先进的信息技术，提高教学效果、拓展教学资源、优化教学过程，实现教育的个性化、差异化和多元化发展。通过推动教育技术革新，我们可以为每个学生提供更优质的教育资源，提升整体的教育水平，培养具有创新精神和实践能力的人才，推动社会进步与发展。

章结构图

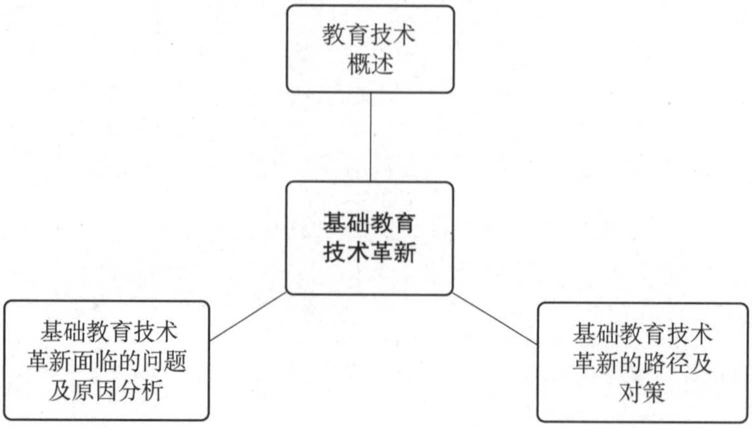

学习目标

1. 理解教育技术的内涵
2. 了解教育技术的演变过程及启示
3. 明了基础教育技术革新面临的问题及原因
4. 掌握应对教育技术革新的策略与方法

读前思考

1. 目前基础教育阶段学校都有哪些教育技术方法？
2. 你认为学校教师是否会运用教育技术手段开展课堂教学？
3. 基础教育教师如何正确应对教育技术革新？

热身活动

任务一：你理解的教育技术是什么？结合你的教学工作说一说你是怎样使用教育技术的。

任务二：面对信息化时代，你的教学工作遇到了哪些挑战？你是如何应对的？

道在日新，艺亦须日新，新者生机也；不新则死。

——徐悲鸿

基础教育改革的核心是提升学生综合素质。在新一轮的基础教育课程改革中，学生的多元化能力受到重视，包括人文素养、科学素质等方面。基础教育阶段注重塑造学生对未来生活的向往和憧憬，以及基于现实生活构建未来的能力。它强调学生应建立知识与实际生活之间的联系，掌握探索未知世界的方法，具备将知识应用于实践中的能力，并形成科学的世界观、人生观、价值观。

第一节　教育技术概述

一、教育技术定义的演变及启示

随着时代的发展和科技的进步，教育技术的定义也在不断演变。从简单的教学辅助工具到数字化、网络化的教育方式，再到个性化教学和智能化教育，教育技术在为教育领域带来更多创新和可能性的同时，也面临着挑战和改进的需求，这也将为教育技术学领域的研究者与应用者提供一定的启示。

（一）教育技术定义的演变

教育技术的定义一直在不断地发展和演变，例如美国的教育传播与技术协会（Association for Educational Communications and Technology，AECT）在 1963 年、1972 年、1977 年、1994 年、2004 年、2005 年和 2017 年都给出了不同的定义，同时我国南国农、李克东等学者也提出了相关的定义。回顾教育技术的各种定义，1994 年的 AECT 定义对中国的教育技术产生了深远的影响。这个定义的引进促进了中国电化教育与西方发达国家教育技术的交流和融合，更重要的是加速了中国电化教育向现代教育理论的过渡和学科建设的成熟。

1. AECT1994 定义

1994 年，AECT 举行了一系列专题学术会议，众多美国教育技术专家积极参与并进行了深入的研究和讨论，最终总结成文并出版了《教学技术：领域的定义和范畴》一书，对教学技术定义进行了全面的描述。根据这个定义，教育技术是为了促进学习而对相关资源和过程进行设计、开发、利用、管理和评价的理论与实践。这个定义具有以下几个特征：

第一，基于认知主义学习理论，并辅以行为主义学习理论，教育技术的研究对象主要是学习过程和学习资源。其中，学习过程是指学习者学习新知识和掌握新技能的认知过程，它涵盖了广义的学习概念，既包括没有教师参与的学习过程，也包括有教师指导的学习过程。

第二，明确指出教育技术的研究领域包括“教育媒体技术”和“教育设计技术”。为了建设数字化的教学环境，教育技术强调从学习者的角度出发，利用系统方法组织教学过程，并优化协调各种教学资源。

第三，明确了教育技术的研究内容，即包括对“学习过程”和“学习资源”进行“设计”、“开发”、“利用”、“管理”和“评价”等五个方面。

2. AECT2005 定义

随着理论与实践的不断推进，AECT2005 定义也引起了教育技术界的广泛关注。不少学术文章逐渐涌现并探讨了 AECT1994 定义与 AECT2005 定义的关联与差异。

AECT2005 定义认为：“教育技术是通过创造、使用和管理合适的技术性的过程和资源，以促进学习和提高绩效的研究与符合伦理道德的实践。”其旨在为教育和传播技术领域的从业人员提供指导，帮助他们有效地设计、开发、实施和评估教育技术解决方案。[①] AECT2005 定义主要包括以下几个方面：

第一，设计和开发。这一方面关注教育技术解决方案的设计原则和方法。它涉及需求分析、学习理论、媒体选择与使用等内容，旨在指导从业人员根据教育目标和目标群体进行系统化的设计和开发工作。

第二，实施和管理。这一方面指导教育技术的有效实施和管理。它包括教师对技术的支持、资源管理、技术基础设施建设等内容。通过规范地实施和管理，可以确保教育技术能够顺利地融入教学实践中。

第三，评估和评价。这一方面关注教育技术的评估和评价方法。它包括对教育技术的有效性和学习成果进行评估，以及对教师和学生在使用技术时的表现进行评价。这有助于从业人员了解技术方案的效果，并对其进行改进和优化。

第四，教育技术研究。这一方面强调教育技术领域的研究工作。它包括研究方法、数据分析和研究成果的发布等内容。通过推动教育技术研究的发展，可以不断提升教育技术的理论基础和实践应用。

3. AECT2017 定义

纵观教育技术的发展历史，众多教育技术定义都是在新教育理论、新技术出现并深刻改变教育的背景下产生的。从 1994 年到 2017 年，技术层面上，教育信息化、教育大数据、教育人工智能、“互联网＋”教育等新兴技术与教育的结合引起了人们的广泛关注；理论层面上，人本主义、建构主义等学习理论、视听理论、传播理论以及系统方法理论仍在发挥重要作用。随着网络时代的到来，社交媒体迅速发展，知识更新速度快，强调知识网络作用以及节点与线联结的联通主义在网络学习时代发挥了重要作用。同时，新建构主义在应对网络时代机遇与挑战的基础上，基于建构主义理论而发展，对学习与创新的影响也不容忽视。在技术与理论迅速发展的时代背景下，旧有的 AECT 定义在解释教育技术学科、领域中出现的所有问题上存在一定的困难，因此 AECT2017 定义应运而生。

在对 AECT1994 和 AECT2005 定义进行分析研究的基础上，AECT2017 定义强调：“教育技术是对理论研究与最佳实践的探索及符合伦理道德的应用，主要是通过对学与教的过程和资源的策略性设计、管理和实施，以促进知识的理解，调整和改善学习绩效。”据此，可将 AECT2017 定义的基本要点梳理为以下几点：

第一，教育技术的研究对象：学习过程和学习资源。

第二，教育技术的研究内容：对学习过程和资源进行策略性设计、管理和实施。

第三，教育技术的研究目的：促进知识的理解，调整和改善学习绩效。

---

① 李婷．对 AECT2005 教育技术定义的若干思考．软件导刊（教育技术），2011，10（3）：9－10.

第四，教育技术的研究领域：研究符合伦理道德的应用。

第五，教育技术的范畴：策略性设计、管理和实施。

总的来说，AECT2017 定义强调了教育技术的系统性、导向性和学习中心性，强调了技术在教育中的应用需要基于教育原则和教学理论，并且需要持续评估和改进。这一定义为当前的教育技术领域的研究和实践提供了指导和框架。

（二）教育技术定义的演变对我国教育技术研究与发展的启示

1. 确立“学与教”的教育技术研究内核

当前，“学与教”的教育技术研究已经超越了资源本身的设计与创造范畴，转向了真正的“学与教”活动过程，从而突破了狭隘的技术观。现阶段我国教育技术研究主要存在两大取向，即以教师为中心的知识习得工具性和以学生为中心的知识内化生成性。然而，教育技术的功能在这两者之间摇摆不定，甚至出现互相抨击的情况。教育技术长期促进学生学习，仍未跳出各自狭隘的教育哲学领域，最终导致了教师权威的绝对性或学生主体性的绝对化，使教师“教”的价值被极端夸大或被极端降低。教育技术定义的“学与教”研究内核将消除教育技术中的这些偏见或误解，将教育技术的研究指向转到促进“学与教”的轨道上来。简而言之，教育技术的功能和研究所指，既要促进学生学习，又要帮助教师进行“教”。只有当“教”的技术性支持有效时，才能决定学生“学”的效果和效率。因此，教育技术应以学定教、学教并重。

2. 构建理论、研究与实践的研究体系

中国的教育技术理论研究者们面临着一个重大困扰，那就是如果不借鉴西方的教育技术理论，教育技术的教材编写工作就难以完成。构建一套独立自主的教育技术话语体系，将理论、研究与实践紧密结合，是我国当前亟待解决的难题。尽管近年来教育技术领域涌现出了诸如“主导与主体教学”新建构主义理论及多种教学模式，但真正具有国际影响力的、根植于实践的研究成果却十分稀缺。当前，教育技术领域需要深入挖掘理论、研究及实践，开展旨在推动理论创新、实践探索和优秀成果的研究活动。

3. 开展指向高级知识提升的教育技术探索

开展指向高级知识提升的教育技术研究是当下的一项重要探索。目前，知识传授型的教育技术应用仍然处于主导地位，特别是在基础教育中普遍使用，这种方式是以人工灌输为主的低水平、低效的学习方式。然而，教育技术最具竞争力的体现之一是指向学生高级知识提升的应用，如分析、评价和创造等能力。虽然我国当前在创客教育、STEAM 课程开发与应用、翻转课堂以及微课等领域进行了批判性思维、知识构

建和深度学习等方面的研究，但在全国范围内应用这些研究成果并进一步进行实践验证，仍然存在明显的滞后现象。学习者高级知识的提升和能力培养不仅是教育技术价值的体现，也是其面临的重大挑战，因此需要持续进行相关研究，探索如何利用技术实现学习者高级知识的提升。

4. 大力推动教育技术的实践应用

在我国的基础教育领域，教育技术一直被视为一种次要的学科存在，甚至被看作与打字员、计算机修理和课件制作人员类似的“后勤式”人员培训载体。其中，教育技术在基础教育中无法获得认可或缺乏优势的根本原因之一，是理论研究与实践应用之间明显存在割裂现象。根据基础教育教师和校长的观点，在教育技术能像粉笔和黑板一样易于使用，并具有明显实践成效的情况下，教育技术才会引起教育变革，教育技术学科才会受到尊重。显而易见，要跨越教育技术理论研究与实践应用之间的鸿沟，是当前教育技术发展面临的巨大挑战，也是迫切需要解决的问题。指向实践应用性研究将成为当前我国教育技术发展的重要趋势，既可以通过研究机构和基础教育学校建立实践基地的方式积极开展应用研究，又可以通过培养基础教育学校中教育技术应用的内生力量来实现。此外，积极吸引对教育技术感兴趣且具备相关能力的教师参与或主持课题研究，有助于实现教育技术理论与应用的创新与发展。

二、本书定义

结合查阅的相关资料及 AECT 对教育技术定义的演变，本书将教育技术定义为：“教育技术是指将科学技术和信息技术应用于教育领域，以提高教学效果、促进学习和教学过程的发展的一门学科或领域。”它通过运用各种技术手段，包括硬件设备、软件应用、多媒体资料等，辅助教育教学活动，为教师和学生提供更好的教学环境和学习资源。教育技术的内涵可以从以下几个方面来理解：

第一，应用科学技术和信息技术。教育技术通过应用科学技术和信息技术，提供了教学和学习的工具和平台，例如计算机、网络、多媒体、虚拟现实技术等。

第二，提高教学效果。教育技术旨在改进教学过程，提高教学效果。通过利用各种技术手段，如交互式教学、个性化学习、智能评估等，帮助学生更好地理解和掌握知识，提升他们的学习成效。

第三，促进学习和教学的发展。教育技术不仅仅是一种工具，它还涉及教育理论、教育心理学以及教学设计等方面的研究和实践。它致力于发展创新的教学方法和教学模式，推动教育的变革和进步。

第四，辅助教育教学活动。教育技术为教师和学生提供了更多的辅助工具和资源，例如教学管理系统、在线学习平台、教育软件等，帮助教师进行课程设计、教学评估和学习监控，同时也为学生提供了更加灵活、自主的学习方式。

综上所述，教育技术是利用科学技术和信息技术来改进教育过程和提高教学效果的一门学科，它通过应用各种技术手段，促进学习和教学的发展，并为教师和学生提供更好的教学环境和学习资源，是促进教育高质量发展的实践工具。

三、理论基础

教育技术学是教育和技术相结合的学科，它的理论基础涉及多个学科领域。在教育技术学的理论基础中，有以下几个重要的方面需要引起重视：

（一）教育学理论

教育技术学借鉴了教育学的相关理论，如行为主义理论、认知理论、社会文化理论、建构主义理论等。这些理论为教育技术的设计和应用提供了指导，帮助理解学习过程、学习者的特点以及教学的有效性。

1. 行为主义理论

行为主义理论认为，人的行为受到外部刺激和反馈机制的影响。在教育技术学中，行为主义理论强调通过奖励和惩罚来促进学习，例如利用教育技术工具提供及时的反馈和奖励来增强学习者的积极性和动力。

2. 认知理论

认知理论认为，学习是一个主动的心理过程，学习者通过获取、组织和处理信息来建构新的知识。在教育技术学中，认知理论指导着教育技术工具和学习环境的设计，以提供有意义的学习经验，促进学习者的思维发展和问题解决能力的提升。

3. 社会文化理论

社会文化理论强调，学习是社会互动的结果，学习者通过参与社会活动和与他人合作来建构知识。在教育技术学中，社会文化理论强调设计协作学习环境和利用教育技术工具进行交流，以促进学习者的社会和情感发展。

4. 建构主义理论

建构主义理论认为，学习在建构个体内部的知识，学习者通过积极参与和探索来建构自己的知识。在教育技术学中，建构主义理论倡导设计开放式学习环境和利用教育技术工具提供自主学习的机会，激发学习者的创造力和提高其解决问题的能力。

（二）信息处理理论

信息处理理论关注人类认知过程中信息的接收、加工和存储。教育技术学应用信息处理理论来设计教学内容和教学策略，以便更好地促进学习者的思维发展和知识获取。

1. 信息加工理论

信息加工理论认为，学习是一个信息处理的过程，学习者通过获取、编码、存储、检索和应用信息来实现知识和技能的习得。在教育技术学中，信息加工理论指导着教育技术工具和学习环境的设计，以提供清晰、有组织的信息呈现和处理方式，帮助学习者更有效地处理和理解学习材料。

2. 注意力理论

注意力理论关注学习者对信息的选择和集中注意力的能力，认为有效的学习需要学习者能够集中注意力并过滤掉无关信息。在教育技术学中，注意力理论指导着教育技术工具和学习环境的设计，以提供引人注目的学习材料、促使学习者保持注意力的方式，帮助学习者更好地聚焦于学习任务。

3. 存储理论

存储理论关注学习者如何将所学的知识和技能储存在长期记忆中，并能够进行检索和应用。在教育技术学中，存储理论指导着教育技术工具和学习环境的设计，以提供有效的信息组织和储存方式，帮助学习者将所学知识转化为可持续的记忆。

4. 模式匹配理论

模式匹配理论认为，学习是通过将新的信息与已有的知识模式匹配来实现的。在教育技术学中，模式匹配理论指导着教育技术工具和学习环境的设计，以提供与学习者已有知识和经验相匹配的学习材料和任务，促进知识的迁移和应用。

（三）多媒体学习理论

多媒体学习理论研究了多媒体技术在教育中的应用。该理论探讨了文字、图像、音频、视频等多种媒体形式对学习效果的影响，以及如何优化多媒体设计以提高学习者的理解和记忆能力。

1. 多感官理论

多感官理论认为，人们通过多种感官渠道获取信息，并将不同感官获取的信息整合在一起来加深记忆和理解。在教育技术学中，多感官理论指导着教育技术工具和学习环境的设计，以提供多样化的媒体形式（如文字、图像、音频、视频等），使学习者能够通过多个感官渠道接收信息，提高学习效果。

2. 认知负荷理论

认知负荷理论认为，学习过程中的认知负荷应该适度，过高或过低的认知负荷都会对学习效果造成负面影响。在教育技术学中，认知负荷理论指导着教育技术工具和学习环境的设计，以避免信息过载和认知负荷过大的情况，提供清晰、简洁的学习材料和界面，帮助学习者更好地处理和吸收信息。

3. 交互式学习理论

交互式学习理论认为，学习需要主动参与和积极互动。在教育技术学中，交互式学习理论指导着教育技术工具和学习环境的设计，以提供丰富的互动方式和学习活动，如模拟实验、案例分析、问题解决等，促进学习者的主动参与和深入理解。

4. 多媒体原理

多媒体原理认为，合理运用文字、图像、音频和视频等多种媒体形式，可以激发学习者的兴趣，提供更为生动和直观的学习材料，并增强学习效果。在教育技术学中，多媒体原理指导着教育技术工具和学习环境的设计，以合理组织和呈现不同媒体形式的内容，提高学习者对学习材料的理解程度。

（四）智能教育系统理论

智能教育系统理论研究如何利用人工智能和计算机技术来构建具有智能化特征的教育系统。这些系统可以根据学习者的个性化需求提供定制化的学习内容和反馈，以提高学习效果和学习者的参与度。

1. 人工智能技术理论

智能教育系统的核心是应用人工智能技术实现智能化的教育教学过程。人工智能技术包括机器学习、自然语言处理、计算机视觉、专家系统等，在教育技术学中被应用于个性化学习推荐、自动评估和反馈、智能教学助理等方面，以提供更有效、个性化的教育教学支持。

2. 数据驱动方法理论

智能教育系统依赖于大量的学习数据和学习者行为数据，并通过数据挖掘和分析来优化教学过程，提供个性化支持。数据驱动方法包括数据挖掘、机器学习和人工智能算法等，通过对学习数据的建模和分析，提供基于数据的教学决策和个性化学习支持。

3. 人机交互理论

智能教育系统的设计涉及人与机器之间的交互过程。人机交互理论研究如何设计易用、有效的界面和交互方式，使学习者能够与教育系统进行有效的信息交流和学习活动。该领域的理论研究智能教育系统如何设计用户界面、提供交互反馈和个性化支持。

第二节　基础教育技术革新面临的问题及原因分析

随着科技的快速发展，基础教育技术革新已成为教育改革的重要方向和必然趋势。然而在实际推进的过程中，基础教育技术革新还面临着诸多问题。本节旨在探讨这些问题及其产生的原因，以期为制定有效的解决策略提供理论支持。

一、教育技术设计面临的问题及原因分析

随着信息技术的发展，教育技术设计在基础教育技术革新中发挥着重要的作用。然而，在实际操作中，技术选择、技术集成、教育资源的质量和获取等实际问题使得基础教育阶段教育技术设计面临着巨大挑战。

（一）技术选择问题

1. 资源不均衡

在基础教育阶段，很多地区的学校存在着资源不均衡的问题，中华人民共和国教育部官网公布了2021年城镇乡小学多媒体办学条件数据（见表6-1）。一方面，一线城市和发达地区的学校往往拥有更多的教育技术设备和资源，能够更好地将它们应用于教学。而另一方面，农村地区和欠发达地区的学校则面临着教育技术设备和资源匮乏的困境，无法充分利用先进的教育技术手段。这种资源不均衡导致了教育技术选择的不平等性，并拉大了地区间的教育差距。中共中央办公厅、国务院办公厅印发的《关于构建优质均衡的基本公共教育服务体系的意见》[①] 以及教育部、国家发展改革委、财政部联合印发的《关于实施新时代基础教育扩优提质行动计划的意见》，都指向一个问题——基础教育面临着城乡、区域、校际、群体差距，发展不平衡不充分的问题；都要解决一个矛盾——做大优质教育资源“蛋糕”，从根本上解决

① 中共中央办公厅、国务院办公厅印发《关于构建优质均衡的基本公共教育服务体系的意见》．中华人民共和国国务院公报，2023（18）：4-7.

优质教育资源总体不足与人民群众期望“上好学”的矛盾。

表 6-1 城镇乡小学多媒体办学条件情况

办学条件	城区	镇区	乡村
无线网覆盖	24 659（所）	33 482（所）	58 139（所）
数字终端数	6 203 502（台）	5 422 066（台）	4 433 291（台）
网络多媒体教室	988 961（间）	943 968（间）	841 236（间）

资料来源：中华人民共和国教育部官网。

2. 教育理念不同

基础教育阶段学校的教育理念存在差异，这加大了教育技术设计在实施过程中的难度。一些学校更倾向于传统的教育方式，更看重纸质教材和传统课堂教学，对于新兴的教育技术相对保守；而一些学校则倾向于采用创新的教育模式，更注重教育技术的应用，更愿意尝试新的教学方法和工具。教育技术设计需要在不同的教育理念下进行调整和适应，这给教育技术的设计和实施带来了一定的挑战。例如，有的教师上课会选择投影仪等多媒体设备进行教学，而有的教师还是习惯于传统黑板教学。

3. 学生个体差异与个性化教学问题

基础教育阶段的学生存在个体差异，例如他们在学习能力、兴趣爱好、学习风格等方面都存在差异，因此每个学生的学习需求和方式都有所不同。教育技术在教学中具有个性化教育的潜力，可以根据学生的特点和需求进行智能化的教学设计。例如，上海市某学校通过大数据和人工智能服务，为每个学生提供个性化的学习方案，还开发了数字化校园管理系统，实现学校管理工作的智能化和高效化。然而，由于目前教育技术的个性化教学模式还不够成熟，而且教育资源有限以及教师工作压力过大，无法完全满足学生的个体差异需求，实现个性化教学存在一定的困难。同时，个性化教学也需要大量的个人数据支持，牵涉到隐私保护等问题，给教育技术应用带来一定的挑战。

（二）技术集成问题

1. 教育技术与传统教学结合问题

教育技术的引入并不意味着完全替代传统教学，而是要与传统教学相结合。然而，在现实中，基础教育阶段的学校在教育技术与传统教学的结合上存在困难。一方面，教师可能缺乏对于教育技术与传统教学结合的理解和应用能力；另一方面，学生和家长对于传统课堂教学的认同度较高，可能对于教育技术应用存在抵触心理。这使得教育技术与传统教学的结合难以实现，影响了教育技术选择的有效性。

2. 教师培训和专业素养不足问题

教育技术的有效应用离不开教师的专业素养。然而，目前基础教育阶段的教师在教育技术方面的培训和发展相对不足，导致他们对于新型教育技术的运用和应用能力有限。例如，对于虚拟实境等先进的教育技术，教师可能缺乏足够的了解和操作技能，无法充分发挥教育技术在教学中的作用。这种情况影响了教师对于教育技术选择的积极性和主动性。例如，某市一所示范小学在 2018 年引入了智能教学系统，但该系统的使用需要教师具备一定的计算机操作能力，而一些年龄较大的教师无法熟练使用，从而影响了教学效果。

3. 课程内容与教学模式改变问题

教育技术集成需要重新思考教学内容和教学模式，以适应现代化教育的需求。然而，长期以来传统的教学模式和课程内容的固化，导致教育技术的集成在实施过程中受到了一定的阻碍。此外，学生和教师可能需要时间适应新的教学模式和工具，特别是基础教育阶段年龄较小的学生，他们可能会对新技术感到陌生或不安，为此教师可能需要接受培训，以了解如何有效地使用新的教育工具和技术。而且，将教育技术集成到课程中可能需要教师重新设计课程内容和学习活动，可能需要时间和资源，并且需要教师具备相应的技术能力和创新思维。

（三）教育资源的质量问题

1. 资源质量参差不齐问题

在经济条件较差的地区，政府和教育机构的资源分配可能不足以满足学校的技术需求。这可能导致一些学校无法获得最新的技术设备和资源，从而影响学生的学习体验和成果。此外，在教育技术市场中，存在各种类型的资源，包括高质量和低质量的资源。一些低质量的资源可能存在错误、过时或缺乏权威性的问题，这可能会误导学生或导致学习效果不佳。在评估教育资源的质量时，可能缺乏统一的标准，这可能导致不同的评估人员或机构使用不同的标准和方法来评估资源，从而导致资源的质量参差不齐。最后，在基础教育阶段，教师对教育资源的理解和应用能力对资源的质量有很大的影响。如果教师没有得到足够的培训和支持，可能无法有效地使用资源，或者在使用过程中出现问题。

2. 资源更新不及时问题

随着技术的迅速发展，新的教育工具和平台不断涌现。然而，一些学校可能无法及时更新它们的教育资源，从而无法提供最新的教育内容和方法。例如，可能没有专门的信息技术人员来负责维护和更新资源库，或者没有足够的资金来购买新的硬件和软件，这可能导致学生的学习体验和质量下降。此外，即使有足够的资金和人力资源，但学校或地区的资源库管理不善，也可能导致资源更新不及时。例如，可能没有明确的资源入库和淘汰标准，或者没有有效的资源管理和分发机制。最后，在基础教育阶段，家长和社区的支持对于教育技术的发展和使用非常重要。如果家长和社区对教育技术的使用持怀疑态度，或者不愿意提供必要的支持和资源，可能会导致资源更新不及时。

3. 资源评估和反馈机制缺乏问题

在教育技术设计中，对教育资源进行评估和反馈是一个重要的环节。然而，一些学校可能缺乏有效的评估和反馈机制，无法准确评估资源的有效性和质量，从而无法进行改进和优化。例如，在评估教育资源的质量时，需要明确的目标和标准，需要专业的评估人员和机构，否则可能会导致评估的不准确和反馈机制的缺乏。在评估教育资源的质量后，需要将结果反馈给相关的决策者和使用者。如果缺乏有效的反馈机制，可能无法改进资源的质量，从而无法及时改进教学方法和提高教学质量。最后，在评估教育资源的质量时，需要投入大量的资金和人力资源，否则可能会导致评估结果的不准确。

（四）教育资源的获取问题

1. 硬件和软件获取困难问题

首先，硬件和软件是教育技术资源的重要组成部分，硬件包括计算机、投影仪、电子白板、智能终端、虚拟现实设备等，软件包括在线学习平台软件等。但某些学校和地区却无法提供足够的硬件和软件，这可能是由于预算不足、资金分配不均等。其次，在采购硬件和软件时，可能存在供应链问题，例如供应商不足、物流不畅等，导致无法及时获取所需的资源。最后，教育技术不断发展，更新速度较快，如果学校或地区没有及时跟上技术发展的步伐，可能无法获取最新的硬件和软件，这会导致教育技术资源的落后进而不适用于教学。

2. 资源适用性和适配性问题

在获取教育技术资源时，需要考虑资源的适用性和适配性。如果资源不符合教育标准或特定年龄段的学生需求，可能会导致其无法有效地应用于教学。一方面，在某些情况下，教育技术资源可能不符合当地或国家的教育标准，这会导致资源不适用于教学，或者无法满足教育需求。另一方面，在基础教育阶段，学生的需求是多样化的，若资源不符合特定年龄段或学科领域的学生需求，也会导致资源不适用于教学。此外，在某些情况下，教育技术资源可能缺乏针对性，无法针对特定的教学问题或目标，这会导致资源无法有效地支持教学，或者无法满足教师的需求。

3. 资源获取渠道有限问题

在获取教育技术资源时，可能存在渠道有限的问题，师生数字教育资源获取渠道统计见图 6－1，这是由于缺乏有效的资源共享机制、信息不对称、地区差异等。例如，在某些学校或地区，可能缺乏有效的资源共享机制，资源无法在教师之间、学校之间或地区之间进行有效的传播和共享，这会导致资源的重复获取或获取渠道的单一。而且，在教育技术资源的获取过程中，存在信息不对称的情况。教师或学校可能不知道从哪里获取所需的资源，或者不了解资源的来源和渠道，这会导致资源获取困难或获取渠道的有限。最后，可能存在教育资源的分布不均和地区差异，这会导致某些学校或地区获取资源的渠道有限，或者无法获取高质量的资源。

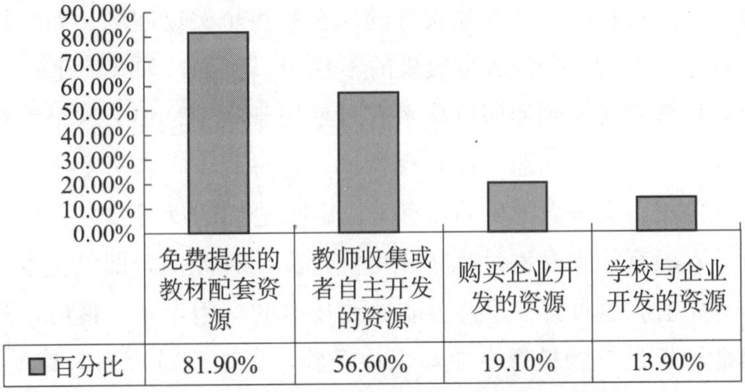

图 6－1　师生数字教育资源获取渠道统计

资料来源：陈明选，来智玲，蔡慧英．我国基础教育数字资源及服务：现状、问题与对策．中国远程教育，2022 (6)：11－20，76.

二、教育技术开发面临的问题及原因分析

教育技术开发是基础教育阶段教育技术革新不可或缺的模块之一。然而，在教育技术开发过程中，教育过程的设计、教育技术的适应性、教育资源的更新与维护等实际问题，不仅影响了教育技术的有效应用，也阻碍了教育信息化的进程。

（一）教育过程的设计问题

1. 缺乏统一的教育标准问题

在开发教育技术产品时，需要参照一定的教育标准。如果缺乏统一的教育标准，教育过程的设计可能会不一致，这会导致产品对某些教育需求的覆盖不足，或者对某些教育目标的不适当强调。而且，受不同地区的教育资源、教育理念、教育方法等因

素的影响，教育质量存在差异，这可能导致学生发展的差异。此外，不同地区的教育信息化程度存在差异，这会导致教育手段、教育方法的差异，进而影响教育质量。

2. 忽视学生的学习风格和需求问题

在教育技术开发过程中，开发者可能更多地关注技术的实现和教材内容的呈现，反而忽视了学生的学习风格和需求，会导致不适切的教育过程设计。不同的学生有不同的学习方式和兴趣，在传统教育观念下，学生被视为被动接受知识的对象，如果教育过程设计没有考虑到这些差异，可能会影响学生的学习积极性和效果，会使学生感到学习枯燥乏味，失去学习兴趣，甚至产生厌学情绪。此外，忽视学生的学习风格和需求可能导致学生无法充分理解和掌握知识，学习效果不佳。

3. 技术和教育的融合问题

在教育技术开发过程中，技术和教育的融合是一个关键问题。如果技术没有有效地融入教育过程中，可能会导致教育效果的不理想。例如，如果一个在线课程只注重技术的先进性，而没有考虑到如何将技术有效地用于教学，那么这个教育过程设计就可能存在技术应用不恰当的问题。在教育技术开发过程中，若过度依赖技术而忽略教育本身的特点和需求，会分散学生的注意力，影响他们的学习效果，从而导致教育质量下降。此外，在教育技术开发过程中，可能存在一种倾向，即以技术为中心，而不是以教育需求为中心，这种开发思路可能导致技术的应用生硬。最后，开发教育技术产品的人员可能缺乏足够的教育专业知识和经验，无法充分理解教育的本质和需求，导致技术与教育的融合不足。

（二）教育技术的适应性问题

1. 不同年龄段学生的适应性问题

教育技术产品，比如说课上使用的电子课件，可能需要适应不同年龄段学生的认知发展水平和学习能力，而这一点在实际开发过程中可能会遇到困难。不同年龄段学生的认知发展水平、学习能力、特点与需求都存在差异，这可能导致他们对教育技术产品的适应能力不同。首先，对于低年级学生来说，他们可能缺乏足够的操作技能和认知能力，难以适用复杂的教育技术产品。其次，对于高年级学生来说，他们的学习需求更加多样，对教育技术产品的功能和内容要求更高，这增加了开发具有适应性的产品的难度。

2. 不同学科的适应性问题

教育技术产品可能需要适应不同学科的特点和需求，而这一点在实际开发过程中可能会遇到困难。首先，不同学科的教学内容和教学方法存在较大差异，这要求教育技术产品能够适应不同学科的需求。其次，不同学科的评价方式和学生的学习方式也有所不同，这要求教育技术产品能够适应这些特定的需求。而且，若教育技术开发人员没有充分考虑到不同学科的特点和需求，会导致产品适应性不足。

3. 不同教育环境的适应性问题

受地域等因素的影响，不同教育环境所拥有的教育资源存在不均衡现象，教育技术产品需要适应不同教育环境下的教学需求和教学资源，而这一点在实际开发过程中可能会遇到困难。例如，不同学校或地区的硬件设施存在差异，会影响教育技术产品的使用；不同学校或地区的网络环境存在差异，会影响教育技术产品的在线功能和使用效果；在某些地区，教师缺乏足够的培训和支持，不同教师对教育技术的接受度和使用能力存在差异，会影响产品的推广和使用效果。

（三）教育资源的更新与维护问题

1. 更新与维护的滞后性问题

教育资源开发后，若没有及时地进行更新和维护，可能会导致资源的失效或过时。一方面，教育资源的更新与维护需要经过一系列的流程，包括需求收集、审核、开发、测试等，这些流程的烦琐会导致更新与维护的滞后。另一方面，教育资源的更新与维护需要相应的人力资源，包括开发人员、测试人员等，而这些人力资源的不足也会导致更新与维护的滞后。而更新与维护的滞后，会导致教育资源内容过时，跟不上时代的发展和变化。而且，在技术快速发展的背景下，滞后的更新与维护可能导致教育资源技术落后，无法满足学生的学习需求。此外，长时间的未更新和未维护可能导致教育质量下降，影响学生的学习体验和效果。

2. 更新与维护的成本高问题

教育资源的更新和维护需要一定的资金和人力资源，而这一点在实践中可能会受到限制。更新和维护教育资源需要相应的资金投入，而实践中可能存在资金投入不足的问题，导致更新和维护的困难。而且，教育资源的更新和维护需要具备相应技能和知识的人员，包括开发人员、测试人员等，而这种人力资源往往是有限的，进而导致了更新和维护的困难。此外，随着技术的发展，更新和维护教育资源所需的技术成本也在不断增加，导致了更新和维护的高成本。

3. 更新与维护的难度大问题

随着技术的不断发展，更新和维护教育资源需要不断掌握新的技术，这对开发人员和维护人员提出了更高的要求。针对不同的教育资源，更新和维护的难度不同，一些资源可能需要特定的技术和技能进行更新和维护，这给开发人员和维护人员带来了技术难度的挑战。而且，不同地区、不同学校、不同学科的教育资源需求各不相同，以及更新和维护教育资源需要保证资源的质量，包括准确性、可靠性、适用性等方面，这都导致了更新和维护的难度增加。此外，为了保证教育资源的质量，需要采取一系列措施，如审核、测试等，这也增加了更新和维护的难度。

针对教育资源的更新与维护问题，我们来看下面这个案例：

案例

江苏省南京市某小学从2015年开始使用一款电子白板软件进行教学，然而在使用过程中出现了很多问题。首先，该软件经常出现故障，导致教学过程中断或数据丢失。其次，该软件的界面和功能较为复杂，教师需要花费大量时间学习和掌握使用方法，这对于年龄较大的教师来说尤为困难。最后，该软件需要与学校的教学管理系统进行对接，但两者的兼容性不好，经常出现数据传输错误和格式不匹配等问题。针对以上问题，学校领导和技术支持人员多次与软件供应商联系，要求提供更好的技术支持和服务。然而，由于该软件的维护和升级需要专业的技术人才和一定的费用，而学校缺乏相应的资源和能力，因此无法解决相关问题。最终，学校决定使用一款新的教学软件，并加强教师培训和技术支持，以确保新系统的顺利运行。然而，这一过程需要投入大量的人力、物力和财力，给学校带来了一定的经济压力和负担。

【评析】由此可见，基础教育阶段的学校在教育资源的更新和维护方面面临不少挑战和困难。教育资源的更新和维护不仅需要专业的技术支持和服务，还需要学校具备相应的资源和管理能力。因此，学校需要制定科学合理的计划和方案，以确保教育资源的更新和维护能够顺利进行。

三、教育技术评价面临的问题及原因分析

教育技术评价是促进教育技术发展的重要手段，对于提升教育质量、优化教育资源配置、推进基础教育改革具有重要意义。然而，如何选择评价指标、如何保证评价方法的有效性和教育资源的有效性等问题给基础教育阶段的教育技术评价带来了诸多挑战。

（一）评价指标的选择问题

多样性问题：教育技术的评价指标应当具有多样性，能够全面评价技术的各个方面。然而，目前的评价指标往往偏重于某些方面，如学习成果、技术使用频率等，而

对于其他重要的方面，如技术的影响力、可持续性等可能缺乏相应的评价指标。

主观性问题：由于教育技术评价涉及的是人的主观判断，评价结果往往受到个人偏好和经验的影响。评价者可能存在主观认知上的差异，导致评价结果的不准确或不可靠。

目标不明确问题：教育技术评价应当有明确的目标和目的，但有时评价的目标不够明确，导致评价结果的解读和应用存在困难。

时效性问题：教育技术发展迅速，评价指标需要及时更新以适应新的技术趋势和需求。但是，评价指标的更新和调整往往存在一定的滞后性，导致评价结果的时效性不够。

（二）评价方法的有效性问题

在进行教育技术评价时，评价方法的选择直接影响到评价结果的准确性和可靠性，因此选择正确的评价方法至关重要。目前评价方法主要有三种，分别为目标分析法、专家咨询法、文献调查法。要根据教育技术在基础教育教学过程中存在的问题选择合适的评价方法。

1. 评价方法是否全面的问题

首先，关注评价方法是否能够全面评估教育技术的各个方面，包括技术的功能、易用性、教学效果等；其次，部分评价方法无法对教育技术的性质、特点和要求进行分析；最后，如果选择的教育技术评价方法只关注单一方面，就可能无法全面了解教育技术的整体情况。

2. 评价方法是否具有科学性的问题

首先，目前教育技术评价方面的专家不多，很难给出比较具有代表性和权威的意见；其次，关注评价方法是否基于科学的研究和证据，以及评价过程是否客观、公正；最后，评价方法不科学或者在评价过程中存在偏见等，会给教育技术的评价结果带来误差。

3. 评价结果的参考价值问题

教育技术评价结果的参考价值问题主要涉及评价结果的实用性、可信度、效度问题。教育技术评价方面的文献屈指可数，很难总结出具有客观性、可比性、可操作性和可靠性的评价指标。评价结果是否具有一定的参考意义和价值就另有其说。首先，评价结果对于教育实践没有实际意义或者无法提供有价值的建议，会降低评价方法的有效性等，对教育技术的价值产生非常大的影响。其次，评价结果的可信度是指评价过程和结果具有可靠性，包括评价工具的稳定性、评价者的一致性以及评价对象的可信度。在教育技术评价中，可信度可以通过使用多个评价工具来收集数据、邀请多名评价者对同一评价对象进行评价以及进行重复评价等方式来提高。如果评价结果的可信度较低，那么参考价值就会降低，无法对教育技术的使用和效果做出准确判断。最后，评价结果的效度是指评价结果能有效地反映评价对象的真实情况。在教育技术评价中，评价工具和方法应当与所要评价的技术应用和效果相匹配，即评价内容和评价目标要能够全面、准确地描述评价对象的特征和表现。如果评价结果的效度较低，那么参考价值就会降低，无法对教育技术的优劣程度做出准确判断。

（三）教育资源的有效性问题

1. 教育资源与课程内容的匹配度低问题

首先，若教师在资源开发过程中缺乏参与性，会导致现有的教育资源与基础教育课程内容存在不匹配的问题，从而导致资源无法有效地支持教师的教学；其次，由于教育资源与课程内容的匹配度低，教师使用资源的难度增加，影响了教学效果，同时，学生理解资源的难度增加，影响了学习效果；最后，资源开发人员可能缺乏对教师实际需求和教学要求的了解，导致开发的资源与课程内容不匹配，而且资源开发人员也可能缺乏对学生认知水平的了解，导致开发的资源与学生的理解能力不匹配。

2. 教育资源的更新速度慢问题

首先，随着技术的发展，教育资源的更新速度也可能很快，若学校缺乏足够的资金支持，可能无法及时更新资源，导致资源的过时或与课堂内容相脱节；其次，部分教师和管理人员缺乏更新资源的意识，会导致资源的更新速度慢，从而会出现现有资源无法满足新的教学需求、影响教学效果的问题；再次，教育资源的更新可能需要大量的时间和精力，学校可能因为资源更新的复杂性而无法及时更新资源；最后，由于资源的更新速度慢，学生无法及时接触和学习新技术，不利于发展学生对新技术的适应能力。

3. 教育资源的利用率低问题

首先，学校可能存在教育资源利用率低的问题以及购买的教育资源没有得到充分利用的问题，这可能会导致教育资源的浪费。其次，教师可能因为使用教育资源的难度较大而选择不使用，这会导致教育资源的利用率低，教师可能需要花费更多的时间和精力去准备教学，导致教学效率低下。再次，由于资源的利用率低，长时间未被使用的资源可能无法满足新的教学需求，导致资源与课程内容的匹配度低。而且，学校可能缺乏对教师使用资源的培训，导致教师不知道如何有效地使用资源。最后，学校可能缺乏对教师使用资源的激励措施，导致教师缺乏使用资源的积极性。

例如，某市某小学在数字化教育方面投入了大量资源，包括建立数字化教育平台、购买大量的在线课程和学习资源等。然而，在实际应用中，这些数字化教育资源的有效性并不高。首先，在线课程和学习资源质量参差不齐，缺乏针对性和实效性，不能满足学生的学习需求。其次，数字化教育平台使用率不高。虽然学校投入了大量资金建设数字化教育平台，但很多教师和学生并不经常使用该平台，有些教师和学生对平台的操作不熟悉。最后，数字化教育缺乏有效的管理，教师难以掌握学生的学习进度和情况，无法及时反馈和指导学生学习。

四、教育技术管理面临的问题及原因分析

教育技术管理是推动教育技术发展和提升教育质量的重要环节，但在实际操作中，教育技术管理常常遇到多种问题和挑战，例如教育技术的整合、教育技术的可用性和安全性等问题。

（一）教育技术的整合问题

1. 不同学科的差异问题

不同学科在教育技术整合方面所面临的挑战，实际上源于各自的教学内容、方法、需求以及评价方式的本质差异。这些差异共同作用于教育技术的整合过程，导致了整合难度的不同。首先，从教学内容来看，不同学科的内容特性导致了教育技术的整合难度差异。例如，数学强调逻辑和计算，科学注重实验和观察，而语言艺术则侧重于阅读和表达。这些不同的内容特性要求教育技术必须与之相适应，才能有效地促进学科教学的发展。其次，教学方法的差异也影响了教育技术在不同学科中的整合。例如，数学注重逻辑和推理，因此常采用演绎法和归纳法，通过公式推导和问题解决来培养学生的逻辑思维和计算能力；而语言艺术则侧重于文本解读和表达能力的培养，因此常采用阅读法、讨论法和写作法，通过文本分析和创作实践来提升学生的语言表达和审美能力。再次，教学需求的多样性也是导致教育技术整合难度差异的一个重要因素。例如，数学可能需要利用专门的数学软件来辅助教学，科学可能需要借助实验设备来增强学生的实践能力，而语言艺术则可能需要利用写作工具来提升学生的写作能力。最后，评价方式的不同也影响了教育技术在不同学科中的整合。例如，数学可能更注重答案的准确性和逻辑性，而语言艺术则可能更注重表达的清晰性和创新性。因此，在整合教育技术时，需要考虑到不同学科评价方式的特点，以确保技术的应用能够与学生的学习成果评价相契合。

2. 教师技术水平的差异问题

教师的技术水平和使用能力存在差异，这可能导致教育技术整合的难度增加。首

先，不同教师的技术掌握程度存在差异，部分教师培训不足，可能无法熟练掌握和应用教育技术；其次，不同教师的技术应用能力存在差异，有些教师可能更愿意使用传统的教学方式，而不愿意尝试使用教育技术，所以他们可能无法将教育技术有效地应用于教学中；最后，随着技术的不断发展，教师需要不断学习和掌握新的技术，但是不同教师的学习能力和掌握新技术的速度存在差异。

（二）教育技术的可用性问题

1. 技术设施的不足问题

首先，学校可能缺乏必要的技术设施，如计算机、投影仪等，会导致教育技术无法得到充分利用，无法满足教师的教学需求；其次，现有的技术设施可能存在质量不高的问题，如计算机速度慢、投影仪清晰度低等，影响教学效果；再次，随着技术的不断发展，技术设施的更新速度可能很快，但是学校可能缺乏专业的设施维护和管理人员，无法及时更新设施，导致设施过时或者设施出现问题时无法及时得到解决；最后，政府和学校对教育技术的投入可能不足，导致设施数量和质量方面的问题。

2. 技术使用的复杂性问题

首先，一些教育技术产品的设计不够人性化，使用流程复杂，需要教师花费大量的时间和精力去学习和使用，影响教师的使用体验，导致教师缺乏使用的积极性；其次，一些教育技术产品的操作可能不便捷，而教师的技术能力有限，教师使用起来困难，无法熟练掌握和应用复杂的教育技术产品，影响教学效果；再次，一些教育技术产品可能存在技术支持不足的问题，导致教师无法解决使用过程中的问题；最后，随着技术的不断发展，教育技术的更新速度可能很快，教师可能需要更多的时间和精力去适应新的技术，导致教师缺乏使用的积极性。

（三）教育技术的安全性问题

1. 安全防范措施的不足问题

学校管理者缺乏足够的安全意识，没有认识到教育技术安全的重要性，导致缺乏有效的安全防范措施，从而导致教育技术产品面临网络安全和信息安全问题。首先，学校网络可能因为缺乏有效的安全防范措施而容易感染网络病毒，影响网络的安全性和稳定性；其次，学校的网络系统可能因为缺乏有效的安全防范措施而容易受到攻击，导致系统崩溃或数据泄露；再次，学校可能缺乏专业的网络安全管理人员和技术人员，无法有效地保障教育技术的安全性；最后，教育技术产品可能因为安全防范措施的不足而发生个人信息泄露事件，影响学生的个人隐私。

2. 教师安全意识的缺乏问题

教师可能缺乏安全意识，对教育技术安全缺乏重视，无法正确使用教育技术产品，导致安全问题的发生。首先，教师可能随意公开学生的个人信息，如姓名、家庭住址等，导致学生个人隐私的泄露；其次，由于忙碌的教学工作，教师可能忽视网络安全问题，如不在意网络病毒的传播、不注意网络攻击的防范等，导致网络安全问题的发生；再次，教师可能未严格管理技术设施，如不加控制地使用计算机、投影仪等，导致技术设施的使用不当或损坏；最后，学校可能没有提供足够的安全培训和技术支持，导致教师没有足够的安全知识和技能。

3. 技术设施的缺陷问题

若教育技术设施存在设计和制造上的缺陷，则会导致安全性问题。首先，若教育技术设施存在质量上的问题，如硬件故障、软件崩溃等，则会导致无法正常进行教学。其次，学校购买的技术设施可能与实际教学需求不匹配，导致无法满足教师的教学需求。再次，学校可能缺乏足够的资金投入，无法购买高质量的技术设施，导致设施的质量问题。而且，教育技术的更新速度可能很快，但是学校可能无法及时更新技术设施，导致设施的过时。最后，学校可能缺乏专业的技术管理人员，无法正确选择和配置教育技术设施，导致设施的不匹配和更新速度慢等问题。

第三节　基础教育技术革新的路径及对策

随着信息技术的飞速发展，学生们可获取知识的途径更加多元化，现代教育技术打破了时空的限制，开放个体化教学，既实现了教育的全民化，又保证了教育个人化的质量，我们更应该深刻认识到教育技术给教育带来的变化以及对教育的作用。因此要想成功实现基础教育技术革新，不仅要在观念上做出改变，还需要在内容和效果上做出改变。

一、观念的更新与保障

教育工作者对现代教学媒体的态度如何，会直接影响现代教育技术在教学中的应用情况，因此基础教育技术革新首先要从观念转变开始。

第一，更新教育理念。教育工作者要树立创新、开放、包容的教育理念，注重培养学生的创新能力、思维能力和实践能力，灵活正确运用教育技术工具推动学生主动参与学习、合作学习和自主学习。

第二，更新教育内容。教育内容要紧跟时代的发展，教育工作者在使用教育技术手段进行教学活动的同时，也要注重培养学生的科技素养，提高学生对现代科技的理解和运用能力，培养学生的创造性思维和问题解决能力。

第三，更新教学方法。如果教师仅仅将信息技术视为一种工具来使用，那么技术与教育之间的隔阂仍然存在。因此，有必要构建一个教育信息化的生态系统，并引进多媒体教学、网络教学和虚拟实验室等，改变传统的教学模式，推进信息技术与教育教学深度融合，促进技术、人、社会和谐发展，提供个性化、定制化的学习方式，激发学生的学习兴趣，提高学习效果。①

第四，师资队伍建设保障。加强教师培训，提高教师的信息技术素养和教育技术应用能力，使教师具备应对技术革新的能力和信心，能够有效运用技术手段来提升教学效果。

第五，设施设备保障。更新学校的教育设施和技术设备，提供良好的技术支持和学习环境，为教师和学生提供更多的教育资源和工具，促进技术应用的推广和普及。

第六，监管机制保障。基础教育技术的革新需要教育行政管理部门、学校、企业、家庭、社会等多方协同参与，需要构建多方主体协同参与机制以保障教育技术向理想的目标发展。② 建立健全相关的教育法律法规和监管机制，保障教育技术应用的安全性和合理性，加强对基础教育技术的监督和评估，及时发现和解决存在的问题，确保教学工作的良性发展。

二、内容的设计与实施

全国中小学（含教学点）全部接入互联网，“三通两平台”目标任务基本完成，教育信息化应用模式不断创新，基础教育要借助信息技术来刷新我们的教育观念，并改变现有的教育方式，这需要在内容的设计与实施上做出改变。“让亿万孩子同在蓝天下共享优质教育”。

（一）制定战略规划

《中华人民共和国国民经济和社会发展第十四个五年规划和2035年远景目标纲要》

---

① 祝智庭．中国教育信息化十年．中国电化教育，2011（1）：20－25.

② 万昆，任友群．技术赋能：教育信息化2.0时代基础教育信息化转型发展方向．电化教育研究，2020，41（6）：98－104.

要求，加快数字化发展，建设数字中国，[①] 强调建设高质量教育体系，建成教育强国。技术为教育带来崭新的发展驱动力，为学生提供开放的学习空间、真实的学习体验、智慧学习支持等，以此催化教学变革、提升教学效果。2021 年 7 月，教育部等六部门联合印发了《关于推进教育新型基础设施建设构建高质量教育支撑体系的指导意见》，旨在把握新发展阶段，推进教育数字转型和智能升级，加快教育融合创新发展进程，支撑教育高质量发展。智能技术发展更新，为智慧学习环境的全面升级打下基础。智慧学习环境融合先进的智能技术，以物理环境、网络环境及各种智慧平台终端为支撑，具备对学习环境的准确感知能力，并能辨识出学习者的独特特点，智能推荐资源和工具，支持线上线下学习活动，从而使学生获得真实的学习体验。[②]

（二）推动数字技术与课堂教学深度融合

将教育技术应用融入各个学科中，建立与现代社会需求相适应的课程体系。科学推进数字技术与课堂教学深度融合，不是过分彰显“技术”有多么“行”与“能”，其核心价值导向和目标指向是促进课堂教学育人质量的提升。数字技术与课堂教学的深度融合应以课堂教学的原本意义和根本宗旨为逻辑基点。课堂教学是以课程内容为资源载体、以教师“教”与学生“学”相统一为本质特征、以促进学生健康成长为根本宗旨的教育实践活动。[③] 这就意味着，课程内容、教师“教”的活动以及学生“学”的活动这三个要素交互作用构成了课堂教学的内在逻辑。与此同时，教师和课程作为影响学生个体发展效果和水平的关键因素，其育人功能和成效不仅是持续不断的，而且是潜移默化的。

数字技术与课堂教学融合（早期被称为信息技术与教学整合），既是我国基础教育课程教学改革的重要理念，也是学术研究和中小学教学实践探索中的生动问题。

数字技术无疑可以对课堂教学的育人功能进行科学化、精准化“赋能”。数字技术与课堂教学深度融合的内在机理是：数字技术以其具有的功能价值，作用于课堂教学中的课程内容、教师“教”的活动以及学生“学”的活动这三个基本要素，并融入它们的内在交互关系中，从而整体、深层次、根本性地提升课堂教学的育人功能。概而言之，数字技术赋能课堂育人，其核心在于遵循课堂育人的基本逻辑，突出的是一个“更”字。在实践目标上，数字技术赋能课堂育人的目标，使课堂可以更好地完成“培养什么人、怎样培养人、为谁培养人”这一核心任务，使得课堂育人更有力量。

---

① 国家及各地区国民经济和社会发展第十四个五年规划和 2035 年远景目标纲要．中国信息界，2022（5）：110.

② 钟卓．人工智能支持下的智慧学习模型构建及应用研究．长春：东北师范大学，2023.

③ 柏沈燕．推动信息技术与课堂教学的深度融合．教育，2018（39）：23.

在实践路径上，数字技术赋能课堂育人，其核心内涵在于挖掘数字技术应用于课堂中三个基本要素的关键场景，突出的是一个“化”字。在赋能课程内容方面，数字技术可支持开放化选择资源、多元化表征内容、虚拟化再造情境、智能化生成问题和生态化营造环境，彰显课程内容的高尚性；在赋能“教”的活动方面，数字技术可实现结构化整合过程、动态化激活要素、形象化演绎知识、审美化表达意义和时空化连接场景，增强教学过程的丰厚性；在赋能“学”的活动方面，数字技术可助力便捷化交互协作、数据化提取信息、精准化分析数据、即时化反馈结果和泛在化拓展学习，提升学习策略的灵动性。以课堂中的三个基本要素为纽带，数字技术得以赋能全要素和全过程的课堂教学数字化转型，打造回归本真的课堂教学。

（三）建设教育资源

建设和整合丰富的教育资源，包括数字化教材、在线学习平台、教育游戏等，为教师和学生提供多样化、个性化的学习资源，努力提升基础教育信息化的应用水平，扩大资源的覆盖面。

1. 工欲善其事，必先利其器

一个优质的操作环境可以使资源的开发者和使用者更加高效地完成他们的教学设计任务。好的操作环境应当是一个大众化的容易操作的环境，师生不需要花太多时间参与专业培训就能顺利进入，只需根据实际需要适当按照提示进行操作，同时还需要关注学科教学的需求，不同学科的教师，需要得到该学科的特殊的专业支持。首先，应用为王，要努力降低技术门槛，把方便教师应用放在第一位；其次，教育资源有多种便捷的分享方式和使用方式，有助于推动其应用的深度和广度；最后，资源可以通过多种渠道服务应用于基础教育，通过工具融合、定制资源包、资源融合等多种方式与第三方平台合作。

提升基础教育信息化应用水平，可以用四个词来描述，即“举重若轻”“心想事成”“推陈出新”“众志成城”。“举重若轻”是指信息化把有些繁重的教学与学习任务变轻松了，实现了减负增效。“心想事成”是指做到了过去想到但做不到的教学方面的事。“推陈出新”是指创新，过去不敢想或者想不到的方法或作品，在信息化与基础教育深度融合的情形下得以创造，形成了创新成果。“众志成城”是指汇聚各方面的优秀资源和成熟的信息技术，合作交流，把我国基础教育信息化的应用推向更高水平。

2. 信息技术与课程整合

首要任务是确保各个学科的教学资源得到充分建设，并提供大量的数据库资料。针对学校课堂教学的具体情况，有组织、有计划、有步骤地建立学校教学资源库是推动和深化教育技术改革的基础。在构建教学资源库的过程中，需要重点关注以下几个方面的工作：

第一，素材的收集。在收集各类教学素材时，可以选择从现有课件或其他软件中重新提取、组织和还原素材，或者自主开发针对教学难题的微型教学单元，以满足教学需求。

第二，素材的分类。在积累了足够的资源之后，下一步应该是对收集到的素材进行分类并建立数据库。技术管理人员在管理信息资源库时，应根据教学需求，首先遵循科学系统分类的原则，将从不同渠道收集和制作的各种类型的媒体素材，无论是以磁盘阵列还是以光盘库的形式，分类地储存到教学资源库中。

第三，标准化素材单元的建立。在教学素材库的建设过程中，我们提倡将教学知识点分解为一个个微教学单元的课件模块，即标准化素材单元。简而言之，就是把各个学科的知识内容拆分为多个标准化的知识点，并储存到教学资源库中。一个标准的知识点可以被视为一个全面的教学单元，它不仅解释了某一特定方面的含义，还包括了相关的练习和展示方式，以及相关的知识链条。

具体使用时，仅有零散的标准化素材单元远远不够，还要利用素材单元组合平台把零散的标准化素材单元浓缩起来。标准化素材单元组合平台是直接面向普通教师的、提供二次开发功能的制作多媒体教学软件的一个工具，它是一个软件环境，最终应用于教学。标准化素材单元组合平台具有以下基本特征：对普通教师来说，简单易学；不需要进行程序设计，能较容易地编制教学软件；对标准化素材单元库中的多种多媒体资源进行灵活、便捷的组合。

第四，资源的共享。资源库建好以后，也要加强对它的管理，不然，各种教学资源极易丢失和遭到破坏。可以通过集中管理方式统一集中教学资源。使用时，教师在普通客户端输入密码进入资源库查找，再从服务器端导出，从而实现充分利用，提高学习资源的利用率与使用效果。此外，在校园网的帮助下，打造信息高速公路，扩大资源渠道。网上的专业网站很多，比如素材网、课件网以及各种教育教学网。教师可从这些站点中查找到备课需要的背景资料、图片素材、成品课件等，再根据教学实际需要进行概括、剪接、整理，也可利用网络获得最新教学理念。对教师来说，不断地接受新知识、拓展知识面、提升各方面素养、加深自身教育思想和教育观念就显得格外重要。同时教师要深化理解教育信息技术运用的基本目的，在网络环境下应把教育技术融入课堂当作素质教育来抓，整合于教育目的各个方面，而非仅以训练技能和学习知识为主。

（四）建立学校网络环境

搭建稳定、高速的校园网络，提供充足的带宽和设备，确保学生和教师能够顺畅地使用教育技术。运用现代教育技术授课，可以给学生营造一个更加真实的环境，活跃课堂气氛，并通过现代教育技术的各种展现调动学生的感官系统，让学生可以主动参与课堂学习，愿意主动学习。以学生的全面发展为核心，遵循“无界限教学空间”的核心理念，即“互联互通、资源共享、直播录播线上线下、数据为先”，致力于消除教务和智慧教室等信息孤岛的问题。将教学资源、教学服务和教学数据整合在一起，为教师和学生提供一种共享、交互和多元化的内容展示和交互方式，旨在打造一个智慧教学的生态环境。有研究者提出了建设目标及实施路径，从理念转变、组织架构调整、资源集成与管理平台搭建三个方面阐述如何构建智慧课堂教学生态体系，促进教育现代化转型升级。通过引入创新的智慧教学方法，我们可以改变传统的教学方式，并加强教师与学生之间的互动；创造智慧学习空间，激发学习兴趣。①

以智能控制系统作为中心，对各种多媒体和物联网环境设备、互动研讨设备等进行集中调度，实现了不同场景中的显示设备、传感器、智能教学设备、多媒体设备等的集中管理，为教师和学生提供了更加智能化、更加舒适的教学和学习环境。

优化教育教学的氛围。此外，将多媒体技术应用到初中物理课堂中能够使抽象问题具体化、枯燥知识趣味化，从而提高学生对物理学的兴趣和学习积极性，培养学生自主探究能力，促进其全面发展。多媒体技术具有高度的集成性、交互性、控制性和实时性等优点，在教学活动中的应用不仅丰富了课堂教学的内容，也赋予了课堂教学更多的活力。同时，这也有助于教师更有效地掌握课程的进度，为学生提供一个优质的互动平台。通过在线论坛等，教师和学生之间的沟通和交流得到了加强，实现了资源的共享，为学生创造了一个无时间和空间限制的学习环境。这样，学生不仅能在现实生活中应用相关的理论知识，还能更好地理解和掌握这些理论知识。运用多媒体技术进行教学活动，不仅可以丰富课堂教学的资源，还能丰富学生的学习内容。多媒体技术为教育者提供了丰富的教育资源，同时，教师和学生都可以根据自己的教学或学习需求，在任何时间和地点搜索这些资源，以满足他们多样化的教学和个性化的学习需求。

（五）教师培训与发展

教育改革的成功与否，很大程度上取决于教师的思考和行动，应给予教师革新教学的自由与权力。刚性的指令和超强的控制往往妨碍教育改革的推进，而放权和自由才是转型革新自发进行的基础。教师只有充分拥有用或不用、应用何种技术等自由，才可能真正成为革新教学的主体，才会主动根据教学需要选择技术，并尝试在教学中

① 李怡菲．深化教育技术改革 打造校园网络环境．河南农业，2009（16）：12－13.

应用技术，进而推动数字化转型。①

1. 重视技能的训练与提高

现代教育技术条件下的课堂教学改革，必须以教育技术为依托，教师要切实掌握好现代教育的各种技能，要着实提高自身在教育媒体的使用和维护、软件制作以及教学方法等方面的水平和能力。对现代媒体不仅要会操作、会使用，而且要能够非常规范地操作、非常熟练地操作。

2. 主动学习提高自身素质

为了使课堂教学能力适应新时代新形势新课程的需要，要重视理论学习。理论是行动的指导，思想是行动的先决条件，没有理论就不会有相应的行动。要实现课堂教学改革，教师要主动接纳新的教学思想，树立新的教学理念。积极参加培训或者主动学习去获得新的教学理论，减少教学实践中的盲目性，提高课堂教学中分析问题与解决问题的能力。教师要积极主动地参加提高自身教育技术手段与信息技术运用能力的培训，要重视不断学习和终身学习，做到能熟练使用各种媒体、正确使用各种媒体；能熟练运用现代教育技术、信息技术，把学生的注意力集中起来，把学生学习的兴趣激发出来，从而把学生学习的积极性调动起来，使原本呆滞的课堂教学变得富有生机。

3. 认识到媒体与教学内容的关系

现代教育技术条件下的课堂教学离不开教学媒体，但不能过于放大媒体的作用，不能全部依赖媒体，教师必须形成正确的媒体观。教育引入媒体，必然引起教学体制、教学管理及教学课程、教学结构、教材与教学内容等一系列的改革。但是现代教育技术并不等同于现代教育媒体，拥有了教育媒体也并不等于拥有了教育技术。在使用媒体的过程中，要在媒体与教学内容的关系、媒体对教学的影响、是否需要使用媒体、使用什么样的媒体、怎样使用媒体等方面做足功课，不要盲目使用媒体。媒体有硬件与软件两个方面，要注意协调使用，不能重硬轻软，只注重硬件的使用，仍然会落入形式主义的窠臼。

4. 凸显学生在课堂中的主体地位

充分尊重学生，体现学生真正意义上的自主。充分考虑并尊重学生的情感需求，采用多种符合心理和生理特征的现代教育技术手段去激发学生的各种非智力因素。利用现代教育技术去创建优美的情景，培养学生积极的、美好的情感，并能够引导学生进行自我评价和总结自己的经验。

---

① 张旻．现代教育技术在西部基础教育教学改革中所起作用与意义的分析．长春：东北师范大学，2006.

5. 教学反思

教学反思是教学能力发展的重要方式，是总结教学实践经验的必要环节。现代教育技术条件下，结合各种视听传播理论与学生心理发展特点，对教育技术运用进行反思，对教学过程进行反思，提升教学实践水平，促进课堂教学能力与水平进一步提升。

（六）持续改进与创新

保持对新技术的关注和研究，积极探索新的教育技术应用方式，不断进行改进和创新，推动基础教育技术革新的持续发展。坚持探索与创新，应牢牢把握“育人为魂、技术赋能”的基本原则。课堂教学的核心理念和价值在于育人，技术赋能课堂教学的目的在于切实保证课程的育人功能、教师的育人功能以及学生的自主发展功能得以实现。应保护教师的课堂主导权，增强教师育人的主动性和对数字技术的判断力。提升教师灵活合理运用数字技术的素养，将新科技催生的新文化有机地融入课堂内容与活动过程中，使得课堂育人更具时代感和生命力。让技术文化为教育注入新的活力——这或许是技术赋能教育的新期待。

社会的发展是不停息的，信息技术与现代教育技术的发展更是日新月异，由此必然带动教育领域的各个方面的变化和发展。学校的工作也要强调探索创新精神，努力把创新渗透到教育管理与教学活动中去。

三、效果的评价与管理

基础教育技术革新的效果评价与管理是指对采用教育技术手段进行教育教学和学习活动来做评估和管理的过程，是推动基础教育进一步发展的重要环节。

第一，树立科学的评价观。要始终坚守教育的本质属性与育人目标，教育技术的工具属性必须与教育的价值属性相匹配。中小学校在各类教学评价中需要超越工具导向的评价观，回归“服务于人的全面发展”这一根本性教育价值，始终秉持德行为本、能力为重、和谐发展的理念。

第二，设定明确的目标和指标。制定能够客观、全面反映效果的评价指标，以便在评价过程中能够准确衡量使用教育技术手段后所产生的影响和效果，如教师教学效率、学生学业成绩、学生参与度等。

第三，收集数据及分析数据。通过各种途径和方法，例如问卷调查、观察、测试等，收集实施过程中的数据，这些数据可以包括学生学习成绩和参与度、教师教学效果等。然后，对收集到的数据进行分析和解读，以确定教育技术手段对学习和教学的影响。可以使用统计分析方法，如均值、方差、回归分析等来分析数据。

第四，构建多元的教育评价主体。教育教学活动是一项复杂的活动，需要多元教育主体对教育活动的价值进行评判，教育活动的真正价值才能得到充分体现。《深化新时代教育评价改革总体方案》强调了需要围绕政府、学校、教师、学生和社会这五大核心参与者，进行全方位的反思、审查、调整和完善现有的评价制度、标准和程序。该方案主张打破现有评价体系的单一化，消除以管理者为评价主体的问题，并进一步推动“管办评分离”的实施，以构建一个多元主体参与、上下贯通、内外结合的评价协同机制。①

第五，定量和定性评估。评价可以包括定量和定性两个方面。定量评估可以使用数字和指标来衡量效果，例如增长率、得分等。定性评估则可以通过观察和访谈等方式，获取学生、教师和家长的意见和反馈。

第六，制定改进措施。根据评价结果，发现在使用教育技术过程中所存在的问题和不足之处，并制定相应的改进措施，以提高教育教学的效果和质量。

第七，促进经验分享和交流。组织教师之间的经验分享和交流活动，以便共享成功案例和经验，并提高教师和学校的教育技术应用水平。

◆ 本章小结

党的二十大报告强调要“推进教育数字化”。习近平总书记在主持中共中央政治局第五次集体学习时指出：“教育数字化是我国开辟教育发展新赛道和塑造教育发展新优势的重要突破口。”习近平总书记的重要论述深刻揭示了教育数字化的关键作用，为我们把握新一轮科技革命和产业变革深入发展的机遇、建设教育强国指明了方向和路径。在基础教育阶段，分别在教、练、考、评、管这五个环节实施人工智能辅助，进行虚实融合多场景教学、协同育人，利用线上海量的资源数据与强大算力，帮助教师教得更好、学生学得更好以及学校管理得更加精准，由此也体现出在基础教育阶段技术革新的重要性。

总 结

◎ 关键术语

教育技术　educational technology	革新　innovation
信息化　informationization	教师素养　teachers’ quality

① 张进良，杨苗，谈桂芬．智能技术赋能基础教育评价改革的实然困境与路径选择．中国远程教育，2023，43（2）：18－27.

◎ 章节链接

本章为第六章“基础教育技术革新”，读者可查看本书其他章节以便理解和掌握，如第八章“改革困境与挑战”。

应 用

◎ 批判性思考

为了实现城乡教育公平，某地区为Z农村小学配备了多媒体设备。由于Z农村小学的教师队伍中老教师年龄普遍偏大，青年教师占比较小，因此这些多媒体设备使用率并不高。Y校长是该农村小学的新任校长，发现这些多媒体设备只有少部分的青年教师在使用，而老教师在教学过程中还是使用传统的教学方法。

于是Y校长找这些老教师进行了谈话，老教师普遍表示：不想学习多媒体教学，觉得麻烦，学不会，他们已经使用传统的教学方法很多年了，也能教出来成绩，就没有必要再使用多媒体来进行教学了。Y校长在了解情况之后就制定了“青带老”的多媒体搭伙学习方式，即青年教师教几位老教师来学习多媒体教学，但是一段时间后，Y校长发现并没有效果，原因主要是老教师用多媒体不习惯，就不愿意学习，而老教师资历深，还是青年教师的师傅，在老教师不愿意学习的情况下，青年教师也没有办法逼迫其来学习多媒体教学。最后，Y校长看到老教师使用传统教学方式也能有成绩，此事也就不了了之。

任务一：请结合材料，说一说你的看法。

任务二：通过本案例，你认为科学和信息化技术可以为教育带来哪些改变？谈谈你的看法。

◎ 体验式练习

一、判断题（判断正误并说明理由）

1. 基础教育技术旨在提高教学效果、促进学习和教学过程的发展。

2. 目前，基础教育技术革新所面临的问题是技术选择、教育资源的质量和教育资源的获取。

3. 只需要改变观念就可以实现基础教育技术革新。

二、讨论与探究

1. 你认为基础教育技术革新所面临的最大问题是什么？谈谈你的看法。

2. 如果你是一位中小学的校领导，你将如何引领学校进行教育技术革新？

三、案例研究

人工智能赋能教学质量提升 助推教育均衡提质①

2020 年 4 月，在区委、区政府的高度重视下，云南省昆明市五华区在原有的“智慧教育学业大数据监测平台项目”成效和经验的基础上，率先启动人工智能因材施教示范区项目。

项目覆盖五华区 14 所公办中学和 33 所公办小学，为推动教育教学数字化转型、深化教育综合改革、促进教育均衡发展、落实因材施教的教育理念、推动区域教育高质量发展注入了强劲动力。

古书有云，“兵马未动，粮草先行”。在教育教学朝着智慧化、信息化变革的过程中，配套设施便是需要先行的“粮草”。

自 2020 年 4 月项目启动以来，五华区与科大讯飞合作，在全区 14 所公办中学所有班级实现了智慧教室、大数据精准教学系统、个性化学习系统的“三全”覆盖，并在全区公办中小学部署微课录制系统，配齐“粮草”。五华区基础教育发展研究院副院长戈应彪介绍道：“运用信息技术，可以为每一个学生‘量身定制’课件和题目。”走进昆明市第二十四中学，总能见到课间学生们端着平板在走廊里自习。他们有的跟着智慧课堂学英语，有的打开题库做练习……充分的“粮草”，为教学质量的提升创造了条件。“学校配备的平板不仅可以让学生们查看各类课件、使用题库进行练习，还能实时对学生的学情进行分析，当学生遇到掌握不熟练的知识点时，系统会针对性地为学生推送该知识点的训练题库，”科大讯飞技术人员解释道，“但并不是只针对单个的知识点或题目进行重复练习，而是要帮助学生梳理知识点的链条，对不同题型中的同一个知识点、对延展的相关知识点进行理解，让学生真正掌握每一个知识。”

对于教师来说，掌握信息技术已成为必备技能。在配齐“粮草”的同时，教师们的“操练”也如火如荼地开展。刚开始的时候，一些教师对新平台、新技术的使用可能感到比较吃力、难适应，后来学校开展了许多相关培训、研讨、课赛，当他们逐渐掌握使用方法后，就发现教学工作更轻松、更高效了。与此同时，五华区教体局与科大讯飞还共同构建了分级分层次的培训体系，常态化地开展集中培训、区域教研、论文指导、课赛活动、成果申报等，来达到加强教师队伍建设以及提升教师信息化素养的目的。五华区教体局与基础教育发展研究院高度关注“三新”相关改革，积极开展各类课赛，不断优化课赛形式和内容，坚持“以赛促教”“以赛促研”；各个学校也在

① 五华区：人工智能赋能教学质量提升 助推教育均衡提质．(2023 - 09 - 01)［2023 - 12 - 28］. https：//mp. weixin. qq. com/s? __biz=MzA4Mjc5NjA2Mw==&mid=2652155905&idx=3&sn=dc297c4d6ecdf1061e44edfc0cdd0809&chksm=84605b71b317d2675abc7f7b2019fbdb2b1969b85effb119f3c113ba2bcf4015fa25bd160239&scene=27.

"用好"信息化技术的探索过程中不断创新，开展人工智能环境下的青年教师培养及成熟教师转型等研究。

如今，利用智慧课堂进行备授课基本已成为五华区教师教学的常态，仅2023年上半年，五华区教师利用智慧课堂累计备课约48.7万次、授课约21.6万次。在一次次培训、研讨、课赛中，教师们对各类信息化技术的运用更加得心应手，更能有针对性地开展教学。在人工智能的赋能下，教育教学质量显著提升，逐渐走出一条个性化教学之路。过去，教师对学生学情的掌握只能通过考试成绩和日常教学中的感受、感觉来实现，比较模糊。现在，教师们能通过学生对题库、课件等的使用情况，精准、快速地了解到学生对知识点的掌握情况，根据实际学习情况调整教学的节奏，让教学更加精准化、个性化。

任务：昆明市第二十四中学是怎么运用教育技术来进行教学的？

拓 展

◎ 补充读物

1. 邱红艳，孙宝刚．现代教育技术［M］．重庆：重庆大学出版社，2020.

教育技术能力作为现代教师必须具备的能力之一，一直是师范生学习和在职教师培训的重要内容。随着时代的发展，教育技术的内容也在不断地丰富，该书以《中小学教师教育技术能力标准（试行）》为依据，以教师教育专业化和新课程改革为背景，以满足职前和职后教师在实际教学工作中对教育技术能力的需求为目标进行编写。全书内容涵盖教育技术概述、教学设计、多媒体技术及应用、平面媒体的获取与加工、动画媒体的设计与制作等，还包括实践训练项目以训练学习者的教育技术技能。该书以知识的先进性、实用性为宗旨，对教育技术的知识体系重新做了梳理，在编写上采取"模块+活动"的方式，形式新颖；内容阐述采用情景导入或案例分析，具有较强的可操作性。

2. OECD教育研究与创新中心．技术驱动，教育为本：技术革新教育的系统方法［M］．上海：华东师范大学出版社，2016.

该书以丰富的案例从技术创造的机遇、技术驱动革新的监测与评价、研究的作用与贡献三方面阐释了技术驱动的教育革新。该书共有三个部分，分别阐述了教育领域中技术的变化趋势、国家如何监控与评价技术的应用以及针对技术应用效果讲究采用持续的国际对比，探索了设计研究的可行之道。该书还建议各国政府及教师等重新思考如何支持、监测与评价革新，无论这种正确的策略与工具应用是否恰当，是否发挥了所有的潜能，教育中技术应用的最终落脚点应该始终是学生的学习质量。

3. 余胜泉．互联网+教育：未来学校［M］. 北京：电子工业出版社，2019.

该书分析了互联网变革未来教育的认知基础，系统阐述了互联网时代未来学校的八个核心领域及其形态：智慧化学习环境、多元立体的整合性课程、建构性的教学新范式、泛在的体验性学习方式、数据驱动的教育评价、人机结合的数字化教师、数据支撑的科学管理、没有围墙的学校组织。“互联网+”未来学校需要推进技术支持的重大结构性变革，实现核心业务领域的流程再造和结构重塑。该书将理论与实践结合，围绕未来学校的核心领域，分析与展望了关键业务的形态与创新方向，提供了各具特色的案例，可为一线学校管理者、教育技术工作者提供推进“互联网+”未来学校变革的参考和指导；也可为教育研究者提供从互联网变革学校入手进行研究的新视角。

第七章

基础教育教师发展研究

◆ 本章概述

基础教育教师发展研究可以更好地探索基础教育阶段教师成长与发展的特点和规律，创新教师发展理论，探讨基础教育领域教师发展问题，更好地服务教师工作实践。基础教育教师发展已然成为推动我国教育信息化进程和基础教育教学改革的关键因素，而伴随着基础教育改革，教师专业发展也需要做出相应改变。

章结构图

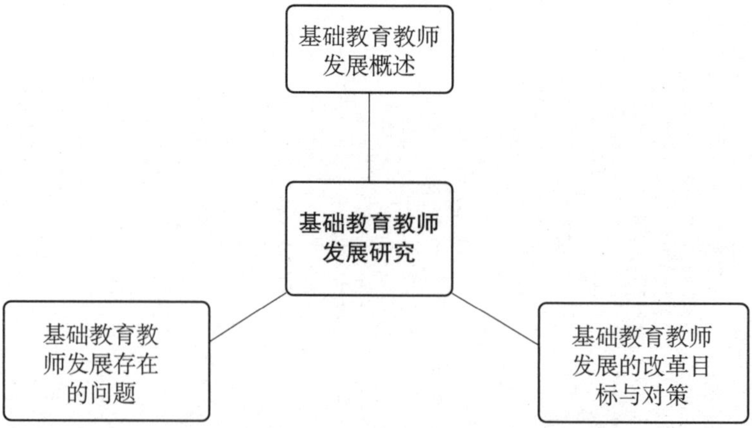

学习目标

1. 了解基础教育教师发展的定义与内涵

2. 掌握基础教育教师发展的特点
3. 了解基础教育教师发展的途径
4. 了解基础教育教师发展存在的问题
5. 掌握基础教育教师发展的改革目标与对策

读前思考

1. 你知道 2021 年修正的《中华人民共和国教育法》对中小学教师学历的新要求吗?

2. 你认为中小学教师在职业发展过程中最重要的目标是什么?

3. 请谈谈你对中小学教师成长与发展的看法。

热身活动

任务一：每位新上任的教师在上岗前都会参加岗前培训，制定个人发展规划，如果你是即将上任的教师，你会给自己制定怎样的发展规划?

任务二：你认为在教师发展过程中，什么起着决定性作用？请谈谈你的看法。

在教师手里操着幼年人的命运，便是操着民族和人类的命运。

——陶行知

教育是立国之本、强国之基，教师是教育发展的第一资源，我国对教师发展研究的关注由来已久，教师专业发展对于指导教师专业成长、促进研究工作的深化、更好地服务我国教育事业的发展具有非常重要的意义与价值。

第一节　基础教育教师发展概述

基础教育是国民素质提升的基石，它是以育人为本的，它能全面、基础性、先导性地培养各种层次的人才。本节介绍了基础教育教师发展的定义与内涵，明晰了基础教育教师发展的特点，阐明了基础教育教师发展的途径，旨在帮助读者更好地理解基础教育教师发展。

一、基础教育教师发展的定义与内涵

教师是教育的根本，是教育的源泉。要了解基础教育教师的发展，首先要了解基础教育教师发展的定义与内涵。

（一）基础教育教师发展的定义

在我国，基础教育包括幼儿教育、义务教育、高中教育，以及扫盲教育。① 教师发展是指教师在其职业生涯的全过程中，在专业机构的支持下，经过一系列的专业培训，掌握教育方面的知识与技能，实现专业的独立性，体现职业道德，并逐渐提升自己的素养，最终成为一名优秀的教育者，也就是一个人从一个“普通人”变成了一名“教育者”的过程。因此，我们可以将教师发展理解为教师专业发展。

根据相关文献资料，对于“教师专业发展”概念的研究已经相对深入，可以总结归纳为两类：一类以饶见维为代表人物，对教师的专业发展进行了界定，即：一个人从教师职业初期的培养阶段到进入工作岗位之后的在岗培养阶段，一直到教师退休离职为止的整个职业生涯发展过程。② 另一类以外国学者佩里为代表人物，提出教师专业发展是指教师个体专业、生活专业成长的全过程，包括信心的增强、教学经验的丰富、技能的提升、专业理念的深化。③ 前者强调教师这一职业的成长历程，涵盖教师职业生涯中各个方面的成长与发展；后者强调教师自身不断专业化的过程，即专业成长过程。

广义的基础教育教师发展指教师作为一个人的全面发展，是由学校内的不同因素所引起的，比如教学实践、校园文化、师生互动、情感交流等诸多因素，都会对中小学教师发展产生影响。教师发展是一个变量，包括环境变量、自我变量和发展水平变量，基础教育教师发展要从社会性发展、个体性发展、专业发展三个维度进行研究。④ 狭义的基础教育教师发展是指为提高中小学教师的专业知识和教学水平、推动中小学教师科研能力提升的活动，专指专业发展。《教师专业化的理论与实践》一书将教师专业发展界定为“教师个体专业不断发展的历程”，教师必须通过学习与探究来拓展专业内涵，提高专业水平，从而达到专业成熟的境界。本书的基础教育教师发展指的是狭义的教师发展，即教师专业发展，为了行文简洁，下文将教师专业发展统称为教师发展。

---

① 关于基础教育的定义、范围和阶段．(2007-04-19)[2023-08-31]. http://www.moe.gov.cn/jyb_hygq/hygq_zczx/moe_1346/moe_1352/tnull_21654.html.

② 饶见维．教师专业发展：理论与实务．台北：五南图书出版公司，1995.

③ 杜静．教师专业发展．北京：高等教育出版社，2017.

④ 王琴，何起立．基础教育教师发展内涵探究．福建省商贸协会，2021：102-107.

(二) 基础教育教师发展的内涵

2012 年，教育部发布《小学教师专业标准（试行）》，包括专业理念与师德、专业知识、专业能力三个方面的内容，[①] 而后，随着时代的发展，教师发展的内涵不断丰富，强调教师是一个不断发展的潜能无限的人，这就需要我们将其看作“专业人员”，既是学习者，又是研究者，还是合作者。教师自我发展强调个别教师的个性发展，充分发挥个体的潜力。教师发展主要包括专业知识、专业能力、专业理想、专业思想、专业品格、专业智慧六个方面的内容，基础教育教师发展研究则探索基础教育阶段教师成长规律，创新教师发展理论，服务教师工作实践，探讨基础教育领域教师发展问题。

二、基础教育教师发展的特点

教师成长是一个长期的动态过程，贯穿于教师的一生。基础教育教师发展具有长期性、专业性、终身性、全面性和基础性的特点，见图 7 - 1。前三点适用于各学段教师的发展，而全面性和基础性更加针对基础教育学段的教师。

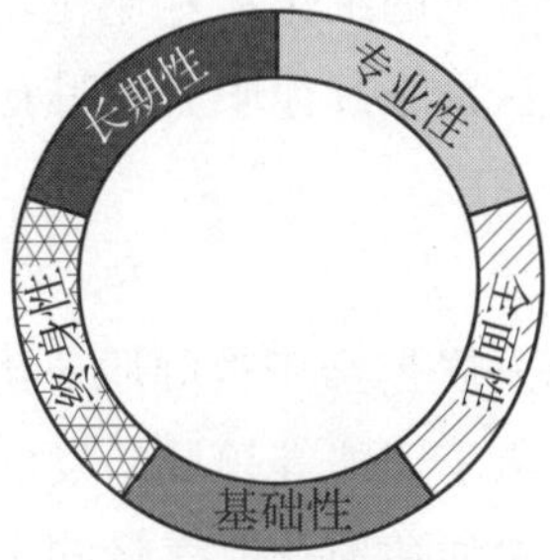

图 7 - 1　基础教育教师发展的特点

(一) 长期性

长期性是指教师发展要经历较长的时间周期，短期内难以看出明显不同。教师发展是一个长期的、渐进的过程，需要教师付出长期的大量劳动才能看到成果、得到验证。成为教师不是教师发展的终点，而是起点，教师是发展中的人，长期性更加强调教师教育一体化发展、教师专业成长与职后规划。教师发展需要经过系统化的学习与

① 教育部关于印发《幼儿园教师专业标准（试行）》《小学教师专业标准（试行）》和《中学教师专业标准（试行）》的通知．(2012 - 09 - 13) [2023 - 08 - 10]. http://www.moe.gov.cn/srcsite/A10/s6991/201209/t20120913_145603.html.

知识转化，根据自身实际情况和专业需求，制定长期的发展规划与短期的学习计划，在教学实践中不断提高个人素质和专业水平，不断反思教学实践，不断修正和及时调整教学战略，改进教学方法，并在整个过程中实现各方面的发展。

（二）专业性

《中华人民共和国教师法》明确规定，“教师是履行教育教学职责的专业人员”，说明教师职业具备专业性特征，其身份具有特殊性，无形中对教师的行为做出了规范和约束。由于初等教育的主要教学对象是儿童，他们处于一生中身心发展的“关键期”，因此初等教育教师更要“尊重儿童”，坚持“以学生为本”的基本理念，将此作为专业性发展的前提要求，[①]《小学教师专业标准（试行）》中也有所体现，初等教育阶段的教师要促进儿童生动活泼、健康成长。

教师作为“立教之本，兴教之源”，承担着办好人民满意的教育的历史重任。教师的任务是“教书”与“育人”，只有具备“教书”和“育人”的能力，具备一定的专业知识与专业技能，才能胜任这一职业。教师的专业性包括掌握精深的学科专业知识、广博的科学文化知识以及教学技能，具备职业道德和职业操守。教师的专业性要求教师具有教育专长。教育专长，或者说是专业能力，是教师职业与其他职业相区分的一个重要维度。在当今社会，由于分工的细化和专业化，对教师教育和教学专业的需求也在不断增加。这也是教师职业区别于其他职业的明显特征。

（三）终身性

教师发展的终身性强调教师发展贯穿于教师职业生涯的始终，这需要教师树立终身学习的理念。随着信息技术、人工智能等领域的发展，科技正在深刻地改变着人们的生活方式，人们可以更轻松、更便捷地获取海量知识。信息技术的变革也使教师不再是学生获取知识的唯一来源，在信息时代，教师同样是学习者，在更新知识的同时，也要不断进行研究型学习。基础教育教师的发展，从本质上来说是一种“可持续”的发展。教师要秉持终身学习理念，从内心理解终身学习的重要性，明白终身学习是延续职业生命的保障，是永葆职业青春的必备，只有不断更新知识，坚持学习，才能搭乘时代发展的教育快船，在时代洪流中屹立不倒。

基础教育教师发展的终身性一方面强调教师的学习时长，要求教师将学习作为自己毕生的事情，边学习边工作，不断积累和丰富教育知识、教育理念；另一方面强调学习的广度，教育是一个动态发展的过程，与人类社会发展密切相关，知识在不断生

---

① 陈威，马云鹏．基于儿童发展：小学教师专业性的三重意蕴．东北师大学报（哲学社会科学版），2013（6）：214－218.

成和更迭，教师要学习多方面的知识，包括学科知识、教育专业知识、文本知识和实践知识。“水之积也不厚，则其负大舟也无力”，知识储备不足，视野不够，教学就会捉襟见肘，在信息时代，教师所知道的必须要超过教给学生的范围。①

（四）全面性

教师发展的全面性是指教师应在职业发展过程中得到全方位的发展，教师的全面发展是教师发展过程中必不可少的一环。基础教育教师的综合发展包括：身体素质、智力素质、思考能力、劳动技巧、创造力、对外部世界的掌控能力、交往能力和潜能等。② 现代教师的知识结构应当由具体的学科知识构成；预设知识是教师对教学和学习的规律性认识；实践知识是指教师在课堂上所掌握的情境知识；普通的文化知识，也就是一个教师所拥有的知识面和专业的兴趣。除此之外，教师也应具有现代的、开放的教育观念。也就是说，教师在发展过程中除了专业知识和专业技能得到提高，其道德水平、创新能力也应不断地提高发展，教师发展的全面性既是教师主体发展的需要，也是教师职业的社会性需要。③

（五）基础性

基础性是基础教育阶段教师发展的显著特点之一，但在实际生活中，常被人们忽略。“基础性知识”包括生活常识、学科知识、道德知识、世界观、人生观、价值观等，最终目的是帮助学生掌握生活常识，学习基础学科知识，树立正确的道德观念，而这其中最为重要的就是“人的知识”，包含情感、态度、价值观、信仰、意志、兴趣，旨在帮助学生建立正确的世界观、人生观、价值观，学会如何做人，展现人性的光辉。习近平总书记强调“有高质量的教师，才会有高质量的教育”，作为“人类灵魂的工程师”，教师无时无刻不在以自己的道德品行去影响学生，以自己的文化知识去浸染学生。教师只有首先具备基础性知识，拥有高尚的道德品质和正确的三观，带头践行社会主义核心价值观，才能培养出一批批社会主义事业的建设者和接班人，教育才能永续发展。

三、基础教育教师发展的途径

基础教育教师发展的途径是完善教师教学技能、提升教师教学素养、提高教师教

① 张伟．转向自我：中小学教师发展的内源性探析．中小学教师培训，2010（4）：12－14.

② 刘卓红，刘倩．理解“人的自由全面发展”命题的三个维度：内在意蕴、当下形态与实现思路．世界社会主义研究，2021，6（7）：10－18，97.

③ 张炎．人的全面发展视域下高职院校教师评价改革论析．教育与职业，2023（8）：71－76.

学品位。本部分从教师职业生涯的不同阶段将其划分为职前培养、入职辅导、在职培训、自我教育四个方面。

(一) 职前培养

职前培养（pre-service teacher preparation）是教育学名词。职前教育承担着培养未来教师的重要责任，对比近几年的研究文献数量，研究力量相对比较集中的职前培养模式有本土化培养模式、合作模式以及富含乡土文化与意蕴的高校培养模式等。[①]在全球化时代背景下，人们对师资素质的重视程度逐渐提高，英国、美国、澳大利亚等发达国家对于培养卓越教师都十分重视，比如英国出台“卓越教师计划”，美国研制“全民拥有优秀教育者计划”，澳大利亚启动“政府优秀教师计划”等，不断推出卓越教师培养计划，其相应标准逐步趋于完善。国际教师教育改革聚焦于培养卓越教师，并认为基础教育阶段的卓越教师具有先导性、战略性地位。近年来，我国出台了《关于全面加强和改进新时代学校体育工作的意见》《关于全面深化新时代教师队伍建设改革的意见》《关于实施卓越教师培养计划 2.0 的意见》等一系列文件，明确要求到 2035 年，全方位提升教师的综合素养和专业化水平，培养数以万计的卓越教师，实现配齐配强体育教师的目标任务。“62 所高校 80 个各类卓越教师培养改革项目获批立项，卓越教师培养以‘燎原之势’‘燃遍’全国，成为各师范院校集体式推进的教育教学改革计划。”[②] 卓越并非静止状态，而是基础教育教师在主观愿望和强力意志下获得自我发展的动态变化过程。“知识和素养作为预期学习结果的连续体，是一种过程的、实践的和情境的共生关系。”[③] 也就是说，知识和素养的培养是一种过程性的、动态性的实践活动。卓越教师具备优秀的职业素养，可以切实有效地处理变化莫测的教学情境。随着时代的发展进步，基础教育教师发展面临着新的挑战，职前教育是成为一个合格教师的入门教育，实现职前培养与在岗培养相结合的教师职业培养一体化，已经成为教育普遍共识。但是，我国教师教育的特点长期以来都是“学科性明显强于专业性，学术性强于师范性”[④]。

目前，我国乡村教育的师资力量相较于城市还比较薄弱，很多乡村学校缺乏音乐、体育、美术等科目的教师，但是乡村教师是发展乡村教育的主体、关键，也是乡村振兴的重要保障力量。因此，要想教师发挥提升人才质量的作用，就必须激励教师主动

---

① 崔恬聪．文化回应型乡村教师的职前培养研究．济南：山东师范大学，2023.

② 任雅琴，吴劲松．卓越体育教师职前培养的现实困境和突破策略．高教探索，2023 (3)：56－62.

③ 张良，王克志．知识与素养究竟是什么关系：实体性与生成性之间必要的张力．课程·教材·教法，2020 (5)：45－50.

④ 王斌．江苏省师范生教学基本功大赛方案的优化及对教师职前培养的启示：以小学教育专业为例．常熟理工学院学报，2021，35 (6)：116－120.

前往乡村教育薄弱地区，乡村教师要有扎根或者长久奉献的信念，同时需要具备专业知识与技能，能够更好地为乡村教育发展做贡献。很多研究者对这个问题进行深入探讨，他们认为目前的职前培养理论脱离实践，忽视了地方的特殊需求。因此，要采取相关措施来提高教师对于乡村从教的意愿和提高乡村教育质量。

（二）入职辅导

入职辅导是针对刚入职的新教师进行的有关教育知识、教学技能、情感态度方面的辅导。新教师是一所学校的新鲜血液，也是学校发展、教学质量提升的后备力量，要重视对于新教师教育知识、教学技能、情感态度的辅导。近年来，我国高度重视中小学新教师的入职培训。2018 年，教育部等五部门印发了《教师教育振兴行动计划（2018—2022 年）》，提出要加强对于新教师入职辅导的统筹规划。2020 年，教育部教师工作司又印发了《新教师入职培训指南》，对“国培计划”中的新教师入职培训进行了指导。新教师入职辅导的规范化和体系化建设已然成为我国未来教师教育的一大重点。①

每个地区以及不同学校的入职辅导有着不同的内容与形式，但是入职辅导必须围绕以下两点展开：突出对基础教育课程改革以及相关理论的学习，在扎实掌握理论的基础上积极实践。在日常教学中实践新课程，仅仅靠理论是不够的，需要结合具体案例进行分析，在分析的过程中让新教师能够有更加深切的体会，从而更好地理解、掌握、实施新课程的内容；利用合理的培训方式，使教师积极参与其中，组织参与式研讨；充分发动参与培训的教师，教师发现的或者自身存在的问题可以充当培训的资源。要充分调动教师的积极性，使其主动思考，提出自己的问题，暴露自己的不足，然后探讨如何进步，不断完善自己。

对于入职辅导，我们应该不断更新与改进，从而能够更好地服务于新教师的需求和学校对于新教师的要求，主要包括：入职培训的目标、方式、内容要与时俱进，结合时代发展不断进行更新；不仅要培养教师的学科核心素养，还要注重培养教师的跨学科能力；积极探索信息技术、智能技术在教师培训中的作用。新教师的发展是一个长期的、变化着的过程，所以对于新教师入职辅导的考核方式不能仅仅依靠终结性评价，应该使用多种考核方式。

（三）在职培训

教师在职培训是指教师不脱离工作岗位而从事教学活动的一种教学方法。中国教

---

① 王莹．基于《早期职业框架》的英国新教师入职培训核心方案研究．大连：辽宁师范大学，2023.

师继续教育由政治理论、文化知识、职业技能三个方面组成，其目标是培养具有素质和能力的合格的人民教师，促进教育教学工作的发展。目前，世界许多国家对教师的职前培养与岗位培养给予了高度的重视。本部分选取具有代表性的如校本培训、校本教研、“青蓝工程”三种培训方式进行论述。

1. 校本培训

校本培训在教育行政部门、教师培训机构的规划指导下，在中小学校长的组织和领导下，在教师任职的学校自主实施。它与学校的工作实际密切地联系在一起，以此来提升学校的教育质量和办学效率，促进教师的专业成长。① 素质教育要求学生成为学习的主体，校本培训要帮助教师转变灌输式的课堂教学方式，利用多种教学方法调动学生学习的积极性和主动性，让学生掌握学习的方式，重视结论的同时更重视过程。素质教育还要求发展学生的个性。这些都要求教师必须转变传统的教学方式，探寻一种新的、更有教育机智的教学方式，攻克教学的难点，打造一支心理素质强健、人格健全、思想崇高、具有扎实的专业知识和文化底蕴的教师队伍，同时要注重研究学校自身的特点，发挥素质教育的办学特色。

校本培训的主要特征有：以教师的工作岗位为核心是校本培训的显著特征，针对性是校本培训的生命，校本培训是教师与学校同步发展又相互统一的过程。

校本培训的主要形式有：优秀教师与新教师建立师徒关系，开展短期培训，学校与学校之间的观摩与交流，反思性教学，课题带动法，组织教师研究教材，远程教育。

2. 校本教研

校本教研，是指学校根据实际情况，利用自身的资源优势与特点开展的一项教育与教学研究工作。校本教研与校本培训不同。校本培训以教师的工作岗位为基础，而校本教研则以学校为基础，对自己所遇到的问题进行探讨，在这一阶段，教师是研究的主要对象。校本教研是以学校教研活动为基础、以学校为中心进行研究的一种制度安排。在校本教研活动中，以学校为基础，以教师为主导，以促进学生和教师的共同发展为目标。

校本教研的主要特征有：学校是教学研究的主要阵地，研究者对在本校教育教学过程中存在的问题进行归纳总结、探索解答；教师作为主要的研究者，在教学实践中发现问题、明确问题，并以此作为自己的研究课题；研究对象是教学中存在的急需解决的问题以及教师发现的自身存在的问题；自我反思、同伴互助、专业引领始终贯穿在研究过程之中。

校本教研的主要形式包括：专题讲座促观念更新，案例分析促教学反思，专家指

---

① 熊焰．试论教师专业化与校本培训．课程·教材·教法，2002（7）．

导促骨干成长，学术沙龙促交流沟通。

3. “青蓝工程”

“青蓝工程”是为实施科教兴省和人才强省战略，进一步加强师资队伍建设，培养骨干教师和学科带头人，突出抓好高校优秀拔尖人才、学术带头人选拔培养工作而实施的重要人才培养工程。古人云：青，取之于蓝，而青于蓝。“青蓝工程”便来源于此。一般而言，学校会为刚入职的新教师配备师傅。师傅会从如何备课、上课、与学生相处、处理班级工作等方面对徒弟进行指导；徒弟从各个方面积极向师傅学习，定期向师傅及学校展示和汇报自己的学习成果。“青蓝工程”旨在进一步加强师资队伍建设，使青年教师在师傅的指导下不断提高自己的教育教学水平，实现专业化成长。①

“青蓝工程”的实施步骤如下：招聘教学名师；举办开班典礼，根据新入职教师的专业，为新入职的教师配备授课老师，并上报教务处审核；一起研究制定切实可行的教学方案；关注“青蓝工程”实施期间的监管与效果评估，需要对“青蓝工程”的执行过程进行持续的监管与评估。②

（四）自我教育

能够实现教师的自我教育才有可能实现教师的最大价值输出。在教育实践中，如果要引导学生实现自我教育，首先教师自身要通过自身实践，获得真实的经验，这样才有可能将宝贵的成果教授给学生。所以，教师的自我教育就显得尤为重要。教师的自我教育是教师基于自我意识，为了获得自身的专业发展并提高自身的素质修养，自觉主动地根据社会对教师的要求以及教育发展的规律，在教育教学实践中不断地自主学习、自我反省、自我评价、自我调控的一种教育活动，目的在于提升自身的综合素质。③ 自我教育实际上应该贯穿于教师的一生，根据对相关文献的整理及研究，将基础教育教师的自我教育分为以下几个部分：

1. 自我认知

教师的自我教育开始阶段都会比较困难，因为教师的自我认知是比较内隐的，很难表征和实现。而用户画像技术以用户的外显行为为基础来分析行为的内隐特征，能够了解教师自身的一些认知，现在这种技术已经应用于教育领域了，可以用在对教师自身的画像构建上。在具体的实施途径上，可以利用教师线上研修平台，将整个学习过程都记录下来，收集和分析数据，并以此为基础，利用画像的构造方式，构造出一

① 陈颖．“青蓝工程”培养模式下青年教师成长的个案研究．广西教育，2023（4）：15－17，28.
② 闫玉慧．“青蓝工程”新教师培养模式研究．成才之路，2017（26）：18－19.
③ 刘瑞云．基于教师自我教育的课堂教学：以上海市秋萍学校为例．新教育，2023（S1）：32－33.

幅教师肖像。对肖像画的研究成果进行分析与运用，可以让教师们对各个阶段的研习学习状况有一个清晰的认识，从而使自己能够按照自己的实际情况进行自学，让更多教师迈开自我教育的第一步。

2. 自我学习

实践表明，观摩学习和群体学习可以有效促进教师进行自我学习，也就是说，教师的自我学习并不是只能独自思索与探寻。随着智能技术的发展及其在教育领域的应用，教师自我学习的途径不断增多，质量不断提升。智能技术促进教师自我学习的途径有："名师课堂"，以"学习社区"为代表的小组学习在线上和线下的广泛开展，既能提升教师的沟通与合作能力，又能促进学习者间的信息交换，增强成员间的合作，推动团队智慧的产生。"名师课堂"是一个很好的、行之有效的新方法，也是教师自学的一条新路径。

3. 自我调控

自我调控是教师进行自我教育的重要一环，同时也是教师进行在线自我学习必不可少的部分，对教师的自我学习具有促进作用。在线学习是教师进行自我学习的重要途径，然而在线学习的许多不可控因素可能会导致教师进行自我调控时受到阻碍，从而使自我学习的效果不理想，这时就需要对教师的在线学习进行干预。对教师的在线学习进行干预可以帮助教师更好地进行自我调控，从而获得更加理想的成绩，促进教师自我教育取得理想效果。在具体实施路径上，可以针对在线课程，综合运用社会网络分析法、文本分析法等，从而更好地掌握每个教师的学习特点。基于此，在对教师进行职前教育时，采用智能化技术，在网络教育平台上嵌入干预策略，实现对教师在线学习行为的精确干预，从而提高教师的自我调控能力，提高其在线学习效果。

4. 自我反思

自我反思可以帮助提高自我教育的质量。自我反思可以帮助教师更加了解自己在哪些方面存在不足、哪些方面又做得比较好。教师开展自我反思的常见形式是撰写反思日记，形成文字记录，其缺点是内容信息量大且冗杂，不利于教师对于阶段性的学习内容形成比较系统的认识。此外，反映的内容与结果大多是内隐的、抽象的，而且在表达与描述上也有一定难度。为了解决上述问题，学术界已经进行了一些关于运用信息技术来提高教师的自我反思能力的研究。

5. 自我超越

教师的自我超越是自我教育的终极目标，要想达到这个目标，就必须将信息技术渗透到教师自身的各个方面，并对其进行提炼、总结和完善，将教师对信息技术的适应转变为对信息技术的创新运用，并将信息技术与教育教学紧密结合起来，从而逐渐地提高教师的能力和知识水平。

实现自我教育的前提与基础就是通过智能技术的应用来展开对于教师画像的描绘，从而将内隐于教师的特征先画出来，形成教师的自我认知；通过观摩学习和群体智慧生成来开展自我学习，是教师自我教育的有效途径；通过对教师线上学习进行干预进而保证教师能够正常进行自我调控；利用智能技术将内隐于教师的特征描述出来，呈现问题，提高教师的自我反思能力，是提高教师素质的关键；将智能技术贯穿于教师自学的每一个环节中，促进教师的自我超越。由以上的内容得出自我教育的过程图（见图 7 - 2）。

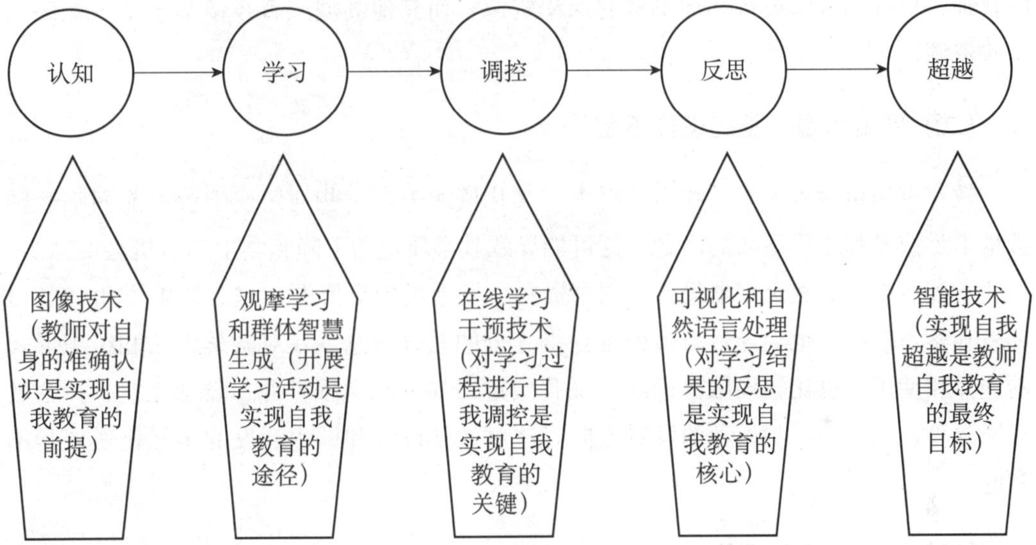

图 7 - 2　自我教育过程

第二节　基础教育教师发展存在的问题

教师是基础教育的第一资源，百年大计，教育为本；教育大计，教师为本。本节主要介绍了教师发展仍存在着优质教育资源配置不完善、科研能力提高缓慢、专业化思想落后、角色转变滞后以及教育途径单一等问题，旨在帮助读者更清晰地了解基础教育教师发展存在的问题。

一、优质教育资源配置仍需完善

不断地深化教育改革，不断地优化教育供给，虽然提高了教育资源配置的均衡性，但在供给与分配上还需要对高质量的教育资源进行进一步的调整。主要存在以下几方面的问题：

（一）地区和城乡差异

由于地区的差异，不同地区之间存在教育资源的不平等分配。发达地区的学校往往拥有更好的基础设施、教师和教学资源，而落后地区的学校则面临资源匮乏的问题。即使在同一地区，学校之间的教育资源配置也存在差异。一些城市学校可能拥有更多的教师、更好的教学设备和更丰富的课程资源，而其他县城或者乡镇学校则可能缺乏这些资源。

（二）师资力量、基础设施不足

教育资源包含着人力、物力、财力、文化资源等，一些地区或学校可能面临教师数量不足或教师素质不高的问题。这可能导致教学质量的下降和学生学习机会的减少。一些学校可能缺乏教育仪器设备、图书资料、场地设施等资源，这会影响学生的学习环境和学习效果，也会导致教师很难获得充分的教育信息，在对教学方法和组织形式的选择和使用上也比较局限。而缺乏文化资源，如缺乏课程资源、教学文化、社会教育资源等，也会影响到教师的发展方向，这对教学设计和课程开发的多元化发展是不利的。

（三）学校间合作不足

学校之间的合作和资源共享还不够充分，不能互联互通，这限制了资源的充分利用和学校的发展机会以及学生的学习机会。教育主管部门对教育资源配置的定期评估和调整不足，导致资源配置的不合理。

二、教师科研能力提高缓慢

提高教师的科研能力，不仅对提高教师的专业素养有帮助，也对提高教育教学的质量有帮助。这要求教师主动适应角色转变，树立终身学习和终身发展的观念，并在教学实践中不断创新。但目前中小学教师科研能力较弱，主要表现在如下方面：

（一）主动性的教学研究意识薄弱

新课程改革的教学思想在大多数县域的推广速度很慢，许多小学教师对这些新思想的认识相对不足，没有参加教学研究的积极性。一些教师可能缺乏对教研活动的兴趣和动力，将教学活动视为自己的首要任务，而对教研活动抱有消极态度，这使得他们不愿意投入时间和精力来提升教研能力。而在一些县域学校，教研活动可能没有得到足够的重视，教师缺乏与同行交流、分享经验和合作研究的机会，这也限制了他们教研能力的提升。

（二）相关的科研培训和资源匮乏

县域学校的教学和研究能力是较弱的，可能缺乏一支成体系、专门负责教学和研究的队伍，也缺乏科研方法和技能的培训，缺乏相关专家和研究院对于科研活动的支持与指导。他们可能不了解如何进行科研项目的选题与设计、数据的收集与分析，以及撰写科研论文，等等。此外，在听评课、集体备课、校本教研、教学竞赛、课例研究等常见活动中，有些活动并不为教师所喜爱，有些活动的主题可能与实际的教学状况相脱离，从而造成了科研的结果不尽如人意。

三、教师专业化思想有待提高

教师的教育专业化思想的提高对其发展是十分重要的，教师的专业化思想应该随着时代的发展不断提高，但是目前教师的专业化思想达不到要求，主要从以下两个方面分析原因：

（一）教师学历水平、教师培养层次

教师资格证是进入教育行业的必备证书。2009 年修正的《中华人民共和国教师法》对取得教师资格证应当具备的相应学历做出了要求：“（一）取得幼儿园教师资格，应当具备幼儿师范学校毕业及其以上学历；（二）取得小学教师资格，应当具备中等师范学校毕业及其以上学历；（三）取得初级中学教师、初级职业学校文化、专业课教师资格，应当具备高等师范专科学校或者其他大学专科毕业及其以上学历；（四）取得高级中学教师资格和中等专业学校、技工学校、职业高中文化课、专业课教师资格，应当具备高等师范院校本科或者其他大学本科毕业及其以上学历；取得中等专业学校、技工学校和职业高中学生实习指导教师资格应当具备的学历，由国务院教育行政部门规定；（五）取得高等学校教师资格，应当具备研究生或者大学本科毕业学历；（六）取得成人教育教师资格，应当按照成人教育的层次、类别，分别具备高等、中等学校毕业及其以上学历。”① 但是根据教育部 2022 年教育统计数据，我国小学、初中、高中

---

① 中华人民共和国教师法．[2024-04-12]. http://www.moe.gov.cn/jyb_sjzl/sjzl_zcfg/zcfg_jyfl/tnull_1314.html.

拥有研究生学历的教师分别仅占该学段教师总数的 2.14%、5.04% 和 13.07%。这些数据显示新时代教师队伍建设改革是重要任务，教师学历水平及培养层次仍处于有待提高水平。由此也说明有待提高的学历水平和培养层次导致教师尤其是农村中小学教师专业化的思想欠缺。

（二）教师自主专业发展的意识

教师自主进行专业发展的需求和意识薄弱也会导致教师欠缺专业化思想，跟不上基础教育改革的步伐。首先以乡村新教师为例：乡村教师"下得去""留得住""教得好"等一直是乡村教育教师队伍发展的研究关键词。对于刚"下去"的新教师而言，他们怀着强烈教育热忱"下到"乡村或者民族地区教书育人，但是工作一段时间后又可能会产生强烈的离职倾向。究其原因，部分学者将其归纳为"不满意的经济地位和社会地位""犯难的工作状态""现实与理想的落差""不乐观的职业发展前景"等。[①] 刚"下去"的新教师还没有在教育行业大展身手，现实的巨浪带来的问题已经拍在他们身上，让他们无暇顾及自身专业发展，转而投身于解决一个个接踵而来的问题中。再以资深的老教师为例：一方面老教师可能是中师和专科毕业后被分配到学校工作的，他们的研究能力较低，对提高自身的专业能力也不在意；另一方面老教师认为他们有多年一线教学经验，对学校教师培训的活动参与度不高，认识不到职后培训的重要性。

四、教师角色的转变滞后

基础教育课程改革推动教师角色的转变，新课程改革背景下，教师的角色应该发生以下转变：首先，教师是学生学习的促进者；其次，教师是教育教学的研究者；再次，教师是课程的建设者；最后，教师是学生人生的指导者。

（一）教师观念转变困难

基础教育改革背景下，教师不再是传统教学过程中的主体，教学方法也不再是"填鸭式"的教学。这就要求教师能够在课上帮助和引导学生学习新知识，做学生学习的促进者。因此教师就要重新设计教学模式，以学生为主体，着重于引导和点评。课堂上存在很多不确定的因素，不同学生的生活经验和知识储备不同，这就可能导致对于同一问题不同学生的答案是完全不相同的。每一位同学都是一个独特的个体，教师要注重学生的差异性，要做好全体学生和个体学生的共性和个性的统一。

---

① 王伟，唐文静．乡村教师何以坚守且卓越：基于四位乡村卓越教师的叙事分析．教师教育研究，2023，35（2）：69-76.

和传统课程不同，新课改要求教师从传统的“讲述”“传授”的角色转变为相互探讨、教学相长的组织者、促进者和参与者，要求教师走出传统的教学模式，这些要求对于习惯以“教师讲、学生听、课下练”方式教学的教师而言具有较大的挑战性。改变传统教师角色观念，既考验教师的内驱动力，也考验教师的执行能力。传统教学模式和教学观念深入教师角色的各个方面，要想把传统教师角色观念“拔出根来带出泥”具有一定的挑战性。

（二）教师行为转变困难

基础教育改革强调新型的师生关系，首先，在处理学生与教师的关系时，要注意互相尊重、互相欣赏。作为一名教师，应该对所有的学生都给予应有的尊重。尊重学生就是不能让学生的自尊受到伤害，这就需要教师不能对学生进行体罚，不能对学生大喊大叫，不能对学生进行羞辱和嘲笑，不能在大庭广众之下随意地批评学生。2021年3月1日起开始施行的《中小学教育惩戒规则（试行）》也让教师教育惩戒有“法”可依，明确惩戒尺度。教师要紧跟基础教育改革要求改变自身行为，以要求为依据不断完善自身角色，切忌以多年教育经验凌驾于规则之上。其次，在对待教学上，强调帮助和引导学生，教师要“不愤不启，不悱不发。举一隅不以三隅反，则不复也”，强调对自己的反省。新课程改革的重点在于对教学进行反思，这对教师的专业发展、自身成长起着至关重要的作用。要让教师提高自省的意识和自我监控的能力，要做到“三省”。在与其他教育者打交道时，注重合作。教师角色不再局限于学校和课堂，而是“家庭、学校、社会”的协同者。

教师角色的转变不仅体现为教师观念的转变，还有教师行为的转变。而转变不是一瞬间就能完成的任务，转变体现在教师的每一堂课上、对待每一位学生上、每一句话里、每一个行为中，这需要教师具有强大的行动力和强烈的转变意识。

五、教师教育途径单一

教师发展的途径包括职前培养、入职辅导、在职培训和自我教育。教育师范院校的职前培养、职后学校的培训和指导对教师均具有重要的意义。但职后教师的教育渠道和培训仍存在问题。

（一）教师教育渠道狭窄

农村偏远地区和民族地区教育资源不丰富，做到精准培训具有困难。大部分教师集中在城区和乡镇所在地的中小学校，而偏远的农村学校参训教师仅占少数。农村偏远地区学校和民族地区学校的教师参训培训机会无疑会很少。培训名额以指标形式分配到各基层学校，但当面对一个数以千计的教师群体时，指标的培训数量难以满足全体教师参训的需要，从而导致教师群体日益增长的培训需要和不充足不充分的培训供给之间的矛盾，是一种教师教育渠道狭窄的表现。一些民族地区基础教育教师普通话水平不高，使培训教师和参训教师双方沟通不便，在同其他不利因素的共同影响下，能够给民族地区教师进行培训的机构很少，从而导致民族地区教师教育渠道狭窄。

（二）教师培训流于形式

教师培训流于形式的主要原因有培训主体职责重叠，培训机构特色不够鲜明；培训对象遴选条件笼统，缺乏科学生涯规划；培训内容供给泛化缺少针对性，不能充分适用于民族地区；培训模式总体机械单向，导致教师参与不足；协同合作的培训机制尚未健全；培训评价方案不完整，评价标准不够明确，培训只讲不练。①

第三节　基础教育教师发展的改革目标与对策

基础教育教师发展的改革旨在提高教师的专业素质和教学水平，为培养德智体美劳全面发展的社会主义建设者和接班人提供优质的教育资源。本着该原则，明确基础教育教师发展的改革目标与对策。

一、基础教育教师发展的改革目标

百年大计，教育为本；教育大计，教师为本。具体清晰地认识基础教育教师发展的改革目标不仅对教师个人的发展有重要的意义，对学生的发展也至关重要。对于基础教育教师发展来说，应明确以下改革目标：

（一）实现基础教育教师个体自身的专业发展

教师育人才能是教师的整体素质，它是教师的人格、修养等方面的综合素质的外在表现。这就要求教师明确自己的工作是一份教育工作，而不只是一种职业，不能单

---

① 李尧．民族地区教师精准培训的困境与突围．湖北民族大学学报（哲学社会科学版），2023，41（1）：152-159.

纯地凭借自己的专业知识和技能去实现对人的教育，更不能将知识的增加、技能的提升等认知维度的发展看成是整体的教师发展。也就是说，教师要理解自己的发展，这其中就包含着对人的理解，在这个基础上实现自己的全人发展。这既是对学生生命形态、成长状态和发展态势的关心，也是对教师教育责任和自身发展的关心。

一方面，教师对自身教育目标的要求愈高，其教育意愿愈强；另一方面，教师对自己和学生的价值认知愈清晰，则其教育之决心愈持久。推动教师的专业发展，可以优化教师的知识结构，提高教师的教学能力，因此，要建设一支素质高、基本功扎实、负责任的教师队伍。

（二）实现基础教育教育对象的发展

基础教育的主要目的是为社会培养所需要的人才。社会的飞速发展并未使人的精神境界和道德品质出现相应的提升。要实现人的教化，毫无疑问，教育是极其关键的途径与重要的力量。教育对人的精神塑造具有重要性，实践亦如此。

培养学生健全的人格，是为了将学生培养成“完整的人”。这里的“完整的人”蕴含着三层意思：其一，它意味着学生在各个方面都获得了自由发展；其二，它意味着一般育人应关注学生的整体，其结果是成就整体的学生，而不是片面、分裂的学生，他们应获得相互协调一致的全面发展；其三，它意味着一般育人应关注“现实的人”，而不是抽象的人，因为只有“现实的人”才是人的完整的存在方式。

教师一般育人能力的价值诉求，就是使学生的各个方面都得到充分的、自主的发展。除了认知维度的发展，还包括身心、审美意识、责任感、精神价值等方面的发展。从学生的整体性发展入手，注重培养学生各个方面的素养，使学生在德智体美劳等方面都得到充分的发展，进而成为一个完整的人。这也彰显出，追求培育完整的人的育人取向，既是教师的职责所在，又是教育的价值旨归。

二、基础教育教师发展的改革对策

基础教育教师发展是教育系统中的重要课题，对于提高教育质量和促进学生发展至关重要。面对当前教育领域中存在的问题，我们需要积极采取对策，以促进基础教育教师的全面发展和成长。

（一）统筹规划，优化县域教育资源配置

要提高教师的职业素质，特别是要重视对外部的各种资源进行充分的挖掘和整合。许多教育者认为，受教育者、教育者以及外部的环境要素构成一个整体的生态系统，

物质、文化、制度、管理等多种资源对教育的主体和客体产生共同的影响，同时也会被教育所影响。但是，在全国各地，这种教育资源的分配有待进一步优化。首先，地方政府及其各级教育行政部门要制定与地方教育资源相适应的管理计划，确保每个学校都有适当的仪器设备、图书资料、场地设施等硬件资源，可根据地方的具体情况，制定适当的资源配置办法，加强对教育经费的使用与监管，做到公开、透明、高效，保证教育经费的合理配置。对于一些县域因受经济发展限制，难以及时全面补给教育资源的情况，可以建立一定的“资源共享”机制，通过建立学区一体化、集团化办学、学校间设备共享、文化交流等方式打破学校边界，促进学校间协同发展，克服资源短缺困境，达到节省成本和提升质量的双重目的，通过扩大优质资源覆盖面促进教育公平与提升质量。① 此外，在县域范围内，还应该将当地的社会资源与学校教育相结合，比如学校可利用当地的博物馆和图书馆等资源开展教育活动。新的教学模式和课程内容，为教师提供了更大的资源使用空间，建立县级教育资源公共服务平台，鼓励地方企业参与，拓展教师的学习空间；通过校际结对，创建智慧教室，实现新老教师的跨地区“智慧携手”协作，充分运用资讯科技，促进教师的快速成长。归根结底，教育资源的均衡配置不能仅靠一方发力，而是最大化发挥政府的引导作用、社会的支持作用、学校的主体地位，多方协作，共建共享。②

（二）有效教研，提高教师科研能力

教师在教学研究过程中，以教育科学的理论为基础，从微观的视角，对学科教学中出现的教学现象和问题进行剖析，再结合教学实际中出现的问题，制定相应的对策，并将其应用于教学。所以，教师教学的科研能力是教师职业素质得到有效提高的重要环节。此外，当教师在教学过程中遇到无法解决的个别问题时，可以与有关教师展开讨论，从而让问题更为具体，并对这类问题进行有效的分类，将其看作一个小型的专题。基于这一点，教师通过实践尝试、问卷调查、理论著作查阅、反思提炼、资料分析等方式，对微型项目进行了有效的研究。在对微观问题进行研究时，可以把自己的学习经验和感悟相结合，形成一篇高水平的学术文章，发表在刊物上。③ 同时，教师也可以利用学校的培训和社团活动，开展小型科研项目的研究。这样能激励教师积极地把更多的精力投入自身的发展中，促进其科学研究的发展。

---

① 赵丹，曾新．以“资源共享”推进县域义务教育优质均衡发展：动因、问题与对策．教育与经济，2022 (1)：41－48.

② 陈明选，来智玲，蔡慧英．我国基础教育数字资源及服务：现状、问题与对策．中国远程教育，2022 (6)：11－20，76.

③ 刘鑫．基于新课改的教师专业发展路径研究．成才之路，2021 (30)：8－51.

（三）提高教师信息技术运用能力

教师的信息化水平，直接影响着其信息化教学的能力，当前，利用信息技术进行教学已有多年，但部分教师的信息技术水平仍仅限于对教学资源的收集、课件的制作等，对教学过程的信息集成缺乏有效的研究。要想在数字校园的大环境下进行教学，教师不仅要学会相关的技术，还要对教学过程进行优化和整合。

第一，进一步充实信息化的教学资源。目前，网络上有大量的教学资源，但是需要对它们进行整合与改进，因此，教师在教学时要相互配合，在网上学习资源的同时使用资源，可以极大地节约精力。此外，在日常的教学中，教师也可以将一些特定的教学片段做成微电影，并将其保存到教学资源库中，供讲课和复习时使用。

第二，创建一个活跃的信息技术教学环境。学校要想提升教师运用信息技术的能力，首先要改变教师的教育理念，让他们把信息技术和传统的教学方法有机地融合在一起，使他们的信息技术运用能力能够持续地提升。在教学过程中，也要注重提高学生的信息化操作水平，同时还要提高学生辨别真伪的能力，最好与其他学校一起建立数字化资源共享平台，在校园内，学生可以通过网络教室、网络实验室等平台进行学习，而教师也可以在线与学生进行互动，提高教学的实际效果。

第三，形成健全的、完善的教师培训制度。要想将制度落到实处，首先得使制度内化为教师的行动准则，要制定出一套切合实际的制度，并且要在日常的学习中做好督促和检查工作。既要使教师在数字化教学资源库、数字化教学平台等方面获得相应的教学资源，同时也要提升教师对资源的选择能力。信息技术课程集成能力是指教师在信息技术支持下，能够将自身的教学内容与信息技术有机地融合在一起。信息化教学能力是指教师能够运用信息化的教学手段，对学生进行指导。①

（四）完善相关政策支持

第一，激活教师管理的运行机制，积极推动高校人事制度的改革。政策制定部门要督促各个学校对管理进行优化，坚持全面推行教师资格制度，全面推行教师聘用制度，严格控制教师队伍的入职门槛，做到按需设岗、公开招聘、平等竞争、择优聘用。此外，要进一步改进教师的薪酬分配，要坚持按劳分配、效率优先、公平兼顾，实行向优秀或骨干教师倾斜的分配制度等。要对教师的评估体系进行进一步的完善，并对其进行持续的改善，以发展性评估为重点，以促进教师的成长与进步为目标。第二，完善促进教师发展的支持体系。教育主管部门要树立正确的政绩观，为“双减”政策

---

① 王仁．中职教师信息化教学能力的提升策略．甘肃教育，2021（9）：54－55.

之下教师开展专业活动减负增能。此外，还要减少向学校和教师布置与教育教学核心工作无关的任务，尊重教师的主体性，重视教师的专业发展，为教师获得更好的专业发展提供线上、线下资源，提供人力、物力与财力的支持和保障。①

（五）健全教师考核及评价体系

习近平总书记在2018年全国教育大会上指出："要把加强教师队伍建设作为建设教育强国最重要的基础工作来抓，健全中国特色教师教育体系，大力培养造就一支师德高尚、业务精湛、结构合理、充满活力的高素质专业化教师队伍。"在新时代，构建人性化的、科学的、公平的教师评价机制，是教师管理改革的内在任务与时代使命。当前，教师评价的改革，应当逐步实现从崇尚绩效主义的教师业绩考核转向教师发展评价。

对于教师考核应该公正透明，应该采用定性和定量相结合的方法进行考核，如绩效考评法，是指学校在一定时期内，根据绩效管理的需要，针对教师承担的工作，运用各种定性和定量的方法，对教师工作结果和工作表现进行考核与评价。要制定绩效考评标准，形成书面有理有据的考核标准，做到"有表可依"，考核公正。要对教师的工作过程和工作结果做过程性评价和终结性评价。学校实行多元化的教师评估制度，对积极型教师予以奖励，对被动型教师则适时介入，以激励他们的自我成长。要以发展的观点来对待正在成长中的教师，对他们的评估要多样化，不能只用班级的分数等单一的硬性指标来衡量教师。在教师的评估系统中加入学生评估、教师自我评估和同事评估，并统一其评估准则。

教师评价是激励教师的重要途径，能够提高教师的专业发展水平。其一，要打破以学生成绩作为评价教师的唯一标准。一些学校在对教师进行考核的过程中往往以学生的成绩和日常表现对教师进行打分，学生的综合成绩就是被评价教师的成绩，从而忽视了教师的发展。其二，教师评价主观性强，学校评价中忽视了教师的主体地位。由各级领导者进行打分，教师处于十分被动的地位，可能缺失公平性。因此，让每一位教师获得公平的教师评价，能够促进教师队伍整体素质的提高和整个学校的发展。

（六）完善教师发展激励机制

物质需要是激励教师发展的基础，精神需要则是激励教师发展的内在动力。在物质需要上政府应增加教育支出，将财政投资向教育倾斜，为农村中小学教师提供一定的财政支持和激励，争取提高教师的工资水平。除基本工资外，学校奖金、津贴、交

① 姚计海，张蒙．"双减"政策下教师专业发展的机遇、问题与对策．北京师范大学学报（社会科学版），2022（6）：41-49.

通费补贴以及住房安置等福利待遇也是教师物质需要的一部分。对于教师来说，物质需要既包括生活中的也包括工作中的，学校中教学设备老旧、实验设备不足、运动器械较少等严重影响教师的教学。因此，学校管理者应该在工作和生活中关注教师的物质需要，从而调动教师的工作积极性。

精神需要是教师更高层次的需要，在物质需要得到满足后，对教师进行精神激励，能够进一步调动教师工作积极性，精神激励对教师的影响更加长久和稳定。首先，学校可以下放管理权。让教师参与到班级的教学管理中以及学校管理中，给教师开拓“小天地”，让教师在其中不断耕耘。其次，学校可以设置荣誉奖励激发教师进取精神。比如学校多开展一些答题竞赛、体育竞赛等活动，给予教师荣誉奖状等来激发教师完善自身发展，满足教师精神需要。

培训要与教师的晋职加薪挂钩，将教师参加继续教育的情况以分数的形式列入教师职称的评定量表中，可根据教师参加培训次数的多少给予量化。培训要与教师的奖惩挂钩，学校将培训列为年度考核、评优评模的重要指标，必要时还可以加大其在综合评估中的分值，让更多教师认真对待参加培训的机会。教师培训是一项有助于教育全面发展的工程，在基础教育改革背景下，通过培训完善教师专业发展，也通过培训不断激励教师进行自我完善。

案例

为了科学地诊断、规划、赋能学生的数学学习，浙江省杭州市建兰中学运用人工智能技术，进行了一次个性化的初中数学教学研究。通过多维度、可视化、动态的评估，为学生设计个性化的数学学习任务，制定个性化的学习路径，使其摆脱“题海战术”的困境。个性化的数学教学实践，就是通过收集行为数据、挖掘内部关联、深层次分析原因，来解释和预测学生的学习兴趣、学习风格、知识水平和学习进展情况，并将分析结果以视觉的形式展现出来，对学习过程进行评估，找出存在的问题，并对未来的表现进行预测，以此对其实施个性化的干预引导。与此同时，还可以通过数据对教师和学生的时间进行有效的分配，为他们制定一条计划路线，推动有效的学习。建兰中学根据学生的特点，制定了针对每一位学生的数学学习目标，制定了个性化的数学学习计划，为他们提供了精确的教学资源，并为他们安排了合适的家庭作业。在科技赋能的教学进程中，教师们还可以洞察自己的教学特点和差别，根据学生的学情来改善自己的教学行为，让自己的教学效果得到最好的发挥。在大班教学条件下，对个性化的数学课堂进行创新，从而达到减轻学生的学业负担和提高学生的数学水平的双重目的。①

① 杭州市建兰中学以智慧教育推动学校变革：“学校大脑”催生未来学校．(2020－09－22) [2023－09－02]. http://jyt.zj.gov.cn/art/2020/9/22/art_1532836_58326832.html.

【评析】个性化教学推动了学生学习方式的变革，也优化了数学学习策略。运用大数据技术，学生们的数学学习从单纯地完成给定的学习任务，转变为将数据分析结果与教师的个性化引导相结合的多维辅助学习。在实施个性化教学的同时，还有助于教师更新教育理念，进行教学模式的创新，由一个简单地传授知识的人变成一个能引导学生进行个性化学习的学习指导者。

◆ 本章小结

一位好的教师就像一位在花园里悉心照料花朵的辛勤园丁。一个学生，能遇上好教师，是其一生之幸；一所学校，有一位好教师，是一所学校之荣；一个国家，能不断地涌现出大批优秀教师，是国家和民族的希望。基础教育教师肩负着培养少年儿童的伟大使命，要不忘初心，牢记使命，努力突破教师发展的困境，实现新的超越！

总　结

◎ 关键术语

基础教育　primary education	教师专业发展　teachers' professional development

◎ 章节链接

本章为第七章“基础教育教师发展研究”，读者可查看本书其他章节以便理解和掌握，如第八章“改革困境与挑战”。

应　用

◎ 批判性思考

案例一：

陈立群是台江县民族中学的终身名誉校长，自上任以来，他便着手对学校进行一系列的改革。首先是解决了学校长久以来的硬件问题，更是制定了各项规章制度，让教育、教学得到基本保证。他认为，教育的关键在师资，“小荷工程”“青蓝工程”“名师工程”等，都在不断地提高各级教师的教学能力，同时，他也把教师们带到外面去，让他们学习，让他们变得更强。在贵州，他特别设立了领航工作室，致力于为落后地区培育一批能留下、能靠得住、能教好的校长及师资；他始终把帮助家庭条件不好的孩子求学成长作为己任，关爱他们的学业，更关心他们的身心健康、他们的志向，还会关心他们的家庭境遇；支教期间他翻山越岭、走寨访户，家访并资助100多户苗族家庭，足迹遍布台江县乡镇。

两年多的时间里，台江县民族中学招生录取分数线提高了近200分，考上本科的学生数排名从全州垫底冲到了全州最前列。当地老百姓对教育的信心又回来了：2018年台江中考前100名学生，留在本地读书的有95人。①

请谈谈陈校长进行了哪些方面的改革？你认为他身上有什么样的品质？

案例二：

某项调查旨在研究乡村教师科研能力的现状，结果表明，虽然大多数教师知道文献检索的路径及方式，但其专业知识素养不容乐观：能够独立完成研究方案的教师不足50.0%，会搜集资料并内化吸收为自己所用的教师不足60.0%，能够严格执行研究方法的教师占比仅为46.0%。科研成果则集中体现为课题结项报告、教学经验总结、教案设计案例、校本课程开发案例等，系统性、理论性欠缺，在公开刊物上发表文章的教师不足20.0%。乡村教师教研与科研尚未形成一体化，只有少数教师有能力将实际教学问题转换为科研主题，缺乏教研、科研融合发展意识或能力的教师占比62.1%。而在被问及当前教育科学研究工作中的主要困难时，排在第一的是教学任务重，占比75.7%，其次是自身科研能力不足，占比65.0%，缺乏专家指导占比45.9%，科研经费不足占比10.8%。②

对此，你怎么看？请说说你的理由。

◎ 体验式练习

一、判断题（判断正误并说明理由）

1. 基础教育教师发展仅仅指的是教师专业发展，与教师个人修养无关。
2. 基础教育教师发展的特点包括长期性、专业性、终身性、全面性、基础性。
3. 基础教育教师发展最重要的是提高教学水平。
4. 教师进行教育教学科研会影响其教学质量。

二、讨论与探究

1. 你认为基础教育教师发展最大的困难是什么？谈谈你的看法。
2. 你认为基础教育阶段的教师发展区别于其他阶段的突出表现是什么？

---

① 李惊亚．本科率10%变79%，支教校长助2200多名学子走出大山．https：//www.thepaper.cn/newsDetail_forward_8842289.

② 范冬冬，赫莹莹．乡村教师教育科研能力提升研究．河南教育（教师教育），2023（2）：47-48.

3. 基础教育教师发展的途径很多，你认为哪些途径效果更好？谈谈你的看法。

三、案例研究

程老师为某中学的资深教师，他的教学以“严厉”著称，在期末的评定中也经常名列前茅。但随着工作年限的增长，程老师越来越不注重备课，也不注重对教学的各个环节的掌握，开始敷衍了事，他认为，自己教了这么多年书，知识早已经印在脑子里，对任何学生都有效，根本不用再去学习新的教学方法。

在某次的教学测评中，程老师的教学成绩直线下降，校长对其进行批评教育后，他充满了不满的情绪，也开始将这种不愉快的甚至愤怒的情绪撒到学生身上，上课时对不专心听讲或学习成绩差的学生或挖苦或讽刺或罚站，甚至不认真备课，讲课时也心不在焉。

任务一：请结合材料，以教师职业道德的视角，对程老师的教育行为进行分析。

任务二：如果你是程老师，你会怎么做？

◎ 科研一线纪事

王老师为某中学的副校长，偶尔也担任学校的教学工作，人到中年的他评上了正高职称，他认为自己年龄大了，也快退休了，该评的职称也评上了，就没必要继续学习，继续成长，也不想搞教学研究和潜心教书育人，就想着用自己之前的知识和经验轻松地混到退休。

请问：

1. 试着运用你的教育理论知识来分析王老师“躺平”的做法。
2. 在现在的学习型社会中，你认为教师怎样做才能跟上时代步伐？

拓　展

◎ 补充读物

1. 罗树华．教师发展论［M］．济南：山东教育出版社，2002.

全国中小学教师继续教育教材的作者将自己作为著名特级教师的经验归纳起来，从学习、实践、研究、写作和成果推广五个方面，论述了如何实现教师自身全面充分的发展。

2. 兰军．基于教师发展的中小学教师培训模式研究［M］．武汉：华中科技大学出版社，2012.

该书包括八个部分，比较全面地反映了武汉经济技术开发区教师对教师培训模式的研究。这八个部分分别是：第一部分研究报告，涉及对整个研究工作的报告、前期开展教育合作的调研报告、教师培训需求的调查报告，以及对授课内容的反馈；第二部分专家引领，对培训期间聘请的各方面专家的授课内容进行了整理，并征得他们的同意后登载出来，方便参训教师阅读；第三部分理论探讨，收集了20多位教师的理论研究成果；第四部分队伍建设，主要是武汉经济技术开发区18所中小学在教师培训方面的一些理念和做法；第五部分教学设计、实录及反思，主要是中小学语文培训班语文公开课，以及部分后期研修听课教师的教学设计、实录；第六部分教育故事，将发生在武汉经济技术开发区学校里的真实教育案例提供给大家；第七部分班会设计；第八部分培训心得。

3. 潘海燕．教师的教育科研与专业发展［M]．北京：中国轻工业出版社，2006.

本书共分六章，内容包括：教师专业发展要求教师开展教育科研、教师的教育科研促进教师的专业发展、中小学教育科研的特点、教师参加教育科研应注意的问题、教师开展教育科研的校本策略、教师参加教育科研的个人策略。全书内容翔实、教案丰富、语言通俗，实用性和可操作性都很强，适合广大中小学教师阅读。

第八章 改革困境与挑战

◆ 本章概述

基础教育被视为提高我国民族素质的奠基工程，其发展水平基本决定了国民的精神风貌、文明水平乃至国家整体实力。近年来我国的基础教育改革虽取得不小的成就，但是在改革过程中也存在着不少来自改革内外部的问题。只有积极突破基础教育改革所面临的困境、勇于迎接基础教育改革过程中所出现的挑战，才能够进一步地推动基础教育改革的进程，提高基础教育改革的质量。

章结构图

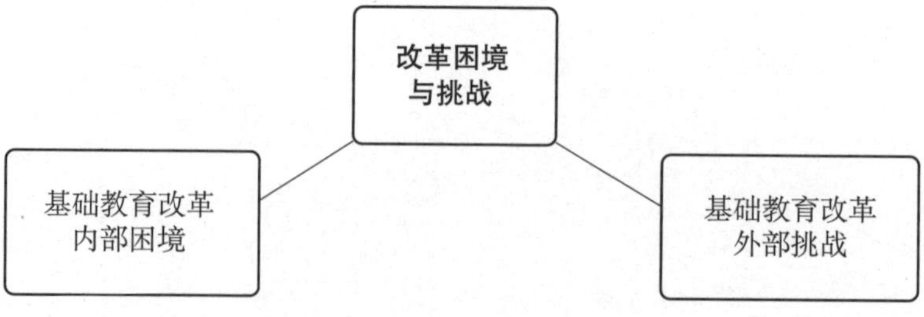

学习目标

1. 了解基础教育改革中的内部困境
2. 了解基础教育改革中的外部挑战
3. 体会基础教育改革的必要性与紧迫性

4. 思考应对基础教育改革的对策

读前思考

1. 当前基础教育改革的进程如何?

2. 在基础教育改革中面临的困境与挑战有哪些?其中,最大的困境或挑战是什么?

3. 可以从哪些视角去分析基础教育改革的困境与挑战?

热身活动

在本章开始前,我们将进行一个热身活动,以激发同学们对基础教育改革的学习兴趣:

首先,请每位同学准备与基础教育改革相关的一个故事或一段经历。可以是自己的经历、同学朋友的经历,或者所在地区教育系统的一个事件。这个故事可以是成功的改革经验,也可以是挑战和困境的故事。

其次,各位组员在小组中,轮流分享这个故事。可以分享故事的背景、教训以及与改革挑战相关的方面。其他同学一起讨论分析教育改革事件中面临的内部困境和外部挑战,以深入探讨故事中涉及的问题。

最后,请小组成员一起总结和分享他们从这些故事中学到的关于基础教育改革挑战的内容。每个小组可以选择一个代表向整个班级进行分享。

通过这个热身活动,同学们有机会听取不同背景和经验的人分享的关于基础教育改革的真实故事,从中获得启发,有助于大家更深入地理解和讨论基础教育改革所面临的挑战。

事之当革,若畏惧而不为,则失时为害。

——程颐

基础教育在国民教育体系中占据着基础性、先导性地位,基础教育改革是一个牵一发而动全身的"大手术",在改革过程中会涉及多方面的因素,而其中居于领导地位的便是关于教育改革的理论思考,它为改革实践探索指引方向,理性反思基础教育改革本身的问题,探明基础教育改革关键领域出现瓶颈的根本原因,对促进基础教育高质量发展具有非常重要的意义和价值。

第一节 基础教育改革内部困境

基础教育改革本身需要强大的理论支持，理论支持为改革的实践探索指引方向，实践探索反过来又为理论创新提供反馈。而基础教育改革内部时常面临着改革理论和实践探索之间的矛盾、决策者和执行者之间的矛盾、改革理论方案设计和实践探索存在的不足。

一、基础教育改革理论和实践探索之间、决策者和执行者之间的矛盾

基础教育改革方案的设计出发点是美好的，但是在执行过程中有时未能多方面考虑到各地差异，而各级教育行政管理部门和中小学在实践探索过程中没有很好地体会到上级部门的改革文件精髓，导致基础教育改革推进中存在许多问题。

（一）理论和实践探索之间的矛盾

自 1977 年高考恢复以来，中国教育经历的改革大体可以划分为四个阶段：恢复重建变革时期（1977—1984 年）、教育体制改革时期（1985—2001 年）、综合改革期（2002—2010 年）、全面深化改革期（以《国家中长期教育改革和发展规划纲要（2010—2020 年）》的出台为标志）。科教兴国、人才强国战略的提出使义务教育普及率大幅度提高，基础教育改革进入新的发展阶段，基础教育在整个国民教育体系中占据着最为基础和重要的地位。“十三五”以来，以习近平同志为核心的党中央高度重视基础教育，已经采取了一系列重要的政策措施，并发布了多项重要法规文件，旨在巩固和提高义务教育的普及水平，同时着力加速普及学前教育和高中阶段教育，以促进公平和高质量的教育发展。这一系列政策措施和改革举措已经取得了显著的成就，标志着我国基础教育进入了一个重要的发展阶段，其中教育资源逐渐变得更加丰富，教育体系逐渐完善，受教育人口占比有所提高，整体人口素质得到了一定程度的提升。但这一时期也是我国教育攻坚克难的时期，当前教育资源的供给与需求不平衡是最为严重的问题，城乡教育资源差距大、师资短缺、素质教育和应试教育冲突、生源质量参差不齐、学生课业负担过重等种种矛盾亟待解决。①

---

① 杨小微，张秋霞．新时代我国基础教育改革的难点与对策．新疆师范大学学报（哲学社会科学版），2020.

目前教育所面临的种种问题，要求我们回到教育的起点，重新回答教育培养什么人、怎样培养人、为谁培养人这三个最为基本的问题，只有搞清楚这三个问题，我们才能办人民群众满意的教育。基础教育理论的设计汇聚了很多教育专家和学者的辛勤汗水，这些设计的初衷和出发点是很好的，但是实际应用时却难以落地，其中的原因值得深思。限于时间和经费，基础教育改革方案设计之初对学校的困难与学校间的差异预计不足，对地区间的文化差异了解不够深入，忽略了处于不同地区的不同学校的差异；在借鉴西方的先进教育教学方法时没有深入了解本地区的接受情况，加之经费的缺乏和对师资力量的高要求，改革很难有所推进。

我国基础教育发展的内部和外部环境都在面临深刻的变化，基础教育虽然整体水平有所提升，但是仍然面临着不平衡不充分的突出问题，人民群众对优质教育、平等教育的呼声愈发迫切。要使基础教育改革取得显著且持久的进展，关键在于注重改革方法论的研究。① 这包括更加注重改革的系统性、整体性和协同性。随着改革的深入推进，需要特别注意协同作用的重要性。这种协同作用不仅体现在改革方案的协同性上，也包括改革措施的协调落实以及改革效果的协同增进。因此，必须推动各项改革举措在政策制定过程中相互配合，确保在实施过程中相互促进，最终实现在改革成效上相得益彰的良好效果。

（二）决策者和执行者之间的矛盾

社会学家韦伯曾指出，科层组织可能演化成以自我生存为目标的生命体，而不是致力于实现组织设计初衷的理性目标。当决策的权力集中于一个部门时，该部门在决策时可能就会更多地考量自身的利益，在进行资源分配时往往会经过多层级的行政部门商讨再由基层部门来执行，而基层行政部门在执行过程中又有较大的“自由裁量权”。基层部门在政策执行的过程中如果遇到和自身利益相对立或有损自身利益的政策时可能会推进得不顺利甚至抵制，造成政策执行表面化、浅层化、局部化和停止化。如教育部三令五申颁布“减负”令，之所以越减学生负担越重，便是因为减负可能带来学生考试成绩下滑而影响地方教育官员的绩效考核与口碑，地方行政官员缺乏切实推动减负的动力，往往选择象征性执行和观望式执行等方式。

二、基础教育改革理论方案设计不足之处

基础教育改革理论方案的设计关乎着中小学教育前进的方向和步伐，在基础教育

① 杨舒．我国基础教育改革实验的基本特征研究．济南：山东师范大学，2021.

改革理论方案的设计中多多少少存在着一些问题，包括改革理论缺乏独立性和自主性，以及滞后性、深层突破性和改革路径等问题。

（一）基础教育改革理论缺乏独立性和自主性

1985 年以来，简政放权、扩大学校办学自主权一直是教育管理改革的主导趋势。2010 年《国家中长期教育改革和发展规划纲要（2010—2020 年）》强调要以转变政府职能和简政放权为重点，明确各级政府责任，促进管办评分离，形成权责明确的教育管理体制。2015 年《教育部关于深入推进教育管办评分离 促进政府职能转变的若干意见》，提出“推进政校分开，建设依法办学、自主管理、民主监督、社会参与的现代学校制度”，“依法明确和保障各级各类学校办学自主权”。2019 年《中共中央 国务院关于深化教育教学改革全面提高义务教育质量的意见》，再次提出要“推进现代学校制度建设，落实学校办学自主权”。虽然教育政策反复强调确保“学校办学自主权”，厘清“政校”关系，建立依法治校、自主管理的“现代学校制度”，并顺应全球发展趋势，提出推进教育治理现代化，要求在学校和教育管理部门之间重新进行责任和权力的划分，但是教育管理部门的“放手”并不容易，教育行政管理部门机构庞杂，管理人员很多，对学校的教学等事项管控较为严格，学校没有自主权，逐渐丧失功能和活力。

为了顺利推进基础教育改革，我们必须把人民群众对教育的呼声放在心上，清楚地认识到我国仍处于社会主义初级阶段，立足实际，因地制宜、因校制宜，根据顶层设计方案清楚明确地划分教育管理部门和学校的权力和责任。教育部门应当简政放权，逐步从管理者的角色过渡到服务者的角色；学校应当适当地运用权力，创办更有当地特色和活力的基础教育。只有二者相互协调才能使基础教育改革的落实有所保障，对接人民群众的需求。准确把握党中央关于基础教育的“顶层设计”，在执行时严格遵守其方向，保证教育决策不走样且又和当地实际相结合。

（二）基础教育改革存在滞后性、缺乏人情味

教育改革中经常面临两种改革倾向：“外推型”改革和“自闭型”改革。“外推型”改革表现为教育自身不会自发进行改革，只有当社会出现了低水平的公民素质导致恶性事件、道德滑坡问题时，管理部门和大众才会想到这是教育失职的问题，显然，教育并不缺少诉求，缺少的是与教育配套的相关社会支持；而“自闭型”改革则表现出教育过于强调其自身的独立性，脱离了政治、经济而考虑其改革倾向，对改革的背景、目标和手段缺乏实际考量，只考虑到教育自身的逻辑，缺乏社会和大众的参与。教育改革应当避免由政府发出绝对的指令，也应当避免教育本身闭门造车。

在传统的集权化垂直官僚结构中，政府通常通过层级管理结构一级一级地对学校

的各项教学事务进行管理，这种管理方式效率较高，可以实现指令的上传下达，但其缺点也很明显，无法即时了解一线的教师和学生面临的鲜活的日常教学或学习问题和真实需求，信息获取失真、信息处理滞后，对于多元化的复杂教育问题反应迟钝。垂直化管理的另一缺点就是缺乏人情味：由于等级的明显划分，上级与下级之间的交流通常以单方面的命令来进行，管理层与教师之间缺乏有效沟通；学校管理层制定的规章制度成为管理部门意志的体现，没有真正考虑到教师和学生的需求，导致手段成为目的，本末倒置。校长缺乏办学自主性、教师缺乏专业自主性、家长缺乏参与渠道，结果是相互推诿。教育行政部门就像“应急式”的救火队长，哪里起火就扑向哪里。

（三）对改革风险预计不足、应对乏力

以基础教育学校均衡发展为例，在当前的教育背景下，推动优秀教师资源的流动和优质生源的分配所遭遇的阻力是空前的，选派发达地区优秀教师前往薄弱学校进行指导和交流，通过划片区招生来留住本地区的生源等措施只能在短期内解决问题，难以从源头上解决问题——广大人民群众对于优质的、均衡的教育资源的需求。这种渐进式改革属于比较保守的改革模式，对局部进行调整，缺乏系统性思维，各项单项改革简单叠加难以联动共同发挥作用。以育人方式改革为例，考试的选拔功能和竞争强度没变，只是在考试选拔方式和选拔标准上不断改进、不断精致化与复杂化，只会使得考试压力越来越大、社会成本越来越高、教育越来越内卷化；减负改革进行了一轮又一轮，但改革措施只是对学生学业负担重的一些表面问题进行修补和堵截，学校的筛选功能和考核方式不变，减负改革依然徒劳。所以，众多看似进步的局部改革，却使得教育系统整体更加负重前行，尾大不掉。

（四）基础教育改革缺少自下而上的改革路径

尽管我国教育改革主要采取自上而下的改革路径，但是呈现出自上而下探索有余、自上而下设计不足等现象。这些现象既包括政府在教育改革中所面临的“越位”与“错位”问题，也涉及政府在改革过程中出现的“缺位”与“不到位”现象。值得注意的是，政府层面的教育改革方案往往从当前的大背景出发，更偏向于宏观且综合性的规划，但缺乏对具体制度建设的详尽考量。我国的教育改革通常由政府主导，采用自上而下的改革方式，这种方式的优点在于可以有效集中资源，实施大规模改革，改革过程相对平稳。然而，其不足之处在于缺乏多方力量的共同参与，导致共识不足。在教育改革面临挑战时，会导致改革动力不足、社会支持不足等问题，从而难以按期实现预期成效。

“十四五”期间是我国全面建设社会主义现代化国家的新阶段，也是我国教育现代

化建设从“基本现代化”向“总体现代化”迈进的关键阶段。人民群众对高质量教育的需求不断上升，同时呈现出新的特征，包括对入学机会的公平期望，以及对教育过程和教育结果的公平要求。人民群众越来越重视在教育中的参与权、知情权、表达权和监督权。因此，推动基础教育综合改革需要确保改革成果更广泛、更公平地惠及人民群众。特别是在面对那些人民群众强烈反映的问题，以及假借教育名义侵害人民利益的行为时，应予以密切关注，坚决实施全面而彻底的改革。

综上所述，在新的发展阶段，协同推进基础教育综合改革面临着更高层次的要求。在这一过程中，需要明晰整体政策安排与特定政策之间的关系、系统政策链条与各政策环节的关联、政策顶层设计与政策分层对接的相互作用、政策的一致性与差异性之间的平衡，以及长期性政策和阶段性政策之间的协调。这要求不仅不能将局部视为整体，也不能用整体替代局部；不仅不能以灵活性损害原则性，也不能以原则性束缚灵活性。①

三、基础教育改革实践探索不足之处

当代中国的基础教育改革取得了巨大的成就，但改革的进一步推进却面临着诸多困境。进行基础教育的改革是一个长期的利益工程，但是为了追求当前效益容易推迟实现或忽略这种长期的效益。在基础教育改革实践探索的过程中，最主要的不足包括四个方面，分别是：实践探索动力不足，对政策理解存在偏差，实践探索贯彻执行不到位，实践探索存在盲目性。

（一）实践探索动力不足

基础教育改革所带来的利益不足是基础教育改革动力不足的重要原因。对于社会的发展来说，基础教育改革所带来的利益毋庸置疑是巨大的。如改革之后，高素质劳动人口的自由流动有助于当地经济的发展，同时也将可能解决现存的由于基础教育制度与社会经济发展不适而产生的诸多矛盾和问题。但对于地方政府来说，基础教育改革给它们带来的利益主要是政绩的提升以及当地经济发展间接给它们带来的利益。但这些利益都是长远利益，而且要实现这些利益所要付出的努力和承担的成本可能更大，从成本-收益的角度来说，地方政府更愿意维持现状，即对地方政府来说，基础教育改革所带来的利益不足以吸引它们进行有效的基础教育改革。

中央政府的政策导向是鼓励基础教育改革，然而，由于当前各个地区的情况不一

① 程红艳，罗艳华．攻坚期基础教育改革阻滞与突围．社会科学战线，2023（1）：226－235.

样，改革还处于探索试验阶段。中央政府的政策导向对地方政府的改革所产生的压力并不显著，地方改革部门面对基础教育改革的各种困难和问题会产生退缩或推迟改革的想法，也就形成一种“上有政策，下有对策”的状况，改革成效不显著。

我们应当持续注重积极推进正向推动因素的发展，通过多种途径不断减小负向推动因素的领域和范畴，以确保正向推动因素的强度超过负向推动因素，从而促进我国基础教育制度改革的顺畅实施。

（二）对政策理解存在偏差

从政策制定到政策执行，不同的专家和教师在解读政策时，对那些政策所得出的结论可能不太一样。今天的公共政策，就像个万花筒，每一个政策出台后，不同的人会从不同的视角去观察政策，就会产生各种各样对政策的理解。当然有时候确实会出现一些对政策理解的偏差，而一旦对政策的理解和解读出现偏差，它就会对政策的实施效果带来一些消极影响。

高校教师比较喜欢从学术的角度去剖析政策，可能要剖析政策背后的机理、实施政策的一些场景，而这些场景往往又可能是学术语言解构的，它与政策语言所想传递的信息可能存在一些偏差。这些偏差在过去一两年的时间里，在一些重大政策出台的时间节点上，客观地影响了政策传递信息的效果。

校领导作为基础学校里的指挥官，其对国家基础教育的政策理解、执行水平，决定着任务的完成和目标的实现情况，关系着国家基础教育改革事业发展的成败。一些校领导常常因领导能力不足和缺乏科学的执行方法，在推进工作过程中显示出过度形式主义的倾向。他们通常仅仅将上级下达的指令和知识内容机械地以书面的形式传递下去，缺乏实质性的具体指导和有效的监督检查。他们依赖口头宣传，在实际操作中缺乏具体的行动和示范。

与此同时，作为基础教育改革的实际参与者，一线教师也常常在政策解读和执行过程中出现有偏见的行为。他们可能有意扭曲政策的原意或有选择性地执行政策，以符合自身或本部门的利益。[①] 例如，他们可能选择只执行对自身或本部门有利的政策，而忽略对自身或本部门不利的政策。这种选择性的政策执行方式导致政策本质无法得到真正贯彻执行，甚至可能导致与政策既定目标相矛盾。

在政策解读的过程中要客观理性，要实事求是，不要为了博眼球去解读政策，也不要为了渲染某些效果去解读政策。尽可能客观地、实事求是地把它的信息分解出来，然后用公众所能接受的通俗易懂的语言，进一步去细化，去讲政策的背景，去讲政策

---

① 谢俊武．我国教师教育改革：动力、主题及发展走向．继续教育研究，2016（3）：80－82.

每一句话想说明的内容。

（三）实践探索贯彻执行不到位

在基础教育改革进程中出现的贯彻执行不到位大多数是由于对相关政策的理解不正确、在执行过程中教师负担过重等。“双减”政策颁布后也出现了贯彻执行不到位的现象。

有些学校习惯于口号式宣传，却没有对政策内容进行解读。这可能会导致学生、家长、教师等对于政策本身的理解产生偏差，进而影响政策的正常实施。一些学校的口号式宣传存在夸大或简单化政策的情况，容易让学生、家长及教师对政策产生“误解”，导致他们错误地认为“双减”政策只是单纯地限制学习时间和科目范围，而不是推动全面素质教育实施的一种手段。有学者认为，当人们认为政策的限制太过严格或认为实施成效不佳时，就可能会采取规避和抵制的方式来对抗这种政策。对此，有的家长和学生为了避开“双减”带来的减负降压，在家庭中增加学习时间、外包上课、私下安排辅导等，这不仅违背学校部署，还可能产生负面效应。①

为了确保孩子们的充足睡眠时间，一些地方在落实“双减”政策时推迟了中小学生的早晨上课时间。然而，教师的上班时间并没有推迟，部分家长因工作原因提早送孩子到学校，只要有学生提前到校，教师必须准时到达。为了满足学校的课后服务需求，教师不仅要辅导学生的作业、填补他们的知识漏洞，还需要组织各种丰富多彩的活动，导致下班时间延迟。此外，备课、教学研究、批改作业以及与家长的沟通也无法在“双减”政策后减少。许多媒体以多种方式记录了教师一天的工作，发现许多教师每天工作超过 12 小时。有教师开玩笑说自己已经成了“时间管理大师”，掌握了见缝插针的技巧；也有教师表示：“互联网巨头是‘996’，而我们是‘666’。每天早上 6 点起床，晚上 6 点回家，晚上或周六还需要加班。”

“双减”政策的初衷是减轻家长和学生的负担，然而，在实施过程中，个别学校对于“双减”政策的重要意义认识不足，以发文、制定方案、召开会议来代替具体的工作落实，存在形式主义的问题。一些教师对于“双减”政策的理解存在误差，将课后服务等政策措施视为额外负担，心理上产生抵触情绪，行动上出现抵触行为。各种原因使得“双减”政策的贯彻执行仍存在不到位的现象。

（四）实践探索存在盲目性

基础教育改革的实践具有盲目性。人们的任何一个实践活动，不是在实践开始之

---

① 刘晓敏，刘玉敏．韩国基础教育改革措施对我国“双减”政策的启示．上海教育评估研究，2023，12(2)：74-79.

前就被设计得十全十美，不是所有的因素都被认识到并考虑进去了，总有未认识到的和考虑不周到的地方，比如某些政策存在未考虑中小学阶段学生心理发展不同，地区有差异，城市、乡村学校有差异等的不足之处。只有身临其境，才能在实践过程中发现其不足，并及时纠正不合实际的盲目的行动计划。

在素质教育理念被提出之初，众多学校积极投身，采用多种策略和措施以迎合这一新兴趋势。这导致了教育理念、教学方法和学生学习方式的相应演进。然而，由于某些学校盲目从众，它们陷入了一种明显的误区。这一误区最为突出的表现在于过分强调表面形式，导致教学方向的缺失。① 实际上，教育依然存在着相当程度的不确定性和迷茫。教育者时而凭直觉行事，时而受到标准化考核的影响。一旦素质教育理念被提出，他们便开始盲目跟风，追求形式化，并过度标签化，学校的黑板、宣传栏和教室内的墙壁布满了各种素质教育标签。为了追求教案的新颖和独特性，教育工作者普遍采用表格形式来编写教案。一位教师引入了小组讨论教学法，便迅速引发了其他教育从业者的效仿……

基础教育改革实践中的盲目性在一定程度上存在着延缓改革进程的可能。如果实践的目的性很高，那么，人们的目的、计划、方案就会与实践发展相一致，阻力就小些，基础教育改革的速度应当快些；如果实践中盲目性很高，使实践失败或接近失败，绕的弯子就更大，那么基础教育改革的速度就缓慢得多。

案例

近年来，保山市隆阳区坚定不移地贯彻党对教育事业全面领导的根本要求、积极践行立德树人的根本任务、坚决实施优先发展教育事业的战略部署以及不断坚守以人民为中心的教育发展的核心价值追求，同时着重实行集团化教育管理，全面优化学校布局，持续加强学校领导团队和教师队伍的建设，推动尊师重教的氛围更加浓厚，并在党建领导下取得了显著的教育高质量发展成果。

“三个到位”理顺体制“谋”质量

隆阳区把教育高质量发展作为“一把手”工程，“三个到位”理顺教育管理体制机制。

第一，组织领导到位。该区组建了区委书记和区长任双组长的教育优质发展领导小组，“一把手”挂帅、靠前调度。同时，实行乡镇（街道）书记教育责任述职制度，进一步构建党委统一领导、党政齐抓共管、部门责任分工的教育领导机制。

① 李丹．基础教育阶段学校体育教学改革动力问题研究．长春：东北师范大学，2017.

第二，政策驱动到位。该区制定出台《关于加快隆阳教育高质量发展的意见》和《隆阳教育高质量发展三年攻坚行动计划》及系列配套文件，解决了校长选拔、教师调配以及学生就读等方面的核心问题，形成了充满活力、富有效率、导向明确、利于发展的体制机制。稳慎推进中小学校党组织领导的校长负责制，党组织全面领导学校工作，履行把方向、管大局、做决策、抓班子、带队伍、保落实的领导职责。

第三，管理到位。设立教育质量提升激励体系，区域领导联系到每个学校，监督指导提高学校教育质量。将教育优质发展列为各乡镇（街道）的主要考核项目，确保教育优质发展工作的实施，切实为教育高质量发展“保驾护航”。

“三个强化”凝心铸魂“保”质量

隆阳区坚持把政治标准、政治要求贯穿办学治校和教书育人全过程各方面，抓实“三个强化”，筑牢育人基石。

强化思想政治建设。深入开展党的二十大精神“专题大学习”“党课大讲授”“党员大培训”“基层大宣讲”活动，开展“修高尚师德、提教学质量”师德主题教育月活动，9 300 余名教师进行了政治理论主题研修。落实“五环思政”工作要求，用好“张桂梅思政大讲堂”，积极构建党课、思政课、学科课程紧密结合的思想政治工作大课堂。

强化校园文化建设。推动党的建设与校园文化建设相融合，立足“一校一品”，积极打造符合师生身心特点的校园文化。在校园亮出党的教育方针、亮出党组织牌子、亮出“五强五好”、亮出社会主义核心价值观、亮出学生守则，结合学校历史积淀、人文意蕴、发展目标、时代要求等优化完善校风、学风、教风、校训，让“三风一训”浸润师生，成为引领学校发展、促进学生成长、激励教师进步的精神文化符号。

强化基层基础建设。实施“扩先提中治软”行动，评定先进党组织 53 个、中间 105 个、后进 19 个，细化制定整改提升措施，有力推进党支部规范化建设。落实“三培养”机制，把骨干教师培养成党员、把党员教师培养成教学管理骨干、把党员教学管理骨干培养成校级领导。

【评析】在该案例中保山市隆阳区对政策做到了充分理解，牢牢把握加强党对教育事业全面领导这一根本要求、立德树人这一根本任务、优先发展教育事业这一战略部署、坚持以人民为中心发展教育这一价值追求。在此基础上，成立专门的领导小组，实行乡镇（街道）书记的教育述职制度，构建党委统一领导、党政齐抓共管、部门各负其责的教育领导机制，坚决推动教育改革的实施。随后通过“三个强化”等措施将本次改革的思想细化到各处，避免在改革推进过程中出现盲目性的问题。

四、基础教育改革实例——“双减”政策的实施

本部分结合前文对于基础教育改革理念和实践层面的解析，对当代具有代表性的教育热点进行剖析，可以发现我国基础教育改革取得了较大成就，但仍未实现深层次的突破。2021 年 7 月，中共中央办公厅、国务院办公厅印发了《关于进一步减轻义务教育阶段学生作业负担和校外培训负担的意见》，其目的是深入贯彻党的十九大和十九届五中全会精神，切实提升学校育人水平；持续规范校外培训（包括线上和线下培训）；有效减轻义务教育阶段学生过重作业负担和校外培训负担（“双减”）。“双减”政策的颁布是基础教育改革中掷地有声的一次震荡。

（一）“双减”政策的解读

我国义务教育领域存在的突出问题之一为学生学业负担过重，并伴随着短视和功利倾向，问题未能得到根本解决。① 具体而言，问题表现在以下三个方面：首先，学生课外作业负担繁重，而学校对作业的有效管理机制尚未充分建立；其次，校外培训行业呈现过于热烈的态势，而过早、过度培训的问题尚未得到根本性解决；最后，过多资本投入教育领域，② 同时伴随着较大风险和潜在的违法违规行为。这些问题的累积导致了学生在学业和课外培训上的负担过重，同时加重了家长在经济和精力上的负担。这一状况严重抵消了教育改革和发展所取得的成就，引发了广泛社会担忧，“双减”政策应运而生。

“双减”政策的总体思路如下：首先，源头治理，强化学校的核心作用，坚持课堂内外的教育应当充分负责，以提高教学质量、加强作业管理以及提供课后服务为目标，使学习重新回归校园，减少学生对校外培训的需求。其次，系统治理，注重提升课后服务水平，减轻学生的考试压力，完善质量评价机制，营造有利于学生全面发展的教育生态。这一过程需要系统性、全链条式地推进。最后，综合治理，包括建立专门协调机制，加强不同政府部门的统筹协作，集中组织并实施专项治理行动，以形成协同作用，最终达成学校、社会和家庭三者协同育人的目标。

“双减”政策的工作原则表述如下：首先，坚守以学生为中心的教育理念，遵循教育规律，致力于维护学生的身心健康成长，确保学生的休息权利，并全面提升学校的教育教学质量，积极响应社会关切和期望，以减轻家长的负担为目标；其次，坚持依

---

① 顾明远．“双减”的目的和意义．新课程教学，2021（18）：1－3.

② 刘复兴，董昕怡．实施“双减”政策的关键问题与需要处理好的矛盾关系．新疆师范大学学报（哲学社会科学版），2022，43（1）：91－97.

法治理和标本兼治的原则，切实履行《中华人民共和国义务教育法》和《中华人民共和国未成年人保护法》等法律法规的规定，加强从源头、系统和综合三个层面对问题进行治理；再次，倡导政府主导并实施多方联动，强化政府的整体协调作用，明确各部门的职责，充分发挥学校的主体作用，构建健全的政策保障体系，明确家庭、学校和社会共同承担的责任；最后，强调统筹推进和稳妥实施，全面贯彻国家有关减轻学生过重学业负担的政策规定，在关键和难点问题上进行试点，积极推广成功经验，确保“双减”工作的平稳有序进行。

“双减”政策的总目标如下：在校内，旨在进一步提高学校教育教学质量和服务水平，优化作业布置方式，以满足学生的学习需求，并促使学生更好地回归校园；在校外，旨在全面规范校外培训机构的培训行为，减少混乱现象，逐步减少培训热度。这一政策的最终目标是在一年内有效减轻学生的课业负担和校外培训负担，同时在三年内取得显著成效，以提高人民群众对教育的满意度。这一目标受到了学术研究和理论的支持。

“双减”政策的核心任务及措施包括：第一，积极推进全面减少学生的学业负担，通过限制学生的作业总量和时长，以实现减轻其学业压力；第二，提高学校的课后辅导服务水平，以满足学生多元化的教育需求；第三，持续强调从严监管，以规范校外培训行为；第四，着重提高教育教学质量，以确保学生在校内获得充分而优质的教育；第五，加强相关支持和保障，以完善辅助治理措施；第六，切实有效地展开试点研究，以确保治理工作的有序推进；第七，通过精心组织和执行，力争取得实质性成效。

（二）“双减”政策的实效

“双减”政策的初衷是减轻学生负担，但是很明显，它没有从根本上减轻学生的学业负担。有人说，“减负就是减素质，减的就是分数”。这种减负的方法在现实中并不能起到预期的作用。为什么？因为减负在实施过程中遇到了很多阻力。学生学业负担过重是一个系统性问题，[①] 它涉及教育理念、教育机制、教育评价、学校办学等多个方面，单靠“双减”政策去改革基础教育，实际效果如何还有待考量。

1. “双减”政策能否减轻学生负担

学校要坚持以生为本，切实履行教育教学职责，全面落实课程标准和教学计划，确保学生在校内学足学好。教师要做到每节课的备课、上课、批改作业等工作全覆盖。教师不得利用课后服务时间讲新课、开展集体补课或组织学生参加各类培训。学校和

---

① 周洪宇，齐彦磊．“双减”政策落地：焦点、难点与建议．新疆师范大学学报（哲学社会科学版），2022，43（1）：69－78.

教师不得随意要求学生参加校外培训机构举办的学科类培训班。严禁将教育教学活动、教学设施设备用于教师个人、集体的其他商业广告或活动。

可以说，“双减”政策的出台，目的是让教育回归到教书育人的本质上来，让教育回归到根本上来。从政策中可以发现以下两点：首先，学生的负担会减轻。在以往的教育中，学生几乎没有真正意义上的休息和娱乐时间。每天从早到晚都要忙于各种学习和训练，因此，产生了作业和考试等各种负担。其次，教师的负担会减轻。以往教师为了提高学生成绩，经常布置很多作业。这也导致了他们没有时间进行备课，没有时间进行课堂教学。

2. “双减”政策能否给教师减负

在“双减”政策的推行之下，很多学校为了响应这一政策，将学生的作业量减少了，有的学校甚至还取消了早读。教师有自己的生活，也有自己的家庭和孩子，他们也需要休息和娱乐的时间。面对这样的情况，很多教师表示：如果学生作业量减少了，他们就会有更多的时间来备课，这样就可以对自己的教学进行更多的研究和反思。在新课程标准下，教师不再是一个知识传递者，而是一个学习指导者。这对教师的专业发展提出了更高要求。但是我们知道，对于教师来说，在新课程改革下进行教学工作时面临着诸多挑战。

3. “双减”政策能否改善家庭教育质量

在“双减”政策实施前，中小学生作业负担重、校外培训负担重，家长的教育焦虑情绪普遍存在。根据《中国教育统计年鉴》公布的数据，2018 年，全国教育支出为 6.73 万亿元，其中，义务教育支出占总支出的比重为 61.2%。在 2019 年国家统计局发布的数据中，义务教育阶段支出占比为 61.6%。虽然这一数据在全国范围内存在较大差异，但是从趋势上看，义务教育支出占比一直处于上升趋势。“双减”政策实施后，在减轻义务教育阶段学生作业负担和校外培训负担的同时，是否会对家庭教育质量产生积极影响?“双减”政策实施后的家庭教育质量如何？这些问题值得深入探讨。

(三)“双减”政策实施过程中的挑战

第一，家长的焦虑情绪难以缓解：“双减”政策实施后，家长对于孩子的教育焦虑情绪并没有得到缓解，反而更加严重。家长担心孩子的学习成绩下降，影响未来的发展，因此不断给孩子报各种培训班、补习班，加重了孩子的负担。[①]

第二，教师工作压力增加：“双减”政策实施后，教师的工作压力增加。教师需要

---

① 周序．家庭资本与学业焦虑：试论“双减”政策引发的家长焦虑问题．广西师范大学学报（哲学社会科学版），2021，57（6）：96－106.

花费更多的时间和精力来准备课堂教学，同时还需要开展各种课后服务，[①] 包括作业辅导班、兴趣班等，这使得教师的工作量增加，工作压力加大。

第三，教育资源分配不均："双减"政策实施后，教育资源分配不均的问题更加突出。一些发达地区的优质教育资源更加丰富，而一些欠发达地区的教育资源相对匮乏，这使得教育资源分配不均的问题更加严重。

第四，教育质量难以保证："双减"政策实施后，教育质量难以保证。一些学校和教师为了应对政策变化，采取了一些不当措施，如减少教学内容、降低教学难度等，这使得教育质量难以保证，也影响了学生的全面发展。

其实，"焦虑"是一种正常的情绪反应，是人在面临压力时的正常反应，是一种保护自我的本能反应。家长的焦虑情绪是可以进行缓解的，比如通过引导家长了解政策目的、了解学习方式、学会放松自己去缓解其焦虑情绪。

总之，"双减"政策实施过程中面临着诸多挑战，需要政府、学校、教师、家长和社会各方面共同努力，共同解决。

第二节 基础教育改革外部挑战

在基础教育外部支持体系不完善的环境下，各方面资源的合理配置和有效利用显得尤为重要。首先，政府职能未充分发挥导致资源分配不均，质量差距大，特别是在农村和偏远地区。其次，社会组织与相关机构在教育领域的作用未能充分展现，企业和非营利组织通常具有灵活性和创新性，能够为教育改革提供多元化的方案，但由于政策限制或资源短缺，这些机构的影响力远未达到预期。最后，公众与社会群体的影响也未能充分运用。家庭、社会和文化环境对学生的教育成长有深远的影响，然而，由于信息不对称或社会观念的局限，这些潜在的支持力量并没有被有效地整合进教育系统。[②]

一、政府职能未充分发挥

在基础教育改革领域，政府职能的局限性主要体现在三个方面：首先，财政投入

① 纪元，孙百才．"双减"政策下中小学校课后服务的诉求、难点与突破．教育理论与实践，2022，42(26)：18-21.

② 吴康宁．教育改革的社会支持．北京：人民出版社，2019.

不充分、不合理，特别是在农村和偏远地区，财政拨款的匮乏直接影响到师资和设施的质量，同时财政预算的不透明性也制约了教育资源的高效配置；其次，政策引领的不精确性表现为政策目标的模糊性和操作性不足，① 如过度侧重考试成绩而忽略素质教育和学生全面发展；最后，体制建设不全面、不系统，涵盖硬件设施和软件因素，如师资培训、课程设计和评价体系的多个层面。

（一）财政投入不充分、不合理

1. 不充分的财政投入导致部分学校设施老化、师资力量不足以及教育资源匮乏

不充分的财政投入意味着学校难以获得足够的资金用于设备的维护和升级，学校设施的老化还会导致教室、实验室、图书馆等状况不佳，影响学生的学习环境和体验。教师是基础教育改革的核心，不充分的财政投入意味着学校无法吸引和保留大多数的优秀教师，低薪水也会加剧优秀教师的流失，同时增加招聘新教师的难度，进而影响教育质量。不充分的财政投入会限制学校购买教育资源，如教具、科技设备等，进一步导致学校无法开展丰富多彩的活动，如体育、艺术、文化等课程活动，这可能会削弱学生的全面发展，限制学生的兴趣和才能的培养。

2. 分配不合理的财政投入可能拉大城乡教育差距

政府对基础教育改革的资金倾斜会导致一些城市或地区获得更多的教育经费，进而导致城市学校的设施、师资等教育资源更为丰富，农村地区学校的教育资源就会更加匮乏。由于城市学校能提供更好的待遇，吸引力更大，优秀的教师更愿意在城市执教，这就会导致恶性循环，好的学校越来越好，差的学校越来越差。

3. 不合理的财政投入可能导致教育的单一化和应试教育的加重

政府财政投入的不合理，会使得学校、教育有关部门更加关注教育的应试成绩，因为这是更容易量化和进行比较的考核标准。为了让学生能在标准化考试中获得好成绩，学校和教师会更倾向于教授应试考试所需要的知识和技能，这就使教育变得单一化，缺乏多元化的内容和方法。同时，不合理的财政投入还会对考核与奖惩机制产生影响，学校会更依赖于标准化考试来对学生进行评价，使教育目标逐渐偏向于追求考试分数，忽视学生创造力、批判性思维等其他重要素质的培养。不合理的财政投入使得教师难以采用多元化的教学方法，因为这些方法可能需要额外的经费支持，相反，他们会倾向于使用传统的应试教学方法，以确保学生能够胜任考试。最后，不合理的财政投入还会影响课程的设置和家长的期望，学校会只关注与考试有关的特定科目，

① 吴康宁．教育改革的“中国问题”．南京：南京师范大学出版社，2015.

同时面临来自家长的压力，家长期望学校能够确保他们的孩子在考试中获得好成绩，这些都会导致学生接触的知识和技能相对狭隘，不利于全面发展。

（二）政策引领不精准

1. 政策目标的模糊性导致改革方向的混淆

政府有关政策目标的模糊不清会导致不同的人对政策的解读和理解存在差异，不同的利益相关者可能根据自己的需求和利益，解读政策的目标，从而产生不同的实施方式。同时，实施改革的相关方无法确定改革应该朝哪个方向发展，这会使教育部门、学校和教师难以明确改革的目标和优先事项。模糊的政策目标还会导致资源分配不明确，如果不能明确衡量和评价政策实施效果的标准，就会难以评价政策是否达到了预期目标，导致改革方向的混淆。最后，政策目标的模糊性可能会导致人们对政府有关部门产生抵触情绪和不信任，人们会怀疑政府是否真正关心基础教育改革，从而对政策的有效性产生怀疑，影响改革的推进。

2. 政策制定过程中的信息不足导致政策措施的不准确

政策制定者如果没有获得足够的信息数据，如教育资源分布、学生人数、师资情况等，就很难全面了解教育系统的实际情况，容易做出不准确的决策。基础教育系统的多样性意味着不同地区和学校具有不同的情况和需求，政策制定者如果缺乏对多样性情况和需求的充分了解，就无法制定出适应各种情况的灵活的政策措施。基础教育改革需要考虑未来的趋势和需求，政策制定者如果缺乏足够的信息和数据支撑，就难以预测未来教育的发展方向，导致改革政策不具备长期适应性。

3. 政策实施存在不精确的问题

如果不能确保政策的具体细节清晰明确，在执行过程中就会产生模糊地带，学校和教师就可能会根据自己的理解进行操作，导致政策的扭曲或误解，影响执行效果，还会导致资源的分配不当或浪费，投入大量资源却未达到预期效果。不明确的教育改革实施标准会使得评估改革工作变得困难，不容易确定改革是否达到标准，使得某些改革措施不仅不能解决预期的问题，还会引发新的问题或加剧现有问题。同时，改革政策实施不够精确，还会影响教育工作者、家长、学生的参与度，他们可能不愿意积极参加，就会导致整体改革动力不足。

（三）体制建设不全面、不系统

1. 只关注教育改革的某些特定方面，忽视了整个教育体系的协调性

教育是一个综合系统，各个环节相互关联，如果只在某个环节进行改革，而忽视

了其他环节，可能会影响教育的连贯性和整体性，造成体制失衡和教育内容的碎片化，会影响教育的整体质量。不同地区之间的教育质量可能会存在较大差异，一些得到重视的地区会获得更多的教育资源，得到高质量的发展，而被忽视的地区就会失去应有的关注。如果过于强调基础教育的某些方面，就会导致教育的整体目标与社会、经济、文化的发展需求脱节，学生也会在此过程中，缺失某些领域的必备知识和技能，这与当前所倡导的学生综合素养的提升是相违背的。如果学生在此过程中只获得了知识与技能，缺失了相关的情感、态度、价值观，那与“学习机器”又有什么区别呢？同时，这还会在某种程度上造成教育不公平，如果资源和关注度都集中在特定的领域，那些对这些领域不擅长或不感兴趣的学生又该怎么办呢？

2. 体制建设不系统导致政策衔接问题

不同的政策可能在实施层面产生冲突或者重叠，影响基础教育改革的效果。政策之间的冲突会使得教育工作者难以明确如何执行，或者需要花费额外的时间解决这些冲突，影响政策的执行效率。教育工作者也会对改革的有效性和必要性产生怀疑，对改革的信心不足。如果不同的政策或指导原则彼此冲突，在实施过程中就会出现不一致的方法策略，进而影响整体效果。互相冲突的政策会使得教育改革目标变得模糊，相关人员难以明确自己所应追求的目标，还会导致教育改革的步伐放缓，甚至被迫中断，影响教育改革的持续性和深度。

3. 体制建设不全面可能会忽视教育改革的多方面需求

基础教育改革是一个多元化的领域，涉及知识、技能、情感、态度、价值观等多个方面，需要考虑教育内容、教育方法、教师培训、学生评价等多方面的因素，如果教育改革建设只聚焦于某个方面，缺乏整体性视角，就会忽视整体的协调性和平衡，以及忽略其他重要领域的问题。[①] 基础教育体系改革涉及学生、教师、家长、社区、政府等多个利益相关者，缺乏全面性的体制建设就无法充分考虑与协调所有参与者的利益和需求，他们对现有问题的反馈和建议就不会得到足够的重视。同时，体制建设不全面还会导致评价和反馈机制不完善，使得教育系统过于依赖现有的方法和策略，进而阻碍持续的学习和调整。

二、社会组织与相关机构的作用未能充分展现

基础教育改革过程中，社会组织与相关机构发挥着重要的作用，具体包括社会投入的支持以及社区的支持等。在基础教育改革的诸多社会影响因素中，社会投入是确

---

① 李玲，郑家福．教育体制综合改革发展报告．北京：高等教育出版社，2017：130－492.

保基础教育改革取得成效的重要资源之一，也是确保基础教育质量和教育公平的重要因素。而社区作为功能主体，可以利用自身拥有的人文、经济、自然等资源，为实现基础教育改革的战略目标提供来自基层社会的最广泛的支持。

（一）社会投入支持不充分

我国教育经费主要包括政府财政投入以及社会投入两个部分，虽然政府财政投入占主要部分，但社会投入在基础教育改革中也发挥着不可替代的作用。社会投入包括基础教育阶段家庭教育投入、社会捐赠以及民办教育投入几个部分。从整体上来看，社会投入存在不充分的问题。

社会捐赠作为社会投入的一个部分，在整个社会投入中所占比例最小，但在基础教育改革中依然发挥着作用。从整体上来看，社会捐赠存在总量偏低、分配不合理的问题。相关数据显示，基础教育改革的社会捐赠绝对量呈现波动趋势，与国外社会捐赠相比，我国社会捐赠还处于基础阶段，捐赠数量少、规模小。相关经费的年鉴数据显示，基础教育阶段社会捐赠逐年减少，社会捐赠逐步转向高等教育阶段，虽然基础教育阶段社会捐赠总量较高，但基础教育生均社会捐赠小于高等教育阶段。除此之外，社会捐赠分配不合理，大部分社会捐赠用于城市，而农村基础教育阶段社会捐赠相对较少。

随着教育市场风险的不断增加，民办教育投入不断减少。首先，民办教育主要以营利为目的，想吸引更多的学生加入本校，会严重削弱学生的主体地位，忽视学生的健康成长，片面追求学生学业成绩的提高，出现“应试教育”的现象，与基础教育改革所展示出的教育目的相距甚远，对其产生一定的消极影响。① 其次，民办教育资源配置不合理。一般而言，民办教育更愿意选择经济发展更好的地区且对其投入也更高，相应地，城镇地区的回报也会高于农村地区，这就导致农村地区民办教育投入低，造成资源投入的不合理。

（二）社区支持作用不明确

社区对基础教育改革发挥一定的作用，促进素质教育的实现，为实现教育公平提供一定的条件。首先，社区配合各学校、教育机构积极开展爱国教育主题活动、红色主题活动、社会主义核心价值观宣传活动等，促进学生思想道德意识的提升，实现素质教育。其次，社区为学生提供一些社会实践基地、研学基地等支持他们开展社会实践活动，有利于实现学生的全面发展。最后，社区为基础教育公平的实现提供了条件，

---

① 孙勇．博弈与调适：教育改革的逻辑．上海：华东师范大学，2019.

为家庭经济困难学生提供助学金，配合学校开展家庭经济情况调查，利用社区环境开展一些活动，如亲子活动等。但是，目前社区对基础教育改革的支持作用还未全面发挥，依然面临一些问题。

首先，社区在基础教育改革方面的主体意识不强。有部分社区意识到自身对基础教育改革具有促进作用，积极配合学校开展活动。但是，还有部分社区并没有意识到其对学校教育的作用，错误地认为学生的教育是学校的事，基础教育改革只需要由政府、学校等进行推进，与自己无关，自己无法发挥作用，更无法参与其中。

其次，社区对基础教育改革缺乏制度保障，存在形式化现象。社区对于素质教育并未有效发挥其作用。社区与学校配合建设社会实践基地、研学基地等，但是学生并没有真正参与到社区中，如社区管理、服务居民等实践活动中，学生更多的还是拍照、上传照片，这并没有发挥社区促进学生全面发展的作用。在社区促进基础教育改革公平方面，有些社区工作者对待工作敷衍了事，没有调查本社区学生家庭经济情况来对其提供经济帮助，而是随意为学生“开证明”，无法促进基础教育公平的实现。

最后，社区管理者缺乏专业能力。社区的主要任务是服务居民，对于基础教育改革的问题，部分社区工作者并没有充足的认识，也不清楚应该从哪些方面配合教育部门进行基础教育改革，其专业能力有限。

综上所述，社区在基础教育改革中的作用还未明确，还需要进一步改进。

三、公众与社会群体的影响未能充分运用

公众与社会群体对基础教育改革的支持主要包括专家支持、家长支持以及社会舆论支持等几个方面。一方面，专家支持是基础教育改革成功的重要前提，基础教育改革培育了专家，发展了关于改革的研究；另一方面，改革越重要，专家的意见便越受到重视。而家长作为基础教育改革的潜在参与者，影响基础教育改革的顺利推进。在基础教育改革的社会支持系统中，社会舆论既直接对教育发展产生作用，同时也通过其子系统间接地对教育产生作用。

（一）专家支持不到位

在基础教育改革过程中，专家能够提供智力支持，与政策实施者共同探讨教育改革的目标、方向以及路径等，不断促进教育改革的深入，从而促进基础教育的发展。但是，目前在基础教育改革过程中，专家支持不到位，专家对于基础教育改革的作用未完全体现。

“专家说”引发热议。在社交媒体上，来自不同方面的专家就同一个话题说的内容不尽相同，甚至有些专家说的内容互相矛盾，这就不由得让人们开始考虑专家说的内容到底靠不靠谱。在基础教育领域也如此，一些内容并未完全经过专家的论证就冠以“专家说”的名头，其主要是为了增加影响力，利用专家的学术地位，但是并没有发挥出专家的作用。还有部分专家对待研究不认真，没有对基础教育改革的各方面进行深入探究，形式化现象严重，随意发表一些内容，无法推进改革进程。另外，专家研究方向的同质化也会对基础教育改革产生一定的影响。大部分专家是在新的背景下对相关领域进行研究的，在基础教育改革的过程中，各研究者在同一研究背景下围绕相关主题进行研究，难免会出现交叉重叠，这就不利于全方位预见改革过程中可能出现的问题。除此之外，在改革过程中，并未建立完善的专家工作机制。在改革开展前、开展中、开展后都需要专家参与、监督，不断解决出现的问题，然而在实际的工作过程中，专家可能只参与了其中一个环节，改革的实施缺乏计划性、系统性，不利于专家对整个改革进行研究，不能充分地发挥专家对基础教育改革的支持作用。

（二）家长支持不明显

家庭是孩子成长的重要环境，家长对基础教育改革的态度、行为影响改革的实现。从当前教育环境来看，家长加压现象不利于基础教育改革的实现。在基础教育阶段，每位家长为了不使自己的孩子在教育竞争中处于劣势地位，一味追求孩子的学业成绩，而学业成绩表现较好的孩子在学校中也会获得更多的支持与鼓励，这就反过来加重了家长对孩子发展的错误理解，带来片面追求学业成绩、增加学生学业负担的现象，这不利于基础教育改革的进一步推进。目前，“双减”政策的推行与实施也面临着家长施压的现象。

此外，家委会也没有发挥应有的作用。家委会是由学生家长代表组织而成的，其主要对学校工作进行监督、管理，并针对基础教育改革中出现的问题将学生家长的意见反映至学校，从而促进基础教育改革的推进，但是从目前来看，家委会并没有发挥其作用。首先，家委会中的家长代表并没有将大家的意见如实反映到学校，而仅仅完成学校需要家长配合完成的任务，家长代表与其他各位学生家长联系不密切。其次，家委会在基础教育改革中受到忽视，家委会只是作为一个咨询机构，家长所反映的意见并未完全被处理。除此之外，家长代表针对基础教育改革反映的更多的是关于安全、生活的问题，而对于学校发展和建设、学生成长阶段的问题表达较少，因此，学校对于家长代表的意见关注度不高，没有发挥出家长对于基础教育改革的作用。

（三）社会舆论支持不清晰

随着网络的不断发展，每个人都能通过互联网参与到基础教育改革中，为基础教育改革献计献策，社交媒体中夹杂了太多非理性的情绪表达，带动网络节奏，阻碍基础教育改革的进一步推进。如今，每位网络用户已不仅仅是网络受众，他们更多的是网络传播者与共享者。每位用户可以根据自己的视角、生活状况在网络上发表关于基础教育改革的想法，其并未深入了解改革的目的、路径以及结果，仅仅是从自身出发去发表意见的。一些没有认真思索改革目的的用户，发表相关意见，带动网络节奏，形成一种网络舆论。积极的网络舆论可以推进基础教育改革，而消极的网络舆论则不利于改革的进一步推进，对改革产生阻碍作用。

基础教育改革并没有有效利用社交媒体进行宣传，教育平台没有对改革的目的、作用、途径、评价等方面进行详细解释与阐述，更多是介绍了相关政策、文件，致使一些网络用户根本不了解改革的背景，随意抨击基础教育改革的效果。另外，基础教育改革越来越成为教育的热点问题，一些媒体利用教育热点去进行炒作，获取流量，部分社会舆论是不了解教育事件本身而产生的不负责的舆论形式，影响教育改革的进一步推进与实施。此外，相关教育部门还缺乏一定的公关能力，在基础教育改革过程中必然会面临一些紧急问题，这些问题如果处理不好，则会影响大众对于基础教育改革的态度。因此需要公关部门及时对改革问题、进程、效果进行反馈，反之，则会形成一种不利于改革推进的舆论氛围，扭转这种氛围会面临更大的困难。

综上所述，基础教育改革受政府、社会组织、相关机构、公众及社会舆论等多重外部因素的影响。为更好发挥基础教育改革的作用，在改革过程中各中小学要加强与各单位、部门、组织、机构等的交流与联系，建立持久的合作关系，构建学校与社会组织的共育机制；同时，加强宣传作用，吸引更多社会组织、机构加入基础教育改革过程中。另外，各中小学也要打开思路，广泛探索，深入调查，寻求更多的外部支持力量，从而不断推进基础教育改革的进程。

案例

丽江市玉龙县白沙完小打造乡村学校课后服务特色

白沙完小位于白沙古镇核心区，紧邻白沙壁画，背靠玉龙雪山。学校巧妙地将当地悠久的纳西文化和浓郁的足球文化融入校园文化之中，涌现出一系列课后服务品牌项目，如白沙细乐团、双语合唱团、民间美术兴趣班以及校园足球队等。在学校管理方面，主要采取了以下措施：首先，通过规范的制度措施取得了显著成效。这包括制定了一份详尽的“5＋2”课后服务实施方案，成立了课后服务领导小组，并建立了一套完善的组织保障、安全保障和后勤保障工作机制。学校还积极向家长发布信息，通过《课后服务致家长的一封信》和《课后服务协议书》等文件，主动告知家长有关服务方式、内容和安全保障方面的信息。其次，在服务内容上进行了精细化的分段组织和实施。在第一时段，各科任教师以班级为单位进行作业辅导，努力确保作业的有效完成，合理控制总量，进行全面批改，并及时向学生提供反馈，以提高作业完成的质量和效率。在第二时段，各社团教师则根据不同社团的特点，提供足球、细乐、合唱、绘画、阅读、书法等活动，供学生根据爱好进行自主选择。最后，争取支持，确保服务到位。白沙细乐团、双语合唱团的资金来自中国青基会等。民间美术兴趣班的教师来自丽江市博物院，耗材和教师酬劳得到上海才艺社团的长期支持。校园足球队的三位教练长期驻校教学，装备、耗材来自爱心企业资助。学校课后服务已形成良性循环，学生自信阳光、近视率近乎为零；校园足球队多次在省级和市级足球联赛中获得冠军，而在2022年7月，他们再次斩获全省青少年足球联赛（丽江赛区）的冠军。此外，校园足球队已成功输送了33名球员至北京国安、上海申花等俱乐部。一些学生的美术作品被选入了美术教材。此外，该校细乐团曾多次前往上海等地进行演出，赢得了社会各界的高度赞誉。

【评析】该案例中白沙完小打造乡村学校特色课后服务，制定明确有效的制度，设计特色的活动课程，并积极寻求各方支持。通过《课后服务致家长的一封信》《课后服务协议书》等，主动向家长进行公告，获得家长支持，同时，积极寻求社会资助，受到中国青基会以及爱心企业的资金支持，另外邀请专家教师参与到学校特色课后服务当中，保障了课后服务质量，也促进了其良性发展。基础教育改革是一个全面性、系统性的过程，既需要一线教育者明确改革思路、目标、方式等，也需要社会各方积极配合，给予充分支持，这样才能真正促进改革的实现。

◆ 本章小结

基础教育改革既面临内部理论方案设计不全面、实践探索不充分等困境，也面临外部政府职能未充分发挥、社会组织与相关机构的作用未能充分展现、公众与社会群体的影响未能充分运用等挑战。因此，在基础教育改革之前，设计者要加强预设，提供全面的方案设计。各中小学作为基础教育改革的主体，在改革过程中要配合基础教育改革的实施，积极探索，总结实践经验，并打开思路，寻求社会各界支持，充分发挥基础教育改革的作用。

总 结

◎ 关键术语

基础教育改革	basic education reform
基础教育改革内部困境	internal difficulties in basic education reform
基础教育改革外部挑战	external challenges to basic education reform

◎ 章节链接

本章为第八章“改革困境与挑战”，读者可查看本书其他章节以便理解和掌握，如第九章“经验与展望”。

应 用

◎ 批判性思考

在当前基础教育改革的内部和外部的双重困境下，有一种观点认为，首先应该解决内部困境。内部困境主要包括基础教育理论、基础教育实践探索等方面的改革，着重推进基础教育改革的顺利进行及完成。通过解决基础教育改革的内部困境，增强教育理念的前瞻性和有效性，只有在解决基础教育改革的内部困境的基础上，才能更好地应对来自外部困境的挑战。

另一种观点认为，外部困境应该先被解决。外部困境主要指的是社会因素、经济因素、家庭环境、学校资源等方面的困境，这些因素会对当前基础教育改革的推进产生重要影响。因此，应该通过解决基础教育改革的外部困境，为基础教育改革的实施创造一个更好的外在环境。

还有一种观点认为，解决基础教育改革的内部和外部困境是相辅相成的过程，应该综合采取措施，同时关注基础教育改革的内部和外部困境，促进基础教育的全面发展。

对此，你怎么看？请说说你的理由。

◎ 体验式练习

一、判断题（判断正误并说明理由）

1. 我国的基础教育改革可以从下而上地全面改革。
2. 基础教育改革过程中应当在教师队伍选拔和培养上加大力度。

3. 内部改革能促使外部环境提供更好的支持，而外部改革则能为内部改革提供更好的条件和资源。

4. 基础教育改革应当把政府作为改革领导力量。

二、讨论与探究

1. 结合一线教学经验，教师们对当前基础教育改革面临的内部和外部困境有什么观点？作为一线教师又该采取哪些措施来应对这些挑战？

2. 在新一轮基础教育改革中，作为一名新时代的教师应如何准确定位在此次改革中所扮演的角色？如何发挥自己角色的作用来促进基础教育改革思想落到实处？

三、案例研究

2022 年 9 月 1 日，兴安县第二小学在操场上隆重举行秋季开学典礼。时隔暑假两个月返校，孩子们被学校的变化惊呆了，原本破旧不堪的校园已经整饬一新：年久失修的教学楼屋顶不再漏水了，坑坑洼洼的运动场铺上了塑胶地面，破破烂烂的会议室改造成了多媒体会议室，几乎废弃的小平房居然变成了午休室；学校还新添置了空调、显示屏、桌椅、体育用品等。校园面貌的改善大幅提升了兴安县第二小学的知名度，适龄儿童的家长们纷纷报名争取入学。

亮眼的变化得益于中央专项彩票公益金支持地方社会公益事业发展资金（简称“社会事业资金”）给予的 300 万元支持。社会事业资金是经国务院批准，由财政部下达省级财政部门统筹安排用于补助当地社会公益事业，重点弥补社会公益事业发展薄弱环节和领域，着力解决民生领域突出问题的专项资金。兴安县结合社会事业资金支持重点，聚焦地方发展的薄弱环节，支持兴安县第二小学环境改善，让广大居民获得了实惠，真正使“小”资金发挥了“大”效益。

任务一：你如何评价兴安县政府的这一做法？

任务二：在普遍缺乏资金的背景下，农村小学如何实现良性循环发展？

◎ 科研一线纪事

2023 年 5 月 9 日，浙商银行在弄谷小学举行结对帮扶暨综合楼奠基仪式，这标志着弄谷小学正式加入浙商银行“一行一校”教育帮扶计划，同时也是浙商银行高举金融向善大旗、助力乡村振兴、打造山区教育现代化帮扶样本在广西的具体实践。据了解，浙商银行于 2019 年在全国范围推广“一行一校”教育帮扶计划，明确一家分行长期、定点、全方位帮扶一所乡村小学。浙商银行已结对 30 所乡村小学，累计投入 2 400 万元，对学校的基础设施、生活环境、教学质量和素质教育进行全方位支援，惠及学生近万名。

弄谷小学面临着基础设施陈旧、教学器材和生活用品不足等困难，留守儿童多，部分学生家境困难。浙商银行南宁分行经过走访调研，最终决定结对弄谷小学进行帮扶。结对的首要任务就是改善教学条件和补助困难学生。浙商银行南宁分行捐赠100万元援建一座三层综合楼（总建筑面积约800平方米），根据规划，该综合楼一层为学生食堂及功能室，二、三层为学生、教师宿舍，将重点解决师生的住宿、饮食等问题，打造更加温馨、安全的校园环境。

据悉，浙商银行南宁分行早在内部发起了“爱在浙银、邕心护学”倡议，鼓励员工采取“一对一”“一对多”等方式结对学生，总分行员工积极参与，并承诺将在经济、学习、生活等方面给予结对学生全方位的守护，保障其顺利完成学业。

活动当天，浙商银行南宁分行还向弄谷小学赠送了一批运动器材和图书资料。除此之外，根据“员工善行计划”，浙商银行中欧高管研修班第六期学员自发捐赠20多万元，出资为学校援建了一座150立方米的水柜，并购置了一批教学设备及生活用品，以不断改善师生学习、生活和教学条件。

未来三年，除了改善教学条件和补助困难学生外，浙商银行南宁分行还将通过设立教育专项基金、结对共建支部等方式，加强弄谷小学的师资力量培养。此外还将定期组织各类文体活动、专业比赛以及外出研学活动，帮助学生不断拓宽视野、增长见识，支持打造特色学校。

请问：

1. 你如何评价浙商银行的这一行为？

2. 在农村小学普遍缺乏资金的情况下，除了接受社会资金捐助，实行一对一帮扶，你认为农村小学还有哪些办法能够获得资金支持？

拓　展

◎ 补充读物

1. 叶澜．基础教育改革与中国教育学理论重建研究［M］．北京：经济科学出版社，2009.

该书主要包括三大部分。第一部分为基础教育改革的宏观研究。从历史、现状和理论等不同视角，对中国教育制度的变革、教育变革中不同主体及其相互关系等我国基础教育宏观改革的基本问题进行研究。第二部分为学校改革研究。分为两大板块：其一是学校基础教育改革面临的一些普遍和深层次的理论问题，着重于学理的透析和经验的提升；其二是通过中国教育概念史研究的方式，以最基本的概念“教育”为例，阐述其从传统到近代的转换。第三部分汇聚到中国教育学理论的重建上。从两个方面整体着手进行重建：一方面开展有关中国教育学发展历史与现状、学科立场与方法论等基础性理论问题的研究；另一方面从“生命·实践”教育学学派建设和交叉学科研究立场转换两个角度，做出中国教育学理论重建的尝试。

2. 丁钢．中国教育：研究与评论［M］. 北京：教育科学出版社，2005.

该书采用笔记或日志的形式对“新基础教育”“基于网络的语言校本课程”“网络状态的课程与教学”“农村教育”“近代上海职员教育”等问题进行了非常深入与翔实的调查与研究，集合了国内一些学者在教育理论与实践领域的成果精髓，加强了国内外学者在中国教育发展、国际关系、中国教育理论与实践多方面领域的研究交流与对话，引导国际社会从不同的角度和以多元的话语方式来观察中国教育。

3. 吴康宁．教育改革的社会支持［M］. 北京：人民出版社，2019.

该书对我国教育改革和发展的社会支持系统进行了较为系统的现状分析与对策思考，包括对于“社会支持系统要素”以及“社会支持系统整体”的现状分析与对策思考。对于“社会支持系统要素”，本书选择了十项，即：从“政府的职能”方面，选择了“财政投入支持”、“政策支持”及“体制支持”三项要素；从“经济与非政府组织的作用”方面，选择了“人才市场支持”、“社会投入支持”及“社区支持”三项要素；从“公众与社会群体的影响”方面，选择了“业内专业人士支持”、“家庭支持”、“社会舆论支持”及“公众文化支持”四项要素。对于“社会支持系统整体”，则选择了整体战略、模式建构、运行机制、条件保障及效果评价五个层面进行系统论述。

第九章 经验与展望

◆ 本章概述

在本章，我们将审视芬兰、日本基础教育改革以及中国“生命·实践”学派的“新基础教育”改革的历程、特点和成效，并将这些信息作为中国基础教育改革借鉴和反思的基础。我们展望中国基础教育的未来发展趋势，提出中国应立足本国需求，有针对性地借鉴、吸收和学习他国成功的教育经验，持续探索本土化基础教育改革路径。

章结构图

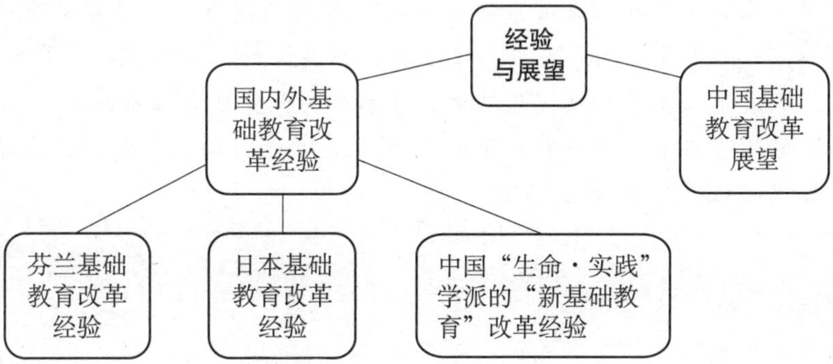

学习目标

1. 了解芬兰、日本的基础教育改革历程、特点
2. 了解“生命·实践”学派的理论主张

3. 了解中国基础教育改革展望

读前思考

1. 你了解哪些国家的基础教育改革措施?
2. 结合前面所学，思考并回答：你对中国基础教育改革有何展望?

热身活动

任务一：结合自身经验以及之前章节所学内容，思考并分享自己对于中国基础教育改革的展望。

任务二：从下列国家文件中分析我国基础教育改革趋势。

党的二十大报告对“实施科教兴国战略，强化现代化建设人才支撑”做出了全面部署，要求“坚持为党育人、为国育才，全面提高人才自主培养质量”。这些年来，立德树人的重要性越来越凸显，这为办好人民满意的教育提供了明确的方向指引。这一理念不仅贯穿于教育领域的各个环节，也成了衡量教育质量和成效的重要标准。因此，立德树人不仅是一种教育理念，也是一项重要的社会责任，为办好人民满意的教育提供了坚实的支撑和保障。为扭转不科学的教育评价导向，为人民提供更加满意的教育服务，中共中央、国务院于2020年印发《深化新时代教育评价改革总体方案》，旨在推进教育评价领域的关键性改革并取得实质性突破。该方案强调既要在评价标准上进行创新，又要在体制机制上进行改革。该方案的目标是通过一系列举措，提高新时代教育评价工作的科学性和公正性，同时推进教育事业健康、可持续发展。

2021年11月，教育部加快推进义务教育高质量发展，决定组织开展县域义务教育优质均衡创建工作。这项工作旨在构建优质均衡的基本公共教育服务体系，为全国范围内的义务教育发展提供有力支撑，让每一个孩子都能够享受到优质的教育资源和服务。这不仅是教育公平和教育质量的体现，也是对全国人民教育事业发展的长远规划和有力保障。[①] 2023年6月，在高质量教育体系建设的关键时期，中共中央办公厅、国务院办公厅印发了《关于构建优质均衡的基本公共教育服务体系的意见》。这个意见的推出，是我国推进基本公共教育服务体系建设的重要举措，也是建设高质量教育体系、支撑教育强国建设的最核心抓手。

积土成山，风雨兴焉；积水成渊，蛟龙生焉。

——《荀子·劝学》

① 教育部办公厅关于开展县域义务教育优质均衡创建工作的通知．(2021-11-25) [2023-07-21]. https://www.gov.cn/zhengce/zhengceku/2021-12/02/content_5655396.htm.

本章从芬兰、日本的基础教育改革以及中国“生命·实践”学派的“新基础教育”改革的历程、特点、成效出发，探究基础教育改革成功或曲折的原因，不断观察对比、碰撞反思，最终取其精华，去其糟粕，为推进建设新时代高质量基础教育体系、培养担当民族复兴大任的时代新人提供借鉴。

第一节 芬兰基础教育改革经验

芬兰优质高效的教育体系使其经济在全球竞争中始终保持领先地位，我们从芬兰的基础教育改革中窥见一斑，为“双减”时代下中国的基础教育改革提供一种新的视角。

一、芬兰基础教育改革历程

芬兰作为北欧的一个小国，其青少年在 PISA 测试中的成绩却令全球瞩目。我们从芬兰基础教育改革历程中窥探其基础教育如此优质的原因。

（一）第一轮基础教育改革：公平与质量改革

20 世纪 60 年代，左派政党的力量得到增强，而他们的首要目标是进行教育公平化改革。这一时期的工会组织日益发展壮大，为了解决由阶级差异导致的劳动子女受教育机会不平等，发动劳动者支持当时的左派政党对教育进行公平化改革。二战后芬兰需要支付大量战争赔款，这种经济压力推动芬兰钢铁工业的多元化、工业化发展。另外，第三产业迅速发展，需要更多多元化的人才。与此同时，人力资本理论备受当时芬兰学者的青睐，认为发展教育是最好的人力资本投资。在文化方面，20 世纪六七十年代越来越多的学术青年和大学生开始批判和颠覆传统的集体主义、权威至上的价值观念，更加崇尚个人主义。在此背景下，芬兰进行了第一轮基础教育改革。①

第一轮基础教育改革的重点在于统一综合学校体制。芬兰议会成立了第三个教育改革委员会。该委员会极力倡导推行综合学校办学模式，即将传统的公民学校和文法学校融合成综合学校，为所有学生提供 1～9 年级的学校教育，并由各市行政部门负责运营。民众尽管对此次教育改革有些争议，但对社会和经济地位的公平诉求日益强烈，

---

① 康建朝，李栋．芬兰基础教育．上海：同济大学出版社，2015：7－19.

迫使议会尽快推行教育改革。在教育改革委员会大量实验和试点的基础上，广泛采纳基础学校校长、教师、家长的意见，最终达成共识，芬兰议会做出决定，在全国范围内建构统一的综合学校体制。1968 年，芬兰议会将教育改革方案纳入法律，而后改革付诸实践，它首先在北部偏远地区启动，随之拓展至人口更为密集的南部城市地区。直至南部最后一座城市成功建立综合学校，历时长久的第一轮基础教育改革基本完成。

综合学校改革是芬兰教育改革中最关键的一环。从教育体系层面看，综合学校对学生学业进程的连续性和学生全方位的培养具有积极作用。从社会层面看，综合学校打破了教育体系中分流制度的壁垒，为社会各阶层的学生提供了平等接受教育的机会，真正实现了教育平等这一目标。可以说，综合学校的改革是芬兰教育史上最具革命性的改革。

（二）第二轮基础教育改革：优化与提升改革

20 世纪 80 年代末 90 年代初，新公共管理主义思想在世界范围内盛行。政治上开始由原来的集中统一的政治管理走向放权模式。芬兰政府成立专门委员会来负责推进国家权力下放，并对公共行政部门进行改革，进一步提高公共管理的效率与民主性。经济上由计划经济走向市场经济，经济发展更为灵活、自由，追求效率。同时，国际化和潮流化席卷全球，促使人才流动更加频繁，教育输出与输入增加，国际教育交流日益频繁，要求教育结构和结果增加国际可比性，这都在一定程度上影响着基础教育的政策走向。

受新公共管理主义思想影响，芬兰国家教育行政部门赋予地方及学校更多自主权的同时，对教育评估提出更高要求。芬兰已经开始重新审视教育的价值，并对教育评估方法进行深入探讨。为了提升教育效果，芬兰充分利用社会资源，并运用互联网等，实现教育资源的全方位调动。根据教育部相关政策，国家教育委员会负责组织教育评价，地方政府和学校层面都开始进行自我评价，市一级层面的评价最为普遍。在教育立法改革中，评价的角色被置于关键地位，并与质量紧密关联。评价不仅作为可供教育政策决策的参考信息，同时也作为绩效表现的标准。评价分为地方性的、地区性的和全国性的三类，同时芬兰也参与国际性评价。在 20 世纪 90 年代的经济危机下，芬兰成功地构建了其独特的教育质量管理模式。此模式以教育评估为核心，主要关注教育的进程以及教育消费者的满意度。教育评估的运用，推动了教育的发展。这种以质量为导向的教育思维模式，开启了学校自我教育评估的实践，为教育消费者的满意度分析以及教育评估文化的发展奠定了坚实的基础。①

---

① 康建朝，李栋．芬兰基础教育．上海：同济大学出版社，2015：192.

芬兰建立以法律为保障，多层次、内外结合的教育评价体系，确保教育评估的高效性，为进一步提升基础教育质量提供保障。

（三）第三轮基础教育改革：适应未来生活的改革

自21世纪初以来，芬兰以教育的前瞻性为依托，发起了第三轮具有革命性的基础教育体系改革。此项改革的宗旨在于凝聚教育共同体的力量，促进教师理念与实践的革新，并加强学生的探索、思维、协作和创新能力。其最终目标在于培养学生在变化莫测、充满挑战的社会生活中的适应能力，并助力实现全球可持续发展的宏伟愿景。本轮基础教育改革的重点在课程改革上。

在本轮教育改革中，芬兰采取了一系列措施来改进教育体系，包括调整和重构教育结构，提高教育管理的效率。通过这些改革，芬兰致力于为其公民提供更好的教育机会和质量，以促进社会的发展和进步。在2012年，芬兰政府发布了《预测2030》报告，其中明确提出了在2030年末之前芬兰教育系统的宏伟目标，即在全球范围内建设最优质的教育体系。随后，芬兰国家教育委员会开始着手制定基础教育课程的初步规划。经过辛勤努力，芬兰国家教育委员会完成了新版国家核心课程的精心设计。这一创新举措为芬兰教育体系提供了全新的教学理念和方法，注重学生的自主学习和批判性思维的培养。在此基础上，芬兰教育系统的地方课程设计也顺利完成。这一重要步骤的完成，使国家核心课程理念在地方得到有效实施和推广，从而进一步推动了芬兰教育体系的发展与进步。2016年，课程教学改革正式在全国范围内启动。芬兰学校的课程目标着眼于学生跨界能力和综合素养的培养，让学生成为未来社会的合格公民。在这一年，芬兰首创了“现象教学”，打破了学科教学的界限，将不同学科的知识融合并以此为载体实现跨学科教学。芬兰教育体系注重培养学生的信息化能力，以使他们在人工智能时代具备关键技能。为进一步支持国家人工智能战略的实施，新一轮的国家课程标准将编程纳入必修课程。

芬兰新一轮的基础教育改革主要致力于培养学生批判性分析问题的能力，同时提高在多元文化背景下的学习质量和可持续性。

二、芬兰基础教育改革特点

芬兰基础教育改革的成就令人瞩目，但其成就不是凭空出现的，而是不断在创新与继承中找到平衡点，经由艰难曲折的变革发展才得以取得的。总结学者们的观点，芬兰基础教育改革有以下特点：

（一）改革有力度

自上而下，芬兰的教育管理权已经从中央政府移交到地方政府和学校。地方教育部门、学校乃至教师拥有相当大的教育自治权。中央政府发布的教育教学大纲，仅仅对各学科教学目标与内容提出了基本的指导性意见。在国家课程与政策所规定的框架内，各地方学校可以根据本地教育发展的实际情况，自主制定独具特色的发展规划，并积极实施各项策略。教师被赋予了极大的教学自由和课程自主权，他们可以自行选择教材，确定教学内容，采取适合的教学方法，以及按照学生的发展阶段来制订课程计划。学校及教师在教育上所享有的自由和自主权并未对芬兰基础教育的质量产生任何负面影响，反而激发了学校和教师的责任感、积极性和创造性。在这种信任的教育环境中，每项教育改革措施统筹规划，层层落实，都具有深度和影响力，而不仅仅是表面的装饰方案。

（二）改革有深度

芬兰学校教育旨在促进学生知识、技能、价值观、创造性、人际交往能力等的全面发展，学校更加注重学生学习而非考试，学业成就的好坏依据学生全面成长和个性发展的情况来衡量，而非标准化的测试成绩。芬兰教育旨在平等对待每一个学生，促进教育公平。所有人都有平等接受优质教育的机会。无论种族、年龄、性别、财富以及居住地等有何不同，每个人都享有同样的教育机会。家庭背景对学生影响较小，学生的社会经济背景，跟其阅读素养的关系最大，但在芬兰，即便是社会经济背景最不好的学生，成绩都在经济合作与发展组织（OECD）国家平均水平之上。学生在相互尊重与信任的氛围中塑造并实现“自我管理”，能依据个人的志向和天赋健康成长，而非仅在教师或家长的逼迫下成长。

（三）改革有温度

芬兰的基础教育改革取得了卓越的成就，这一成就得益于其特定的政治、经济、文化和社会背景，以及教育利益相关者的热情和努力。管理者、教师和家长会参与教育改革过程，并提出自己的意见和建议，旨在帮助学生为未来生活做好准备，并关注孩子当前的快乐。他们致力于创造快乐的学习环境，并为每个孩子提供个性化的支持。不论是家长、教师还是社会各界人士，都付出了极大的耐心和努力，采取多种方式帮助那些在学习上遇到困难的孩子获取课本及生活知识，并努力增强他们的自尊心和自信心。在芬兰，没有所谓的“差生”概念，这主要得益于他们对于教育公平的深刻理解和执着追求。芬兰的教育体系非常注重平等和包容，他们认为每个孩子都有自己独特的潜力和才华，而过早地对其进行筛选和贴标签不仅是不公平的，而且会限制孩子的成长和发展。芬兰的教育体系坚信，每个孩子都有自己的价值和潜力，而教育的目标就是帮助他们发现这些潜力，实现自己的价值。这种信念和努力使芬兰的教育体系在全球范围内备受赞誉。这种教育理念和实践体现了对每个个体的尊重和关注，有助于培养具有全面能力和积极态度的未来人才。

三、芬兰基础教育改革成效

近年来，芬兰学生在 PISA 测试中的总成绩名列前茅，而且学生之间和学校之间的成绩差异值也是 OECD 参与国中最小的，芬兰的教育不仅体现了卓越而且实现了公平。

（一）PISA 成绩卓越

PISA 测试结果报告通常以多种方式呈现，其中包括排名、熟练程度和百分比等。在 PISA2000、PISA2003 及 PISA2006 这三次评估中，芬兰学生的整体表现均位列第一。在 PISA2000 和 PISA2003 的评估中，芬兰学生的阅读素养位居第一。在数学素养方面，芬兰学生在 PISA2003 和 PISA2006 的评估中，均在 OECD 参与国中排名第一。此外，就科学素养而言，芬兰学生在 PISA2006 的评估中，在 OECD 参与国中排名第一。

在 PISA2015 评估结果中，芬兰学生在 OECD 参与国中表现优秀，总体排名第五。与 PISA2012 评估结果相比，学生的阅读素养提高了 2 分，这一进步使他们处于领先地位。在数学素养方面，芬兰在 OECD 参与国中排名第七，相对于其他参与国家和地区，也表现不俗。然而，尽管芬兰学生的阅读和数学素养有所提高，但他们的科学素养却呈现出明显的下降趋势。PISA2015 中芬兰学生的科学素养得分相比 PISA2006 的 563 分，下降了 32 分。这一现象的出现在一定程度上对芬兰教育系统提出了警示，需要关注并采取措施来改善学生在科学领域的表现。

PISA2018 的考察重点是阅读素养，此次将芬兰列为 OECD 参与国中阅读素养表现最好的国家之一。与 PISA2015 相比，芬兰学生的数学素养保持不变，但在科学素养方面的表现有所下降。芬兰学生阅读素养测试的结果在 OECD 参与国中与加拿大并列第二，在所有参与评估的国家和地区中排名第六。芬兰学生数学素养的表现同样良好，在 OECD 参与国中排在第七至十三名之间，在全部参与国家和地区中排在第十二至十八名之间，[①] 这样的排名是因为这些国家和地区的得分极其相近。在科学素养测

① https：//www. oecd-ilibrary. org/education/pisa_19963777.

试中，尽管芬兰得分低于 PISA2015 评估，但仍在 OECD 参与国中排名第三，在所有参与国家和地区中排名第六。

在近几年的 PISA 测试中，芬兰学生的成绩虽略有下降，但在世界范围内仍处于领先地位。

（二）PISA 成绩差异性小

测试结果的公平性是指成绩与学生的能力密切相关，而学生的社会经济状况、种族、性别等因素不会对成绩产生显著影响。入学后，教育和社会体系不会在学生之间产生额外的差异。测试中学生的差异主要反映在学校内和学校间学生的差异上。芬兰的教育系统通过保持校际、区域和城乡之间的资源配备平等，实现了政策的公平性。此外，芬兰实行全国统一的教师资格标准和要求，统一教学设施和经费投入的标准，以确保每个孩子都能享受到均等优质的教育资源。

根据 PISA2018 的数据，芬兰学生在阅读素养方面的个体差异相较于参与 PISA 测试历史上的其他时期更为显著。然而，与其他参与国相比，芬兰各学校之间的差异最小，并且这一差异与以往的 PISA 测试相比并未增加。区域差异也基本保持在以前的水平。尽管芬兰首都赫尔辛基的学生在所有内容类别上的平均成绩仍然高于全国其他地区，但与 PISA2015 评估相比，差距已经大幅缩小。因此，芬兰仍然是全球 PISA 成绩差异最小的国家之一。此外，在 2018 年的 PISA 评估中，芬兰学生平均将自己的生活满意度评估为 7.61 分（满分 10 分）。芬兰学校生活与学生生活其他方面之间保持着一种积极的平衡，这与芬兰成年人在工作与生活平衡方面的国际领先水平相一致。

案例

芬兰合作主题活动[①]

芬兰一所学校经常会有特定主题的学校混龄学生活动，不按课表上课，而是开展活动。以一次主题为“友谊、合作、反对欺侮”的活动为例，整个学校的学生，包括学前班的学生一起混龄开展活动。活动分三个板块，分别为：课堂活动、户外活动、室内体育馆活动。课堂活动由各班分别进行。比如为某学生庆祝生日、做关于“反对欺侮”的问卷、进行课堂教学质量的调查、做抢凳子或你说我做的游戏。户外活动为混龄活动。学生被分为七组，每组都有低年级和高年级学生，学生一起做游戏、踢球等。教师告诉学生活动内容，高年级学生充当老师的角色，组织管理较小的学生，并在学生间出现冲突时去调解。室内体育馆活动也是混龄活动。通常两人一组，一个高

① 张晓光．走进芬兰基础教育．重庆：西南师范大学出版社，2017，94.

年级学生，一个低年级学生。两人一起合作编毛线辫。高年级学生通常指导较小的学生，两人一起合作完成作品。

【评析】芬兰学校重视学生在不同学校、不同年级、不同班级以及班级内部进行合作，通过相互合作培养学生的责任感和合作交流沟通的能力，这些能力也是国家课程大纲所要求的必备能力。

第二节　日本基础教育改革经验

纵观日本的基础教育改革，从强调知识、“只认分数”的基础教育应试化到以“宽松教育”为主导实施一系列减负措施，与我国的基础教育改革有相似之处，也有不同之处，通过了解日本基础教育改革的得与失，为我国的教育减负提供一些借鉴。

一、日本基础教育改革历程

日本基础教育改革始于明治维新，奠定了近代学校教育制度的基础。二战后的第二次教育改革为日本教育的快速发展提供了重要帮助。然而，在第三次教育改革中，由于过于依赖西方教育改革经验，经历了反复波动，导致改革未能得到实质性的落实。在第四次教育改革中，强调了务实基础的重要性，旨在全面提升基础教育质量。

（一）第一次基础教育改革：奠定基础

自明治维新以来，日本社会面临着日益严重的殖民地半殖民地危机。为有效应对这一严峻挑战，明治政府制定了三大政策即“富国强兵、殖产兴业和文明开化”。在这一背景下，教育被纳入三大政策之中，成为推动日本发展的重要支柱。通过实施有针对性的教育改革，日本积极引进和采纳西方先进的科学和技术，以此来不断发展和提高自身的教育水平，为资本主义经济发展提供了有力的支撑。1872 年，日本政府制定了实施学校教育的第一项法案——《学制令》，这相当于日本近代的《教育基本法》，确立了学校教育制度的基本框架和强制性义务教育的基本属性。1886 年颁布的《小学校令》是奠定日本近代学校教育制度的纲领性文件，对促进学校教育、普及小学教育、保障义务教育发展起到了决定性作用。课程体系的建设是学校教育制度的核心和灵魂。1890 年以后，日本文部省进一步强化以振兴实业教育、女子教育为重点的学校教育改革。1896 年日本颁布《市町村立小学校教员年功加俸国库补助法》，而后制定《市町村立小学校教育费国库补助法》，中央财政按照学龄儿童入学数，将国库补助金同比例转移支付给市町村级地方财政。同时，还制定《教育基金特别会计法》等相关法案，明确义务教育的经费保障体系，确立了日本近代学校教育制度。

（二）第二次基础教育改革：快速发展

二战结束后，美国采取了一系列措施，将日本从四国分治转变为单独占领的状态。这一转变对日本的政治、经济和社会产生了深远的影响，同时为纠正日本教育系统中浓厚的军国主义倾向，美国派出了教育代表团，在实用主义哲学和进步主义教育理念的指导下，与日本教育界人士共同参与了日本基础教育目标、管理体制和教育内容的改革。此次改革的目标在于提高日本教育的质量和效率，培养具有实用技能和批判性思维的现代化人才。在管理体制方面，美国教育代表团建议日本引入更加灵活和民主的管理方式，加强学校与社区、家庭之间的合作与交流。此外，改革还着重强调了教育内容的更新和改进，注重学科之间的融合和交叉，加强了科学、技术、工程和数学等学科的理论教学与实际应用之间的联系。这些改革措施对于推动日本教育的现代化进程产生了积极的影响，也为日本经济和社会的快速发展奠定了基础。1947 年，日本文部省发布了《学习指导要领一般篇草案》，该草案主张以儿童经验为学习基础的进步主义教育模式，取代了传统的以教师系统讲解为主、以学科知识为核心的教育模式。同时，在民主化理念下，制定了《日本国宪法》《教育基本法》，在机会均等理念下建立“六三三四”学制，制定了《学校教育法》，延长义务教育年限，实施义务教育无偿制度。

在 20 世纪 50 年代初期，日本开始进行战后政治、经济、社会各领域的全面改革与重建。其中的一个突出特点就是教育改革，其规模大且速度快。通过统一高中学制，将原本的五年制中等教育学校、女子高等学校、实业高等学校的高中阶段教育全部统一为三年制。这一举措明确了高中阶段作为后期中等教育的独立建制，并确立了高中教育在整个日本学校教育体系中的地位。此次改革是二战后日本最大规模的高中教育改革。

在 20 世纪 70 年代，日本人口增加，升学、考试和就业压力上升，少数人成功，但许多成绩差的学生面临自我、家庭和社会压力，开始自我放弃，出现校园暴力事件，日本政府开始深度反思教育现状。他们对教学大纲进行了全面的修订，明确提出不能只强调对知识的传授，还要重视个体的多样性。修订后的大纲体现出多样性、选择性，学习的选择性和自由程度增加。到 70 年代末，日本已基本普及了高中教育。在 80 年代，新科技呈现出快速增长的趋势，计算机和互联网技术给教育和社会生活领域带来了重大变革。然而，这种沟通和信息获取的便利性，与社会的复杂性是共存的。因此，日本教育部门在 1989 年对教学大纲进行修订时，提出了培养学生应对社会变化的能力的要求。在这个阶段，日本的产业已经转为知识密集型产业，因此，培养掌握新兴技术的人才成为政府需要培养的重中之重，同时日本长期坚持“教育先行”的战略，这一战略为经济发展提供了宝贵的人才资源。

（三）第三次基础教育改革：“宽松教育”

1996 年，受西方思潮的影响，日本发布了《面向 21 世纪的我国教育的应有状态》报告。该报告强调营造一个宽松的教育环境对于充实和发展学生的个性至关重要。“宽松教育”被日本政府正式纳入教育理念，并由文部省官方文件正式记录。“宽松教育”主要关注学生的生活体验和学习经历，其核心理念是通过减少传统的“灌输式教育”方式和缺乏趣味性的课程内容，以建立一个宽松和谐的校园环境。而后，文部省针对日本的教育系统进行了全面深入的审查，并将培养学生的生存技能置于首要位置。此次改革的核心在于学生生活习惯、生存技能的养成教育，具体内容包括自我管理、自主学习、独立生活等能力的培养，这些举措也成了现代日本教育思维的主导。在此次改革中，学校的教学课时有所减少，双休日得到实施，知识记忆的要求被弱化，活动课程和可自由支配的时间则被显著增加。日本多次尝试通过减少课时来提高学生学习的兴趣，但效果不佳。21 世纪初的学生学力调查报告显示，从小学到大学，学生的整体学习能力普遍呈现出下降趋势，并且缺乏主动性和探究性学习的意识。众多校长纷纷反映学生的综合素质有逐渐下滑的趋势。尽管学校为学生们精心设立了多元化的课程，但学生的各科成绩普遍出现下滑，特别是理科成绩的下降幅度更为显著。① 学生不重视学习，导致日本学生逃学率和犯罪率不断上升。

（四）第四次基础教育改革：务实基础

现实要求必须通过改革改变现状。日本颁布了一系列关键措施，旨在改革并发展基础教育。2008 年的《学习指导要领》是由“宽松教育”向“去宽松教育”转变的标志。为深化义务教育体制变革，日本制定并实施了一项国家级战略，即“构建新一代义务教育”。2008 年，制定了教育改革和中长期发展规划，即《教育振兴基本计划》。其宗旨在于，通过推动教育领域的综合改革，培养出兼具基础知识和专业技能，并具有开阔视野的骨干建设人才，以全面提升基础教育质量，构建一个新的终身学习体系，以此来应对全球激烈的国际竞争，实现“教育立国”的发展目标。日本政府每五年制

---

① 杨静．新世纪以来日本基础教育课程改革及其启示．河北师范大学学报（教育科学版），2014，16（3）：61－67.

定并实施一期教育振兴基本计划。自 2008 年第一期教育振兴计划（2008—2012 年）推出以来，已经连续实施了四期。这些计划已成为日本教育改革的“风向标”。作为日本推进“教育立国”的战略指引，第四期教育振兴基本计划（2023—2027）在深入剖析当前教育领域的问题、成就和挑战的基础上，明确提出了未来五年教育改革的两大核心目标和五大重点领域，并制定了十六项具体的教育目标和措施。该计划强调，教育评价与投资对教育改革具有至关重要的影响。在未来的五年中，日本将着手构建一套针对学生发展阶段的教育评价体系，其核心为“循证”理念。该体系将以此为基础进行改革，同时会将“PDCA 循环”作为教育政策评价的基本框架。在教育投资方面，日本将扩大公共教育投资并着力激发民间资本的教育投资活力。特别值得一提的是，“面向未来”和“面向人”的教育投资理念将成为引领日本教育投资改革的重要方向，同时教育投资的数字化与标准化也将成为日本规范教育投资的重要手段。①

二、日本基础教育改革特点

日本的基础教育改革虽有曲折，但总体朝着可持续、数字化发展的方向前进，确保每个学生获得公平而有质量的教育、个性化且多样化的发展。

（一）培养“升级版”生存力

社会发展多变，未来难以预测。我们需积极面对变化，以感性和悟性创造更丰富的社会与生活。人工智能无法创造源源不断的感性认知和自主思考，人类需要学习发展感性认知与思考能力。未来教育需培养儿童迎接变化、发掘潜力、形成开创的能力。具备独立自主社会角色和专业能力的人才，需具备广阔的眼界、积极的志向和学习热情，并且对信息的价值有精确的理解，以此提高知识素养，并拓展自我的个性与能力。日本教育体系强调把生存能力作为最基本的能力，个体生存能力越强，其发展前景越广阔。为了培养这种生存能力和创造力，儿童独立思考和独立解决问题的能力被视为不可或缺的要素。因此，日本基础教育改革强调培养学生的“生存能力”，以使其在不断变化的社会环境中得以生存。这种能力包括扎实的学力、丰富的人性和健康的体魄，以及自主寻找课题、学习、思考、判断和行动的能力，以更好地解决问题。培养学生独立、协作和创造的能力，是构建一个终身学习型社会的重要基石。在竞争激烈的社会中，运用感性认知与悟性思考更好地分析人生与社会形态，尝试解决问题，创造新的价值，为社会带来积极变化。

---

① 上海师范大学国际与比较教育研究院．日本《教育振兴基本计划（2023—2027）》．（2023－06－16）[2023－07－21]．http：//untec. shnu. edu. cn/0f/73/c26039a790387/page. htm.

（二）融入可持续发展教育理念

日本可持续发展教育的主体结构已然构筑，其特色在于政府主导，学校作为主要执行机构，并且多样化的主体也积极参与其中。政府以明确的目标和详尽的计划自上而下地推动政策的实施，学校努力推进跨学科的教学，同时与社会联合开展实践活动。鉴于持续推进的可持续发展在教育领域的重要性，日本高度注重各利益相关者之间的交流，包括国内外之间的交流。通过构建健全的可持续发展教育推进机制，搭建交流平台，强化中央与地方、学校与社会的联系，形成协作的力量，共同推动可持续发展教育的稳步进行。例如，支持社区居民参与学校管理，修订 NPO 法制增进公共利益，并分割校园空间使其成为社区核心公共服务场所，形成政府、市场、非营利组织合作的新模式。

（三）加速推进基础教育信息化建设

新兴技术的不断迅猛发展，使人类迎来智能化社会，在这种新的社会形态中，电脑、手机、平板等成为学习、生活的必备工具，信息通信技术会应用到社会中的不同地方，日本政府认为学生必须掌握相应的信息通信技术以应对日益复杂的环境。因此，日本政府充分利用信息技术，推动教材与教学方法电子化，实现教育方式的重大变革。日本重视运用人工智能等前沿科技，积极构建适应社会时代发展要求的学校信息化环境。日本政府同时建立完善的电子教材审定和采纳机制，明确免费教材的适用对象和条件，推动多元化、高质量电子教材合作发展，实现教学方法的线上线下有机结合。根据学生不同阶段的发展需求和实际情况，要求教师充分利用现代科技，为学生量身定制教学模式，让所有学生都能感受到学校教育信息化带来的便捷，同时促进教育机会均等和教育公平。

三、日本基础教育改革成效

日本的基础教育改革经历了从早期的过度强调分数和造成学生学业负担过重，到后来的实施“宽松教育”减负政策，然而这一政策并未达到预期效果，反而引发了一系列副作用。日本的基础教育改革在这个曲折的过程中不断前行。

（一）PISA 成绩优越

在 1999 年的 PISA 测试中，日本在 OECD 参与国中脱颖而出，以其出色的数学素养和科学素养表现，位列排行榜之首；在阅读素养方面，日本学生的表现稍逊一筹，仅排在第8位。然而，日本实施了“宽松教育”政策后，在2003年的PISA测试中，日本学生的数学素养和阅读素养均出现了显著的下滑。在数学素养方面，日本的排名降至第6位；在阅读素养方面，日本的排名滑至第14位。在2007年的PISA测试中，日本的科学素养表现优异，稳居第6位，数学素养表现则稍显逊色，排名第10位，但阅读素养仍然不尽如人意，排名第15位。此外，大学一年级学生为高中学生补课，以及高中学生为初中学生补课的现象已经在日本变得十分常见。“宽松教育”对日本社会产生了显著的影响，导致了学生的学力水平普遍偏低，缺乏耐受力，并且缺乏接触和了解自己不感兴趣的事物的机会。① 日本政府进行了“去宽松教育”政策改革后，日本学生的PISA测试成绩开始回升，社会对于“宽松教育”的批评声音逐渐消退。在2016年的国际数学理科教育动向调查（TIMSS）中，日本小学、中学的4门课程均取得了历史最高分，充分体现了日本教育水平的提升。② PISA数据显示：2015年，日本学生数学素养排名第5位（532分），阅读素养排名第8位（516分），科学素养排名第2位（538分）；2018年，日本学生在参加测评的国家和地区中数学素养排名第6位（527分），阅读素养排名第15位（504分），科学素养排名第5位（529分）。

（二）形成本国特色职业生涯教育

在过去的几十年里，日本生涯教育片面强调职业决策，导致其陷入形式主义的困境。为了增强社会的独立自主性，日本政府已经采取了一系列措施，以积极推动建立符合本国特色的生涯教育课程体系以及实施方案。首先，各个年龄段的教育都已经认识到了职业生涯教育的重要性，并在实践中贯彻落实了这一理念。在日本的学前教育阶段，教育机构积极推行自主性行为的实践，以培养学前儿童自我管理和自我决策的能力。同时，小学教学大纲明确强调了通过整体教育活动对小学生进行生活方式指导的重要性。这些指导旨在帮助小学生养成健康的生活习惯，培养他们的劳动观念和职业意识。初中教学大纲注重引导学生适应集体生活，培养其判断和选择能力，指导其建立良好的人际关系，并积极选择未来的生活方向。此外，高中教学大纲也要求学生在学习过程中逐渐学会自主学习，培养自立精神，形成正确的人生观和职业观，并具备基本的职业素质和能力。其次，为确保并推动学校职业生涯教育的顺利开展，由政府主导设立的地方生涯教育支援联盟，致力于完善学校与地方、社会及产业界之间的合作关系，并充分利用外部人才的机制。最后，构建学校、社会、家庭三位一体职业生涯教育网络。家长与学校共享信息，学校向家长传达职业生涯教育的方针、有关升学方面的信息等，学校与企业之间建立起联动合作机制，企业每年都会接纳大量的学

① 刘洪亮．日本“宽松教育”改革错在哪里了．文汇报，2023-08-07.

② 何丽．从“宽松”到去宽松化的日本教育之启示．重庆与世界，2018（22）：77-81.

生开展工作见习和实习，并为学生参观活动提供场地支持。职业生涯教育实施后，大学生就业率显著提升，2020年春季日本大学毕业生就业率达98.0%，同年日本大学生入职率超过离职率。

案例

日本中小学生生涯教育的课程改革①

为了应对人工智能时代对人才培养的挑战，日本进行了全面的课程改革。此轮课程改革的目的是培养学生在超智能社会中所需的基础通用能力，从而帮助他们更好地适应未来的社会环境。课程改革的核心内容主要围绕生活自立、新型劳动、职业与社会、生存方式等领域展开，其目标在于全面提升学生在此方面的素质与能力。为了达到这一目标，学习策略主要是采用探究性体验的方式，这有助于学生更好地理解和掌握相关的知识和技能。为了更好地评估学生的学习成果，课程评价采用了“生涯护照”这一工具，可以对学生的整个学习过程进行全面的跟踪和评估。这种评价方式不仅可以及时发现学生在学习中存在的问题，而且可以为他们提供个性化的学习建议。此外，为了确保课程改革的顺利推行，通过学校与政府、社会、家庭的协同互动，建构出一套系统的课程保障机制。这种机制的形成不仅有助于提高学生的学习效果，而且可以促进他们更好地适应未来的社会环境。

以日本富山县北部高中的商业科课程为例，该校采用经营模拟公司“富山北部设计工坊”的方法，重点培养学生的职场意识，提高其参与商业活动的积极性和主动性。同时，该校商业科课程还注重培养学生的沟通协作能力，使其更好地适应职场环境。总之，该校商业科课程通过采用经营模拟公司的教育方法，有效地提高了学生的职场意识和商业活动参与的主动性，为其未来的职业生涯打下了坚实的基础。高中阶段的课程内容均不同：一年级的重点是沟通能力培养和商务基础课程融合，定期邀请校外实践导师进行商务培训；二年级要求学生围绕具体问题开展探究性学习，做好公司运营准备；三年级则要求学生应用所学知识真正经营模拟公司，针对富山县存在的问题提出改革方案。

【评析】日本融合在课程中的生涯教育，一方面实现了课程体系基本结构的调整，将编程、无人机等纳入课程内容之中，另一方面帮助学生适应社会发展的需要，更大程度地提升学生的数字、信息与技术能力，提升个体的生涯规划能力。

---

① 任平，欧丽贤．日本中小学生涯教育的课程改革．湖南师范大学教育科学学报，2022，21（2）：103-110.

第三节 中国“生命·实践”学派的“新基础教育”改革经验

“新基础教育”以“民族”和“世界”为横向坐标，同时以“生命”和“时代”为纵向坐标，在其多个领域（如学校教育和管理等方面），进行了广泛而深入的探索。这些探索不仅为我国本土的基础教育改革提供了宝贵的经验，同时也为我国基础教育事业的长远发展奠定了坚实的基础。

一、“新基础教育”历程

自 1994 年至今的“新基础教育”研究历程，是“成事”与“成人”之路，也是“生命·实践”教育学与“新基础教育”互相建构与双向滋养的动态生成之路。

（一）探索性研究阶段（1994—1999 年）

自 1994 年 5 月决定启动“新基础教育”研究项目起，叶澜教授与其科研团队便投身于对该课题的积极规划与设想。1994 年 9 月，该研究项目正式启动，在 1995 年，上海市华东师范大学一附中、二附中、三附中以及云岭实验中学和华东师范大学附属小学的各一个班级，同期参加了该试验并联合组建了课题组。在 1996 年初，该课题组向全国教育科学规划领导小组正式提交了课题立项申请。在 1997 年初，“新基础教育”探索性研究的课题经过正式审批，被确立为国家教委的重点研究项目。

“新基础教育”始终强调教学改革与班级建设“两条腿”走路，在班级层面上，对课堂教学和班级建设的实存状态进行深入反思、批判的同时，开展了持续的介入式变革实践研究，尝试通过扭转传统课堂教学中教师主导、少数优秀学生参与的局面，将时间、空间、工具、提问权和评价权等资源交还给学生，构建新的课堂组织形式。①

研究者努力构建新的课堂教学和班级建设形态，期望能对“新基础教育”在培养目标、课堂教学、班级建设、教师发展和学校管理等方面的革新性有更为透彻、全面的理解。这种新的构建，不仅深化了对教育学基本理论问题的思考，还推动了对班级建设研究的进一步加强，例如增设班级岗位，丰富班内评价，建设班级文化，以此达

---

① 张向众，叶澜．“新基础教育”研究手册．福州：福建教育出版社，2015.

到“让班级回归学生，使班级充满成长的气息”的目标。思想品德课程需要进行同步改革，并着手开发、拓展教育资源。在教育资源的开发与拓展过程中，需构建以育人为主线、以年级为层次的结构化系列的主题。这一系列的主题应当与学生的发展阶段相契合，逐层递进，从而实现对学生思想品德教育的全面发展。

（二）发展性研究阶段（1999—2004 年）

在“新基础教育”的“发展性”研究阶段，着力点在于“学校整体转型”，思考在“变事”过程中如何“变人”。

一方面，发展性研究阶段致力于以学校为单位，以创建 21 世纪新型学校为目标，强化校长在学校改革过程中的首要地位，提升学校领导团队的变革管理能力，并持续深化班级层面的日常教育教学改革。同时，组织校长研修项目，以制定和修订学校发展战略规划，例如，2002 年上海市闵行区 27 所“新基础教育”实验学校的校长与副校长参与为期 1 年的 10 个专题研修活动。另一方面，通过中期评估机制，不断深化“课堂教学改革”与“班级建设”的探索，推动研究的深入和质量的提升。从教学价值观、教学过程观的角度，以推动教学改革为目标，深入探讨教学改革研究，重建系统化的教学评价指标体系，引导教师全面改变教学设计、教学过程和教学反思与构建的整体流程。在班级建设领域，加强基本理论研究，强调以学生成长需要为主线策划系列活动，经过对学生自我发展和成长需要的心理学研究，成功推出一系列针对不同年级学生的成长需求的主题教育活动。这些活动的推出，不仅体现对学生个体差异和成长规律的深入理解，也反映出对于如何科学设计教育活动，以满足学生不同阶段发展需求的深思熟虑。此外，还初步总结了学校“研究性变革实践”对教师发展的重要性，不仅深化了对教师角色转变和能力提升的理解，也为我们在未来的教育改革中更好地促进教师发展提供了宝贵的理论支撑和实践经验。①

（三）成型研究阶段（2004—2009 年）

在“新基础教育”的“成型”研究阶段，主要以“推进型中期评估”促进“内生力”生长。

在 2004 年，一场关于“新基础教育”发展性研究的重要活动在上海市闵行区成功举办。该活动包括结题报告和现场研讨环节，标志着第一阶段的圆满结束。同时，为推动“新基础教育”研究工作的持续开展，启动第三阶段的研究。当时的项目名称定为“新基础教育”基地学校建设，也称“品牌学校建设”。为了建设“新基础教育”基

① “新基础教育”扎根闵行 20 年．(2020－11－25)［2023－11－25］. https://www.sohu.com/a/433620649_772617.

地学校并夯实发展性研究的基础，必须深入研究并不断改进实践成果。首先，需要调整并缩小实验学校的规模，以提高研究深度。其次，必须加强学校内生力的培养，促进学校变革和内生长。为了实现这些目标，采取一系列有效的措施，不断强化学校内生力并促进变革内生长，从而走向成型研究的“精特美”。

“新基础教育”为了强化学校领导与管理，开展学校组织调整与制度重建工作，深化“两条腿”变革，于2005年，开展了关于语文、数学、外语和班级建设四个方面的“新基础教育”指导纲要系列研究。该研究的目标是实现“新基础教育”日常教育教学改革研究的系统化和结构化，并丰富和深化其典型经验与案例。同时创建首批“新基础教育”基地学校，对参与实验的学校进行中期评估，中期评估的流程是先自评，再进行评估答辩，最后形成各校的总评意见和建议，总体是对上半段成果进行总结回顾，对下半段的研究进行具体策划。“成型”研究的最后一年，对基地学校进行普查，主要是关于课堂教学和班级建设的现场研讨。①

（四）扎根研究阶段（2009—2012年）

在“新基础教育”的扎根研究阶段，聚焦校本内生与内涵均衡。该阶段，上海市闵行区在生态建设领域中独树一帜，勇当先驱，专注于将研究成果落地生根，从而揭开了“新基础教育”生态推进的重大历史里程碑。通过与各学校的合作，以价值为导向，集合多种教育资源，将差异转化为前进的动力，进一步推广和应用“新基础教育”的优秀研究成果，推动更多学校之间的协作，实现整体教育改革的推进。在“新基础教育”生态推进的过程中，形成了新阶段的共生体建设。

立足于创新教育发展理念，以共建共育的合作学校为中心，上海市闵行区、常州市等地设立了一系列学校改革生态区，构建起涵盖核心校、轮值校和骨干校的生态区协同发展格局。通过开展生态式活动，培育本土教育力量。同时，联合区域内的全国“新基础教育”研究共同体，致力于创新和提炼区域内教育内涵式均衡发展的中国经验。

（五）生态式推进的共生体建设阶段（2012年至今）

2012年10月，华东师范大学举行了主题为“生态式推进学校改革”的专题研讨会，这标志着“新基础教育”生态式推进研究正式开始。在生态式推进的第一阶段，“基地校”在管理、教师、学生等各方面得到发展。第二阶段是“新基础教育”生态式发展的多元创新阶段，要在全国“新基础教育”共生体、各地“新基础教育”研究、

---

① 张向众，叶澜．“新基础教育”研究手册．福州：福建教育出版社，2015.

学校教育新生活创造等层面突出做好五个方面的工作，形成“多元组合、差序推进；交互学习、同根共生”的共生体文化，体现“生态式”思维方式。“新基础教育”做好六个“融合”，包括“新课标”与“新基础教育”的融合、教学与教研的融合、教学改革与班队改革建设的融合、“教改、班改、校改”三位一体的融合、不同发展梯队的融合及“家、校、社、政”的融合。①

二、“新基础教育”特点

“新基础教育”改革的思想是将每个学生作为“具体的人”，促进学生的主动学习、健康成长、自觉行动，通过理论适度领先研究，不断反思重建，同时高校人员“贴地式”的研究，将理论与实践相结合，让研究并不遥远。

（一）“教天地人事，育生命自觉”

叶澜教授认为教育千事、万事归于“一事”：培养出能把握自身命运、具有时代发展敏感性和社会责任感、能创造中国未来的一代新人。对于教师，培育敢于面对时代挑战的人，才能在大时代里，做好大时代的基础教育改革。从简单的“变事”转向在“变事”的过程中“变人”。“新基础教育”倡导培养具备认知、道德和精神力量等的时代新人，其核心在于“生命自觉”。② 在自己的“生命·实践”中，成为“自觉的人”，是“新基础教育”精神之本。“新基础教育”研究致力于培养具有主动性和健康发展的受教育者个体，同时亦注重培养具备主动性和健康发展的教育者。在此，“新基础教育”强调了教育者与受教育者之间的相互转化和共同发展。教师成为自觉的人，才能培养学生成为自觉的人。依“天地人事”而存，凭“生命自觉”而行。

（二）高校人员“贴地式”研究

“新基础教育”研究中最具标识性的是“贴地式”深度介入研究。“地”指的是真实的、具体的学校日常生活，具体包括每天进行的课堂教学和班队活动。在这种研究模式下，我们要求“新基础教育”的团队成员，在理论与实践的交织中，广泛参与并深度介入学校常规的策划、执行与评估，包括对教师备课、上课、说课、评课和写课的全程参与，对教师的教学工作进行紧密的引导，通过一遍又一遍的反思与重建，推动团队的前行。这种深度的参与和引导，使得“新基础教育”的研究，成功地摆脱了

---

① 孙元涛，赵妙娴，韩晓敏．从“共同体”到“共生体”：“新基础教育”关于U－S伙伴协作的关系重构．上海教育科研，2022（10）：14－18.

② 叶澜．教育创新呼唤“具体个人”意识．中国社会科学，2003（1）：92.

之前既定的对理论冷漠、疏远且遥不可及的刻板印象。①

（三）理论适度领先研究

我们不应单一地推广某种模式，而是应该在整体上以理论为先导，进行适度的研究、思考和策划。同时，应从研究不同学校的历史和实际情况出发，摒弃过去仅从个别教师具体的课程和班队活动的开展及反思中进行重建的做法。我们应该逐渐形成新的认识，实现新的发展，并在发展的基础上提出新的任务。通过一个阶段的积累，我们能够形成具有相对普遍性的新经验和理论，从而推动整个研究工作走向新的阶段。②理论适度超前在改革起始阶段扮演着至关重要的角色。这一方面体现为对时代变迁与教育变革的内在本质和具体内容进行深度研究，另一方面也表现为对于现代教育需要培养何种人才、如何培养此类人才、为谁培养人才以及由谁来培养人才等核心议题，从理论高度进行深入探讨，从而为当前教育的变革与实践提供重要的指导。

三、“新基础教育”成效

“新基础教育”的构建过程体现了理论与实践的双向互动。该过程中的丰硕成果为深化中国本土教育改革提供了创新视角和有益启示。

（一）带动基础教育广泛实践

在过去的几十年间，华东师范大学研究团队以研究成果为教材，先后十余次参与了国培计划，组织和参与了各种类型与层次的校长和教师培训。其中包括北京、重庆、成都、株洲、无锡、昆明等地约 1 000 名教研员的培训。

在全球范围内，以上海市闵行区华坪小学、实验小学等学校为代表，积极开展“新基础教育”研究，借助一些国际交流项目，邀请来自加拿大、美国、新西兰、新加坡等国家的教育专家团队进行深度参与，并就学校教育教学的实践进行深入研讨。通过这种方式，这些学校不仅展示了中国教育改革的成果，还为国际教育交流合作提供了范例。这些学校的团队在国际学术研讨会上，发表了多次专题报告，受到了国际教育学者的广泛好评。这些学校的教育教学实践成果，也被收录在了全球顶尖的学术刊物上，并得到了广泛推广。这些努力，不仅扩大了中国基础教育改革与发展的国际影响力，同时也为中国的教育发展，提供了更多的国际经验和视角。

---

① 李政涛．“新基础教育”为什么可以坚持 20 年．上海教育，2020（31）：42.

② 庞庆举，李政涛．大中小学合作推进学校整体变革的路径研究：以“新基础教育”27 年研究为例．中国教育学刊，2021（10）：57－61.

（二）丰富中国本土基础教育理论

就“新基础教育”为“生命·实践”教育学所提供的实践滋养而言，它是整体的、综合的、复杂的，更是丰富的，它改变着我们对教育和教育学的理解，改变着我们自身的价值追求、思维方式与研究方式。在推动“新基础教育”改革的征途中，研究者与学习者需不断追踪改革的演变，基于诊断结果，构建新的改革策划；研究者在与实践改革者的交流、合作过程中，需持续构建更新的理论框架、思维方式以及人格形象；研究者还需以自身的智慧，积极参与到当代中国教育变革与社会转型之中，努力构建当代中国教育理论体系，以自身的发展与成长，确保研究的持续推进。此外，“新基础教育”实验学校主动、健康的发展状态，学生、教师、校长的精神生命有意义、主动乃至自觉地成长，彰显的正是“生命·实践”教育学的理论力量。正是这种力量让我们相信，“生命·实践”教育学是一种有生命力、能够体现教育学专业特质的教育学，也是中国教育学在新的历史时期发展的需要。①

案例

上海市普陀区洵阳路小学“新基础教育”研究②

洵阳路小学是一所位于上海市普陀区的普通公办小学，创立于1958年。学校位于普通百姓聚居地，居民经济条件和文化背景一般。学校生源相对较弱，孩子们普遍缺乏自信。面对复杂的生源条件，学校坚定地秉持“相信生命，相信每个学生都有发展潜力”的教育理念，坚定办学自信，积极推动教育改革，主动寻求变革和突破，并借助高校的力量来推动自身的发展。自1994年起，学校参与了华东师范大学叶澜教授主持的“新基础教育”研究项目。在教育改革实践中，学校致力于探索教育的本质，研究学生全面成长的需求，真正关注个体的成长，关注如何让教育过程更加丰富、师生关系更加和谐以及满足学生的多样化学习需求。自1998年以来，学校持续做的一件事就是“研究”，聚焦儿童真实成长需求，努力寻找发展的突破口，从研究学科教学，到研究学生学习，再到研究课程体系，始终让研究引领学校发展。

第一阶段以优化课堂教学结构为目标，开展学科教学范式研究，在专家指导下，确立不同课型的分类标准，设计课堂教学基本过程，生成教学资源包和典型课例，提升教师专业水平和学生学习的主动性和有效性。第二阶段研究学生，实施基于诊断的画像式评估和进行因材施教，从认知、语言、动作机能、社会化情绪、适应性行为五

① 叶澜．基础教育改革与中国教育学理论重构研究．北京：经济科学出版社，2009：480.

② “洵美且异”打造上海基础教育“新名片”．(2022-09-05)[2023-09-05]．https：//www.chinanews.com.cn/sh/2022/09-05/9844640.shtml.

大维度对每个孩子进行评估，开展“基于学的策略改进研究”。第三阶段深化课程结构链条，构建“分科·综合”一体化课程实施体系，形成以低年段、中年段和高年段为三个阶段，以“主题式、广域式、模块式”为三个层次的综合课程体系。这一体系体现了从基础到拓展的层次划分，旨在为学生提供更全面、更具针对性的学习内容。①

洵阳路小学以其出色的表现，从一所名不见经传的学校跻身成为全国教育系统的先进集体，展示了“新基础教育”所蕴含的成功与潜力。

【评析】公平优质的教育理念在上海市普陀区洵阳路小学得以落实和转化。追寻最本真的教育，打造适切而有意思的课程，探索不同学科的教学规律，关注年段特征，回应学生的成长需要，为每一个孩子寻找生命中最美的曙光，值得所有教育工作者学习和借鉴。

第四节　中国基础教育改革展望

中国的基础教育改革将立德树人作为一切工作的出发点，通过构建优质均衡的基础教育公共服务体系保证教育的公平性，通过深化基础教育领域综合改革保证教育的高质量性，强化教育系统内外资源融通共享，串珠成链，形成教育改革合力。

一、系统推进立德树人根本任务

党的二十大报告指出，全面贯彻党的教育方针，落实立德树人根本任务。系统推进立德树人的根本任务，对推动我国社会主义精神文明建设具有重大作用。

（一）系统规划立德树人的落实机制

基础教育改革中的立德树人是一项具有长期性、战略性的系统工程，它关乎着一个国家未来的发展和社会进步。在立德树人的顶层设计中，需要正确处理好政策、理论与实践之间的关系，以确保这一系统工程的顺利实施。同时，立德树人的长期规划需要紧密结合社会成员的发展需要，既要考虑短期规划，也要考虑长期规划。在具体实施过程中，需要明确发展规划的步骤、条件以及政策支持体系，以确保各项工作的

① 朱乃楣．上海洵阳路小学：25 年持续研究引领学校由薄弱走向优质．中国基础教育，2023（3）：32－35.

有序推进。为了进一步完善中国立德树人的话语体系和理论体系，国家需要加大对基础教育的投入和支持，为推进符合中国国情的基础教育改革提供理论指导。这不仅有助于提高中国教育的整体水平，也能够为培养更多高素质人才提供有力支撑。例如，中国“生命·实践”学派提出的“新基础教育”理念，不断努力推动建立具有中国特色的话语体系和理论体系，为中国教育的发展注入新的动力。

（二）落实立德树人的保障机制

建立高质量的基础教育体系，需要进行整体规划并实施分类分层指导。此项工作既需要中央政府进行领导，也需要发挥社会各方面的积极主动性。在推动教育发展的同时，也需要为个性化发展预留空间。这是一个涉及全方位、全过程、全员参与的历史过程和制度建设。因此。中央政府要聚焦战略层面的研发布局，注重统筹规划，制定法规标准，进行科学有效的评估；地方政府要做好战术层面的推进，不断总结经验推陈出新，尤其是要跟上数字化、智能化的步伐，全面赋能教育，重塑教育未来。

（三）不同教育主体协同发力

不同场域中的不同教育主体职责不同，因此需要明确学校、教师、家庭、社会在各自育人场域中的不同职责与任务。这种职责与任务的明确性是形成一个有活力的全覆盖的系统性的长效育人机制的关键。具体而言，学校作为教育的主要场所，应当发挥其教育主体作用，制定全面、科学、系统的人才培养计划，注重学生的全面发展，培养学生的创新精神和实践能力。教师则应当承担起教书育人的职责，关注学生的个性化需求，注重学生的品德教育，培养学生的道德素养和社会责任感。家庭作为学生成长的重要环境之一，应当发挥其独特的家庭教育作用，关注学生的成长过程，注重学生的品德修养和家庭教育，培养学生的家庭观念和社会责任感。社会则应当发挥其教育支持作用，提供多样化的教育资源和服务，注重学生社会实践和公益活动的开展，培养学生的社会责任感和公民意识。同时，各级各类教育主体需要协同发力，建构灵活、多样的立德树人的合力机制。这种合力机制应当充分发挥各主体的优势和特点，形成互补、互动、协同的教育模式，促进学生的全面发展。最后，这个系统性的长效育人机制需要服务于不同区域的发展。不同区域的发展需求和特点不同，因此需要因地制宜地制定相应的教育计划和政策。只有将立德树人根本任务落地、落细，才能真正实现一加一大于二的整体效果。

二、构建优质均衡基础教育公共服务体系

教育是以扩大公共利益为目的的公共性、普惠性、基础性、发展性的实践活动。

只有中小学校恢复正常教学秩序，转变功利应试倾向，回归教育的公益普惠属性，才能实现公平且高质量的教育。

（一）提高财政保障水平

扩大供给要求增加政府财政投入，有效供给要求优化资源配置方式。各级政府应切实履行主体责任，始终将基础教育作为教育投入的关键领域，逐步提高经费保障水平，还要优化教育经费使用结构，重点加大对教育教学和教师队伍建设的投入力度，为基础教育高质量发展提供财力保障，并依法保障教师工资待遇，促进基础教育优质均衡发展。需要进一步完善教育经费投入制度，提高财政资金配置效率，探索更科学的公共服务提供方式。建立预算拨款制度和投入机制，以合理配置财政资金，避免教育资源的浪费，推动教育服务主体多元化和供给方式多样化，提升财政支出效率。①同时，建立地方政府教育支出绩效评价体系和监督机制，公开资金投入和使用信息，接受公众和社会组织的监督。②

（二）推进学校标准化建设

我们正致力于构建并健全全面且具体的基本公共教育服务标准体系，以期达成“以标准化促进公共教育均等化”的共识，营造公平公正的社会氛围。在办学基本条件、教师资源配置、教育经费投入以及使用、学校管理、教师队伍建设、学生生源分配等方面，我们都需确立科学、合理、具体的评价标准。实现更加公平的教育目标，关键在于推动义务教育学校的标准化建设。面向未来，我们需进一步完善义务教育学校建设的具体标准，并以更加现代化的视野、科技化的手段，推动义务教育学校建设的全面改善，例如改善校园建设的硬件与软件条件、优化校园安全防护设施建设、加强教学设备以及教育信息化基础环境的改善、合理设置班额、全面提升教师队伍的素质等。我们应全面、多角度、全过程地关注并提升义务教育学校建设标准化的实施水平，以全面推动义务教育学校的更好发展，提高我国义务教育学校的教育水平。③ 我国颁布了义务教育学校标准化建设相关的政策文件，相关责任主体需明确内容要素、时间点和路线图，提出底线要求，保障内容指标。

（三）推进城乡整体发展

城乡教育一体化发展，是我国构建城乡互动共融发展新格局的必要战略选择，旨

---

① 周洪宇．建设优质均衡的基本公共教育服务体系．中国基础教育，2023（1）：16－19.

② 褚宏启．供给优质均衡的基本公共教育服务．中小学管理，2023（6）：62.

③ 柳世玉，张新平．义务教育学校标准化建设的效能困境及出路．教育学术月刊，2022（2）：29－34.

在挖掘县乡发展潜能，确保各地区学生均能接受公平而质量卓越的教育，提升教育普及度。为实现城乡教育一体化发展，我们应充分发挥城乡各自优势，考虑我国新型城镇化进程中的人口迁移等因素，合理配置教育资源。在国家乡村振兴战略的推动下，借助政府政策支持，通过系统规划与协调发展，我们将建立并完善城乡一体化的基本公共教育服务体系，提高学有所教的水准。[①] 我们将着眼于城乡教育一体化发展来推动乡村教育的振兴，科学合理配置城乡教育资源，基于发展性与动态调整性原则，实现农村与城市教育资源的科学配置，有效解决农村教育空心化、城市教育拥挤化的问题，打通城乡教育要素流动渠道，增强城镇教育辐射带动作用，逐步消除城乡教育在起点上的差距，完善教育公平公正的现实基础，整体提升城乡教育质量。

三、深化基础教育领域综合改革

我们必须坚决抵制以“五唯”为导向的错误做法，不断深化基础教育领域综合改革。为此，我们需要从教育课程、教育评价等多个方面入手，构建具有中国特色、符合中国国情的高质量人才自主培养教育体系。

（一）深化基础教育课程改革

课程设计应以学生的核心素养为基础和出发点，通过明确各学段、各学科的具体教育目标和任务，加强各学段、各学科课程之间的垂直联系和跨学科合作。课程改革主要从三个方面进行：一是课程思想从传授学科知识转向促进人的发展，二是课程目标由“三维”转向“核心素养”，三是课程内容由学科知识体系转向学科育人价值。要将结构化、实践化、综合化作为课程改革的重要原则，近些年，基础教育也在“课程结构化”“大概念”“单元教学”等方面进行理论与实践的探索。探索运用少量而关键的主题或概念，给予学生充分的机会，使学生深入探究，深刻理解，做到真学真用、闻一知十、学以致用。

（二）完善教育评价改革

一是要抓学生中心，从教育目的、教学原则、教学方式、教师要求、教学组织、课堂布置等方面入手，强调学生综合素质的不断提高和全面成长；注重结果导向，以学习成果为依据，强调逆向设计，注重对学习成果进行可视化评价；注重持续改进，建立贯穿教育教学全过程、不断改进教学工作的常态性评价机制，打造优良教学文化

① 郑磊，李庋，张绘．中国城乡义务教育一体化的发展现状、动力机制及政策路径．教育学报，2023，19(3)：86－99．

的质量保证的文化内核。二是要结合国情校情，借鉴和融合国际教育质量保障的成功经验，同时尊重各级各类教育的不同规律和特点，制定符合学段教育特点和学生成长规律的评价模式。三是要抓好教育质量保障体系建设的核心要素，主要包括以下五个方面的工作：质量标准明确、指标体系科学、考核办法合理、反馈意见有效、工作机制健全。

四、强化教育系统内外资源融通共享

基础教育改革的成功需要教育系统内外兼修，对外保证区域内的教研资源、数字化资源得到有效流动，对内发挥学校自身的特色优势，创生内部资源，内外双修达到资源的融通共享，形成教育发展合力。

（一）区域优质均衡教育资源

一是全面优化国家、省、市、县、校五级教研网络和教研体系。教师们积极贡献最优质的教育内容和教学方法，分毫不差地传递给每位学生，大家共同合作，集思广益，多向借鉴，不断改良教学策略与方法，以达至最优教育效果。对教育质量孜孜以求，方能凸显教研过程中教师资源共享、经验融合、共同进步的价值。二是推进城乡义务教育一体化发展，需要积极推进义务教育学校布局调整和优化；鼓励优质学校与规模小、实力弱的学校建立结对关系，实施以强带弱促进步的集团化捆绑或名校托管模式；实行资源共享，各校骨干教师依托在线教学平台，开展名师授课，突破时间和空间的限制。三是为了进一步推动国家数字教育资源公共服务体系的建设，我们亟须通过体系枢纽环境，将优质资源迅速而准确地推送到网络学习空间，以便为师生提供免费的数字教育资源服务。此举将有利于农村地区更好地共享优质的教育资源，从而减小城乡之间教育资源的差距，提升农村地区的教育水平。

（二）学校创生内部优质资源

学校乃宏观教育系统的微观基础，为提升其发展能力，需将重心调整至更高层次的战略布局上。同时，通过创生内部资源，以融入宏观的教育系统格局。充分激发学校办学活力和学习者潜力，对每所学校挖掘自身特色元素与融入区域教育格局至关重要。学校特色理念应具备前瞻性、独特性、明确性和科学性，通过发挥特色优势，以特色立校，进一步取得学校建设和育人成果的新突破。① 学校需充分利用地域特色，开展教育教学，使学生及其家长充满本土自信。此外，教育特色发展旨在追求特色，

① 李伟胜．立足学校变革创生优质教育资源．人民教育，2020（22）：34－39.

满足多元化需求。农村学校应将乡土文化、历史、风物等要素与现代法治、金融、健康等结合，以在农村学生心中播下守护和创新的种子。

案例

上海市基础教育教学数字化转型

上海市作为全国教育数字化转型的实验地，从顶层设计、系统架构、实施策略等方面持续探索研究新一代信息技术与教育融合发展的可行路径。2021 年，上海市从本地实际情况出发提出了教育数字化转型的实施方案，通过加强教育新基建以及数字底座进一步推动教育教学模式改革。

宝山区率先开展规划和实践探索，整体聚焦教、学、管、考、评、研、资源等应用场景，构建泛在、智慧的教育环境，改变传统课堂灌输、作业操练为主的教育教学模式，着眼于解决教育公平与效率问题，实现引领智能时代教育范式创新、教育教学模式更加灵活智能、人才培养方式更加个性多元、教育评价更加科学精准。推进全区多所学校开展常态化试点工作。一方面，宝山区搭建数字化教育教学实践平台，可以提升教师教育技术创新应用能力；另一方面，学生体验更加沉浸化、自主化的线上线下深度融合的教育教学模式，可以增加学生的自主创新能力以及主动探索能力。宝山区通过教育模式的深度应用，分析教育现状、教育优势和弱势，探索热点难点问题的破解方法，能够进一步发挥教育资源在教学和管理中的价值，提升监测、评价、预警等能力，提供数据驱动的科学决策服务，助力区域教育优质高位均衡发展。

金山区的教研平台，采集课堂微记录，开展课堂教学的“切片研究”。升级后的教研平台更是融合了学科教学管理、教研资源管理和教研评价管理，同时对接金山区教育教师发展、名师履职等系统，实现了教研教学活动和教师业务评价的“统管通办”，借助数据治理，实现教育管理效能的提高。

【评析】信息化时代，基础教育数字化变革是历史发展的必然趋势，只有以大数据、人工智能技术为依托，从宏观顶层设计到微观教学设计，让数字化赋能教育变革，才能让“量变”推动“质变”，全方位赋能学校的样态革命和范式重塑，促进育人方式的深刻变革。

◆ 本章小结

通过对芬兰、日本基础教育改革以及我国“新基础教育”改革的历程探索，发现这些改革都是为了适应不同社会和经济发展的需求，在不同程度上致力于提高学生的综合素质和创新能力，以期推动学生成为适应未来社会的终身学习者。虽然三个国家的具体措施有所不同，但都是在不断探索、不断改进的基础上，逐步完善了各自的教育体系，为培养更多优秀的人才奠定了坚实的基础。中国作为世界上最大的发展中国家，不稳定的外部环境以及快速发展的科学技术，促使国家对高素质人才的需求逐步增加，在将优秀国家的教育经验与本土实际相结合的基础上开创新学派，相信基础教育改革一定会在中国大地上开满鲜花。

总 结

◎ 关键术语

教育公共服务体系 education public service system	城乡义务教育一体化 the integration of urban and rural compulsory education
优质均衡 high - quality balance	学校标准化建设 the standardization construction of schools
立德树人 fostering moral characters and cultivating talents	教育数字化变革 digital transformation of education

◎ 章节链接

本章为第九章“经验与展望”，是对前面章节的总结与概括，读者可以查看本书前几章以便有更深的理解和掌握。

应 用

◎ 批判性思考

试分析我国现行的“双减”措施对基础教育改革可能产生的具体影响。

◎ 体验式练习

一、判断题（判断正误并说明理由）

1. 芬兰基础教育改革的成功大部分取决于信任的教育环境。

2. 日本实施的宽松教育策略实际上是失败的。

3. “新基础教育”改革就是对学校教育活动、课堂教学、班级建设进行变革。

二、讨论与探究

1. 结合你此前的学习经历和当前章节的内容，谈谈你心目中的未来学校是怎样的。

2. 新时代教育改革的机会和所需应对的主要挑战有哪些?

三、案例研究

芬兰的高级中学教育通常需要两年到四年，毕业生需要积累至少 150 学分（一般在三年内完成）。从第一学年开始，所有学生必须学习必修的核心课程。到了第二学年，课程转变为必修与选修结合的模式，而在第三学年，学生主要学习选修课程和参加考试。在芬兰高级中学的每一个学年中，通常会分为五个或六个阶段，每个阶段都会开设五到六门课程，每个阶段一般持续六到七周，学生可以自由选择他们需要参加的最终考试科目。在考试成绩的评价上，芬兰高级中学采用十分制，分数在 4 分以下（含 4 分）的学生会被认为未能通过考试。然而，一次考试成绩的不达标并不会影响学生继续学习该课程的高级版本。塔莫雷高斯格高级中学是一个典型范例，它实施的是跨年级的教学管理模式，取消了固定班级的配置。学生能够根据自身的能力和兴趣，自发性地创设个性化的学习方案，并在老师的引导下自主进行课程选择。该校的课程体系涵盖了语言、艺术、手工、信息技术等多个门类，旨在提升学生的综合素养。此外，该校的核心任务之一就是强化国际化元素，学校为学生提供了出国修学的机会，以便开阔他们的国际视野。

东京都立国际高等学校，一所拥有悠久历史的公立中学，曾被评选为重点升学指导学校。该校毕业生的升学率始终位于同类学校前列，显示出该校卓越的教育成果。学校致力于促进学生的全面发展，兼修文理，塑造出具备综合素质和能力的优秀人才。在学生的初级阶段，学校重视基础课程的教学，严格遵循《高中学习指导要领》的课程设置，设置了 31 门必修课程，共有 66 学分，以强化学生的基础教育。到了第三学年，学校为课程设置增添了弹性，除了必修课程之外，广泛开设了 22 门选修课程，并对选修课程设置了 10～18 学分的要求。为了满足每位学生的学习需求，学校还采用小班教学模式，针对不同熟练程度的学生，分别进行英语听力和数学课程的教学。此外，在第三学年，学校利用课外活动和综合实践活动的时间，为学生提供针对所选大学的报考策略，以及未来发展方向的指导。

江苏省常州市局前街小学，其前身为“龙城书院”。历久弥新的历史传承，加上百余年的教育办学传统，赋予了其深厚的文化底蕴。2005 年，正处于世纪之交的重要转折点，局前街小学毅然决然地选择了“新基础教育”研究。随着学校管理层次的逐渐下移，各个领域的责任人实现了管理重心下移的层次性转化。教研组内的备课组获得了发展的机会。备课组内的骨干教师和特级教师获得了更为广阔的发展空间，备课组成了基层活跃的造血细胞。首先，各个备课组的组长获得了教研组发展的决策参与权。在近几年的教研组发展过程中，每次教研组的规划或计划，都是由责任人、教研组的组长以及各个备课组的组长共同参与决定的。其次，各个备课组获得了专题研究和教师发展的自主权。与过去教研组捆绑式的齐步走不同，现在的备课组拥有自主策划研究专题的选择权，享有申报成果汇报的自由权，拥有自主策划教师发展的主动权。

任务一：分析上述各国学校改革的优点与缺点。

任务二：评估以上教育改革的实施策略，能为中国的教育改革提供哪些值得借鉴的推广经验？

◎ 科研一线纪事

叶澜教授作为“新基础教育”研究课题的负责人，于2017年在接受《教育发展研究》采访时，就该课题展开了一场深入的对话。以下为对话节选：

王（王建军）：“新基础教育”究竟“新”在何处？

叶：事实上，“新基础教育”所提倡的“新”教育理念、“新”教育实践，总是相对于过去或当前的状况而言的。“新基础教育”的“新”，是建立在对当前我国社会发展方向的分析以及社会发展对教育提出的新的时代要求的分析的基础上，建立在对当前我国基础教育发展状况的分析的基础上，并在与学校教育实践的互动过程中确立起来的。

王：“新基础教育”研究为避免陷入僵化模式，为何不采纳更具操作性的模式化方案？拒绝模式化的“新基础教育”是否会令学校工作人员在实践中感到无所适从？

叶：我时常提醒大家关注模式问题，因为我们在实践中发现，若对模式问题未进行深入探讨，“新基础教育”将会缺乏活力。新基础教育主张师生互动，共同创造教学与生活。若说起模式，它实质上是“新基础教育”对教育模式的深刻转变。若要改变教师的行为，必须引导他们改变思想、感受和理解。每个人都是信息的接收者与发送者，他们在互动中成长与发展。因此，“新基础教育”并不主张操作模式。我们尊重每个人的生活历程、体验和已形成的行为方式，因此在实践时并非提供模式，而是去理解、感知和读懂他们。我们应关注背景、情境与教育之间的关系，而非独立地研究教育模式。当我们理解了这种关系，便能找到促使情境发生改变的道路。教育的关键在于寻找适合的路径。

王：身为一位曾在传统教育领域辛勤耕耘的专家，您已投身于“新基础教育”的理论与实践相结合、交互共生的研究实践长达八年有余。在此背景下，您对教育理论与实践的紧密联系这一永恒话题，有何独到见解或心得体验?

叶：在教育理论研究者的转变中，首要任务是调整思考教育问题的方式，打破对教育问题抽象、隔离和简化的认识。此外，实践者需要理解教育理论的价值和期待，对理论产生全面认识，并将理论转化为内在思考和行为。只有当理论研究者和实践者都实现思维模式的转变，才能推动教育实践的变革。实践者的综合素质是成功推动变革的关键，包括对教育理论的深化理解，智慧、意志力等的提升。

请问：

1. 你怎么理解教育模式?

2. 你认为教育理论与实践的关系是什么?

拓 展

◎ 补充读物

1. 张向众，叶澜．“新基础教育”研究手册［M]. 福州：福建教育出版社，2015.

该书基于“新基础教育”理论与实践的成果，对“新基础教育”研究过程及其经验总结进行了系统概述。该书介绍了学校管理、课堂教学和学生工作所需的相应改革以及具体的策略和方式，对于学校管理者和教师都具有很高的参考价值和启示作用。

2. 叶澜．回归突破：“生命·实践”教育学论纲［M]. 上海：华东师范大学出版社，2015.

该书是“生命·实践”教育学派的立纲之作，系统阐述了“生命·实践”教育学关于教育基本理论的新认识，提出并论述了“教育”概念的中国式表达。通过对教育已有观点的综合梳理，以及对中国文化传统内蕴的教育精神与智慧的深度开发，聚通式提出了“教天地人事，育生命自觉”和“教育是点化生命的人间大事”等中国式表达及其当代新内涵与教育新生活的创造。

3. 伍红林，侯怀银．理论基石：叶澜教育思想的概念生成研究［M]. 北京：人民教育出版社，2022.

该书聚焦叶澜教育思想的核心概念及其生成过程，就教育基本理论、教育研究方法论、教育实践变革及“生命·实践”教育学四大领域的概念进行挖掘和考辨，力图为关注或研究叶澜教育思想及其精髓和实质的学人提供参考，为当代中国教育学理论的科学发展提供参照。

4. 张晓光．走进芬兰基础教育［M］. 重庆：西南师范大学出版社，2017.

该书对芬兰的基础教育进行了详细的阐述，包括历史和现状、课程设置、教师发展、教育管理以及成功的原因等方面。作者力求展示芬兰基础教育的全貌，通过对芬兰教育体系的深度观察和分析，运用批判性思维帮助读者更加深入地了解芬兰基础教育的成功运作机制。

主要参考文献

著作

1. 李孝川，何顺超，杨斌．基础教育改革动态．长春：吉林大学出版社，2016.
2. 孟繁华．中外基础教育改革与发展．北京：中央广播电视大学出版社，2003.
3. 叶澜．基础教育改革与中国教育学理论重建研究．北京：经济科学出版社，2009.
4. 马和民．教育社会学基础．北京：中国人民大学出版社，2022.
5. 范国睿．从规制到赋能：教育制度变迁创新之路．上海：华东师范大学出版社，2018.
6. 慕彦瑾，李芳，段晓芳．当代基础教育改革和发展研究．成都：四川大学出版社，2012.
7. 顾明远．教育大辞典．上海：上海教育出版社，1989.
8. 董纯才．中国大百科全书：教育卷．北京：中国大百科全书出版社，1985.
9. 王宗敏，张武升，等．教育改革论．郑州：河南教育出版社，1991.
10. 张焕庭．教育辞典．南京：江苏教育出版社，1989.
11. 袁振国．从反正到立新：教育理念创新之路．上海：华东师范大学出版社，2018.
12. 马克思，恩格斯．马克思恩格斯选集：第4卷．2版．北京：人民出版社，1995.
13. 李斌．教育发生的地方．北京：中国人民大学出版社，2023.
14. 陈晓宇．中国教育学四十年．北京：商务印书馆，2019.
15. 杜占明．中国古训辞典．北京：北京燕山出版社，1992.
16. 胡中锋．教育评价学．4版．北京：中国人民大学出版社，2023.
17. 马克思，恩格斯．马克思恩格斯全集：第3卷．北京：人民出版社，1960.
18. 叶澜．中国基础教育改革发展研究．北京：中国人民大学出版社，2009.
19. 张丰．聚焦任务的学习设计：作业改革新视角．北京：教育科学出版社，2023.
20. 延森，尼克尔森．深度学习：7种深入、持久学习的课堂策略．北京：教育科学出版社，2022.

21. 肖邦国．损益：团队型五人小组结构化教育教学改革研究．武汉：华中科技大学出版社，2022.

22. 饶见维．教师专业发展：理论与实务．台北：五南图书出版公司，1995.

23. 杜静．教师专业发展．北京：高等教育出版社，2017.

24. 吴康宁．教育改革的社会支持．北京：人民出版社，2019.

25. 吴康宁．教育改革的“中国问题”．南京：南京师范大学出版社，2015.

26. 李玲，郑家福．教育体制综合改革发展报告．北京：高等教育出版社，2017.

27. 叶澜．基础教育改革与中国教育学理论重构研究．北京：经济科学出版社，2009.

28. 康建朝，李栋．芬兰基础教育．上海：同济大学出版社，2015.

29. 张晓光．走进芬兰基础教育．重庆：西南师范大学出版社，2017.

30. 张向众，叶澜．“新基础教育”研究手册．福州：福建教育出版社，2015.

31. 朱永新．当代中国教育：走在教育强国的路上．北京：中国人民大学出版社，2021.

期刊

1. 周冠环，吴佩蓉，赵鑫．教育信息化 2.0 时代基础教育改革的机遇、挑战与走向．教学与管理，2020（33）：13－16.

2. 吴遵民，法洪萍．终身教育背景下基础教育的改革现状与发展路径．人民教育，2021（12）：40－43.

3. 范涌峰．我国基础教育变革的趋势及方法论转向．教育科学研究，2021（6）：18－24.

4. 王烽．高质量发展：基础教育的挑战与应对．人民教育，2021（1）：21－24.

5. 程红艳，罗艳华．攻坚期基础教育改革阻滞与突围．社会科学战线，2023（1）：226－235.

6. 卜玉华．新世纪十年中国基础教育改革的进展、问题与趋势．杭州师范大学学报（社会科学版），2011，33（6）：27－33.

7. 叶澜．试论我国基础教育改革深化的若干认识问题：为纪念“三个面向”发表十周年而作．中国教育学刊，1993（6）：14－19.

8. 郑元齐．终身教育理论对我国基础教育改革的影响．课程教育研究，2015（26）：31－32.

9. 杨志成．把握发展素质教育的本质和内涵．人民教育，2023（1）：23－26.

10. 李帆，钱丽欣，邢星．2022 中国基础教育政策分析．人民教育，2023（Z1）：13－41.

11. 董海军，刘海云．公平与效率：我国教育发展的阶段性演进（1949—2022）．社会科学辑刊，2022（4）：48－58.

12. 储朝晖．基础教育扩优提质的要义、条件与杠杆．人民教育，2023（17）：41－43.

13. 施久铭，程路，冀晓萍，等．2019 中国基础教育典型案例．人民教育，2020（2）：34－45.

14. 杨德广．关于“双减”的重要性、成效及问题、对策：从义务教育阶段的“内卷”谈起．上海师范大学学报（哲学社会科学版），2023，52（3）：108－115.

15. 吴遵民．关于我国基础教育改革若干问题的研究和思考．教育理论与实践，2004（1）：28－31.

16. 周洪宇．以科学的教育评价推动新时代教育学发展．中国教育学刊，2020（12）：1-2.

17. 阮成武．基础教育改革顶层设计的进路与反思：1980—2020. 南京师大学报（社会科学版），2021（1）：14-23.

18. 田芬，朱永新．关于基础教育均衡发展的哲学思考．苏州大学学报，2004（2）：117-120.

19. 中共中央国务院印发《中国教育现代化2035》．人民教育，2019（5）：7-10.

20. 马宝元．人本主义学习理论及其对我国基础教育改革的启示．鞍山师范学院学报，2004（4）：97-100.

21. 田雯．多元智力理论对我国教育的影响．黄石理工学院学报（人文社会科学版），2008（3）：50-52，82.

22. 钟志贤．多元智能理论与教育技术．电化教育研究，2004（3）：7-11.

23. 李政涛．"生命·实践"教育学的实践基石．教育学报，2011，7（6）：14-25.

24. 翟博，孙百才．中国基础教育均衡发展实证研究报告．教育研究，2012，33（5）：22-30.

25. 余雅兰，匡瑛．全人教育视角下美国生涯与技术教育的理念意涵与实践路向．比较教育学报，2023（4）：96-109.

26. 左璜．基础教育课程改革的国际趋势：走向核心素养为本．课程·教材·教法，2016，36（2）：39-46.

27. 孟令红．日本基础教育改革的基本理念、实施及对我国的启示．北京教育学院学报（自然科学版），2016，11（2）：64-68.

28. 苏红．国际基础教育质量标准：趋势、类型及对我们的启示．中小学管理，2011（12）：20-23.

29. 王景英．教育"以人为本"辨释．当代教育科学，2003（21）：12-14.

30. 刘妍，马晓英，刘坚，等．文化理解与传承素养：21世纪核心素养5C模型之一．华东师范大学学报（教育科学版），2020，38（2）：29-44.

31. 苏国红，李卫华，吴超．习近平"立德树人"教育思想的主要内涵及其实践要求．思想理论教育导刊，2018（3）：39-43.

32. 核心素养研究课题组．中国学生发展核心素养．中国教育学刊，2016（10）：1-3.

33. 陆韵．数学学习如何摆脱"刷题"依赖：基于AI技术的个性化教学．人民教育，2022（11）：42-45.

34. 王嘉毅，赵志纯．我国农村基础教育课程改革：问题与对策．教育研究，2010，31（11）：25-30.

35. 孙志远．试论美国基础教育公平理念的演变：以战后联邦教育法案为线索．外国中小学教育，2013（3）：8-11.

36. 马云鹏．基础教育课程改革：实施进程、特征分析与推进策略．课程·教材·教法，2009，29（4）：3-9.

37. 吴颖民．二战后美国基础教育课程改革的特点及其启示．课程·教材·教法，2008（8）：76-80.

38. 江露露．以知识和技术为基石的芬兰教育生态系统：兼谈芬兰基础教育课程改革（2012—

2016). 外国中小学教育，2016 (7)：6 - 13.

39. 王桂艳．我国基础教育八次课程改革的历史研究及启示．辽宁教育行政学院学报，2011，28 (5)：13 - 15.

40. 陈佑清，胡金玲．核心素养导向的课程与教学改革的特质：基于核心素养特性及其学习机制的理解．课程・教材・教法，2022，42 (10)：12 - 19.

41. 成尚荣．论课程改革的基本原则．中国教育科学，2022，5 (4)：3 - 13.

42. 王振存，张清宇．未来课程变革的内涵、样态及实施路径．课程・教材・教法，2022，42 (1)：4 - 9.

43. 辛涛，姜宇，刘霞．我国义务教育阶段学生核心素养模型的构建．北京师范大学学报（社会科学版），2013 (1)：5 - 11.

44. 郭敏，于伟．"核心素养"研究：实然诊断与应然追求．社会科学战线，2021 (8)：249 - 254.

45. 崔允漷，王涛．培根铸魂　启智润心：《义务教育课程方案（2022 年版）》解读．全球教育展望，2022，51 (4)：6 - 7.

46. 张广斌，陈鹏，王欢．我国学校家庭社会协同育人的政策演变、研究轨迹与走向．北京教育学院学报，2019，35 (6)：19 - 26.

47. 石中英．关于中国学生发展核心素养的哲学思考．课程・教材・教法，2018，38 (9)：36 - 41.

48. 顾美玲．战后日本五次中小学课程改革述论．四川师范大学学报（社会科学版），1994 (3)：104 - 112.

49. 赵冰．铃木音乐教学法的研究与实践．广西师范学院学报（哲学社会科学版），2007 (4)：91 - 95.

50. 弓长．美国向日本学习数学教学法．国际人才交流，1990 (3)：48.

51. 光霞，樊文芳．日本小学科学教学的特色及启示．课程教学研究，2014 (10)：30 - 33.

52. 陈式华．现象教学：芬兰 2016 教改新模式．教育与教学研究，2016 (11)：102 - 106.

53. 刘合荣，廖兆慧．新中国中小学教学改革：历程、特征与经验．天津市教科院学报，2021 (4)：66 - 79.

54. 魏宝宝，孟凡丽．我国近四十年教学改革特征与教师专业人角色审视．当代教育论坛，2021 (3)：19 - 31.

55. 伊文婷．新时代教育公平的新内涵、新重点与新策略．齐齐哈尔大学学报（哲学社会科学版），2023 (8)：79 - 82.

56. 郭颢．"学本课堂"教学改革成果研究报告．黑龙江教师发展学院学报，2023，42 (9)：115 - 117.

57. 谭轹纱，尹浪，赵仕民．场域理论视角下中小学个性化教学实践研究．教育理论与实践，2023 (29)：53 - 56.

58. 韩立福．学本课堂：概念、理念、内涵和特征．教育研究，2015，36 (10)：105 - 110，114.

59. 杨杰，程岭．教师的教学反思：内涵、价值与提升路径．中国教师，2022 (10)：84 - 86.

60. 常英华．教师教学反思的意义、内涵及实践路径．教育理论与实践，2023（28）：41－45.

61. 龙安邦，余文森．论新时代中小学教学改革的基本导向．福建师范大学学报（哲学社会科学版），2023（3）：145－155，171－172.

62. 夏雪梅．指向核心素养的项目化学习评价．中国教育学刊，2022（9）：50－57.

63. 张文超．小学综合实践活动课程的实践样态与优化路径基于实践共同体的视角．教师教育学报，2023，10（1）：50－58.

64. 李卫东．大概念：重构语文教学内容的支点．课程·教材·教法，2022，42（7）：96－101，109.

65. 马云鹏．基于结构化主题的单元整体教学：以小学数学学科为例．教育研究，2023，44（2）：68－78.

66. 蔡晓良，庄穆．国外教育评价模式演进及启示．高教发展与评估，2013，29（2）：37－44，105－106.

67. 李刚，辛涛．基础教育质量的内涵与监测评价理论模型．华东师范大学学报（教育科学版），2021，39（4）：15－29.

68. 吴钢. 我国教育评价发展的回顾与展望. 教育研究，2000（8）：27－32.

69. 辛涛，姜宇. 基于核心素养的基础教育评价改革. 中国教育学刊，2017（4）：12－15.

70. 石中英. 回归教育本体：当前我国教育评价体系改革刍议. 教育研究，2020，41（9）：4－15.

71. 辛涛. 深化教育评价改革的四个关键环节. 中国考试，2023（10）：1－8.

72. 朱德全. 新时代基础教育评价改革如何通向学生的美好未来?. 教育科学研究，2023（10）：1.

73. 刘嘉. 多元教育评价助力创新人才培养. 人民教育，2020（21）：22－29.

74. 司林波，马佩玺，乔花云. 近三十年国内教育评价研究的发展历程、热点领域及变迁特征. 现代教育管理，2023（11）：63－73.

75. 张志华，王丽，季凯. 大数据赋能新时代教育评价转型：技术逻辑、现实困境与实现路径. 电化教育研究，2022，43（5）：33－39.

76. 张善超，仇国伟. 新时代教育评价改革的困境与化解之道. 大学教育科学，2022（1）：89－96.

77. 国家及各地区国民经济和社会发展第十四个五年规划和2035年远景目标纲要．中国信息界，2022（5）：110.

78. 柏沈燕．推动信息技术与课堂教学的深度融合．教育，2018（39）：23.

79. 李怡菲．深化教育技术改革 打造校园网络环境．河南农业，2009（16）：12－13.

80. 张进良，杨苗，谈桂芬．智能技术赋能基础教育评价改革的实然困境与路径选择．中国远程教育，2023，43（2）：18－27.

81. 李锋，袁雨欣．以数字教材推进教育数字化转型．现代教育，2023（4）：3－7，18.

82. 何璨男，高燕．多媒体环境下教育技术应用与创新发展研究：评《教育技术研究》．人民长江，2023，54（4）：250－251.

83. 闫春伟．现代教育技术在思想政治教育中的应用．中学政治教学参考，2023（1）：85.

84. 张伟，孙喆．隐忧与消解：现代教育技术催逼下传统板书的功能审思与改进路径．基础教育，2022，19（3）：79－89.

85. 张炳林，杨茗月．基础教育领域信息技术与课程整合的演变历程与特点．教育导刊，2022（12）：13－19.

86. 王胜远，王运武．AECT2017 教育技术定义的评析与思考．广东开放大学学报，2019，28（3）：78－85.

87. 何克抗．信息技术与学科教学“深度融合”的路径与实现方法．中小学数字化教学，2018（2）：17－20.

88. 汪丽梅，洪早清．现代信息技术与教师教育深度融合的实践与思考：以华中师范大学教师教育改革为例．教师教育论坛，2017，30（3）：21－26.

89. 庄惠阳．论教育技术学的简洁定义与研究重心的转移．现代教育技术，2013，23（3）：20－25.

90. 祝智庭．中国教育信息化十年．中国电化教育，2011（1）：20－25.

91. 李怡菲．深化教育技术改革 打造校园网络环境．河南农业，2009（16）：12－13.

92. 陈威，马云鹏．基于儿童发展：小学教师专业性的三重意蕴．东北师大学报（哲学社会科学版），2013（6）：214－218.

93. 刘卓红，刘倩．理解“人的自由全面发展”命题的三个维度：内在意蕴、当下形态与实现思路．世界社会主义研究，2021，6（7）：10－18，97.

94. 张炎．人的全面发展视域下高职院校教师评价改革论析．教育与职业，2023（8）：71－76.

95. 任雅琴，吴劲松．卓越体育教师职前培养的现实困境和突破策略．高教探索，2023（3）：56－62.

96. 张良，王克志．知识与素养究竟是什么关系：实体性与生成性之间必要的张力．课程·教材·教法，2020（5）：45－50.

97. 王斌．江苏省师范生教学基本功大赛方案的优化及对教师职前培养的启示：以小学教育专业为例．常熟理工学院学报，2021，35（6）：116－120.

98. 陈颖．“青蓝工程”培养模式下青年教师成长的个案研究．广西教育，2023（4）：15－17，28.

99. 闫玉慧．“青蓝工程”新教师培养模式研究．成才之路，2017（26）：18－19.

100. 刘瑞云．基于教师自我教育的课堂教学：以上海市秋萍学校为例．新教育，2023（S1）：32－33.

101. 卢立涛，阙千杭．新课改背景下县域小学教师专业发展的现实困境与突破路径．新教师，2023（3）：5－8.

102. 王伟，唐文静．乡村教师何以坚守且卓越：基于四位乡村卓越教师的叙事分析．教师教育研究，2023，35（2）：69－76.

103. 李尧．民族地区教师精准培训的困境与突围．湖北民族大学学报（哲学社会科学版），2023，41（1）：152－159.

104. 赵丹，曾新．以“资源共享”推进县域义务教育优质均衡发展：动因、问题与对策．教育与经济，2022，38（1）：41－48.

105. 刘鑫．基于新课改的教师专业发展路径研究．成才之路，2021（30）：48－51.

106. 王仁．中职教师信息化教学能力的提升策略．甘肃教育，2021（9）：54－55.

107. 姚计海，张蒙．“双减”政策下教师专业发展的机遇、问题与对策．北京师范大学学报（社会科学版），2022（6）：41－49.

108. 刘晓敏，刘玉敏．韩国基础教育改革措施对我国“双减”政策的启示．上海教育评估研究，2023，12（2）：74－79.

109. 刘复兴，董昕怡．实施“双减”政策的关键问题与需要处理好的矛盾关系．新疆师范大学学报（哲学社会科学版），2022，43（1）：91－97.

110. 周序．家庭资本与学业焦虑：试论“双减”政策引发的家长焦虑问题．广西师范大学学报（哲学社会科学版），2021，57（6）：96－106.

111. 纪元，孙百才．“双减”政策下中小学校课后服务的诉求、难点与突破．教育理论与实践，2022，42（26）：18－21.

112. 孙元涛，赵妙娴，韩晓敏．从“共同体”到“共生体”：“新基础教育”关于U－S伙伴协作的关系重构．上海教育科研，2022（10）：14－18.

113. 叶澜．教育创新呼唤“具体个人”意识．中国社会科学，2003（1）：92.

114. 李政涛．“新基础教育”为什么可以坚持20年．上海教育，2020（31）：42.

115. 朱乃楣．上海洵阳路小学：25年持续研究引领学校由薄弱走向优质．中国基础教育，2023（3）：32－35.

116. 褚宏启．供给优质均衡的基本公共教育服务．中小学管理，2023（6）：62.

117. 柳世玉，张新平．义务教育学校标准化建设的效能困境及出路．教育学术月刊，2022（2）：29－34.

118. 杨静．新世纪以来日本基础教育课程改革及其启示．河北师范大学学报（教育科学版），2014，16（3）：61－67.

119. 何丽．从“宽松”到去宽松化的日本教育之启示．重庆与世界，2018（22）：77－81.

120. 任平，欧丽贤．日本中小学生涯教育的课程改革．湖南师范大学教育科学学报，2022，21（2）：103－110.

121. 冯开甫，李秀兰．芬兰基础教育的“轻负担，高质量”何以实现：基于生态系统理论视角．教育导刊，2023（3）：91－96.

122. 王昊，李一．挑战与革新：面向21世纪的芬兰教育改革．北京联合大学学报（人文社会科学版），2019，17（4）：81－86.

123. 左成光，王俊民，杨东．芬兰基础教育基于核心素养的科学课程标准探析．外国中小学教育，2017（10）：58－66.

124. 陈川，胡国勇．日本职业教育数字化改革与启示．中国教育信息化，2022，28（11）：30－39.

125. 秦东兴．日本学力观的变迁对幼儿教育改革的影响研究．外国教育研究，2023，50（6）：17－34.

126. 冯帮，项思雨．近十五年我国新基础教育研究述评：基于中国知网的统计分析．上海教育科研，2018（10）：5－10.

127. 叶澜．探教育之所“是”，创学校全面育人新生活：新时期“新基础教育”研究再出发．人民教育，2018（Z2）：10－16.

128. 叶澜．让课堂焕发出生命活力：论中小学教学改革的深化．教育研究，1997（9）：3－8.

129. 叶澜．让课堂焕发出生命活力．教师之友，2004（1）：49－53.

图书在版编目（CIP）数据

基础教育改革理论与热点/李孝川，何顺超，杨斌编著. --北京：中国人民大学出版社，2024.6
高等学校通识课程系列教材
ISBN 978-7-300-32864-5

Ⅰ.①基… Ⅱ.①李… ②何… ③杨… Ⅲ.①基础教育—教育改革—中国—高等学校—教材 Ⅳ.①G639.21

中国国家版本馆CIP数据核字（2024）第103592号

高等学校通识课程系列教材
基础教育改革理论与热点
李孝川　何顺超　杨　斌　编著
Jichu Jiaoyu Gaige Lilun yu Redian

出版发行　中国人民大学出版社
社　　址　北京中关村大街31号　　**邮政编码**　100080
电　　话　010－62511242（总编室）　　010－62511770（质管部）
010－82501766（邮购部）　　010－62514148（门市部）
010－62515195（发行公司）　　010－62515275（盗版举报）
网　　址　http://www.crup.com.cn
经　　销　新华书店
印　　刷　北京宏伟双华印刷有限公司
开　　本　787 mm×1092 mm　1/16　　**版　　次**　2024年6月第1版
印　　张　18.75 插页1　　**印　　次**　2024年6月第1次印刷
字　　数　361 000　　**定　　价**　48.00元

教学支持说明

（教学课件）

中国人民大学出版社教育学科秉承“出教材学术精品，育人文社科英才”的出版宗旨，多年来，出版了大批高质量的教育学、小学教育、学前教育专业教材和学术著作。

我们为本教材制作了相应的 PPT 教学课件，任何一位采用本书作为授课教材的教师均可免费获得该课件。为了确保该课件仅为授课教师获得，烦请您填写如下材料，并将相关信息通过 E-mail 发送给我们，我们将在收到相关信息后通过 E-mail 给您发送该课件。欢迎您加入我们的 QQ 群（教育新视野交流群，群号为 159813080），或登录我社官方网站（www. crup. com. cn），注册并认证成为教师会员，以获得更好的服务。

我们的联系方式：

地址：（100872）北京市中关村大街甲 59 号文化大厦 1202 室

中国人民大学出版社

电话：（010）62515054　62515955

E-mail：ggglcbfs@vip. 163. com

QQ 群：159813080

兹证明__________大学/学院__________院/系__________专业__________学年第__________学期开设的______________课程，采用中国人民大学出版社出版的______________________________（书名、作者）作为本课程教材。授课教师为__________，授课班级共______个、学生______人。授课教师需要与本书配套的教学课件。

联 系 人：______________________

通信地址：______________________

邮　　编：______________________

电　　话：______________________

E-mail：______________________

系/院主任：__________（签字）

（系/院办公室章）

______年____月____日